西班牙语
常用词词典

张振山 编

北京大学出版社
PEKING UNIVERSITY PRESS

图书在版编目(CIP)数据

西班牙语常用词词典/张振山编. —北京：北京大学出版社，2006.2
ISBN 978-7-301-07682-8

Ⅰ. 西⋯ Ⅱ. 张⋯ Ⅲ. 西班牙语—词典 Ⅳ. H346

中国版本图书馆 CIP 数据核字(2004)第 075475 号

书　　　　名：西班牙语常用词词典
著作责任者：张振山　编
责 任 编 辑：沈浦娜　贾鸿杰
标 准 书 号：ISBN 978-7-301-07682-8/H•1084
出 版 发 行：北京大学出版社
地　　　　址：北京市海淀区成府路 205 号　100871
网　　　　址：http://www.pup.cn
电 子 信 箱：zpup@pup.pku.edu.cn
电　　　　话：邮购部 62752015　发行部 62750672　出版部 62754962
　　　　　　　编辑部 62753334
印　刷　者：涿州市星河印刷有限公司
经　销　者：新华书店
　　　　　　　890 毫米×1240 毫米　A5　12.375 印张　352 千字
　　　　　　　2006 年 2 月第 1 版　2017 年 4 月第 3 次印刷
定　　　价：25.00 元

未经许可，不得以任何方式复制或抄袭本书之部分或全部内容。
版权所有，侵权必究
举报电话：010-62752024　电子信箱：fd@pup.pku.edu.cn

目 录

编者的话 …………………………………… (1)
体例说明 …………………………………… (1)
略语表 ……………………………………… (2)
西班牙语字母表 …………………………… (3)
词典正文 ………………………………… (1—367)

附录　西班牙语动词变位表 ……………… (368)
　一、规则动词变位表 ……………………… (368)
　二、自复动词变位表 ……………………… (371)
　三、词的正字法变化 ……………………… (373)
　四、有一般不规则变化的动词变位表 …… (377)
　五、有特殊不规则变化的动词变位表 …… (380)

编 者 的 话

近年来,国内学习西班牙语的人数逐年呈上升趋势。很多读者,特别是具有初级西班牙语水平的读者,急需一部实用并具有导向作用的范例词典。根据广大读者的需要,我们在编写中始终遵循以下原则:词条选用出现频率较高的常用词,例句通俗规范,同时兼顾与其他词的搭配,并在例句中注解说明,以便于初学者理解、模仿、运用。此外,为了便于初学者准确掌握动词变位,附录中标明规则及不规则动词变位表,并在每个不规则动词的词头后用阿拉伯字母加以标示。

本词典在编写过程中,得到天津外国语学院译审魏晋慧老师的大力帮助。此外,我校西班牙籍教师贝蕾·梅地亚·罗哈斯对西班牙语部分进行了审校,在此一并表示衷心的感谢。由于编写时间紧、工作繁忙,虽经编者仔细查考、校订,错漏之处仍属难免,恳请读者及西班牙语界同仁不吝指正。

体 例 说 明

一、词条使用黑体字印刷,各类词的词性用西班牙语略语标示,每个例句的句头第一个字母使用大写形式,如:**comer** *tr.*;**bueno** *adj.*。

二、词条按西班牙语字母表顺序排列,每个不规则变位动词词头后用括号标注附录动词变位表中所列变位动词的顺序号,读者根据顺序号可迅速找到附录变位表中的相应动词的变位实例。

三、为便于读者,尤其是初学者能够理解并掌握某些所列词条的运用规则,编者对相关词条加以注释。

略 语 表

adj.	形容词	*interj.*	感叹词
adv.	副词	*intr.*	不及物动词
art.	冠词	*m.*	阳性名词
aux.	助动词	*pl.*	复数
conj.	连接词	*prep.*	前置词
f.	阴性名词	*pron.*	代词
ger.	副动词	*prnl.*	代词式动词
impers.	无人称动词	*tr.*	及物动词

西班牙语字母表

大写字母	小写字母	字母名称
A	a	a
B	b	be
C	c	ce
CH, Ch	ch	che
D	d	de
E	e	e
F	f	efe
G	g	ge
H	h	hache
I	I	i
J	j	jota
K	k	ka
L	l	ele
LL, Ll	ll	elle
M	m	eme
N	n	ene
Ñ	ñ	eñe
O	o	o

(续)

大写字母	小写字母	字母名称
P	p	pe
Q	q	cu
R	r	erre, ere
S	s	ese
T	t	te
U	u	u
V	v	uve, ve
X	x	equis
Y	y	ye, I griega
Z	z	zeda, zeta

注:字母 w,名称为 uve doble,只用于外来词,不列入字母表。

A

a *prep.* 1. 宾语指人时，须使用此前置词：El chico busca a su padre. 男孩在寻找他的父亲。Li Ming escribe a su amigo. 李明给他的朋友写信。2. 表示方向和目的地：Voy a España. 我去西班牙。Li Hua llegó a Beijing ayer. 李华昨天到达北京。3. 表示方位：La mesa está a mi derecha. 那张桌子在我的右侧。Nos reunimos a la puerta de la fábrica. 我们在工厂的大门口集合。4. 表示时间：Voy a la fábrica a las siete de la mañana. 我上午7点去工厂。5. 表示朝向：La habitación donde vivo da a la calle. 我住的房间临街。6. 表示距离：Beijing está a 137 kilómetros de Tianjin. 北京距天津137公里。Juan vive a diez minutos de aquí. 胡安的住处离这里有10分钟的路程。7. 与原形动词搭配：El profesor empezó a explicar el texto. 老师开始讲解课文。Ella viene a visitarme. 她来拜访我。8. 表示方式：Entré en la habitación a escondidas. 我悄悄地进了卧室。María escribe la novela a ordenador. 玛丽娅使用电脑写小说。9. 表示价格：Los tomates se venden a dos euros el kilo. 蕃茄2欧元1公斤。**al** 与原形动词连用（表示与另一件事情同时发生或先于它的情况）：Me encontré con mi hermano al venir. 我来这里时，遇见我的兄弟。Al acostarme, alguien me llamaba por teléfono. 我刚躺下，就有人打电话找我。**al cabo de** 末了，之后：El señor hizo las maletas y al cabo de dos horas dejó el hotel. 那位先生收拾了手提箱，两小时之后离开了饭店。**~ causa de (que)** 由于，因为：El muchacho suspendió su carrera a causa de la enfermedad. 小伙子因患病而休学。Estoy enfermo a causa de que me he duchado con agua fría. 由于用冷水淋浴，我生病了。~ fin de(que) 为了：Voy en taxi a fin de llegar a tiempo. 为了准时到达，我乘出租车去。Hablamos en voz baja a fin de que ellos no oigan lo que estamos diciendo. 为了不让他们听到所谈内容，我们低声交谈。~ menos que 除非：No te daré ninguno más a menos que me devuelvas los libros que ya tienes prestados. 除非你还给我你所借的图书，否则我一本也不再借给你。~ partir de 自…开始：Dejé de fumar a partir del año pasado. 从去年起，我就戒烟了。~ pesar de (que) 尽管；不顾：Hemos obtenido una buena cosecha a pesar de la grave calamidad natural. 尽管遇到严重的自然灾害，我们仍获得了丰收。Nos presentamos a este concurso a pesar de que las plazas eran muy pocas. 虽然名额极少，我们还是参加了这次竞赛。~ pie 步行：Como no tengo bicicleta, voy al cine a pie. 我没有自行车，所以步行去电影院。

abajo *adv.* 在下面；往下：Luisa y su compañera van abajo. 路易莎和她的同伴往下走去。Estoy abajo, en el sótano. 我在下面，在地下室。~ *interj.* 反对，打倒：¡Abajo el terrorismo! 打倒恐怖主义！

abandonar *tr.* 1. 离开；放弃：Luis abandonó su pueblo natal para encontrar un trabajo. 路易斯为了找工作离开了家乡。2. 抛弃（宾语指人时，与前置词"a"搭配）：Este hombre abandonó a su mujer. 这个男人抛弃了自己的妻子。~ se *prnl.* 任由摆布（自复形式，与前置词"a"搭配）：El vagabundo se abandona a su suerte. 那个流浪汉听天由命。

abarcar *tr.* (7) 1. 搂，抱：Mi primo está tan gordo que no lo puedo abarcar. 我的表兄弟很胖，我抱不住他。2. 包含，包括：El último capítulo de ese libro abarca la historia moderna. 那本书的最后一章包含了现代史。

abastecer *tr.* (28) 提供，供给：El nuevo canal abastecerá todo el pueblo de agua. 那条新建的水渠将为整个村子供水。

abierto, ta *adj.* 1. 开着的：La

puerta de la habitación está abierta. 那个房间的房门开着。2. 平坦的；开阔的：Ahora llegamos a campo abierto. 现在我们到达了一片开阔地。3. 坦率的；开朗的：Él es un muchacho abierto. 他是个坦率的小伙子。4. 开放的：Tianjin es una ciudad abierta. 天津是一座开放的城市。

abordar *tr. intr.* 1. 船靠岸：Abordamos en el puerto de Barcelona. 我们把船停靠在巴塞罗那港。2. 走近某人并与之交谈（宾语指人时，与前置词"a"搭配）：Los periodistas abordaron al jugador. 一群记者走近运动员并采访他。3. 着手处理：Ahora abordamos el problema de la contaminación urbana. 现在我们着手处理城市污染问题。

abrazar *tr.*（9）搂，抱，抱住（宾语指人时，与前置词"a"搭配）：La niña abrazó a su madre. 女孩搂住她母亲。La anciana abraza la columna para no caerse. 老奶奶抱住柱子以防摔倒。~ se *prnl.* 拥抱（相互形式）：Se abrazaron al despedirse. 他们分手时拥抱。

abrigar *tr. prnl.*（8）穿暖御寒（宾语指人时，与前置词"a"搭配）：Tenemos que abrigarnos porque hace mucho frío. 由于天气很冷，我们必须穿暖和。

abrir *tr. prnl.* 1. 打开，敞开：Sacó su anillo al abrir el estuche. 他打开首饰盒取出了他的戒指。Abre la ventana. 你打开那扇窗户。2. 拧开，扭开（设施开关）：Abrió el grifo para lavarse. 他拧开水龙头洗脸。3. 开办，开设：Quiero abrir un bar en esta calle. 我想在这条街开个酒吧。4. （银行）开户：Abrí una cuenta corriente en ese banco. 我在那家银行开了一个活期账户。5. （花朵）绽开：La flor está a punto de abrirse. 那朵花即将绽开。6. 开凿，开辟：Abrió un camino en la vida con muchos esfuerzos. 经过奋斗，他闯出一条生存之路。

absoluto, ta *adj.* 绝对的；专制的：Tienes absoluto derecho a opinar. 你有绝对的发言权。en ~ 绝对，决不：En absoluto lo compraré. 我绝对不买它。

absorber *tr.* 1. 吸收：Con la esponja absorbo todo el vino que se había vertido sobre el mantel. 我用海绵吸净洒在桌布上的葡萄酒。2. 吸引：El orador absorbe la atención del público. 演讲者吸引住听众的注意力。

abstenerse *prnl.*（54）1. 放弃；戒除（自复形式，与前置词"de"搭配）：Le recomiendo que se abstenga de fumar. 我建议您戒烟。2. 不参与，回避：Juan ha decidido abstenerse de votar. 胡安决定不参加投票。

abundar *intr.* 丰富，丰盛：Esta región abunda en trigo. 这一地区盛产小麦。

aburrir *tr.* 令人厌恶，厌烦（宾语指人时，与前置词"a"搭配）：Esa película aburre a cualquiera. 那部电影令所有的人生厌。

abusar *intr.* 滥用（与前置词"de"搭配）：Quien abusa de mi bondad deja de ser mi amigo. 谁要是滥用我的善意谁就不是我的朋友。Durante mi juventud abusé del alcohol. 我年轻时饮酒无度。

acabar *tr.* 完成，终结：Acabaré el trabajo dentro de esta semana. 我将在本周内完成那项工作。~ *intr.* 刚刚（与前置词"de"搭配）：El médico acaba de irse. 医生刚刚离开这里。

acariciar *tr.*（12）1. 爱抚（宾语指人或动物时，与前置词"a"搭配）：La niña acaricia a su perro. 小姑娘抚摸着她的爱犬。2. 轻拂，吹动：La brisa acariciaba la bandera. 微风吹动旗帜。

acaso *adv.* 1. 难道（用于疑问句）：¿Acaso están todos equivocados? 难道所有的人都弄错了？2. 可能，大概（表示推测，与其搭配的动词使用虚拟式）：¿Acaso vengan ellos? 他们能来吗？por si ~ 万一，防备：Vengo por si acaso me necesitas. 我来这里随时听侯你的调遣。

acceder *intr.* 1. 答应（与前置词"a"搭配）：Juan accedió a venir a China con sus padres. 胡安答应与父母一起来中国。2. 同意：El decano accede a que los alumnos realicen la excursión. 系主任同意学生们外出郊游。~ *intr.* 可及，可达：Por esta puerta se accede a la sala de lectura. 通过此门可进入阅览室。

acelerar *tr.* 加速，加快：Aceleramos el paso para llegar a tiempo a la estación ferroviaria. 我们加快脚步以便准时赶到火车站。~ se *prnl.* 仓促，匆忙（自复形式）：Tranquilízate, no te aceleres. 你沉住气，别太匆忙。

aceptar *tr.* 接受：Acepto su opinión. 我接受您的意见。

acerca de 关于：El muchacho me ha hablado acerca de su familia. 小伙子向我讲述了他的家庭情况。

acercar *tr.*（7）使…靠近：María ha acercado la botella para beber agua. 玛丽娅把瓶子拿到近前喝水。~ se *prnl.* 靠近，临近：Se nos acerca la Fiesta de Primavera. 春节临近。

aclarar *tr.* 1. 说明，澄清：Quiero aclarar cuanto antes este malentendido. 我想尽快澄清这个误会。2. 稀释，使变淡：El cocinero aclaró la sopa con agua. 厨师用水将汤稀释。3. 使明朗：El sol aclara la habitación. 阳光使房间明亮。4. 漂洗：Aclara la camisa con el agua tibia. 你用温水漂洗那件男衬衣。~ se *prnl.* 清楚；表白（自复形式，常与前置词"con"搭配）：No se aclara con nadie. 他不向任何人交心。

acoger *tr.*（2）1. 接待（宾语指人时，与前置词"a"搭配）：Lo acogí en la oficina. 我在办公室接待了他。2. 接纳，收留：Su tío acogió a la niña cuando murieron sus padres. 小女孩的父母去世时，她的叔叔收留了她。3. 保护：El anciano acogió a muchos soldados heridos durante la guerra. 战争期间，那位老大爷保护了许多受伤的士兵。

acompañar *tr.* 1. 陪伴，陪同：Como estoy enfermo, mi padre me acompaña al hospital. 因为我生病了，父亲陪我去医院。2. 伴随，附带：Mándame las fotos acompañadas de los negativos. 请你把照片随同底片一起寄给我。

aconsejar *tr.* 1. 劝告：Te aconsejo que no te marches sin terminarlo. 我劝你完成任务再走。2. 告诫：El médico aconsejó al enfermo que dejara de fumar. 医生告诫病人戒烟。

acordar *tr.*（19）1. 商定（与前置词"con"搭配）：Acordé la

fecha del viaje con ella. 我与她商定了旅行的日期。2. 同意：Hemos acordado comenzar el trabajo el próximo lunes. 我们同意下周一开始工作。~ se *prnl.* 记得，想起（与前置词"de"搭配）：¿Ya no te acuerdas de mí? 你不记得我了？

acostar *tr.* (19) 使某人躺下（宾语指人时，与前置词"a"搭配）：La madre acuesta a los niños. 母亲让孩子们上床睡觉。~ se *prnl.* 躺下（自复形式）：Me acuesto un rato porque estoy cansado. 因为疲倦，我躺下休息一会儿。

acostumbrar *tr.* 使习惯于：Los padres acostumbran a su hijo a comer comida occidental. 父母让儿子习惯于吃西餐。~ se *prnl.* 习惯于：Juan se acostumbra a levantarse temprano. 胡安习惯于早起。

acto *m.* 1. 行为；行动；动作：Lo que has hecho es un acto favorable para la sociedad. 你的所为是一种有益于社会的行为。2. 幕：Algunos alumnos del tercer curso han representado un drama en tres actos. 三年级的几位学生表演了一出三幕的话剧。en el ~ 当场，立即：El jefe resolvió el problema en el acto. 领导当场解决了问题。~ seguido 随即，紧接着：La mujer llegó a casa, acto seguido preparó la cena. 那位女士到了家，随即便准备晚餐。

actuar *intr.* (14) 1. 行动，表现：El muchacho actúa bien. 小伙子表现不错。2. 担当（与前置词"de"搭配）：Luis actúo mediador entre estas dos familias. 路易斯担当了这两户人家的调解人。3. 表演：El cantante actúa en el estadio. 那位歌唱家在体育馆演出。

acudir *intr.* 1. 赶到，到场（与前置词"a"搭配）：Acudé a la boda de Li Ping con mis compañeros. 我与同事们出席了李平的婚礼。2. 求助：Acude a mí cuando tengas problemas. 你有难处时就找我吧。

acuerdo *m.* 协议，意见一致：Mediante una consulta amistosa, llegamos a un acuerdo. 经过友好协商，我们达成一致。de ~ 同意：Estamos totalmente de acuerdo. 我们完全同意。de

~ con 根据，按照：Voy a hacerlo de acuerdo con la orden de mi superior. 我将按照上司的命令去做。

acusar *tr.* 1. 归罪于，指责（宾语指人时，与前置词"a"搭配）：Fernando acusó a María del robo del anillo. 费尔南多指责玛丽娅偷了那枚戒指。2. 通知：Acuso el recibo de su carta. 我通知您已收到信函。~ recibo（固定用法）通知；确认收到：Acuso recibo de su giro. 我确认已收到您的汇票。

adaptar *tr.* 1. 使适应，适合：He adaptado el largo de las mangas de esa camisa a la medida de mis brazos. 我把那件衬衣袖子的尺寸改成符合我双臂的长度。2. 改编：El director adaptó la novela al cine. 导演将那部小说改编成电影。~ se *prnl.* 适应，习惯于（自复形式）：No se adaptó al nuevo ambiente. 他不适应新的环境。

adelantar *tr.* 1. 前移，提前：Adelanto el estante para colocar el armario. 为了放置柜子，我把书架向前移了移。Li Ming ha adelantado la fecha de viaje. 李明将旅行日期提前。2. 预付：La compañía me ha adelantado la paga del presente mes. 公司提前支付了我本月的工资。3. 超过：La moto adelantó al camión. 那辆摩托车超过了卡车。~ se *prnl.* 提前（自复形式）：Nos adelantamos a la hora prevista. 我们比预计的时间提前抵达。Mi reloj se adelanta cinco minutos. 我的表快5分钟。

adelante *adv.* 向前，前面：No podemos seguir adelante. 我们不能往前走了。en ~ / de hoy (aquí, ahora) en ~ 今后，从今以后：De hoy en adelante, nosotros dos somos amigos. 从今以后，咱俩就是朋友了。

además *adv.* 此外：Rosa es profesora y además, entrenadora de gimnasia. 罗莎不仅是教师，还是体操教练。~ de 除…之外，还…：Estudio español además del inglés. 除去英语之外，我还学习西班牙语。

adivinar *tr.* 1. 预言，预测：No tengo la facultad de adivinar el futuro. 我没有预测未来的本领。2. 猜，猜中：¿Adivina mi edad? 你猜猜我有多大？

administrar *tr.* 经营，管理；治理：

El hijo de Luis administra una compañía. 路易斯的儿子管理一家公司。

admirar *tr.* 钦佩，赞赏；使惊奇：Admiro su capacidad de administración. 我钦佩您的管理能力。~ se *prnl.* 惊奇，惊讶（自复形式，与前置词"de"或"por"搭配）：Me admiro de que haya sido campeón de la carrera de cien metros. 他得了百米赛跑冠军，我感到吃惊。

admitir *tr.* 1. 接受：En algunas tiendas sólo admiten el pago en efectivo. 某些商店只接受现金付款。2. 准予：No se admite la entrada a menores de 18 años en esta discoteca. 这家舞厅不准18岁以下未成年人入内。3. 承受：Esta ropa admite el lavado a máquina. 这件衣物可以机洗。

adonde *adv.* 向何处，去哪里：Sé dónde está el restaurante adonde solía ir mi hermano. 我知道我兄弟常去的那家餐馆位于何处。

adoptar *tr.* 1. 接受，采纳：Hemos adoptado tu propuesta. 我们采纳了你的建议。2. 收养；过继：Una familia lo adoptó. 一户人家收养了他。

adorar *tr.* 1. 崇拜，崇敬（宾语指人时，与前置词"a"搭配）：Los budistas adoran al buda. 佛教徒崇拜菩萨。2. 爱慕，喜爱：Mario adora a su hija. 马里奥喜爱他的女儿。

adornar *tr.* 装饰，点缀：El ama de casa ha adornado la habitación con flores frescas. 女主人用鲜花装饰房间。

adquirir *tr.* (18) 1. 获得，得到：He adquirido un mejor conocimiento de la cultura española después del viaje. 经过那次旅行，我对西班牙文化有了更好的了解。2. 购买：Li Ming ha adquirido un apartamento. 李明购置了一套单元房。

adrede *adv.* 故意地，存心：Perdón, no lo he hecho adrede. 对不起，我不是故意这样做的。

adular *tr.* 奉承（宾语指人时，与前置词"a"搭配）：El muchacho adula a su jefe para conseguir lo que quiere. 男青年为达其目的，奉承他的上司。

advertir *tr.* (25) 1. 警告；劝告：Os advierto que no vayáis a bañaros en el río. 我劝告你们不要去河里游泳。2. 提醒：Te

afectar

advierto que esta tarde tendremos una conferencia. 我提醒你今天下午我们有讲座。3. 发现，注意到：Nadie advirtió su presencia. 没人发现他在场。

afectar *tr.* 1. 影响，波及（与前置词"a"搭配）：La huelga afectó a unas empresas. 罢工使几家企业受到了影响。2. 损害，有损于：Su comportamiento indebido afectó a la imagen de la empresa. 他的不应有的行为损害了企业的形象。3. 损伤：El alcohol afecta al hígado. 酒精损伤肝脏。4. 假装，装作：Durante la discusión la chica afectaba tristeza. 争吵中，女孩假装伤心。5. 打动；使伤感：La muerte de su madre afectó mucho a la niña. 母亲的去世令女孩十分伤心。

afeitar *tr. prnl.* 刮，剃（胡须或毛发，尤指胡须）：El peluquero me afeitó el bigote y la barba. 理发师为我刮掉了胡须。Todos los días me afeito. 我天天刮脸。

aficionar *tr.* 使⋯爱好，喜爱（宾语不论指人或物，都与前置词"a"搭配）：El padre aficionó a su hijo al deporte. 父亲培养儿子喜爱运动。~ se *prnl.* 喜爱，爱好（自复形式）：Se aficiona a jugar al tenis. 他喜好打网球。

aflojar *tr.* 放松，松开：Afloja un poco el nudo de la corbata. 你松开一点领带结。2. 掏，拿出（钱）：Si aflojas diez yuanes, lo compramos. 如果你掏10元钱，我们就买。~ *intr.* 松劲，松懈：Los alumnos aflojan en el estudio después del examen. 考试之后，学生们在学习上松懈了。

afuera *adv.* 外面：Afuera hace mucho frío. 外面天气很冷。~s *f. pl.* 郊外，郊区：La fábrica está en las afueras de la ciudad. 那家工厂在城郊。

agarrar *tr. prnl.* 1. 抓，抓住：La anciana subió las escaleras agarrándose a la barandilla. 老大娘抓着栏杆登楼梯。2. 患上，开始发作（疾病）：Me duché con el agua fría y agarré un catarro fuerte. 我用冷水淋浴，患上了重感冒。3. 获得：Por fortuna, Li Hua ha agarrado la oportunidad de estudiar en España. 很幸运，李华

获得了在西班牙学习的机会。4. 冷不防抓住：Lo agarraron robando en el autobús. 他在公共汽车上行窃时被当场抓住。~ se *prnl*. 1.（疾病）缠身：Se le agarra el cáncer. 癌症折磨着他。2. 借机,利用（常与前置词"a"搭配）：Se agarra a que es novato y trabaja lento. 他借口自己是新手而干活儿磨蹭。

agitar *tr.* 1. 挥动,摇动,搅动：Ella agitó la mano para despedirme. 她挥手向我告别。Hay que agitar el frasco antes de tomar el jarabe. 服用糖浆之前应晃动瓶子。2. 使不安,使紧张：La noticia del naufragio aéreo me agitó mucho. 发生空难的消息令我惊恐不安。

agotar *tr. prnl.* 耗尽：El joven agotó el agua de la botella por el calor. 由于天热,男青年把一瓶水喝光了。La nueva edición del diccionario se ha agotado. 新版词典已售完。~ se *prnl*. 精疲力尽：Ahora me agoto trabajando todo el día. 干了一整天,我现在精疲力尽。

agradar *intr.* 使高兴,使愉快：Nos agrada tu presencia. 你的到来让我们高兴。Me agrada mucho que ustedes se acuerden de mi cumpleaños. 我很高兴你们记得我的生日。（辨析：从句与主句谓语动词人称不一致时,从句动词须使用虚拟式。）

agradecer *tr.* (28) 1. 感谢：Agradezco su ayuda. 我感谢您的帮助。2. 感激；报答：Los frutales han agradecido estas últimas lluvias. 最近的几场雨将使水果丰产。

agredir *tr.* 侵犯,攻击（宾语指人时,与前置词"a"搭配）：El muchacho fue detenido tras haber agredido a una mujer con cuchilla. 男青年因用刀攻击一位妇女而被捕。

agua *f.* 1. 水：Dame un vaso de agua porque tengo mucha sed. 你给我一杯水,我渴得要命。2. 液体：Voy a comprar un frasco de agua de colonia. 我去买瓶花露水。3. 雨水：En esta temporada cae mucha agua. 这个季节雨水多。~ mineral 矿泉水：Me gusta tomar el agua mineral. 我喜欢喝矿泉水。~s abajo 顺流,顺水：El barco navegaba aguas abajo. 那条船顺流航行。~s arriba 逆流，逆水：El muchacho nadaba con dificultad aguas arriba. 小伙子吃力地逆水游泳。nadar entre dos ~s 脚踏两只船；两面讨好：Tienes que tomar la decisión, no podemos aguantar que sigas nadando entre dos aguas. 你应当作出选择，我们不能容忍你继续脚踏两只船。ser ~ pasada 已过去的事情：La amistad entre tú y Ma Li ya es agua pasada. 你与马力的友谊已经是过去的事情了。tan claro como el ~ / más claro que el ~ 十分清楚，明显：Tu deseo es tan claro como el agua. 你的愿望十分清楚。

aguantar *tr.* 1. 支撑；承受：¿Me aguantas la bolsa por favor? 你能帮我撑一下袋子吗？La viga aguanta el techo. 房梁支撑着屋顶。2. 忍受，容忍：Aguanta un poco, que te ayudo enseguida. 你再坚持一会儿，我马上帮你。No puedo aguantar tu mentira. 我不能容忍你说谎。

aguardar *tr. intr.* 1. 等候，等待（宾语指人或期待某事时，与前置词 "a" 搭配）：Aguardo a mi hermano. 我等候我兄弟。Aguardamos a que nos dé una respuesta. 我们期待您给予答复。

ahí *adv.* 1. 这里或那里：Mi jefe trabaja ahí, en esa oficina. 我的上司在那儿工作，就在那间办公室。2. 在这方面或那方面：Nuestros intereses están ahí. 我们的兴趣就在那方面。~ mismo 附近：Mi casa está ahí mismo. 我的家就在附近。de ~ en adelante 从此以后：De ahí en adelante podrías venir a mi casa en cualquier momento. 从此以后，你可以随时到我家来。de ~ que 由此，因此（从句动词须用虚拟式）：La relación entre esta pareja siempre es crítica, de ahí que quieran divorciarse. 这对夫妻关系一直紧张，因此想离婚。por ~ 1. 附近：Tus llaves están por ahí. 你的钥匙就在那里。2. 大概，大约：Este diccionario cuesta cincuenta yuanes o por ahí. 这部词典的价钱大约50元。

ahora *adv.* 现在：Ahora no quiero comer. 现在我不想吃饭。~ mismo 立即，马上：Me marcho ahora mismo. 我马上离开这里。

ahorrar *tr.* 1. 积蓄, 节省: Ahorro un tercio del salario cada mes para comprarme un nuevo coche. 为了买辆新车, 我每月节省三分之一的工资。Voy allá en taxi para ahorrar tiempo. 为了节省时间, 我乘出租车去那里。2. 免得, 避免（不愉快的事情）: No te lo dije por aho- rrarte el disgusto. 我不告诉你此事是免得你不高兴。

aire *m.* 1. 空气; 大气层: Quiero salir para tomar el aire fresco. 我想出去呼吸一下新鲜空气。2. 风: En la zona montañosa hace mucho aire. 山区刮风较多。3. 外表, 模样: Ella tiene un aire parecido a usted. 她的模样与您相似。4. 姿势: El joven baila con mucho aire. 男青年舞姿十分潇洒。5. 派头, 神气（常与动词"darse"搭配）: No me gusta el aire que se da ante nosotros. 我不喜欢他在我们面前的那副模样。~ acondicionado 空调: Me gusta estudiar en la sala de lectura porque allí hay aire acondicionado. 由于阅览室有空调, 我喜欢在那里学习。al ~ libre 在野外, 露天: Ayer pasamos la noche al aire libre. 我们露天度过了昨夜。tomar el ~ 透透气, 换换空气: Ya hemos trabajado tres horas seguidas y ahora vamos a tomar el aire. 咱们连续干了三个小时了, 现在到外面透透气去。

aislar *tr.* (30) 1. 隔离, 孤立: El médico aisló a este enfermo contagioso de otros enfermos. 医生将这位传染病人与其他病人隔离。2. 绝缘: El electricista enrolló los cables del enchufe con cinta para aislarlos. 电工用胶布缠住插座的电线使其绝缘。

ajeno, na *adj.* 1. 别人的; 外来的: Ésta es una revista ajena. 这是别人的杂志。2. 不同的: Me parece que es un estudio ajeno a mi interés. 我认为这项学习与我的兴趣不合。3. 与…无关的: Pueden retirarse las personas ajenas al proyecto. 与项目无关的人可以离开。4. 对…一无所知: Diego todavía está alegre, ajeno a lo que ha sucedido. 迭戈不知道所发生的事情, 依旧很快活。

ajustar *tr. prnl.* 1. 使协调，相配，相一致（与前置词"a"搭配）：El carpintero ajusta la puerta al marco. 木匠使房门与门框相吻合。2. 调整：No se ajusta a las circunstancias. 此人不适应周围的环境。

alcance *m.* 1. 射程：Éste es un país que dispone de misiles de largo alcance. 这是一个拥有远程导弹的国家。2. 可及范围：Pónganlo fuera del alcance de los niños porque es un producto peligroso. 把这种东西放在孩子们触及不到的地方，它是一种危险品。3. 影响重大的：El conflicto entre estos dos países es un hecho de alcance mundial. 这两个国家之间的冲突是一个具有国际影响的事件。4. 智慧，聪明（常用复数）：Este hombre es de pocos alcances. 这个男人不聪明。al ~ 所及的范围内，或能力所及的范围：Ese puesto no está al alcance de tu mano. 那个位置，你的手碰不到。Este coche es tan caro que no está a mi alcance. 这辆轿车太贵了，已经超出了我的支付能力。

alcanzar *tr.*（9）1. 赶上，达到（宾语指人时，与前置词"a"搭配）：Tomando el taxi, al fin alcanza mos a ellos. 我们乘出租车，最终赶上了他们。Por fin alcanzó el nivel que le exigimos. 最终，他达到了我们所要求的水平。2. 递给：Alcánza me el libro. 你把书递给我。~ *intr.* 足够（常与前置词"para"搭配）：Este pan no alcanza para toda la familia. 这个面包不够全家人吃。

alegrar *tr.* 使欢乐，使高兴：La recuperación de la salud del padre alegró a sus hijos. 父亲的康复令子女们很高兴。Nos alegra que venga a visitarnos. 您来看望我们，我们感到很高兴。~ se *prnl.* 高兴，欢乐（自复形式，与前置词"de"搭配；如宾语从句与主句人称不一致，须使用虚拟式）：Me alegro de su ayada. 您的帮助令我高兴。Me alegro de acompañarte al cine. 我很高兴陪你去电影院。Nos alegramos de que hayas conseguido el éxito en el trabajo. 我们为你在工作中获得成功而高兴。

algo *pron.* 1. 某事，某物：Tengo algo que decirte. 我有件事要告

诉你。2. 某些：Esta película tiene algo de interés. 这部电影有点意思。~ *adv.* 一些，一点儿，稍微：Esa camisa me queda algo corta. 那件男衬衣我穿着有点儿短。

alguno, na *adj.* （在阳性单数名词前为"algún"）1. 某个，某种：¿Tienes algún conocido aquí? 你在这里有熟人吗？2. 一些：Quiero pedir algunas revistas de español. 我想借几本西班牙语杂志。3. 任何：Te ayudaré sin duda alguna. 毫无疑问，我一定帮你。~ *pron.* （一个人或事物中的）某一个：Alguno de mis compañeros desea quedarse en casa. 我的同学当中有人想呆在家里。~ s/as *pl.* （一些人或事物中的）某一些：Algunas de estas motos son rojas. 这些摩托车当中有几辆是红色的。

aliviar *tr.* (12) 1. 减轻：El joven ayudó al anciano para aliviarle la carga. 男青年帮助那位老人，以减轻他的负担。2. 缓解：Este medicamento alivió su dolor. 这种药缓解了他的疼痛。

almorzar *intr.* (42) 吃午饭：Hoy almuerzo en un restaurante. 今天我在一家餐馆吃午饭。

alojar *tr.* 留宿，供住宿（宾语指人时，与前置词"a"搭配）：Alojamos al invitado en un hotel cercano. 我们把客人安排在附近的一家饭店。~ se *prnl.* 住宿，下榻（自复形式）：El hotel donde nos alojamos es muy bonito. 我们下榻的饭店非常漂亮。

alquilar *tr.* 1. 出租：Este señor alquila habitaciones a los estudiantes. 这位先生向学生们出租房间。2. 租用，雇用：Quiero alquilar un piso amueblado. 我想租用一套带家具的住房。

alternar *tr.* 使交替（常与前置词"con"搭配）：Alternamos el trabajo con el descanso. 我们劳逸结合。~ *intr.* 轮流，交替：Li alterna con sus compañeros en el trabajo. 李与他的伙伴轮流工作。

alto, ta *adj.* 1. 高的，高大的：Soy más alto que él. 我比他高。Su nivel de español es alto. 他的西班牙语水平高。2. 高度的；高处的：Las zonas altas son frías. 海拔高的地区寒

冷。3. 上层的；高级别的：Su padre es un funcionario de alto rango. 他父亲是一位高级官员。4. 高声的：Lee por favor el texto en voz alta. 请你大声朗读课文。5. 贵的：El precio de esta bicicleta es alto. 这辆自行车贵。~ *m.* 1. 终止，中断：Hagamos un alto para reposar. 咱们停下来喘口气。2. 高度：La fotocopiadora tiene ciento veinte centímetros de alto. 那台复印机有120厘米高。~ *adv.* 1. 在高处：El águila vuela alto. 鹰在高空飞翔。2. 高声地：No grites alto. 你别大声喧哗。lo ~ 高处：Subí a lo alto de la montaña. 我爬上那座山的最高处。dar/echar el ~ 叫…停下来：Un anciano nos dio el alto cuando íbamos a la librería. 当我们要去书店时，一位老大爷喊住了我们。pasar por ~ 不予理睬，忽视：El jefe no quiso pasar por alto el error cometido por Pablo. 领导不想放过巴布洛所犯的错误。

alzar *tr. prnl.* (9) 1. 举起：El alumno alza la mano para contestar al profesor. 那个男生举手回答老师的提问。2. 升高，竖立：Alzaron un edificio de veinte pisos en el centro. 市中心竖起一座20层的高楼。3. 涨价：Hace unos días se alzó el precio de los huevos. 几天前鸡蛋涨价了。

amar *tr.* 1. 爱（宾语指人时，与前置词"a"搭配）：Pedro ama a María. 彼得爱玛丽娅。2. 热爱：Li Ming ama su patria por encima de todo. 李明热爱自己的祖国胜于一切。

amargar *tr.* (8) 1. 使有苦味：Esta pastilla amarga mucho la boca. 这种药片口感很苦。2. 使痛苦；使难过：La enfermedad que padece amarga su existencia. 他受所患疾病的煎熬。El fracaso lo amargó. 失败令他难过。~ *intr.* 有苦味：El café amarga mucho. 咖啡味道很苦。

ambos, bas *adj.* 两，双（无需加冠词）：La relación entre ambos países es buena. 两国关系良好。~ *pron.* 两者：Me gusta la camisa blanca y ésa azul, me llevaré ambas. 我喜欢这件白衬衣和那件蓝衬衣，两件我全买。

amenazar *tr.*（9）1. 威胁：El muchacho amenaza al industrial con constantes anónimos. 男青年利用匿名信不断地威胁那位实业家。2. 预示，即将临头：La alzada del río amenaza inundación. 河水的上涨预示洪水来临。

amparar *tr.* 保护，庇护：La ley ampara los derechos de todos los ciudadanos. 法律保护每个公民的权利。

ampliar *tr.*（13）1. 扩大，扩展：El empresario extranjero quiere ampliar su inversión. 那位外国企业家打算扩大投资。2. 放大：Quiero ampliar esta foto. 我想放大这张照片。

analizar *tr.*（9）分析：Debes analizar en qué consiste tu error. 你应该分析一下你错在哪里。

ancho, cha *adj.* 1. 宽的：La calle es muy ancha. 那条街道很宽。2. 肥大的，宽松的：Este pantalón le queda un poco ancho. 这条裤子他穿着有点肥。3. 自满，得意：（常与动词"estar"，"ponerse"或"quedarse"搭配）：Aprobó el examen y se quedó ancho. 他因考试过关而得意。~ *m.* 宽度，幅面：¿Cuál es el ancho de la puerta? 那个门有多宽？a mis/sus anchas 自由自在地：La muchacha quiere vivir sola para estar a sus anchas. 姑娘为了过得自在，想独立生活。

andar *intr.*（32）1. 行走：Todos los días voy a trabajar andando. 我每天步行上班。2. 运转：Mi reloj anda bien. 我的手表走得准。3. 处于（某种状况）：¿Qué tal andas? 你身体如何？4. 正在（与副动词搭配）：Luis anda reparando la máquina. 路易斯正在修理机器。5. 进行，进展：¿Cómo anda tu trabajo? 你的工作进展如何？6. 做事；忙于（常与前置词"con"或"en"搭配）：Anda con cuidado. 你谨慎行事。Ando en un asunto importante. 我正忙于一项重要的事务。7. 来往，交往（与前置词"con"搭配）：No andes con la mala gente. 你别跟坏人来往。8. 接近（表示数量，与前置词"por"搭配）：Este televisor anda por tres mil yuanes. 这台电视机接近3千元。9. 翻弄（与前置词"en"搭配）：No me gusta que andes en mí cajón. 我不

喜欢你翻我的抽屉。~es m. pl. 走路的姿态: Mira los andares que tiene la muchacha. 你瞧那个姑娘的步态。

animar tr. 1. 鼓舞，鼓励（宾语指人时，与前置词"a"搭配）: La presencia de sus padres animó mucho al muchacho en el concurso. 小伙子的父母的到场使参加竞赛的他受到极大的鼓舞。2. 使有生气，活跃: Luis ha animado la fiesta con sus chistes. 路易斯以笑话活跃联欢会的气氛。~ se prnl. 鼓足勇气（自复形式）: Anímate y hazlo. 你鼓足勇气大胆干。

ansiar tr. (13) 渴望: Lo que ansío es que él venga a tiempo. 我渴望他准时来。

ante prep. 在…前面，面对: No quiero decirlo ante su padre. 我不想在您父亲面前说这件事。Ante esta situación no sé qué hacer. 面对这种局面，我不知如何是好。

antemano adv. 事先，预先: de ~ 事先，提前: Te lo digo de antemano. 我提前告诉你这件事。

antes adv. 从前: Antes fui cocinero. 以前我是厨师。~ de 在

…之前（与名词或原形动词搭配）: Llegaré antes de su partida. 我将在您出发之前赶到。No lo supe antes de venir aquí. 来这里之前，我不知道这件事情。~ de que 在…之前（表示将来时，须用虚拟式）: Tengo que terminarlo antes de que llegue el jefe. 我必须在领导到达之前完成这项任务。cuanto ~ 尽快地: Deseo que me responda cuanto antes. 我希望您尽快答复我。

anticipar tr. 1. 提前: Han anticipado la hora de la reunión. 会议的时间提前了。2. 预付: La empresa nos ha anticipado la paga extra de diciembre. 工厂提前支付了我们12月份的额外薪水。~ se prnl. 抢先，提前（自复形式）: Se ha anticipado a conseguir la entrada del partido de fútbol. 他抢先搞到了足球赛的门票。Este año la temporada de lluvia se ha anticipado. 今年的雨季提前了。

antojo m. 1. 突然的想法: Tengo el antojo de viajar solo al sur. 我突然产生独自去南方旅行的想法。2. 痣: La chica tiene un antojo en su mejilla derecha.

女孩的右脸颊有一颗痣。a mi (tu, su) ～任性地；随心所欲地：El jefe me ha dicho que puedo hacerlo a mi antojo. 领导跟我讲，我可以按自己的意愿做。

anular *tr.* 取消，使无效：Anulamos la actividad programada por la lluvia. 因为下雨，我们取消已安排的活动。～ *m.* 无名指：Me duele el anular. 我的无名指疼。

anunciar *tr.* (12) 1. 通知，公布：La secretaria nos anunció la fecha de la reunión. 女秘书通知了我们会议的日期。2. 预示：La negrura de las nubes anuncia tormenta. 乌云预示着暴风雨。3. 做广告：Han anunciado el detergente en la televisión. 他们在电视上为该洗涤剂做广告。

añadir *tr.* 1. 添加，增加：He añadido un poco de azúcar al café y queda mejor. 我在咖啡里加了点儿糖，口感好多了。2. 加大，放大：El banco ha añadido los intereses a la cuenta corriente. 那家银行提高了活期存款利息。

año *m.* 1. 年：El año pasado trabajé en una fábrica. 去年我在一家工厂工作。2. 年龄：Tengo cuarenta años. 我40岁了。entrado en ～s 上了年纪：Mi abuelo es un hombre entrado en años. 我祖父是个上了年纪的人。

apaciguar *tr.* (10) 使和解，使平息（宾语指人时，与前置词"a"搭配）：El señor trató de apaciguar a los dos muchachos que se estaban peleando. 那位先生极力劝解两个吵架的小伙子。～ se *prnl.* 平静（自复形式）：El enfermo se apacigua con el calmante. 病人吃下镇静药后，平静下来。

apagar *tr. prnl.* (8) 1. 熄灭，关掉：Apagué la luz antes de dormir. 我睡前已关灯。Los bomberos han apagado el incendio. 消防队员扑灭了大火。2. 减弱：Su ánimo se fue apagando con el tiempo. 随着时间的推移，他的热情逐渐减弱。

aparcar *tr.* (7) 1. 停放机动车：El chófer aparcó el coche en el aparcamiento del aeropuerto. 司机把轿车停放在机场停车场。2.（因更重要的事务）暂时搁置：Este chico ha aparcado los estudios para atender a su padre gravemente enfermo. 男孩为了照顾患重病的父亲休学了。

aparecer *intr.* （28）1. 出现：Cuando se puso el sol, apareció la luna. 太阳落山时，月亮露面了。2. 位于：Tu nombre no aparece en la lista de los admitidos. 被录取的人员名单里没有你的名字。3. 出版：El libro ha aparecido este mes y ya se han vendido mil ejemplares. 那本书本月已出版而且卖出了 1000 册。

aparentar *tr.* 1. 假装：No creo que ellos tengan tanto dinero como aparentan. 我不认为他们像看上去那样有钱。2.（年龄）好像有：Esa mujer aparenta treinta años, pero en realidad, pasa de cuarenta. 那位女士好像 30 岁的样子，实际上已超过 40 岁。

apartar *tr.* 1. 使远离（常与前置词"de"搭配）：Aparta el florero de la ventana. 你把花瓶从窗前移走。2. 分开，分离：Apartamos las manzanas maduras de las verdes. 我们从青苹果中把成熟的苹果挑出来。3. 使放弃：La enfermedad lo apartó del trabajo. 疾病使他放弃了工作。~ se *prnl.* 1. 脱离（自复形式）：Ellos se apartaron silenciosamente de la multitud. 他们默不作声地离开了人群。2. 独居：Esa mujer se apartaba en un pueblo. 那个女人在乡村独居。

aparte *adv.* 1. 分别地；单独地，个别地：El director quiere hablar aparte con cada uno de nosotros. 经理想与我们每个人分别谈话。2. 在别处：Coloca aparte estas revistas. 你把这些杂志放在别处。~ *adj.* 个别的，不同的：Lo que me has dicho es un caso aparte. 你跟我说的是个别情况。~ de 除…之外：Aprendo inglés aparte del español. 除了学习西班牙语之外，我还学习英语。

apenas *adv.* 1. 几乎不：Apenas me alcanza este pedazo de pan para matar el hambre. 我吃这块面包几乎不能充饥。2. 仅仅，最多：Tardé apenas cinco minutos en regresar. 我返回来仅用了五分钟。3. 刚…就：Apenas terminada la cena, leyó el perió dico. 他吃过晚饭就看报。

apetecer *tr.* (28) 1. 渴望: Apetezco el trabajo para mantener a la familia. 为了养家糊口,我渴望工作。2. 追求: No apetezco nada, ni honor ni riqueza. 我不追求任何东西,既不图名,也不图利。~ *intr.* 使喜欢,使愿意: ¿Le apetece café o té? 您喜欢喝咖啡还是茶?

aplaudir *tr. intr.* 1. 鼓掌(宾语指人时,与前置词"a"搭配): Los oyentes aplaudieron al conferenciante. 听众向报告人鼓掌。2. 欢迎;同意: Aplaudimos tu decisión. 我们赞同你的决定。

aplazar *tr.* (9) 延期,推迟: Todos pidieron que se aplazara la fecha del encuentro. 大家要求推迟聚会的日期。

aplicar *tr.* (7) 1. 放…之上: Apliqué un forro al libro. 我给书包上书皮。2. 运用,应用: El profesor aplica la nueva metodología en clase. 那位老师课上运用新的教学方法。3. 执行,奉行: Negocio con él aplicando los principios de igualdad y beneficio mutuo. 我和他做生意奉行平等互利的原则。~ *se prnl.* 专心,勤奋(自复形式): Veo que su hijo se aplica mucho en los estudios. 我看到他的儿子学习十分用功。

apoyar *tr.* 1. 倚,靠(常与前置词"en"或"sobre"搭配): Apoyó la bicicleta en la pared. 他把自行车靠在墙上。2. 支持;信任: Nadie apoya su punto de vista con argumentos. 没有人支持他的观点。~ *se prnl.* 依靠(自复形式): La viga se apoya sobre las columnas. 房梁依靠柱子支撑。El enfermo subió las escaleras apoyándose en el brazo de su hermano. 那位病人依靠兄弟的搀扶上楼。

apreciar *tr.* (12) 1. 评价,赏识(宾语指人时,与前置词"a"搭配): Los vecinos aprecian mucho a este muchacho porque es bondadoso y servicial. 邻居们十分欣赏这个小伙子,因为他乐善好施。2. 估价,估计: No puedo apreciar el valor de este jarrón de porcelana. 我无法估算这个大瓷瓶的价值。

apremiar *tr.* (12) 1. 紧迫: La tarea nos apremia, nos esforzamos por terminarla temprano. 任务十分紧迫，我们尽力提早完成。2. 催促：Apremió a su compañero para que le devolviera el libro. 他催促他的同学还书。

aprender *tr.* 1. 学习（与原形动词搭配，使用前置词"a"）：Antes de comprar el coche，Luis aprendió a conducir. 路易斯在买车之前，学习过驾驶。Luis aprende chino en la Universidad de Beijing. 路易斯在北京大学学习汉语。2. 学会；记住：Recitó el texto ante nosotros después de aprenderlo. 他学会那篇课文之后，在我们面前背诵。

apresurar *tr.* 1. 加速：Apresuro el paso para llegar a tiempo. 为了准时赶到，我加快了脚步。2. 催促（与前置词"a"搭配）：El jefe nos apresuró a que lo termináramos enseguida. 领导催促我们马上完工。~ se *prnl.* 急忙，加紧（自复形式，与前置词"a"搭配）：Ella se apresuró a preparar la cena porque tenía una cita. 因有约会，她匆忙准备晚饭。

aprobar *tr.* (48) 1. 赞同：Aprobó lo que dijeron sus compañeros. 他赞同同伴们的说法。2. 批准：La directiva ha aprobado mi solicitud. 领导层已批准我的申请。3. 通过：Ella ha aprobado el examen oral de inglés. 她通过了英语口试。

aprovechar *tr.* 利用，抓住：La madre aprovecha esta tela para hacer una falda. 母亲利用这块布料做裙子。Si no aprovechas esta oportunidad，será difícil que se te presente otra. 如果你不抓住这次机会，很难再给你提供另一次机会。~ *intr.* 1. 有用处，有益处：¿Te aprovechó el ordenador para tu estudio? 电脑对你的学习有帮助吗？2. 进步：La chica ha aprovechado mucho en el estudio. 那个女孩学习上进步很大。~ se *prnl.* 1. 利用（与前置词"de"搭配）：El joven obtuvo el puesto aprovechándose de la fama de su padre. 男青年利用他父亲的名望获得了那个岗位。2. 从中受益：Creo que él se ha aprovechado de nosotros. 我认为他从我们身上得到了好处。

aquí *adv.* 1. 这里：Te espero aquí. 我在这里等你。2. 现

在：Hasta aquí no lo he entendido. 直到现在，我还未弄明白。de ~ en adelante 从此以后：No te hago caso de aquí en adelante. 从此以后我再也不理你了。

arrastrar *tr.* 1. 拖，拽（宾语指人时，与前置词"a"搭配）：La madre arrastra a su hijo por el brazo para que vuelva a casa con ella. 母亲拽着孩子的胳膊让他与自己一起回家。La locomotora arrastra diez vagones. 火车头拖着10节车厢。2. 说服：El señor Liu arrastró a su compañero a la manifestación. 刘先生说服他的同事参加了游行。3. 承受（精神和物质上的负担）：Arrastra la enfermedad. 他承受着疾病的折磨。4. 带来（恶果）：La enfermedad crónica le arrastró a la muerte. 这种慢性病把他拖向死亡。~ se *prnl.* 1. 匍匐前进（自复形式）：Los soldados avanzaban arrastrándose por el suelo para evitar los disparos. 士兵们为了避开子弹，匍匐前进。2. 卑躬屈膝：Este hombre se arrastró hasta conseguir ese puesto. 这个男子为了得到那个岗位，低三下四。

arreglar *tr.* 1. 整理：La chica arregla la habitación después de levantarse. 姑娘起床后整理房间。2. 修理：Está arreglando la moto. 他正在修理摩托车。3. 打扮（宾语指人时，与前置词"a"搭配）：Si arreglas a la niña la llevaré de compras. 如果你打扮一下这个小女孩，我就带她去买东西。~ se *prnl.* 1. 打扮：La muchacha se arregla para asistir a la boda de su hermano. 姑娘梳妆打扮，准备参加她兄弟的婚礼。2. 办妥，处理妥当：Me he arreglado para recibirles. 我已作好接待你们的准备工作。3. 达成一致（自复形式，常与前置词"con"搭配）：Tengo problemas para arreglarme con el dueño del piso. 我有问题需与房东达成共识。~ selas *fam.* 安排，处理：Puedo arreglármelas bien para terminarlo solo. 我能够作好安排，以便独自完成

arrepentirse *prnl.* (25) 后悔（自复形式，与前置词"de"搭配）：Me arrepiento de no habértelo dicho a tiempo. 我后悔没有及时告诉你此事。

arriba *adv.* 在高处，在上面：Estoy arriba, en el ático. 我在上面，在阁楼里。~ de 多于，超过：Pasé las vacaciones de verano arriba de dos semanas en Hainan. 暑假，我在海南呆了两个多星期。de ~ abajo 从上到下，从头到脚：Al entrar en la oficina del jefe, me miró de arriba abajo. 我一走进领导办公室，他便从头到脚看了我一眼。

arrojar *tr.* 1. 投，抛，扔：No está bien arrojar la basura por la ventana. 从窗户扔垃圾不好。2. 冒出，排出：La chimenea de la fábrica arroja mucho humo todos los días. 那家工厂的烟囱每天冒着浓烟。3. 产生：La búsqueda del niño perdido no ha arrojado ningún resultado. 寻找失踪男孩的工作毫无结果。~ se *prnl.* 1. 扑入，扑向（自复形式，常与前置词"a"或"sobre"搭配）：El joven se arrojó al agua para salvar al niño. 男青年跳入水中救那个男孩。2. 无畏：El empresario se arrojó a una empresa arriesgada. 那位企业家无所畏惧地挑起了领导一个处于风险的企业的重担。

artículo *m.* 1. 文章：Leí un artículo sobre la corrida de toros. 我读了一篇有关斗牛的文章。2. 条款，章节：Creo que es importante el segundo artículo del contrato. 我认为合同的第二条款重要。3. 商品：Aquí se venden artículos de deporte. 这里出售体育用品。~ de primera necesidad 必需品：El pan y agua son artículos de primera necesidad. 面包和水是必需品。

asaltar *tr.* 袭击，抢劫（宾语指人时，与前置词"a"搭配）：Un joven asaltó a una mujer en la esquina de la calle. 一个男青年在那条街的拐角抢劫了一名妇女。

ascender *intr.* （25）1. 上升，提高：El precio de este apartamento asciende a doscientos mil yuanes. 这套单元房的价格升至20万元。2. 升职：Ascendió en la fábrica. 他在厂里升官了。

asegurar *tr.* 1. 保证，担保：Aseguramos la excelente calidad de este producto. 我们担保此产品质量优良。Te aseguro que tu padre te comprará una moto cuando cumplas dieciocho años. 我保证你满18岁时,你父亲给你买摩托车。2. 使牢固:Asegura la puerta con la chapa. 他使用铁板加固房门。3. 上保险:Esa señora ha asegurado su coche en una compañía de seguros. 那位女士为其轿车在一家保险公司上了保险。

asesinar *tr.* 1. 杀害,谋杀(宾语指人时,与前置词"a"搭配):El joven asesinó a su abuelo para conseguir la herencia. 男青年为得到遗产而杀死了他的祖父。2. 折磨:Está asesinando a la chica con insultos. 他以辱骂的方式折磨那个女孩。

así *adv.* 这样,如此,同样:Puedes dominarlo si sigues aprendiendo así. 这样学下去,你肯定能掌握它。~ *adj.* 同样的:Tengo un libro así, parecido al tuyo. 我有一本和你的那本相同的书。~ mismo 以及,同样,也:Estudiamos español, así mismo inglés en la universidad. 我们在大学里学习西班牙语及英语。~ como/que 一……就,立即:Así que entró en la habitación, se acostó. 他一走进房间便躺在床上。~ pues/~ que 因此:Estaba enferma, así pues, no he podido venir. 我生病了,所以来不了。

asiento *m.* 1. 座位:El asiento de mi bicicleta es cómodo. 我的自行车车座舒服。2. 基座:El asiento del monumento es de mármol. 纪念碑的底座是大理石的。tomar ~ 就座,坐下:Tome asiento por favor. 您请坐。

asistir *tr.* 1. 招待(宾语指人时,与前置词"a"搭配):La secretaria asistió al visitante en la sala. 女秘书在客厅招待来访者。2. 照料,陪护:La enfermera asiste a sus enfermos en el hospital. 那位女护士在医院里照料她分管的病人。~ *intr.* 出席,参加(与前置词"a"搭配):El alcalde asistió a la inauguración de esta empresa. 市长出席了这家企业的开业典礼。

asomar *tr.* 使显露:EL chico asomó la cabeza por la ventanilla del tren para despedirse de sus amigos. 小伙子

把头探出火车车窗，向他的朋友们告别。~ intr. 露出，显露：El avión asoma por entre las nubes. 飞机在云层之间显露。~ se prnl. 探身（自复形式）：Me asomé a la puerta para ver si había llegado mi compañero. 我探身门外，看看我的同学是否来了。

aspecto m. 1. 面貌，容貌：Este señor tiene aspecto de ser bondadoso. 这位先生相貌善良。2. 外表：El aspecto de la cámara es bonito. 该相机的外形美观。3. （语法）体：Los verbos del español tiene aspecto perfectivo e imperfectivo. 西班牙语的动词有完成体和未完成体。en este ~ 在这方面：Tengo mucho que estudiar en este aspecto. 在此方面，我有许多需要学习的东西。

aspirar tr. intr. 1. 吸气：El médico me dijo que respirar profundamente. 医生让我深吸气。2. 吸入，抽：Quiero comprar un aparato que aspira el polvo. 我想买一台吸尘器。~ intr. 渴望，追求（与前置词"a"搭配）：Fernando aspira a estudiar la acupuntura en China. 费尔南德渴望在中国学习针灸。

asumir tr. 承担，担负：Voy a asumir esta tarea. 我承担这项任务。

asustar tr. 使害怕，受惊（宾语指人或动物时，与前置词"a"搭配）：El tigre asustó a la oveja. 老虎使那只绵羊受惊。~ se prnl. 害怕，受惊（自复形式，与前置词"de"搭配）：La chica se asusta de la pelea. 姑娘害怕斗殴场面。

atacar tr.（7）进攻，攻击：Los soldados atacaron la ciudad ocupada por los enemigos. 士兵攻击那座被敌人占领的城市。~ intr. 1. 攻击，反对：Si me atacas ante otras personas, te responderé sin vacilaciones. 如果你在别人面前反对我，那么我将毫不犹豫地反击。2. （疾病）发作：En invierno me ataca el asma. 一到冬季我的哮喘病就发作。3. 伤害（与前置词"a"搭配）：Esta pastilla puede atacar al estómago. 这种药片会伤胃。

atar tr. 1. 捆绑，系住（宾语指人或动物时，与前置词"a"搭配）：El bandido ató las manos al joven. 土匪把男青年的双手捆住。2. 束缚：El susto le ató las piernas a la mujer. 惊吓使那位妇女双腿不能移动。~ corto a 强制，限制自由：Los padres atan corto a sus hijos para evitar problemas. 父母管制孩子以防出问题。

atención *f*. 1. 注意，用心：Escúchame con atención. 你注意听我讲话。2. 关心，关怀，照顾：Mi amigo tenía muchas atenciones conmigo durante mi estancia. 在我逗留期间，我的朋友给予我许多关照。llamar la ~ 1. 引起注意：Creo que lo que has hecho puede llamar la atención de tus compañeros. 我认为你刚做的那件事会引起你的同学们的注意。2. 责怪：Sal de aquí enseguida, porque el jefe te va a llamar la atención. 快离开这里，否则经理会责怪你的。en ~ a 考虑到：Te doy un regalo en atención a nuestra amistad. 为了咱们的友情，我送给你一件礼物。

atender *tr*. (16) 1. 照应，接待：Cuando vio que nadie le atendía, salió de la cafetería. 他见无人照应便离开了那家咖啡馆。La secretaria nos atendía muy bien durante la visita en su compañía. 在参观公司期间，那位女秘书十分周到地接待了我们。2. 接受，满足：El decano de la facultad atendió la petición de los estudiantes. 系主任接受了学生们的请求。~ *intr*. 1. 注意：Es necesario atender en clase. 课上注意听讲十分必要。2. 听取（与前置词"a"搭配）：Atiendo a la opinión del jefe. 我听取领导的意见。

atenerse *prnl*. (54) 1. 遵循（自复形式，与前置词"a"搭配）：Ninguno de ellos se atuvo a las instrucciones. 他们当中无人按照指示去做。2. 承担，承受：Si sigues haciendo de esta manera, te atendrás a las consecuencias. 如果你继续这样做，那么将承担其后果。

atentar *intr*. 1. 伤害，谋害（常与前置词"contra"或"a"搭配）：Ha atentado contra la vida de su amigo. 他害死了他的朋友。2. 损害：Tus palabras atentan al honor de tu hermano. 你的话有损于你兄弟的名声。

atraer *tr.* (34) 吸引；赢得（宾语指人时，与前置词"a"搭配）：El Palacio Imperial atrae a muchos turistas extranjeros. 故宫吸引了许多外国游客。~ la atención 吸引注意力：La explicación del profesor atrajo la atención de los alumnos. 老师的讲解吸引了学生们的注意力。

atrapar *tr.* 1. 抓住（宾语指人时，与前置词"a"搭配）：El policía ha atrapado al ladrón. 那个警察抓住了小偷。2. 获得；获益：Atrapó este puesto de trabajo con la ayuda de su amigo. 在朋友的帮助下，他得到了这个工作岗位。3. 弄到手：El muchacho ha atrapado a esta chica. 小伙子将这个姑娘搞到了手。

atrasar *tr.* 1. 推迟：Por la enfermedad, ha atrasado la fecha del viaje. 由于生病，他推迟了出行的日期。2. 倒拨（时针），拨慢：El joven ha atrasado la hora para estudiar una hora más. 男青年将时针倒拨，以便多学习一小时。~ *intr. prnl.* （时钟）走慢：Mi reloj atrasa mucho. 我的手表慢了很多。~ se *prnl.* 落后：Se atrasa en el aprendizaje de matemáticas. 他的数学学得不好。

atravesar *tr.* (16) 1. 横放：Han atravesado unas mesas en el corredor para cortar el paso. 他们在走廊横放了几张桌子隔断通道。2. 穿过，穿越：Tenemos que atravesar el puente para llegar a la estación ferroviaria. 我们必须通过此桥到达火车站。3. 穿透：El muchacho atravesó el corazón de la cabra con el puñal. 小伙子用匕首穿透了那只山羊的心脏。~ se *prnl.* 1. 横在中间（自复形式）：Un río se atraviesa en su camino. 一条河横在他的去路前方。2. 参与，插手：Desea atravesarse en la conversación privada de otros. 他想参与别人的私下交谈。

atreverse *prnl.* 1. 敢于（自复形式，与前置词"a"搭配）：No se atreve a conducir a gran velocidad en una carretera tan estrecha. 他不敢在这么狭窄的公路上开快车。2. 顶撞；目空一切：Se atrevió contra todos y decidimos no volver a ayudarlo. 他目中无人，我们决定不再

帮他。

atribuir *tr.* (45) 1. 归咎（宾语指人时，与前置词"a"搭配）：Este error es difícil de atribuir a una persona determinada. 这个错误很难归咎于某个具体的人。2. 委派，指派：El director me atribuyó las funciones de responsable del departamento. 经理委派我任该部门的负责人。

atropellar *tr.* 1. 轧（宾语指人时，与前置词"a"搭配）：Un coche atropelló a un viejo que cruzaba la calle. 一辆轿车轧着了一位正在穿越马路的老大爷。2.（为了开道）推搡：Corrió atropellando a los peatones para llegar a tiempo. 为了准时到达，他推开行人一路飞跑。3. 践踏：La decisión de las autoridades ha atropellado los derechos de los inocentes. 当局的决定践踏了无辜者的权利。~ se *prnl.* 草率行事（自复形式）：No se atropelle para tomar una decisión tan importante. 您不要草率作出这么重要的决定。

aumentar *tr.* 1. 增加：La falta de ejercicio físico aumenta su gordura. 缺乏锻炼使他身体发胖。2. 加大：Con la ampliación del aeropuerto, aumentarán notablemente el número de vuelos y pasajeros. 随着机场的扩建，航班和旅客的数量将明显地加大。~ *intr.* 增加，提高：En el verano de este año las temperaturas han aumentado. 今年夏天气温升高了。

aun *conj.* 虽然，尽管：Aun teniendo el dolor de espalda continuaba trabajando. 尽管我背疼，仍旧工作。~ *adv.* 甚至：Te prestaré la revista y aun el radiocasete, si me acompañas a la librería. 如果你陪我去书店，我就借给你那本杂志，甚至小收录机。~ así 即使如此：Me han echado del trabajo, aun así no pierdo la esperanza. 我被解雇了。尽管如此，我没有失望。~ cuando 即使，哪怕，无论：No te permitiré entrar aun cuando expliques más. 无论你如何解释，我也不会让你进去。

aún *adv.* 还，尚，仍：Le hemos contentado en todo y aún se queja. 我们在各方面满足他，但他却仍然抱怨。

aunque *conj.* 1. 虽然，尽管：Aunque tiene mucho dinero lleva una vida sencilla. 虽然他十分有钱，但生活俭朴。2. 即使（搭配动词须使用虚拟式）：Me marcharé aunque no me lo permita. 即使您不同意，我也要离开。

auspiciar *tr.*（12）赞助，支持：La Exposición del Arte Moderno está auspiciada por esta empresa. 现代艺术展得到这家企业的赞助。

autorizar *tr.*（9）1. 授权（宾语指人时，与前置词"a"搭配）：El director general autorizó a Fernando a gestionar el asunto de la inversión. 总经理授权费尔南多处理有关投资事务。2. 批准：El jefe autorizó mi solicitud. 领导批准了我的申请。3. 认可，同意：El notario autorizó la documentación. 公证员认可了那套文件。

avanzar *tr.*（9）前移：Avancé la silla para oír bien al conferenciante. 我把椅子挪到前面，以便听清报告人的发言。~ *intr.* 1. 前进：Avanzamos a grandes pasos para poder llegar a tiempo. 我们大步前行，以便准时赶到。2. 发展，进步：Este país ha avanzado mucho en la ciencia y tecnología. 这个国家在科技方面进步很大。

aventurar *tr.* 使冒险，使担风险：Aventuro los ahorros en la bolsa para conseguir cierta ganancia. 为了有所赢利，我把积蓄冒险投入证券交易。~ se *prnl.* 1. 冒险（自复形式）：La expedición se aventuraba en el desierto. 探险队在沙漠中探险。2. 大胆直言：Se ha aventurado a plantear una nueva solución. 他大胆提出了新的解决方案。

avergonzar *tr.*（40）使羞愧，难堪：Tu conducta me avergüenza. 你的举止令我难堪。~ se *prnl.* 羞愧（自复形式，常与前置词"de"或"por"搭配）：No se avergonzó de suplicar arrodillándose ante su jefe. 他并不为跪在领导面前哀求而感到羞愧。Deberías avergonzarte por tus acciones. 你应为自己的举动感到羞愧。

avisar *vt.* 1. 通知（宾语指人时，与前置词"a"搭配）：Aviso al señor Liu para que asista a la reunión. 我通知刘先生出席会议。2. 提醒：Te aviso que no lo digas a nadie. 我提醒你别把此事告诉任何人。

aviso *m.* 1. 通知，通告：En el tablero hay un aviso. 布告栏上有一则通知。2. 提醒：El profesor le dio un aviso para que no volviera a cometer la falta. 老师曾提醒他别再犯错误。andar/estar sobre ～ 防备：Debemos estar sobre aviso porque él puede llegar en cualquier momento. 我们应当有所准备，因为他会随时到这里。poner sobre ～ 及时通知，提醒：Ella me puso sobre aviso y pude llegar a tiempo. 因为她及时通知了我，我才得以准时赶到。sin previo ～ 不预先通知：No se permite modificarlo sin previo aviso. 在预先没有通知的情况下，不允许对它进行改动。

ayuda *f.* 1. 帮助：Tu ayuda me sirvió mucho. 你的帮助使我受益匪浅。2. 帮手：La chica es una gran ayuda para su madre. 那个女孩是她母亲的好帮手。3. 援助：La universidad da ayudas a los alumnos. 那所大学为学生提供援助。～ humanitaria 人道主义援助：Este país asiático necesita la ayuda humanitaria. 这个亚洲国家需要人道主义援助。

ayudar *tr.* 1. 帮助，协助（宾语指人时，与前置词"a"搭配）：La chica ayuda a su madre a preparar la cena. 女孩帮助母亲准备晚饭。2. 援助：Los países ricos deben ayudar a las naciones pobres. 富国应该援助穷国。

ayuno, na *adj.* 1. 尚未进食的，戒斋的：Estoy de ayuno. 我尚未吃饭。Mi religión me exige un día de ayuno. 我所信奉的宗教要求我戒斋一天。2. 缺乏的：Estamos ayunos de lo que conversan ellos. 我们对他们交谈的内容一无所知。en ayunas 1. 尚未进食：Estoy todo el día en ayunas. 我一整天未进食。2. 一窍不通，毫无所知：El profesor dio una explicación tan mala que los alumnos se quedaban en ayunas. 那位老师的讲解十分糟糕，学生们毫无收获。

azar *m.* 偶然，意外：por ～ 偶然地：Por azar me encontré con

un amigo mío en el aeropuerto. 我在机场偶遇一位朋友。al ~ 随意地，顺其自然地：Conversamos al azar. 我们随意地交谈。

azotar *tr.* 1. 打，抽打（宾语指人时，与前置词"a"搭配）：El padre azotó a su hijo que había cometido un error. 父亲打了犯错的儿子。2. 拍打；冲击：El viento del invierno azota la cara al peatón. 冬日的寒风抽打着那位行人的脸颊。

B

bailar *intr. tr.* 跳舞(常与前置词"con"搭配)：Juan baila con Ana en la discoteca. 胡安与安娜在舞厅跳舞。

baja *f.* 1. 下降；跌价：La baja del precio de la moto me interesa mucho. 我对那种摩托车的降价很感兴趣。2. 缺席：Este futbolista será baja para el partido de mañana. 这位球员将缺席明天的比赛。3. 伤亡：En la batalla hubo muchas bajas. 那场战斗造成许多伤亡。dar de ~ 1.（因病）让休养：El médico me ha dado de baja para un mes. 医生让我病休一个月。2. 除名，开除：El director le dió de baja por su mal comportamiento. 因为他行为不检点，经理把他开除。darse de ~ 停业：Esa tienda se ha dado de baja. 那家商店停业了。estar de ~ 病休：Ahora no voy a trabajar porque estoy de baja. 因为病休，我现在不去上班。

bajar *tr.* 1. 降下：Al anochecer los soldados bajan la bandera nacional en la plaza. 傍晚，士兵把广场上的国旗降下来。2. 降低(宾语指人时，与前置词"a"搭配)：El gobierno ha bajado el precio de la gasolina. 政府降低了汽油的价格。Han bajado de categoría a Juan. 胡安被降职。~ *intr.* 1. 下降：Li Ming bajó por la escalera. 李明从楼梯走下来。2. 降低，减弱：Hoy la temperatura ha bajado bastante. 今天气温降低了许多。

balde *m.* 水桶：Liu Yi nos ha traído un balde con naranjas. 刘义给我们拿来一桶柑橘。de ~ 免费的：El domingo permiten entrar de balde a todo el mundo en el museo. 周日，那家博物馆允许所有的人免费进入。en ~ 徒劳的：Todos los bancos están cerrados y he dado el viaje en balde. 所有的银行都关门了，我白跑了一趟。

banda *f.* 1. 绶带：El presidente llevaba una banda honorífica. 总统胸前佩带着荣誉绶带。2. 饰带：En el borde de su falda hay una banda decorativa. 她的裙边儿有一道花边。3. （武装的）团伙：Una banda de terroristas ha secuestrado al ministro. 一群恐怖分子绑架了那位部长。4. 管乐队：Actualmente la banda nacional de Francia está actuando en la ciudad. 目前，法国国家管乐队正在该市演出。5. 边线：El delantero corría por la banda derecha del campo de fútbol. 那位前锋沿着球场右边线疾奔。cerrarse de/a la ～固执己见：El presidente se cerró a la banda ante los consejos de sus colaboradores. 面对助手的劝告，总统固执己见。

bañar *tr.* 1. 为…洗澡（宾语指人时，与前置词"a"搭配）：La madre baña a su bebé. 母亲为她的婴儿洗澡。2. 蘸：Me gusta comer pan bañado en mermelada. 我喜欢吃面包蘸果酱。3. 镀：La chica compró un anillo bañado en oro. 姑娘买了一枚镀金戒指。4. （海洋）相连：El Mar Amarillo baña Qingdao. 黄海与青岛相连。5. 沐浴：El sol baña la habitación. 阳光沐浴着那个房间。～ se *prnl.* 洗澡（自复形式）：Me encanta bañarme con el agua tibia. 我喜欢用温水洗澡。

barrer *tr.* 1. 打扫：El anciano barre las hojas caídas de los árboles. 老人打扫落下来的树叶。2. 掠光：El viento barrió las nubes del cielo. 狂风把空中的云团一扫而光。3. 扫除，消除：El buen entendimiento sirve para barrer las contradicciones existentes. 相互理解有助于消除存在的矛盾。

base *f.* 1. 基座：La base de la columna es resistente. 立柱的基座结实。2. 基础：La base del dominio de un idioma extranjero es la práctica. 掌握外语的基础在于实践。3. 基地：El equipo salió de su base. 球队已经离开基地。a ～ de 基于，根据，以…为基础：Nos cooperamos a base de entendimiento mutuo. 我们双方在相互理解的基础上合作。

bastante *adj.* 足够的，相当多的：

Tenemos bastante comida para una semana. 我们有足够一周吃的食物。~adv. 足够，相当多地：Ésa es una película bastante buena. 那是一部相当好看的电影。He trabajado bastante. 我已干了很多。

bastar *intr. prnl.* 足够（常与前置词"con"或"para"搭配）：Mi salario no basta para mantener a toda la familia. 我的工资不够养活全家。Me basta con dos personas para terminar este trabajo. 只要给我派两个人，我就能完成这项工作。Me basto para hacerlo. 这件事，我一个人干就行。

beber *tr. intr.* 喝，饮：Me gusta beber el agua caliente. 我喜欢喝热水。~*intr.* 干杯（与前置词"a"或"por"搭配）：Bebamos a su salud. 为了您的健康干杯。Vamos a beber por el éxito de la colaboración. 我们为合作成功干杯。

beneficiar *tr.* (12) 有利于（常与前置词"a"搭配）：La lluvia beneficiará a la cosecha. 这场雨对收成有利。~ se *prnl.* 获益（自复形式，常与前置词"con"或"de"搭配）：Se ha beneficiado del prestigio de su padre. 他获益于他父亲的名声。

beneficio *m.* 1. 恩惠，好处，益处：Te ayudo sin pensar en beneficios. 我帮助你并不想获取任何好处。2. 利润：Hago el negocio con usted siguiendo los principios de beneficio mutuo. 我遵循互利的原则与您做生意。en ~ de 为了，有益于：Lo hacemos en beneficio del progreso social. 我们做此事是为了有益于社会进步。

besar *tr.* 亲吻（宾语指人时，与前置词"a"搭配）：La chica besó a su madre al despedirse. 女孩临行前吻别母亲。~ se *prnl.* 接吻（相互形式）：los dos jóvenes se besan. 两个青年接吻。

bien *adv.* 1. 好：Estoy muy bien, gracias. 我很好，谢谢。2. 顺利：El trabajo marcha bien. 工作进展顺利。3. 愉快：Ayer lo pasé bien en casa de mi amigo. 昨天，我在朋友家过得很愉快。4. 很：Quiero una cerveza bien fría. 我要一杯较凉的啤酒。~*conj.* 或…或：Te lo avisaré bien por teléfono, bien por fax. 我将以电话或传真方式通知你。~ *m.* 1. 有益的事；利益：En realidad, lo que hacemos es por nuestro propio bien. 实际上，我们所做的一切都是为了自身的利益。2. 善良：Los padres desean que sus hijos sean hombres de bien. 父母希望子女成为善良的人。~ es *pl.* 财产：Juan ha heredado todos los bienes de sus padres. 胡安继承了父母的全部财产。si ~ 虽然，尽管：Acepto su invitación si bien estoy ocupado. 尽管我很忙，但是我接受您的邀请。más ~ 与其说…不如说…；确切地说：Él no es escritor, más bien un artista. 他不是作家，确切地说是个艺术家。tener a ~ 承蒙，请：Tenga a bien informarme de esta noticia. 请您告知我这个消息。

blanco, ca *adj.* 白色的，白的：Prefiero esta camisa blanca. 我喜欢这件白衬衣。~ *m. f.* 白种人：En ese país los blancos viven mejor que los negros. 在那个国家白人比黑人生活优越。~ *m.* 1. 白色：El blanco es un color puro. 白色是一种纯洁的颜色。2. 靶子；目标：La bala dio en el blanco. 子弹击中靶子。en ~ 1. 空白纸：Páseme por favor un papel en blanco. 请您递给我一张白纸。2. 空白处：Completa la oración rellenando en blanco la palabra apropiada. 你在空白处填上适当的词，使句子完整。

bloquear *tr.* 1. 阻挡，封锁：La policía ha bloqueado la calle con barreras. 警方用路障封闭了那条街道。2. 冻结：El tribunal bloqueó mi cuenta corriente porque tengo muchas multas de tráfico. 我欠了很多交通罚款，于是法院冻结了我的活期存款。3. 停止；阻止：El operador bloqueó la máquina. 操作工停机。~ se *prnl.* 停止运转：La fotocopiadora se ha bloqueado. 复印机不工作了。

boca *f.* 1. 口，嘴，孔：La boca de esa mujer es pequeña. 那位女士的嘴小。2.（抚养的）人口或动物：Con lo que gano no puedo mantener a cinco bocas. 靠我挣的薪水不能养活五口人。andar/ir de ~ en ~ 传

言：La noticia va de boca en boca. 该消息传来传去。~ abajo 俯卧，面朝下：El chico dejó el libro boca abajo en la mesa. 男孩将书的封面朝下放在桌上。~ arriba 仰卧，面朝上：Se tumbó boca arriba para tomar el sol en la playa. 他仰卧海滩晒太阳。con la ~ abierta 吃惊：Al saber que ha ocupado el primer puesto en el concurso, me quedo con la boca abierta. 得知他在竞赛中获得第一名，我大吃一惊。

bocado *m.* 1. 一次填入口中的食物：No puedo hablar porque tengo un bocado en la boca. 我口中有食物，所以不能说话。（量词）口，小块：De momento no me da tiempo para tomar ni un bocado. 眼下，我连吃口东西的时间都没有。2. 咬：El perro le dio un bocado al desconocido en la pierna. 那条狗在陌生人的腿上咬了一口。3. 嚼子：El roce del bocado produjo una herida en la boca del caballo. 嚼子的磨擦使马的嘴受伤。comer de un ~ 吃得很快：Tenía tanta hambre que se lo comió de un bocado. 他饥肠辘辘，把食物一口吞了下去。con el ~ en la boca 未吃完饭便…；吃了饭便…：Al enterarse de la noticia, fue a la oficina con el bocado en la boca. 得知那一消息，他匆忙吃上几口便赶往办公室。

boicotear *tr.* 抵制：Durante la Guerra de Resistencia contra el Japón el pueblo chino boicoteaba los productos japoneses. 抗日战争期间，中国人民抵制日货。

bondad *f.* 忠厚，善良：Su tío es un hombre de bondad. 他叔叔是个善良人。tener la ~ de 请，劳驾：Tenga la bondad de rellenar este formulario. 劳驾您填一下这张表格。

bordo *m.* 船舷：No te acerques al bordo del barco. 你别靠近船舷。a ~ de (un avión o barco, etc.) 在（飞机或船上）：Leo la novela a bordo del avión. 我在飞机上看小说。

borrar *tr. intr.* 1. 抹去：La profesora borró la pizarra y escribió algo nuevo. 女老师涂掉黑板上所写的内容，然后写上一些新东西。2. 祛除：Este detergente borra las manchas más difíciles. 这种洗涤剂可以洗掉难以去除的污渍。3. 删除(宾语指人时,与前置词"a"搭配):El jefe ha borrado a Wang Li de la lista de candidatos. 领导把王利从候选人名单中删除。

bote *m.* 1. 弹跳:La niña sube la escalera a botes. 小女孩蹦蹦跳着上楼梯。2. 罐,盒:Tráeme un bote de pintura. 你给我拿过来一罐油漆。3. 小舟:Alquilamos un bote para divertirnos en el lago. 我们租了一艘小船在湖中消遣。de ~ en ~ 挤满人:En vísperas de la Fiesta de Primavera el tren va de bote en bote. 春节前夕,火车上挤满了人。darse el ~ 匆忙离开:Al ver que estaban peleándose, me di el bote. 看到他们在打架,我便匆忙离开。

brazo *m.* 1. 臂,胳膊:Me duele el brazo derecho. 我的右臂疼。2. 扶手:Las sillas que compré son sin brazos. 我买的椅子不带扶手。3. 吊杆:El brazo de la grúa es bastante largo. 吊车的吊臂相当长。~ derecho 得力助手:La secretaria es su brazo derecho. 女秘书是他的得力助手。cruzarse de ~s 袖手旁观:Cuando trabajamos él se cruzaba de brazos. 当我们干活的时候,他袖手旁观。con los ~s abiertos 展臂欢迎:Los amigos me recibieron con los brazos abiertos. 朋友们热情地接待了我。

brillar *intr.* 1. 发光,闪耀:El diamante incrustado en el anillo brilla en su mano. 镶嵌在戒指上的钻石在她的手上闪闪发光。2. 出众:La belleza de esta chica brilla. 这个姑娘漂亮出众。

brindar *intr.* 为…干杯,祝酒(与前置词"por"或"a"搭配):Brindamos por la amistad. 我们为友谊干杯。~ *tr.* 给予,献给(宾语指人时,与前置词"a"搭配):Brindo ayuda a José en el trabajo. 我在工作上帮助何塞。~ se *prnl.* 自愿(自复形式,与前置词"a"搭配):Ella se brindó a cuidar de su compañera durante su enfermedad. 同伴生病期间,她自愿照料她。

broma *f.* 玩笑:Cuando nos encontramos él suele decirnos bromas. 每当我们相聚时,他

经常跟我们开玩笑。de/en ~ 玩笑：Deja de hablar en bromas, que tenemos algo urgente que hacer. 你别再开玩笑了，现在我们有急事要办。tomar a ~不当回事：No te lo tomes a broma porque estoy hablando en serio. 你别不当回事，我跟你说正经事呢。

bruto, ta adj. 1. 毛坯的，未加工的：Éste es un jade bruto. 这是一块未经加工的玉石。2. 蠢笨的：Es un hombre bruto. 这是个蠢笨的男人。3. 粗鲁的，缺乏教养的：No seas bruto, debes leer las instrucciones antes de usar el aparato. 别这样鲁莽，使用电器之前你应看说明书。No seas tan bruto con esta chica. 你别对这个姑娘这么粗野。~ m. 畜牲：La jovencita fue violada por un bruto. 那个小姑娘被一个畜牲强暴。en ~毛重：¿Cuál es el peso en bruto del saco de patatas? 那袋马铃薯毛重是多少？

bueno, na adj. 1. 好的：El servicio de ese hotel es muy bueno. 那家饭店的服务非常好。2. 适宜的；有用的：Este libro es bueno para los niños. 这本书适宜于儿童阅读。3. 善良的：El señor Wang es un hombre bueno. 王先生是个善良的人。4. 健康的：Cuando te pongas bueno podrás salir a la calle. 待你病愈时才能出门。5. 很多的，很大的（位于名词前面）：He bebido un buen vaso de cerveza. 我喝了一大杯啤酒。estar de buenas 情绪好：Le haremos la petición en caso de que el jefe esté de buenas. 等领导情绪好时，我们再向他提出申请。

bulto m. 1. 体积；包：Las llaves metidas en el bolsillo del pantalón hacen un bulto. 放在裤子口袋的钥匙鼓出个包来。2. 包裹：La mujer regresó a casa con un bulto de ropa. 那位妇女提着一包衣服回家。3. 人影儿：A lo lejos se ven unos bultos. 远处有几个人影儿。de ~明显的，重要的：He encontrado unos errores de bulto en este manual. 我在这本教科书中发现了一些明显的错误。a ~大概地，粗略地：No lo he pesado, pero a bulto, tiene 2 kilos. 我没有称重量，但是我

估计有 2 公斤重。escurrir el ~ 逃避: Al enterarse de que el guardia le pondría una multa intentaba escurrir el bulto. 得知警察要罚款,他企图逃避。

burlar *tr.* 1. 欺骗(宾语指人时,与前置词"a"搭配): Este estafador ha burlado a mi madre. 这个骗子欺骗了我母亲。2. 摆脱: Burló a los perseguidores ocultándose en la esquina. 他躲在街角,摆脱了追击者。~ se *prnl.* 嘲笑,戏弄(自复形式,与前置词"de"搭配): Cree que todo el mundo se burla de él. 他认为所有的人都嘲笑他。

buscar *tr.* (7)寻找,寻求(宾语指人时,与前置词"a"搭配): El muchacho busca las llaves por el pasillo. 小伙子在走廊里寻找钥匙。Busco a Li Ming en la sala. 我在大厅里寻找李明。

C

caballo *m.* 1. 马：Me gusta este caballo. 我喜欢这匹马。2. (国际象棋)马：En el ajedrez, cada jugador tiene dos caballos. 国际象棋的棋子中，每位棋手各有两个马。a ~ 1. 在某人的背上(常与动词"ir"或"llevar"搭配)：El padre lleva a su hijo a caballo. 父亲背着儿子。2. 位于不同时期或情况之间：Ésta es una obra escrita a caballo entre los siglos XIX y XX. 这是一部写于19至20世纪之间的作品。a mata ~ 急忙地，匆忙地：Preparo la cena a mata caballo porque tendré una cita a las ocho. 我8点钟有个约会，所以匆忙准备晚饭。~ de batalla 专长，强项：El caballo de batalla de María es la informática. 玛丽娅的专长是信息学。

caber *intr.* (33) 1. 进得去：Este armario no cabe por la puerta. 这个柜子从房门移不进去。2. 容纳：¿Cuántos alumnos caben en esta aula? 这个教室容纳多少学生？3. 有可能：En este negocio no cabe ninguna reclamación. 这笔生意不能索赔。4. 属于某人或某种情况：No me cabe esta responsabilidad. 这不是我的责任。no ~ duda / la menor duda 毫无疑问，肯定：No cabe duda de que todos queremos ir. 毫无疑问，我们大家都想去。no ~ en sí 高兴，满意：Al enterarse de que ha sido aprobado en el examen no cabe en sí de alegría. 他得知考试合格后十分高兴。no ~ en la cabeza 无法理解；无法想像：No nos cabe en la cabeza cómo pasó dos días sin comer ni beber. 我们无法理解他如何不吃不喝度过了两天。

cabeza *f.* 1. 头，脑袋：Me duele la cabeza. 我头疼。2. 头脑：Ella es una chica que tiene buena cabeza. 她是个有头脑的姑娘。3. 人：Necesitamos dos cabezas para terminarlo. 我们需要两个人来完成这项任务。4. 首领：El presidente es la cabeza del gabinete. 总统是内阁首脑。5.（物件的）头：Este clavo no sirve porque tiene la cabeza doblada. 这根钉子因头部弯曲而不能使用。a la ～ 带队；位于第一位：A la cabeza de la delegación va el presidente. 总统是代表团团长。～ cuadrada 顽固不化的：No podemos convencerlo porque es una cabeza cuadrada. 我们无法说服他，他是个顽固不化的家伙。～ de turco 替罪羊：Se necesitaba una cabeza de turco para satisfacer a la opinión pública. 为了应付公众舆论，需要一个替罪羊。perder la ～ 失去理智，发疯：Ha perdido la cabeza, cree que es presidente. 他失去理智，自认为是总统。por ～ 人头：Repartimos la tarta por cabeza. 我们按人头分蛋糕。

cabo *m.* 1. 端，末尾，尽头：Hay un bar al cabo de la calle. 那条街的尽头有一家酒吧。2. 线，绳：Necesito un cabo para atar el paquete. 我需要一根绳子捆包裹。3. 班长，小队长：Los soldados saludaron al cabo. 士兵们向班长敬礼。al ～ 最后，终于：Al cabo, terminé el trabajo a las cinco de la tarde. 我终于在下午5点前完工。al ～ de… 之后：Voy al cine con él al cabo del trabajo. 下班之后，我和他去电影院。de ～ a ～ 自始至终，完整地：Vuelvo a leer de cabo a cabo el texto para entenderlo mejor. 为了更好地理解课文内容，我从头到尾重新看了一遍。llevar a ～ 实现，完成：La cooperación entre nosotros se llevó a cabo con éxito. 我们之间的合作取得了成功。echar un ～ 帮助：Agradezco que me ha echado un cabo en el viaje. 感谢您在旅途中帮助我。

cada *adj.* 1. 每，每个：El anciano sale de paseo cada tarde a las cuatro. 老人每天下午四点外出散步。2. 各，各个：Que cada viajero lleve su propio equipaje. 各位乘客请携带自己的行李。～ dos por tres 经常：El matrimonio va al cine cada dos por tres. 夫妇俩经常去电影院。

cadena *f.* 1. 链条：La cadena de mi bicicleta está rota. 我的自行车链条断了。 2. 系列；连续：La corporación ha montado una cadena de supermercados en las principales ciudades del país. 那家公司在全国主要城市开设了超市连锁店。En la cadena del ensamblaje trabajan ocho operadores. 8 名操作工在该装配线工作。~ *f. pl.* 锁链，镣铐：Ató la moto al árbol con una cadena para que no se la robara. 他用锁链把摩托车与那棵树连在一起以防别人偷窃。~ perpetua 长期监禁：Lo condenaron a cadena perpetua por sus horribles crímenes. 他因令人发指的罪行而被判处长期监禁。en ~ 连锁反应：El atentado produjo una reacción en cadena de muchos países. 谋杀事件对许多国家产生连锁反应。

caducar *intr.* (7) 1. （文件，法律）失效：La garantía del televisor caduca el presente mes. 电视机的保修期本月到期。 2. （食品，药品）过期：Este bote de tomates no lo podemos comer porque está caducado. 我们不能吃这罐蕃茄酱了，因为已经过期。

caer *intr. prnl.* (34) 1. 掉落，坠下（常与前置词"de"或"en"搭配）：La nieve cae del cielo. 雪花从空中降落。Me caí cuando subía al árbol. 我爬树时，从上面摔下来。 2. 低落，陷入：La empresa cayó en quiebra. 那家企业破产了。 3. 下台：El alcalde ha caído tras el escándalo. 市长因丑闻而下台。 4. 死亡：El soldado cayó en esta batalla. 那个士兵在这次战役中阵亡。 5. 相符；恰巧：El día de su cumpleaños cae en sábado. 他生日那天恰巧是周六。 6. 适合：Esta camisa te cae muy bien. 这件衬衣你穿着十分合身。 7. 印象；感觉（常指人）：Este señor me ha caído bien. 我觉得这位先生人品不错。 8. 位于：La librería cae cerca de mi casa. 书店位于我家附近。~ enfermo/ma 生病（男性）/（女性）：Hizo un esfuerzo superior a sus fuerzas y al final cayó enfermo. 他超负荷工作，最后病倒了。estar al ~ 临近：La Fiesta de Primavera está al caer. 春节即

将来临。

calcular *tr.* 1. 计算：Calculamos cuánto tiempo tardaremos en terminarlo. 我们计算多少时间可以完工。2. 估计：Calculo que tendrás unos veinticinco años. 我估计你大约25岁。3. 计划：Tenemos que calcular bien el proyecto. 我们应计划好这个项目。

calentar *tr. prnl.* （16）1. 加热，升温：La madre calienta la leche en la cocina. 母亲在厨房热牛奶。Tomé el agua caliente para calentarme. 我喝热水暖和身体。2. 激怒；烦扰：No me calientes, que estoy de mal humor. 你别惹我，我现在情绪不好。3. 揍，打：Te voy a calentar en caso de que sigas insultándome. 如果你继续骂我，我非揍你不可。4. 使兴奋；使激烈：El muchacho calentó la disputa con sus insultos. 男青年的辱骂使争吵加剧。5. 激起性欲：La escena calentó al muchacho. 那一场面令男青年产生性欲。6. 使兴奋，热身：El nadador mueve los brazos para calentarse. 男游泳运动员活动双臂热身。

calidad *f.* 质量，品质：Esa blusa es de buena calidad. 那件女衬衫质量好。en ～ de 以⋯身份：Fui a la fiesta en calidad de amigo. 我以朋友的身份出席了联欢会。

calificar *tr.* （7）1. 评定，评分（常与前置词"de"搭配）：Los especialistas han calificado el proyecto de perfecto. 专家评定该方案优良。2. 鉴定：El médico calificó la quemadura de tercer grado. 医生鉴定烧伤为三度。3. 证明：Sus acciones lo han calificado como un hombre honrado. 他的行为证明他是个正直的人。

calmar *tr.* 减轻，缓解；平息：La chica estaba enojada, traté de calmarla. 姑娘正在生气，我尽力让她平静下来。Esta pastilla te calmará el dolor de cabeza. 这种药片会减轻你的头疼。～ *intr. prnl.* 平静：Cálmate, que estamos contigo. 别紧张，我们在你身边。

calumniar *tr.* 诽谤，中伤（宾语指人时，与前置词"a"搭配）：El muchacho no dejó en paz a Luis y le calumniaba. 男青年诽谤路易斯，不让他安宁。

calzar *tr. prnl.* (9) 穿（鞋，袜）：El joven tiene los pies muy grandes, calza un cuarenta y ocho. 那个男青年两脚很大，穿48号的鞋。~ *tr.* （垫东西）使稳固：La mesa cojea, la calzo con un papel doblado. 桌子不稳，我垫上折叠的纸片使其平稳。

callar *intr. prnl.* 停止出声，默不作声：El piano calló. 钢琴停止了演奏。Los alumnos me escuchaban la explicación callados. 学生们默不作声地听我讲解。~ *tr. intr.* 不说出，不泄露：En la reunión él ha callado lo principal. 会上他未将主要内容和盘托出。

cama *f.* 床，铺：No hay ninguna cama en la habitación. 房间里一张床也没有。caer en ~ 生病：Luisa no puede venir porque ha caído en cama. 路易莎生病了，所以来不了。estar en ~ / guardar ~ 卧病在床：Como guarda cama María no puede salir de viaje. 玛丽娅因卧病在床而不能外出旅行。hacer la ~ 整理或收拾床铺：La chica hace la cama antes de marcharse. 女孩出门之前整理床铺。

cámara *f.* 1. 摄影机：He comprado una cámara de vídeo. 我买了一部摄影机。2. 照相机：Me gusta esta cámara fotográfica. 我喜欢这架照相机。3. 议院：En este país existen dos cámaras: la cámara alta y la cámara baja. 这个国家有两个议院：上议院和下议院。4. 房间：Charlaba con él en mi cámara. 我在自己的房间里跟他聊天。~ de comercio 商会：La cámara de comercio nos ayuda en la exportación. 商会在商品出口方面帮助我们。~ lenta 慢镜头：Repitieron la jugada con cámara lenta para que los árbitros la vieran. 重放比赛的慢镜头让裁判观看。

cambiar *tr.* 1. 替换，更换：He cambiado el coche porque quiero uno con aire acondicionado. 我喜欢带空调的轿车，所以更换了原先的那辆。2. 改变：El clima cambia por el calentamiento de la Tierra. 气候因全球变暖而变化。3. 交换：El muchacho cambió el reloj por un juguete con su compañero. 男青年用手表换

了同学的玩具。~ intr. 1. 更换（与前置词"de"搭配）：Hace poco hemos cambiado de apartamento. 不久前，我们更换了住处。2. 兑换（常与前置词"en"搭配）：Tengo que cambiar 5000 yuanes en dólares americanos. 我得把5000元人民币换成美元。3.（机动车）换挡：El chófer cambió de marcha porque en ésta el camión no podía subir la cuesta. 卡车在这个档位不能爬坡，于是司机换挡。~ se prnl. （自复形式）1. 换装：Antes de ir a la boda de Cecilia tengo que cambiarme. 参加塞西莉娅的婚礼之前，我必须换装。2. 更换（住处）（常与前置词"de"搭配）：Juan se ha cambiado de piso. 胡安更换了住处。

cambio m. 1. 改变，变化：En los últimos años China ha experimentado un gran cambio. 最近几年，中国发生了巨大的变化。2. 兑换（货币）：¿Hay una oficina de cambio aquí? 这里有货币兑换处吗？3.（口语）零钱：No me pague con un billete de cien yuanes, porque no tengo cambio. 您别用100元的纸币付款，我没有零钱。4. 变速器：Tengo que llevar el coche al taller porque el cambio está averiado. 由于变速器出现故障，我只得把轿车送到车间修理。a ~ de 换取：Le compré un diccionario a cambio de su apoyo. 为了换取他的支持，我给他买了本词典。en ~ 相反，而：Prefiere el pan, en cambio me gusta el arroz. 你喜欢吃面包，而我喜欢吃米饭。

caminar intr. 1. 行走：Vamos caminando en la acera. 我们在人行道上步行。2. 散步：Camino por la plaza después de comer. 饭后我沿着广场散步。3.（江河的）流动：El río camina silenciosamente hacia el mar. 那条河静静地流向大海。~ tr. 行进：Ayer caminé diez kilómetros. 昨天我走了10公里。

camino m. 1. 道路：Este camino conduce a Beijing. 这条路通往北京。2. 途径：Existe otro camino para resolver este problema. 还有其他途径可以解决这一问题。~ de 在去…的路上：Lo encontré camino de casa. 我在回家的路上碰上了他。de ~ 顺路，路过：Voy al centro, de camino, a la librería. 我去市中心，顺路去一下书店。abrir / abrirse ~ 开辟道路，寻求出路：Abrió camino a su hermano en su negocio. 他在生意上为他的兄弟寻求出路。ponerse en ~ 上路，出发：Nos pusimos en camino de madrugada y llegamos a Shanghai al mismo día. 我们清晨出发，当天便到达上海。a medio ~ 没有完结，半途而废：No debemos abandonar la solución de este problema a medio camino. 我们不应在这个问题的解决上半途而废。

camisa *f.* 1. 男衬衫：Tengo una camisa blanca. 我有一件白色的男衬衫。2.（蟒、蛇）脱皮：Encontré una camisa de serpiente al lado del camino. 我在路边见到一条蛇的蜕皮。cambiar de ~ 转变思想或立场：Al darse cuenta de la decisión del director el muchacho ha cambiado de camisa. 小伙子得知领导的决定之后，改变了立场。dejar sin ~ 使…破产；分文皆无：El juego de azar ha dejado a Ferrero sin camisa. 赌博使费雷罗一贫如洗。meterse en ~ de once varas 多管闲事：A este joven le gusta meterse en camisa de once varas. 这个男青年好多管闲事。

campo *m.* 1. 农村；田野：Le gusta la vida del campo. 他喜欢农村的生活。2. 庄稼：El campesino está trabajando el campo. 那个农民在耕种庄稼。3. 场地：El muchacho corre en el campo de deporte. 小伙子在操场跑步。4. 范畴，领域：El investigador ha conseguido un gran éxito en el campo de la química. 那位研究人员在化学领域获得巨大成功。~ de batalla 战场：Murió en el campo de batalla. 他死于战场。~ de concentración 集中营：Muchos prisioneros murieron en campos de concentración. 许多俘虏死于集中营。

cancelar *tr.* 1. 撤销，取消：El ayuntamiento ha cancelado este decreto. 市政府撤消了这项法令。2. 结清，清偿（债务）：El muchacho canceló el crédito que había pedido su padre al banco. 男青年清偿了他父亲向银行所借的贷款。

cansar *tr.* 1. 使疲倦，使疲劳（宾语指人时，与前置词"a"搭配）：El médico pide a los familiares que no cansen al enfermo. 医生要求家属不要使病人疲倦。2. 使厌烦：Al chico le cansa comer todos los días en casa. 那个男孩厌烦每天都在家里吃饭。~ se 疲倦；厌烦（与前置词"de"搭配）：Nos cansamos de seguir discutiéndolo con ellos. 我们厌烦继续跟他们讨论此事。

cantar *tr. intr.* 唱，唱歌：A ese señor le gusta cantar la ópera de Beijing. 那位先生喜欢唱京剧。~ *intr.* 1. 啼，鸣：El gallo canta por la mañana. 公鸡早上啼鸣。2. 招供：El chico cantó cuando lo cogió la policía. 警方抓住那个男青年时，他交代了一切。ser otro ~ 另一回事：Quieres que yo te ayude, eso es otro cantar. 你想让我帮你，这是另一回事。

capa *f.* 1. 披风，斗篷：La mujer vistió al niño con una capa porque hacía mucho frío fuera. 由于外面很冷，那个妇女为男孩披上斗篷。2. 层，表层：Una capa de nieve cubrió su coche. 一层雪覆盖了他的轿车。3. 阶层：El político lucha en beneficio de las capas inferiores de la sociedad. 那位政治家为社会下层人民的利益而斗争。so ~ de 以…为借口，以…为掩护：La tropa enemiga empezó el ataque so capa de la oscuridad. 敌军以黑夜为掩护发起进攻。defender a ~ y espada 极力坚持，维护：Defendió su honor a capa y espada. 他极力维护自己的名誉。

capacitar *tr.* 使有能力（宾语指人时，与前置词"a"搭配）：El cursillo de un mes capacitará a los nuevos obreros para que trabajen en la empresa. 一个月的培训将使新工人有能力在那家企业工作。~ se *prnl.* 掌握技能：El muchacho se ha capacitado para trabajar en este taller. 小伙子已掌握了在该车间工作的技能。

capricho *m.* 1. 任性，偏执：No lo compres por tu capricho. 你不要出于自己的偏执而非要买它。2. 奇想：El pintor dibujó algunos caprichos. 那位画家

画了一些不拘一格的作品。3. 心肝；宠物：Luisa es el capricho de su abuela. 路易莎是她奶奶的心肝。a ～ 随心所欲：Esta chica siempre se viste a su capricho. 这个女孩穿着随心所欲。

captar *tr.* 1. 接收：Este radioreceptor puede captar señales a larga distancia. 这台收音机能够接收远距离的信号。2. 领会，理解：No ha captado bien el sentido de mis palabras. 他没有理解我的话的含义。3. 吸引：El conferenciante ha captado la atención de todos los oyentes. 报告人吸引了所有听众的注意力。

capturar *tr.* 1. 抓捕；关进监狱（宾语指人时，与前置词"a"搭配）：Los policías capturaron al delincuente en el tren. 警察在火车上抓住了那个罪犯。2. 捕获：Los pescadores han capturado muchos bacalaos en esta temporada. 渔民在这一季节捕获了大量的鳕鱼。

cara *f.* 1. 脸，面容：La chica tiene una cara muy bonita. 那个女孩相貌十分漂亮。2. 脸色：La cara de la anciana es pálida. 大娘的脸色苍白。3. 表情：Me miró con cara de desprecio. 他以蔑视的表情瞥了我一眼。4. 面：En la cara de la moneda está el escudo de China. 硬币的正面有中国国徽。5. 外观：El aparato tiene una cara buena. 那件电器外观很漂亮。6. 厚颜无耻：No tengo cara para pedirle el favor. 我不好意思求您帮忙。～ *m. f.* 不知廉耻的人：El joven era un cara porque siempre pedía prestado dinero a sus compañeros. 那个青年毫无廉耻，经常向同学借钱。～ a ～ 面对面：Es mejor que lo aclaren ustedes cara a cara. 最好你们当面说清楚。de ～ (a) 面对，面向：En el tren, tengo que ir de cara porque si no, me mareo. 坐火车我只能面朝前，如果逆向我就晕车。Me siento de cara a la ventana. 我面向窗户而坐。dar la ～ 承担责任，不推卸责任：Fernando es una persona que da la cara. 费尔南多是个不推卸责任的人。～ de perro/de pocos amigos/de vinagre 脸色愠怒：Cuando le hicimos la broma él

caracterizar

puso cara de perro. 我们跟他开玩笑时，他顿时脸色愠怒。echar en ~ 揭短；使愧疚：Le eché en cara el incumplimiento de sus palabras ante todos. 我当众指责他没履行自己的诺言。verse las ~s 等着瞧：Nos veremos las caras cuando te encuentres conmigo. 你下次遇到我时，咱们再算账。

caracterizar *tr.* (9) 使有特点：Lo que la caracteriza es la belleza. 她与别人的不同之处是漂亮。~ se *prnl.* 具有特点（自复形式，与前置词"por"搭配）：La vida del campo se caracteriza por la tranquilidad. 乡村生活的特点是安静。

carecer *intr.* (28) 欠缺，缺乏（与前置词"de"搭配）：José es un muchacho que carece de paciencia. 何塞是个缺乏耐心的小伙子。Este puesto de trabajo carece de importancia. 这个工作岗位不重要。

carga *f.* 1. 装，装载：La carga de la máquina sin grúa resulta difícil. 该机器不用吊车装运有难度。¿Cuál es la capacidad anual de carga y descarga del puerto? 港口的年吞吐量是多少？2. 承载，载货：El mulo es un animal de carga. 骡子是载货的动物。El camión aguanta una carga de cinco toneladas. 那辆卡车可以承载5吨的货物。3. 填充物：Dame una carga azul para el bolígrafo. 你给我一支蓝色的圆珠笔笔芯。4. 负担；职责：La casa, los niños y el trabajo son una carga enorme para una mujer sola. 妇女独自一人承担家务、抚养孩子，还要工作，确实是个沉重的负担。

cargar *tr.* (8) 1. 装载：Cargamos las mesas y sillas en el camión para transportarlas a otro edificio. 我们把桌椅装上卡车，运往另一栋楼房。2. 充填：Antes de escribir cargué la pluma con tinta. 书写之前，我先把钢笔吸足墨水。3. 加重，增加：Cargan a los trabajadores de impuestos. 劳动者的税赋加重。4. 使厌恶：Estas reuniones insignificantes me cargan. 这些毫无意义的会议令我厌烦。~ *intr.* 1. 冲击（常与前置词"contra"或"sobre"搭配）：Los policías armados cargaron contra los manifestantes. 全副

武装的警察冲向示威者。2. 承受,负担(常与前置词"con"搭配):El padre de Luis cargó con las deudas. 路易斯的父亲负担着债务。~ se *prnl.* 1. 充满:La habitación se carga de adornos. 房间里布满装饰物。2. 杀死:El centinela se lo cargó de un tiro. 哨兵一枪打死了他。3. 弄坏:El niño se ha cargado el juguete. 男孩弄坏了玩具。4. 让…考试不及格:El profesor se ha cargado a unos de los alumnos. 那位男老师让其中的几个学生考试不及格。

cargo *m.* 1. 负担;责任:Sentí un cargo de culpabilidad al mirarlo trabajando solo sin ayudarlo. 看着他独自一人干活而不相助,我有一种负疚感。2. 职务:En esta empresa, él tiene un cargo inferior. 他在这家企业担任一个小职务。3. 领导,管理:Tiene a su cargo diez personas. 他领导着10个人。4. 应支付的欠款:No me atrevo a ir a casa de Luis porque tengo un cargo de cinco mil yuanes. 我欠路易斯5000元,所以不敢去他家。a ~ de 照料,负担:La chica está a cargo de los dos niños del vecino. 那个姑娘负责照料邻居的两个孩子。hacerse ~ 承担,负责:No se preocupe, me hago cargo de todo lo que necesitamos. 您不必担心,我负责咱们所需的一切。

carne *f.* 1. 肉:Me gusta la carne de ternero. 我喜欢吃牛肉。2. 果肉:El zumo se hace a base de la carne de duraznos. 果汁由鲜桃肉加工而成。3. 肉体:La carne del muerto se ha convertido en ceniza tras la incineración. 火化之后,死人的肉体变成灰烬。~ de cañón 1. 炮灰,牺牲品:Los soldados que luchaban en el campo de batalla eran carne de cañón. 在战场上战斗的士兵成为炮灰。2. 受虐待的,无人关心的:En ese país los inmigrantes ilegales son carne de cañón. 在那个国家,非法移民遭到虐待。~ de gallina 鸡皮疙瘩:Cuando me baño con agua fría se me pone la carne de gallina. 我用冷水洗澡时,浑身起鸡皮疙瘩。echar ~s 变胖:María ha echado carnes desde que vivió en el campo. 玛丽娅居住在乡村之后，发胖了。metido en ~s 有点发福：Fernando es un muchacho alto y metido en carnes. 费尔南多是个身材高且有点发胖的小伙子。poner toda la ~ en el asador 孤注一掷，破釜沉舟：El boxeador puso toda la carne en el asador, pero perdió la pelea. 那位拳击手破釜沉舟，不过还是输了。

carrera *f.* 1. 赛跑：El joven ganó la carrera de cien metros. 男青年赢得百米赛冠军。2. 学业，专业：A ella le interesa mucho la carrera de informática. 她对信息专业十分感兴趣。3. 事业；经历：Dedicó toda su vida a la carrera de enseñanza. 他将自己的一生全部投入到教育事业中。4. 轨迹：La luna está en mitad de su carrera. 月球位于其运行轨迹的二分之一。a la ~ 匆忙：Al recibir tu llamada vine a la carrera. 接到你的电话之后，我便匆忙赶来了。dar ~ 供⋯读书（学习）：A pesar de sus pobres salarios, el matrimonio da carrera a sus dos hijos. 尽管夫妇俩工资微薄，仍供两个儿子读书。no poder hacer ~ con / de una persona 无计可施：De momento no podemos hacer carrera con este chico travieso. 眼下，我们对这个调皮的男孩无计可施。

carro *m.* 1. （动物拉的）车：En el campo se ven carros tirados por caballos o bueyes. 在农村可以看到马拉或牛拉的车。2. （机器横向移动的）部件：El operador limpia el carro de la máquina. 操作工在擦机头。3. 小推车：En el aeropuerto llevo el equipaje en un carro. 我在机场用小推车运行李。4. （南美）轿车：Vamos a Beijing en carro. 我们乘轿车去北京。aguantar / tragar ~s y carretas 忍气吞声：Tengo que tragar carros y carretas para conservar el empleo. 为了保住那份工作，我只得忍气吞声。parar el ~ 停止；克制：¡Para el carro, que tus palabras no sirven nada para solucionar el problema! 住口，你的话语丝毫无助于解决那一问题。

carta *f.* 1. 书信：He recibido una carta de mi hermano. 我收到我兄弟的一封来信。2. 证

书：El embajador presentó su carta credencial al Jefe del Estado de Chile. 大使向智利国家元首递交国书。3. 纸牌：No sé jugar a las cartas. 我不会玩纸牌。4. 菜单，菜谱：Camarero, páseme la carta. 服务员，请递给我菜单。a ~ cabal 十足的，完全的：El ingeniero es un hombre honrado a carta cabal. 那位工程师是个真正的老实人。no saber a qué ~ quedarse 拿不定主意：No sabe a qué carta quedarse ante la invitación de dos universidades. 面对两所大学的邀请，他一时拿不定主意。poner las ~s boca arriba/enseñar las ~s 摊牌：Puso las cartas boca arriba y presentó la reclamación a la empresa. 他向公司摊牌，提出索赔。tomar ~s en el asunto 干预：Su padre tomó cartas en el asunto para que no pierda el empleo. 为了使他不失去那份工作，他父亲干预了此事。

casa *f.* 1. 房，屋：Mario ha comprado una casa nueva. 马里奥买了一处新房。2. 家，住宅：La casa de Luis está en el centro de la ciudad. 路易斯的家位于市中心。3. 商号：En esta casa se vende muebles. 这家商店出售家具。4. 馆，所：Ésta es una casa de citas. 这是一家妓院。caerse la ~ encima 呆在家中不舒服，不愉快：En verano se me cae la casa encima y quiero salir de viaje. 夏天呆在家中感到不舒服，我想外出旅行。echar / tirar la ~ por la ventana（为某事）肆意花费，肆意挥霍：Este señor echó la casa por la ventana en el cumpleaños de su mujer. 这位先生为妻子过生日出手大方。empezar la ~ por el tejado 不按常规办事，倒行逆施：Poner en marcha el proyecto antes de la investigación es empezar la casa por el tejado. 未经调研便实施项目是一种反常的行为。

casar *tr.* 1. 使和谐一致：La madre ha casado las cortinas de las habitaciones por el color. 母亲使所有房间的窗帘的颜色和谐一致。2. 主持婚礼（宾语指人，与前置词"a"搭配）：El alcalde casó a mis padres. 市长曾为我的父母主持婚礼。3.

筹办婚礼: Juan ha casado bien a su sobrino. 胡安把其侄子的婚礼操办得十分圆满。~ *intr.* 和谐,般配(与前置词"con"搭配): Esta corbata no casa con el traje. 这条领带与那件西服不协调。~ se *prnl.* 结婚(自复形式,与前置词"con"搭配): Ferrero se ha casado con esa muchacha. 费雷罗与那个姑娘结婚了。José y María se casaron. 何塞和玛丽娅结婚了。(相互形式)

casco *m.* 1. 头颅: El niño tiene un casco grande. 那个男孩脑袋大。2. 头盔,安全帽: No olvides llevar puesto el casco en las obras. 你别忘了施工时带上安全帽。3. 碎片: ¡Cuidado! aquí hay cascos de cristales rotos. 小心点!这里有许多碎玻璃片。4. 城区: María vive en el casco antiguo de la ciudad. 玛丽娅住在该市的老城区。5. 船体: El casco del barco es de color negro. 那条船的船体是黑色的。alegre / ligero de ~s 不稳重的,轻浮的: Mi compañero es un muchacho ligero de cascos. 我的这位同学是个不稳重的小伙

子。romperse los ~s (calentar los ~s) 竭尽全力,绞尽脑汁: Mi hermano se rompe los cascos buscando la solución. 我的兄弟为寻找答案绞尽脑汁。

caso *m.* 1. 情况;场合;事情,事件: Éste es un caso particular. 这是一种特殊情况。2. 案件: El juez ha encontrado un caso muy complicado. 法官遇到一桩十分复杂的案件。en ~ de 倘若(与名词搭配): No dudes en decirme en caso de urgencia. 遇到紧急情况时,你要毫不犹豫地告诉我。en ~ de que 倘若(与动词搭配须使用虚拟式,表示将来): Llámame en caso de que encuentres problemas. 你倘若遇到问题,给我打电话。en todo ~ 无论如何: Estoy muy ocupado, pero en todo caso te ayudaré. 虽然我很忙,但是无论如何也要帮你。hacer ~ 1. 理会: Cuando lo saludamos él pasó sin hacernos caso. 我们跟他打招呼时,他不加理睬地走了过去。2. 听从: Los niños deben hacer caso a sus padres. 孩子应听从父母。hacer ~ omiso 不理

会：El chico hizo caso omiso del consejo de su compañero. 那个男孩不理会同学的劝告。

castigar *tr.* (8) 1. 惩罚：Lo castigaron porque había peleado con otro chico. 他因与另一个男孩打架而受惩罚。2. 折磨（宾语指人时，与前置词"a"搭配）：La enfermedad crónica castiga a la mujer. 这种慢性病折磨着那个女人。

categoría *f.* 等级,级别：Tiene la categoría de director general de la empresa. 他的级别是那家企业的总经理。En este tren hay vagón de primera categoría. 这列火车设有头等车厢。de ～ 显要的,高级别的：El padre de Juan es un funcionario de categoría. 胡安的父亲是高级官员。

causa *f.* 1. 原因,理由；动机：La niebla es la causa del accidente. 大雾是那起交通事故的起因。¿Cuál es la causa del abandono de tus estudios? 你辍学的理由是什么？2. 事业：Luchaban por la causa de libertad. 他们始终为自由而斗争。a ～ de 由于：Ella suspendió la carrera a causa de la enfermedad. 她因患病而休学。

causar *tr.* 引起,造成：La muerte de su esposo le causó una tristeza infinita. 丈夫的去世令她极度悲伤。

cazar *tr.* (9) 1. 打猎：Actualmente no se permite cazar en el bosque. 目前不允许在森林打猎。2.（不正当地）获得：Esta mujer ha cazado una fortuna jugando a las fichas chinas. 这位女士玩麻将牌捞了不少钱。

ceder *tr.* 让予：El joven cedió el asiento a la mujer que llevaba el niño en brazos. 男青年把座位让给那位抱着孩子的妇女。～ *intr.* 1. 让步：He cedido ante su incesante insistencia. 面对他无休止的坚持,我作出了让步。2. 减弱：Con la lluvia el calor ha cedido. 由于下雨,酷热退却。

celebrar *tr. prnl.* 1. 庆贺,庆祝；纪念：Celebro que hayas obtenido la beca. 我祝贺你获得奖学金。Celebramos la Fiesta de Primavera. 我们庆祝春节。2. 举办：El mes pasado se celebró una feria en Beijing. 上

个月在北京举办了一次博览会。

celo *m*. 1. 勤奋：Ella hace el trabajo con celo. 她工作勤奋。2. 发情：La perra está en su época de celo. 母狗处于发情期。3. 透明塑料胶条：Sujeté la hoja de papel con un trozo de celo. 我用一块胶条固定那张纸。~s *pl*. 妒忌：La chica tiene celos de su compañera. 那个女孩妒忌她的女同学。dar ~s a 使嫉妒，使吃醋：La mujer daba celos a su marido conversando con un hombre. 为使她的丈夫吃醋，那位妇女与一个男人交谈。

cenar *intr*. 吃晚饭：Cenamos a las siete de la noche. 我们晚上7点吃晚饭。~ *tr*. 晚餐吃…：Hoy ceno pato laqueado. 今天晚饭我吃烤鸭。

censurar *tr*. 1. 删减：Las escenas más violentas de la película fueron censuradas. 该电影极端暴力的场面被删除。2. 检查，审查：Las autoridades están censurando el libro para decidir si puede ser publicado. 当局正在审查此书，以决定能否出版。

ceñir *tr*. (27) 1. 束紧：El vestido que lleva la chica le ciñe mucho el pecho. 女孩穿着的上衣紧绷着前胸。2. 环绕：Las murallas ciñen el casco viejo de la ciudad. 城墙环绕该市的老城区。~ se *prnl*. 限于（自复形式，与前置词"a"搭配）：Le ruego que diga concretamente, ciñiéndose sólo al tema. 我请您谈得具体点，仅限于主题范围。

cepillar *tr*. 1. 刨平：El carpintero está cepillando los tableros de madera. 木匠正在刨平木板。2. 清除（灰尘），刷净：La madre cepilla el traje con el cepillo antes de ponerlo en el armario. 母亲把西服放入衣柜之前，用刷子清除上面的灰尘。3. 梳理：La chica cepilla el cabello ante el espejo. 姑娘面对镜子梳头。~ se *prnl*. 1. 刷（自复形式）：Me cepillo los dientes después de levantarme. 我起床后刷牙。2. 使分文不剩：Su hermano le dio doscientos yuanes y se los cepilló. 他兄弟给了他200元，他全花光了。3. 杀死（人或动物）：Se ha cepillado a su vecino. 他杀

死了他的邻居。4. 迅速完成：Me cepillé la limpieza de la habitación en diez minutos. 我十分钟便整理完房间。

cerca *adv.* 1. 附近（常与前置词"de"搭配）：La escuela está cerca del museo. 学校距博物馆很近。2. 大约：Tiene cerca de cincuenta años. 他大约50岁。~ *f.* 围墙：Han hecho una cerca alrededor de la casa. 在房子的四周筑起一道围墙。de ~ 近处：Ven, quiero verte de cerca. 你过来一下，我想在近处看看你。

ceremonia *f.* 1. 仪式，礼仪：Cenamos en el hotel después de la ceremonia. 仪式结束后，我们在那家饭店用晚餐。2. 着装讲究：Asistí a la boda de mi sobrina con gran ceremonia. 我穿着讲究地出席了我侄女的婚礼。de ~ 庄重，气派：El director nos recibió con el traje de ceremonia. 经理身着考究的西服接待了我们。por ~ 出于礼貌：Jaime nos acompañó al hotel por ceremonia. 出于礼貌，哈伊梅陪同我们到饭店。sin ~s 不讲排场；随意：María nos atendió con amabilidad, sin ceremonias. 玛丽娅十分热情地接待了我们，但是很随意。

cero *m.* 1. 零，乌有：Los dos equipos empataron a cero. 两个队打成零比零。2. 零点，零度：La temperatura llegó a ocho grados bajo cero. 气温达到零下8度。partir/empezar de/desde ~ 从零开始：No conozco este trabajo, parto de cero. 我不熟悉这项工作，一切从零开始。ser un ~ a la izquierda 无价值，无足轻重：Hace poco me he incorporado a la asociación, entonces soy un cero a la izquierda. 我不久前才加入该协会，因而无足轻重。

cerrar *tr.* (16) 1. 关闭，闭上：El taxista dijo al cliente que cerrara bien la puerta. 出租车司机让乘客关好车门。Cierra los ojos. 你闭上双眼。2. 锁：Hay que cerrar bien la puerta con llave antes de marcharse. 出门前必须用钥匙锁好房门。3. 堵塞；封住：La calle está cerrada por la obra. 那条街道因施工而被封闭。4. 中止：Cerramos la tienda a las cinco. 我们商店5点停止营业。

~ se *prnl.* 1. 固执，不妥协： Le pedí que saliera de paseo conmigo, pero se cerró. 我让他和我一起外出散步，但他就是不肯。2. 乌云密布：No salgas sin paraguas porque se ha ce-rrado y puede llover. 外面乌云密布将要下雨，你出去要带着雨伞。~ el pico 闭嘴不讲：Cierra el pico cuando llegue tu padre. 你父亲来时，你闭上嘴巴。

certificar *tr.*（7）1. 证明…真实无误：El notario certificó el diploma del muchacho. 公证员证明男青年的文凭真实无误。2.（邮件）挂号：He certificado esta carta importante. 我将这封重要信函以挂号的形式寄出。

cesar *intr.* 1. 停止：Como ha cesado la lluvia, salimos de compras. 由于雨停了，我们外出购物。2. 辞去职务；退职（与前置词"en"搭配）：Ayer cesó en su cargo. 昨天他辞掉了所担负的职务。

ciego, ga *adj.* 1. 失明的：El joven ayudó a una mujer ciega a cruzar la calle. 男青年帮助一位盲人妇女过马路。2. 盲目的：Tenía una confianza ciega en ella. 他盲目地信任她。3. 堵塞的：El agua no sale bien, vamos a ver si está ciega la tubería. 水流不畅，咱们检查一下管道是否堵塞。En la habitación hay una ventana ciega. 房间有一扇死窗户。~ *m. f.* 盲人：Mi vecino es un ciego. 我的邻居是个盲人。a ciegas 1. 摸黑：Pasamos por el pasillo a ciegas porque no hay luz. 由于没灯，我们摸黑穿过走廊。2. 盲目地：No tomes la decisión a ciegas. 你别盲目作决定。

cierto, ta *adj.* 1. 确切的，真实的：Lo que me has dicho es cierto. 你跟我说的是真实情况。2. 某个，某些（位于名词前）：Esta mañana cierto amigo tuyo vino a verte. 今天上午你的一位朋友来看望你了。~ *adv.*（用于答话）是的，对；当然：¿Es domingo hoy? —Cierto. 今天是星期天吗？——是的。de ~ 肯定地，确实地：Lo comprendo de cierto. 我确实明白了。

circulación *f.* 1. 循环，流动：El enfermo tiene cierto problema en la circulación sanguínea. 那位病人的血液循环有点问题。2. 交通流量: Llegamos tarde porque había mucha circulación en el centro. 由于市中心交通流量大，我们迟到了。3. 流通: El euro ya está en circulación. 欧元已经在市面上流通。poner en ～ 使用，流通: Las autoridades han puesto en circulación los nuevos billetes. 当局使新纸币在市面上流通。retirar de la ～ 使…停用: La empresa ha retirado de la circulación una partida de productos anticuados. 那家企业把一批过时的产品撤出市场。retirarse de la ～ 不再参与: Se retiró de la circulación después del accidente. 那起事故之后，他不再参与任何事务。

circular *intr.* 1. 循环: La sangre circula por las venas. 血液沿着静脉循环。2. 流通: Actualmente este billete ya no circula. 目前这种纸币已不流通。3. '传播: La noticia circula con rapidez por todo el pueblo. 消息很快传遍全镇。4. 流动: A esta hora el tráfico circula bien. 此时交通畅通。

citar *tr.* 1. 约会: Me ha citado a las cuatro de la tarde en la cafetería. 他约我下午4点在那家咖啡馆会面。2. 引用: En la conferencia, el catedrático ha citado un refrán chino. 在讲座中，教授引用了一句中国谚语。3.（书面）传讯（宾语指人时，与前置词"a"搭配）: El juez citó a Juan en el tribunal No. 2. 法官书面传讯胡安到第二法庭出庭。

civil *adj.* 城市的；平民的；民用的；民事的: Éste es un edificio civil. 这栋楼房是民用住宅。Se ha puesto en vigor la nueva ley civil. 新的民事法已开始执行。～ *m. f.* 平民: El policía indagaba el caso vestido de civil. 那位警察身着便衣调查此案。estado ～ 婚否: ¿Cuál es tu estado civil? 你是否已婚？

claro, ra *adj.* 1. 明亮的: Me gusta esta habitación clara. 我喜欢这个明亮的房间。2. 晴朗的: Hoy es un día muy claro. 今天天气十分晴朗。3. 清楚的: Tu explicación es clara. 你的讲解很清楚。4. 清

澈的，透明的：El agua del río es clara. 河水清澈。5.（颜色）浅的：Me gusta la camisa clara. 我喜欢浅色的衬衣。6.（液体）稀的，淡的：El café le sale un poco claro. 他觉得咖啡有点淡。~ *adv.* 当然：¿Te gusta cantar? —Claro. 你喜欢唱歌吗？——当然了。~ *m.* 空地，空隙：Montamos la tienda en el claro del bosque. 我们在森林的空地处搭起帐篷。

clasificar *tr.* (7) 分类，分为等级：Clasificamos los productos por el color. 我们按颜色将产品分类。Clasificaron a los invitados por rangos. 他们将来宾按职级分组。~ *se prnl.* （体育竞赛）分组，确定：Ese equipo se ha clasificado como equipo revelación del grupo A. 那支球队被确定为A组种子队。

clavar *tr.* 1. 钉：He clavado un clavo en la pared para colgar el cuadro. 我在墙壁钉了一个钉子，用于悬挂那幅画。2. 盯住：El guardia clavó su mirada en aquel desconocido. 卫兵盯住那个陌生人。~ *intr.* 多收费：Me clavaron al comprar la entrada. 买门票时，多收了我的钱。

cobrar *tr.* 1. 收费（宾语指人时，与前置词"a"搭配）：El médico cobró al paciente veinte yuanes por el tratamiento. 医生收了病人20元的治疗费。2. 猎获：Ha cobrado dos liebres. 他猎获了两只野兔。3. 收复：Han cobrado esta isla. 收复了这个岛屿。~ *se prnl.* 1. 得到：El joven se ha cobrado lo que le deben. 男青年得到了应得的报酬。2. 恢复知觉：El anciano tardó unos minutos en cobrarse. 老大爷过了一会儿苏醒过来。

cocer *tr.* (20) 1. 煮：Cuezo agua para preparar el té. 我烧水准备沏茶。2. 烤：Este panadero cuece muy bien el pan. 这位面包师面包烤得非常好。3. 烧（砖瓦等）：Este señor sabe cocer objetos de cerámica. 这位先生会烧制陶器。~ *intr. prnl.* 煮熟；烧开：El agua ya está cociendo. 水烧开了。~ *se prnl.* 酷热：Hoy hace mucho calor, si salimos nos cocemos. 今天天气很热，如果出门我们会被烤焦的。

cocinar *tr.* 烹调：Me gustan los

platos que cocina mi madre. 我喜欢吃我母亲烹调的菜肴。

coger *tr.* (2) 1. 拿，取，抓：La muchacha cogió el pan y lo metió en la cesta. 姑娘拿上面包，放入购物筐。2. 捉住（宾语指人时，与前置词"a"搭配）：Por fin, el policía cogió al ladrón. 最后警察抓住了小偷。3. 接受：En este país no se permite coger propina. 这个国家不允许收小费。4. 乘车：Antonio no coge nunca el avión porque se marea. 安东尼奥从不乘飞机，因为他晕机。5. 领会：Con la meditación he cogido lo que me dijo el jefe. 经过思考，我才领会了领导跟我所讲的内容。6. 患（病）：Ha cogido el resfriado después de ducharse con el agua fría. 冷水淋浴后，他患上伤风感冒。7. 撞见；发现：El portero lo cogió robando. 看门人发现他正在行窃。8. 容纳，盛：El recipiente coge un litro. 那个器皿可容一升。

cohibir *tr.* (29) 束缚，约束；使拘束（宾语指人时，与前置词"a"搭配）：La presencia del jefe cohibió a Rosa. 领导的到场使罗莎感到拘谨。~ se *prnl.* 拘束，拘谨（自复形式）：Esta chica se cohíbe ante los desconocidos. 这个女孩在这些陌生人面前很拘束。

coincidir *intr.* 1. 一致，相符（与前置词"con"搭配）：Tu opinión coincide con la mía. 你的意见与我的意见相同。2. 巧遇：Ellos dos coinciden en el aeropuerto. 他俩在机场巧遇。

cojear *intr.* 1.（走路）一瘸一拐：Cojea después del accidente. 那次交通事故之后，他走路一瘸一拐。2.（家具）不稳：No te sientes en esa silla porque cojea mucho. 你别坐那把椅子，它很不稳。

cola *f.* 1. 尾巴：La cola de este pájaro es larga. 这种鸟的尾巴长。2. 尾部：Me senté en la cola del avión. 我坐在飞机的尾部。3. 排队：Póngase en la cola para coger el autobús. 请您排队乘公共汽车。4. 胶水：El carpintero pegó el marco de la ventana con cola. 木匠用胶水粘接窗框。hacer ~ 排队：Hice cola más de dos horas para comprarlo. 为了买这件东西，我排队两个多小时。traer

~连续的问题，产生严重后果：El asunto de la falsificación va a traer cola. 造假这种事后患无穷。

colaborar *intr.* 1. 合作（常与前置词"con"搭配）：Colaboro con Luis en este proyecto. 我与路易斯在这个项目中合作。2. 奉献，捐献：Esa familia ha colaborado con mil yuanes a la institución benéfica. 那户人家向慈善机构捐献了1000元。

colar *tr.*（19）1. 过滤，漂白：La mujer coló el agua antes de preparar la comida. 那位妇女做饭前过滤饮用水。2. 通过狭窄的地方：El niño coló la mano por el resquicio para sacar la moneda. 男孩为了弄出硬币，把手伸入缝隙。3. 蒙混：El viajero intentó colar la droga por la aduana. 那个旅客暗中携带毒品企图蒙混海关。~*intr.* 蒙混过去：Tus mentiras no lograron colar esta vez. 这次你的谎言没有得逞。~ se *prnl.* 混入，潜入；加塞儿：El niño intentó colarse en el cine. 小男孩想混进电影院。Se coló en la fila de compradores. 他挤入排队购物的人群。

coleccionar *tr.* 收集，收藏：Mi hermano colecciona monedas de todo el mundo. 我兄弟收藏世界各国硬币。

colgar *tr.*（41）1. 挂，悬挂：Colgué el cuadro en la pared. 我把画儿挂在墙上。2. 吊死（宾语指人，与前置词"a"搭配）：Colgaron al traidor. 吊死了那个叛徒。3. 归咎，归罪：Le han colgado el asesinato a él solo. 人们将谋杀罪推卸在他一人身上。4. 放弃职业：El futbolista ha colgado las botas. 那个足球运动员挂靴了。~*intr.* 1. 悬挂：El abrigo que cuelga de aquel perchero es mío. 挂在那个衣架上的大衣是我的。2. 听命于（与前置词"de"搭配）：Pepe está colgado de su jefe. 贝贝听命于他的上司。~*tr. intr.* 挂机（打电话）：La secretaria me ha colgado sin dejarme explicárselo. 女秘书挂了电话，不让我解释。~ de un hilo 处于危险境地：La vida de la niña cuelga de un hilo. 女孩的生命处于险境。

colmar *tr.* 1. 装满，充满（常与前置词"de"搭配）：Ella quiere colmar el vaso de leche. 她想

往杯子里倒满牛奶。2. 满足：El elogio le colmó el deseo. 别人的赞扬满足了他的愿望。3. 大量给予：La madre le colma de felicidades. 母亲给予他无限的幸福。

colocar *tr.* 1. 放，摆，置：Al entrar, colocó el libro en la mesa. 他进屋把书放在桌上。2. 安置，安排（宾语指人时，与前置词"a"搭配）：El jefe colocó a su sobrino en la oficina. 领导把他的侄子安排在办公室工作。3. 强加，推销：Intentó colocar la bicicleta mal montada a su vecino. 他企图把那辆装配不好的自行车卖给他的邻居。~ *se prnl.* 1. 置身于（自复形式）：No se coloque bajo el sol. 您别呆在太阳下。2. 受到（酒精或毒品的）伤害：Cuando bebo alcohol me coloco. 每当我喝酒时便感觉难受。

combatir *intr.* 1. 交战，战斗（常与前置词"contra"搭配）：El ejército colombiano combate contra la guerrilla. 哥伦比亚军队与该游击队交战。2. 奋斗（常与前置词"por"搭配）：Combatimos por la justicia. 我们为正义而奋斗。~ *tr.* 1. 攻击；摧毁（宾语指人时，与前置词"a"搭配）：El ejército nacional combatió a los rebeldes. 政府军向反叛者进攻。2. （与疾病、不良行为、恶习等）斗争：Debemos combatir la corrupción. 我们应与腐败作斗争。3. 反对：Carlos combate las opiniones de la mayoría. 卡洛斯反对大多数人的意见。

combinar *tr.* 使结合；使协调（与前置词"con"搭配）：Tenemos que combinar la teoría con la práctica. 我们必须理论结合实际。Combinamos el ritmo de producción con la demanda del mercado. 我们将生产节奏与市场需求相协调。~ *intr.* 协调：El color de los muebles combina con el ambiente de la salita. 家具的颜色与起居室的环境相和谐。~ *se prnl.* 合为一体，结合（自复形式）：El trabajo debe combinarse con el descanso. 要劳逸结合。

comentar *tr.* 1. 评论：Esta película es mucho más divertida que lo que han comentado los críticos. 这部电影比评论家评论的更加有趣。2. 注释：El autor comenta estas palabras en su libro. 作者在他的著作中对这些词语作了注释。

comenzar *tr.* (44) 开始，着手：María ha comenzado su trabajo. 玛丽娅已开始工作。~ *intr.* 开始，着手（与原形动词搭配，使用前置词"a"）：Comienzo a leer el texto. 我开始读课文。Las vacaciones de verano comienzan a mediados de julio. 暑假7月中旬开始。

comer *intr. tr.* 吃，吃饭：Como con mi mujer en un restaurante. 我和妻子在一家餐馆吃饭。Este mediodía he comido sólo una hamburguesa con lechuga y zanahoria. 今天中午，我只吃了一个夹生菜和胡萝卜的汉堡包。~ *tr.* 1. 消耗：Este trabajo me ha comido la mayor parte del día. 这项工作占去了我大半天的时间。2.（下棋）吃掉：Si mueves el cañón, te comeré el caballo. 如果你动炮的话，我就吃掉你的马。~ se *prnl.* 1. 使褪色：La luz solar se ha comido el color de las cortinas. 阳光使窗帘褪色。2.（朗读、书写时）略去：La chica estaba tan nerviosa que se comía las letras. 女孩十分紧张，她吞掉了不少字母。~ se vivo a uno 大发雷霆：Si sabe lo que le maldijisteis, él se os come vivos. 如果他知道你们说过他的坏话，肯定跟你们大发雷霆。

comerciar *intr.* (12) 经商（常与前置词"con"搭配）：Ha ganado mucho dinero comerciando con electrodomésticos. 他做家用电器生意赚了很多钱。

cometer *tr.* 犯（错误，罪行）：Si pusieras atención no cometerías este error. 假如你予以重视就不会犯这个错误了。

como *adv.* 1. 正如，如同：Miguel es cocinero como su padre. 米盖尔跟他父亲一样是厨师。2.（按照某种方式）做…：Hágalo como quiera. 您就按自己的意愿去做吧。3. 作为：Trabajo como profesor en esta universidad. 我在这所大学当教师。4. 大约：Serían como las ocho de la mañana cuando llegué a la fábrica. 我到工厂时，大约是上午8点钟。5. 由于：Como estoy enfermo no puedo ir a la escuela. 我生病了，所以不能去学校。

compadecer *tr.* (28) 怜悯,同情(宾语指人时,与前置词"a"搭配;表示原因使用前置词"por"):Compadezco a Juan por su sufrimiento. 我因胡安所遭受的痛苦而怜悯他。~ se *prnl.* 怜悯,同情(自复形式,常与前置词"de"搭配):Nos compadecemos de ella. 我们同情她。

compañía *f.* 1. 公司:Mi hermano trabaja en una compañía de seguros. 我兄弟在一家保险公司工作。2. 团体:El director y su compañía asistieron a la reunión. 经理和他的随行人员出席了会议。3. 剧团:La Compañía de ópera de Beijing ha visitado muchos países. 该京剧团出访过许多国家。en ~ de 在…陪同(陪伴)下:La anciana salió de paseo en compañía de su hija. 老奶奶在女儿的陪伴下外出散步。

comparación *f.* 比较,对比:Es difícil hacer una comparación entre estas dos cosas. 很难将这两件东西加以比较。en ~ con 与…相比较,与…相对比:Prefiero el pescado en comparación con la carne. 与肉相比,我更喜欢吃鱼。sin ~ 无与伦比的:Ésta es una artesanía sin comparación. 这是一件无与伦比的工艺品。

comparar *tr.* 比较,对比:Comparo este diccionario con aquél. 我把这部词典与那部词典进行对比。~ se *prnl.* 比较,相提并论(自复形式,常与前置词"con"搭配):Tu reloj no se puede comparar con el mío. 你的手表无法与我的手表相提并论。

comparecer *intr.* (28) 1. 出庭:El acusado compareció ante el juez. 被告出庭了。2. 出场,露面:Por enfermedad el cantante no compareció. 因为生病,那位男歌唱演员未出场。

compartir *tr.* 1. 分享,分担(间接宾语指人时,与前置词"con"搭配):Comparto la torta con él. 我与他合吃糕点。Compartimos la alegría. 我们分享快乐。2. 合用,共有:Luis comparte la habitación con su compañero. 路易斯和他的同学合住那个房间。

compensar *tr.* 抵偿,补偿(常与前置词"con"搭配):El jefe quiere compensarnos las horas extras con dos días de descanso. 领导想以休息两天的方式补偿我们的加班时间。El vendedor nos ha compensado la pérdida con la mercancía. 卖方以货物补偿了我们的损失。

competir *intr.* (23) 1. 竞争,竞赛: Los dos corredores compiten por la medalla de oro. 两位赛跑运动员为金牌而竞争。2. 不相上下: El vino español compite en calidad con el francés. 西班牙葡萄酒与法国葡萄酒在质量上不相上下。

complacer *tr.* (28) 使高兴,使满意: Nos complace su presencia. 您的到场令我们高兴。~ se *prnl.* 高兴,满意(常与前置词"en"或"con"搭配): Nos complacemos en comunicarles el enlace matrimonial de nuestra hija e invitarles a la ceremonia. 我们高兴地通知你们,我们的女儿将结婚并邀请你们出席她的婚礼。Todo el mundo se complace con esta buena noticia. 大家都为这个好消息而高兴。

completar *tr.* 1. 补充,补足: Complétenos lo que nos falta. 请您补足所欠我们的部分。2. 完成: El muchacho completó sus estudios en la Universidad de Beijing. 男青年完成了在北京大学的学业。

complicar *tr.* (7) 1. 使困难;使复杂: La profesora complica la pregunta. 女老师增加了提问的难度。2. 牵连(宾语指人时,与前置词"a"搭配): Este joven ha complicado a su amigo en el secuestro. 这个青年将他的朋友牵连进那起绑架案。~ se *prnl.* 变得复杂,难办: El problema se complica con su intervención. 由于他的参与,问题复杂了。

componer *tr.* (49) 1. 组成: Nosotros cinco componemos un grupito. 我们5人组成一个小组。2. 创作: Ella ha compuesto una nueva canción. 她创作了一首新歌。3. 修理: Li Ming sabe componer el refrigerador. 李明会修冰箱。4. 打扮(宾语指人时,与前置词"a"搭配): María compone a la novia. 玛丽娅为新娘扮妆。

compra *f.* 1. 买,购物: Juan es director de compras. 胡安是采购部经理。2. 采购的物品: Está calculando el valor de la compra。他正在计算所购物品的价值。hacer la ～ 购买食品：Por la mañana, mi madre hace la compra en un supermercado cercano. 早上我母亲在附近的超市购买食品。salir/ir de ～s 去购物：Suelo salir de compras el sábado. 我经常周六去购物。

comprar *tr.* 1. 购买：Mi amigo ha comprado un nuevo coche. 我的朋友买了一辆新轿车。2. 收买,贿赂(宾语指人时,与前置词"a"搭配)：Intentócomprar a este técnico para conseguir la fórmula del medicamento. 他企图收买这个技术员,以获取该药的配方。

comprender *tr.* 1. 弄懂,理解：No comprendo por qué el cajero no acept i tarjeta de crédito. 我不明白为什么出纳员不接受我的信用卡。2. 包含,包括：El apartamento comprende tres dormitorios. 那套住房有三间卧室。

comprobar *tr.* (19) 证明,证实：He comprobado que eres capaz de hacerlo. 我证明你有能力做这件事。

comprometer *tr.* 1. 拿…冒险：El abogado compromete su honor en este pleito. 那位律师在这个案子里拿自己的声誉冒险。2. 连累,使牵连(宾语指人时,与前置词"a"搭配)：La carta ha comprometido a él en este proceso. 那封信使他牵连进这个案件。～ se *prnl.* 1. 承诺,答应(自复形式,与前置词"a"搭配)：Se comprometió a llevar a su hermano a ver la corrida de toros. 他答应带他兄弟去看斗牛。2. 订婚(与前置词"con"搭配)：Marta se ha comprometido con Fernández. 玛尔塔与费尔南德斯订婚。

compromiso *m.* 1. 承诺,义务：Debes cumplir tu compromiso. 你应当履行诺言。2. 婚约：La muchacha ha dirimido su compromiso con el joven. 那个姑娘解除了与男青年的婚约。3. 协议：Ellos han firmado un compromiso para resolver sus discordias. 为了解决他们之间的分歧,双方签订了协议。4. 困境：Solucionar la deuda es el compromiso principal de la empresa. 解决债务问题是该企业的主要难题。poner en un ～ 使…陷

入困境；使…为难：Me ha puesto en un compromiso pidiéndome el dinero. 他向我借钱这件事使我感到为难。sin ~ 无义务；免费地：Puedes pedirnos la muestra sin compromiso. 你可以免费向我们索取样品。

comunicar *tr.* (7) 1. 通知，告知：Mi tío me comunica que ya ha llegado a Shanghai. 我叔叔告知我，他已抵达上海。2. 传导；扩散：El metal comunica la electricidad. 金属导电。La flor comunica su aroma a todas las habitaciones. 花的香味散发到各个房间。3. 使相通（与前置词"con"搭配）：Construiremos un puente para comunicar esta zona con la otra. 我们将建一座桥梁把该地区与另一地区连通。~ *intr.* 相连，相通（与前置词"con"或"por"搭配）：Mi oficina comunica con la suya. 我的办公室与他的办公室相通。Las dos ciudades comunican por esta carretera. 两个城市通过这条公路连通。~ *se prnl.* 1. 交谈，交流（相互形式）：Nos comunicamos las informaciones. 我们互相交流信息。2. 相通（相互形式，常与前置词"por"搭配）：Las dos habitaciones se comunican por esta puerta. 两个房间通过此门相通。3. 联系（自复形式）：Me comunico con mi familia por teléfono. 我通过电话与家人联络。

con *prep.* 1. 与，和：Paseo con mi mujer. 我和妻子一起散步。2. 携带：El profesor viene con el libro en la mano. 老师手里拿着书走过来。3. 含有：Me gusta el café con leche. 我喜欢喝加奶的咖啡。4. 表示方式：Escuchamos con atención. 我们专心听讲。5. 由于：Con la lluvia no puedo salir. 由于下雨，我不能出门。

concebir *tr.* (23) 1. 理解：Liu Li concibe el cargo como un servicio. 刘力将职务视为服务。2. 构思：El investigador concibe un nuevo modelo de coche. 那位研究人员构思一种新型轿车。3.（对某人或某事）产生好感（反感）：Desde el accidente, concebí un gran odio hacia los coches. 自那次事故之后，我对轿车产生反感。4. 受孕（宾语指人时，与前置

词"a"搭配）：Luisa ha concebido a su hijo mayor después de casarse. 路易莎结婚不久便怀上她的大儿子。

conceder *tr*. 1. 给予，让予：¿Podría concederme cierto descuento? 您能给我打点折扣吗？2. 同意，准予：Me ha concedido venir con mi mujer. 他同意我带妻子来。3. 承认：Te concedo que eres un joven honrado. 我承认你是个诚实的男青年。

concentrar *tr*. 1. 集中；聚集：Concentro toda la energía para resolver este problema. 我集中全部精力解决这一问题。2. 浓缩：Los investigadores intentan concentrar el detergente para que sea más potente y eficaz. 研究人员力图浓缩该洗涤剂，以使它更加强力、有效。~ se *prnl*. 1. 全神贯注，专心致志（自复形式）：Hay que concentrarse en clase. 课堂上应全神贯注。2. （体育）封闭：La selección nacional de fútbol se concentra en una base de entrenamiento. 国家足球队在一个训练基地封闭训练。

concepto *m*. 1. 观念，思想：Actualmente el concepto de matrimonio ha experimentado un gran cambio. 目前人们的婚姻观念发生了很大变化。2. 看法，见解（一般指人）：Todavía no tengo ningún concepto de tu hermano. 我对你兄弟一点也不了解。en ~ de 作为；当作：Participo en el concurso en concepto de práctica. 我参加竞赛就是作为一次实践。

concertar *tr*. (16) 1. 协调；使有条理：El jefe intentó concertar las ideas de los asistentes. 领导力图协调全体出席人员的想法。2. 商定，议定：Las dos compañías han concertado el precio de este producto. 两家公司商定了这种产品的价格。3. 使达成协议，使一致：El gobierno concertó el armisticio con la guerrilla. 政府与游击队达成停火协议。~ *intr*. 一致，相符（常与前置词"con"搭配）：La apariencia de esta mujer no concierta con su edad real. 这位妇女的外表与她的实际年龄不相符。

conciencia *f*. 1. 意识；观念：Debemos tener la conciencia de

mantener el aseo del taller. 我们应当有保持车间清洁的意识。2. 良心，是非感：La conciencia me indica que hemos cometido un error. 良心使我意识到我们犯了错误。3. 知觉：El accidente me ha hecho perder la conciencia. 事故使我失去了知觉。a ～ 认真地，专注地：Preparo la tesis a conciencia. 我认真地准备论文。cobrar/tomar ～ de 明白，意识到：Debemos tomar conciencia del problema de la extinción de los animales salvajes. 我们应当意识到野生动物灭绝的问题。

conciliar *tr.*（12）1. 调解，使和解（宾语指人时，与前置词 "a" 搭配）：Carlos trató de conciliar a los dos vecinos. 卡洛斯曾试图使两位邻居和解。2. 调和（想法、立场等，常与前置词 "con" 搭配）：Concilió su opinión con la de los demás. 他把自己的意见与他人的意见相调和。3. 使融合，融洽：El carácter de Luisa la concilia con todo el mundo. 路易莎的性格使她与大家相处融洽。～ el sueño 入睡：El ruido no me deja conciliar el sueño. 噪音使我无法入睡。

concluir *tr.*（45）1. 结束，完成：Con la ayuda de los demás ha concluido el trabajo. 依靠别人的帮助，他完成了工作。2. 结论：Todos concluyen que él es capaz de hacerlo. 大家一致认为他有能力做这件事。3. 推断：De la consecuencia que ha producido el accidente, concluyen que es necesario llevar cinturón de seguridad. 从那起事故所造成的后果推断，配戴安全带很有必要。

concurrir *intr.* 1. 聚集（常与前置词 "a" 搭配）：Concurrimos a la plaza para celebrar el Día Nacional. 我们涌向广场，庆祝国庆节。2. 同时发生：Hoy concurren mi cumpleaños y la boda de mi hermana. 我的生日和我姐姐的婚礼同在今天。3. （想法、意见）相同：Concurrimos en la misma opinión. 我们意见一致。4. （共同）参加竞赛：Algunos atletas mundialmente conocidos concurrieron al certamen. 一些世界闻名的田径运动员一道参加了那一赛事。

condenar *tr.* 1. 判决，判处：El juez ha condenado al delincuente a veinte años de cárcel. 法官判处罪犯入狱20年。2. 谴责，反对：Muchos países han condenado el terrorismo. 许多国家谴责了恐怖主义。3. 长期封闭（门、窗）：Los secuestradores condenaron la puerta y las ventanas de la habitación para que el rehén no se consiguiera escapar. 绑架者紧闭房屋的门、窗，以防人质逃跑。~ se 1. 自责；感到不安：El niño está tan desesperado que sus padres se condenan mucho. 男孩十分绝望，他的父母极为不安。2. 下地狱：Los traficantes de droga deben condenarse. 毒贩应下地狱。

condición *f.* 1. 条件：¿Cuál es la condición necesaria para ejercer como un abogado? 从事律师职业需要哪些必要条件？2. 本性：Quiero cooperar con un comerciante de condición honrada. 我想和一位重诚信的商人合作。3. 地位，等级：Con los esfuerzos, Andrés se ha convertido en un hombre de condición. 经过努力，安德烈斯成为一位有地位的男人。~(es) *f. pl.* 状况，状态：Las condiciones económicas de mi familia han mejorado mucho en los últimos años. 最近几年，我家的经济状况有很大的改善。a ~ de que 只要，在…条件下（从句动词使用虚拟式）：Puedes seguir pidiendo a condición de que hayas devuelto los libros. 你只有退还所借的书才能续借。en ~ es 状况/状态良好：La manzana está en condiciones, puedes comerla. 那个苹果没有坏，你可以吃。

conducir *tr.* (28) 1. 引导（宾语指人时，与前置词"a"搭配）：La guía conduce a los turistas al Palacio Imperial. 导游小姐带领游客去故宫。2. 驾驶：Conduciendo a esta velocidad, un día u otro tendrás un accidente. 你开车这么快，早晚会出事故。3. 领导：El joven conduce muy bien la empresa con la ayuda de su hermano. 男青年在兄弟的协助下把企业管理得十分出色。4. 传导：La calefacción conduce el calor por la tubería. 暖气通过管道传热。~ intr. 1. 通向(与前置词"a"搭配): Esta carretera conduce a la Gran Muralla. 这条路通往长城。 2. 导致: El vicio conduce a la delincuencia. 恶习导致犯罪。 ~ se prnl. 表现,举止: El muchacho se ha conducido bien en el trabajo. 小伙子在工作中表现良好。

conducto *m.* 1. 渠道,管道: El agua sucia sale por este conducto. 污水从这条管道排出。 2. 途径: Puedes aprovechar este conducto para conseguir informaciones. 你可以利用这一途径获取信息。por ~ de 通过: Lo conozco por conducto de mi amigo. 我是通过我的朋友认识他的。

conectar *tr.* (与电源)连接,连通: He conectado el nuevo equipo de música. 我为新音响接通电源。~ *intr.* 沟通,联系(与前置词"con"搭配): He intentado conectar con su amigo, pero todo ha sido en vano. 我一直与您的朋友联络,却没有联系上。

confesar *tr.* (16) 1. 招供;承认(过错): El criminal confesó su delito durante el interrogatorio. 犯罪嫌疑人在审讯中招供了自己的罪行。 2. 承认,坦白(秘密): Lo confiese o no, es evidente que está enamorado de ti. 不管他承认与否,他显然爱上了你。 3. 忏悔: La mujer confiesa ante el sacerdote. 那个女人在牧师面前忏悔。

confianza *f.* 1. 相信,信任(与前置词"en"搭配): Tengo confianza en él. 我信任他。 2. 亲密(与前置词"con"搭配): Tengo mucha confianza con mis hermanos. 我与兄弟们亲密无间。 3. 信心: La joven fue al concurso con mucha confianza. 女青年充满信心地去参加比赛。~ s *pl.* 过于随便: Niño, no te tomes demasiadas confianzas con los mayores. 小家伙,别跟大人过于随便。 de ~ 可信赖的: Me gusta comprar carne en esta carnicería de confianza. 我喜欢在这家可信赖的肉店买肉。

confiar *intr.* (13) 1. 相信(与前置词"en"搭配): Confió en mi capacidad de hacerlo bien. 他相信我有能力做好这件事。 2.

— 71 —

信任：Confíamos en Jorge porque es un chico muy leal. 我们信任豪尔赫，因为他是个十分忠厚的小伙子。3. 推测；期待：Confiábamos en que la sala no estuviera llena de gente. 我们希望大厅里人不是很多。~ tr. 1. 委托，托付：Ella confió la educación de su hijo a su vecina. 她托邻居教育她的儿子。2. 听凭：Confía la solución del problema al azar. 他对问题的解决听天由命。

confirmar tr. 1. 证实：El decano de la facultad ha confirmado la llegada de una profesora española. 系主任证实来了一位西班牙女教师。2. 使确信，使坚信：Su comportamiento me confirmó en mis sospechas. 他的行为坚定了我对他的猜疑。3. 确认：El turista confirma su plaza del vuelo en la agencia. 那位游客在旅行社确认航班号。~ se prnl. 确信，坚信：Me confirmo en mi creencia política. 我坚信自己的政治信仰。

conformar tr. 1. 构成：Estas piezas conforman un reloj. 这些零件可以组装一块手表。2. 使相符，使一致（常与前置词"con"或"a"搭配）：Hay que conformar las palabras con la conducta. 应该言行一致。~ se prnl. 将就（自复形式，常与前置词"con"搭配）：Me conformé con viajar en autocar porque el tren no tenía coche-cama. 因为那列火车没有卧铺，我只好乘大巴旅行。

conforme adj. 自愿接受；同意（常与动词"estar"搭配）：No está conforme con la designación del jefe. 他不同意领导的安排。~ adv. 根据，按照：Lo hacemos conforme lo que ha dicho el jefe. 我们是按照领导的旨意行事。~ a 根据，遵照：Lo hago conforme a tu idea. 我按照你的思路去做。

confundir tr. 1. 混合，汇合：Los dos ríos confunden sus aguas. 两条河交汇在一处。2. 弄混（常与前置词"con"搭配）：Ha confundido su camisa con la mía. 他把自己的衬衣与我的弄混了。3. 搞错：Como confundimos el camino, llegamos tarde. 我们走错了路，所以迟到了。4. 使混乱，不明白：Su explicación me confundió. 他

的讲解使我混乱不清。~ se *prnl.* 相混，弄错（与前置词 "*de*" 搭配）：Me confundo de número. 我将号码搞错了。

congelar *tr. prnl.* 1. 冷冻，冷藏；使凝固：Quiero congelar un poco la cerveza en el refrigerador. 我想把啤酒放入冰箱冷冻一会儿。2. 暂停：Todos los trámites se han congelado hasta que se apruebe la nueva ley. 新的法律通过之前，所有的手续暂停办理。3. 冻结：El gobierno ha congelado los salarios de los funcionarios. 政府冻结了公务员的工资。estar congelado/da 冻僵：Estoy congelado pasando la noche sin manta. 没有毯子过夜，我都冻僵了。

conmemorar *tr.* 纪念：La gente concurre a la plaza para conmemorar el Día de Independencia. 人们涌入广场，纪念独立日。

conmigo *pron.* 和我：¿Quién quiere ir conmigo a la librería? 谁愿意和我去书店？

conmover *tr.* (20) 1. 震撼，震惊（常与前置词 "a" 搭配）：Este secuestro ha conmovido a todo el país. 这起绑架案震惊了全国。2. 感动：Me conmovió mucho la hospitalidad del pueblo chino. 中国人民的热情好客深深感动了我。3. 使震动，使震颤：El terremoto conmovió todos los edificios de la ciudad. 地震使该城的所有楼房颤动。

conocer *tr.* (28) 1. 了解，熟悉；认识（宾语指人时，与前置词 "a" 搭配）：Conozco a él porque somos compañeros. 因为我们是同学，所以我了解他。No conocemos esta ciudad. 我们不熟悉这座城市。2. 懂，会：Esta muchacha conoce tres idiomas. 这个女青年懂三种语言。~ *tr. intr.* 懂，会（鉴别）：Luis conoce los vinos. 路易斯会品尝各种葡萄酒。Juan conoce de medicina. 胡安懂医学。~ se *prnl.* 彼此了解，熟悉（相互形式）：Nos conocemos muy bien. 我们彼此十分了解。

conocimiento *m.* 1. 认识，了解：Tengo cierto conocimiento sobre su país. 我对贵国有所了解。2. 知觉：Con el tratamiento oportuno el enfermo se ha recuperado en el conocimiento. 经过及时的治疗,病人恢复了知觉。~s *pl.* 知识: Mis conocimientos de informática son reducidos. 我的信息学知识有限。perder el ~ 失去知觉: La mujer perdió el conocimiento a causa del accidente. 因为事故,该女士失去了知觉。tener ~ 有分辨是非的能力: Perdón, es un niño que no tiene conocimiento. 对不起,他是个不懂事的孩子。con ~ 慎重地；细心地: Este trabajo es complicado, hay que hacerlo con conocimiento. 这项工作复杂,必须细心操作。sin ~ 糊涂的,不动脑筋的: Lo hace desordenadamente, parece un ser sin conocimiento. 他做事毫无章法,像个糊涂虫。

conquistar *tr.* 1. 征服(宾语指人时,与前置词"a"搭配): Esta película china conquistó a los espectadores extranjeros. 这部中国电影征服了外国观众。2. 夺取: La guerrilla ha conquistado la ciudad. 游击队夺取了该城。3. 赢得(爱情): Solana ha conquistado a la muchacha. 索拉纳赢得了姑娘的芳心。

consecuencia *f.* 1. 结果,后果: Creo que tus esfuerzos pueden tener una buena consecuencia. 我认为你的努力会有好结果。2. 言行符合情理: Ha actuado con consecuencia. 他举止恰如其分。a ~ de 由于,因为: Quedó cojo a consecuencia de la enfermedad. 他因所患疾病,腿瘸了。en ~ 因此,结果: Su familia es pobre y en consecuencia, ha suspendido la carrera. 他因家境贫困而休学。

consentir *tr.*(25) 1. 同意,允许: El jefe no consintió tu petición. 领导未同意你的请求。2. 放任,娇惯(尤其指儿童): No está bien que los padres consientan mucho a sus hijos. 父母放任孩子是不对的。

conservar *tr.* 1. 保持: Mi padre conserva la costumbre de salir de paseo después de la cena. 我父亲保持着晚饭后外出散步的习惯。2. 保存,收藏: Conservo el anillo de mi madre. 我保存着我母亲的戒指。3. 保留: Los jugadores del equipo conservan la energía para ganar este partido. 为了赢得这

场比赛,该球队的球员养精蓄锐。~ se *prnl.* 保养身体(自复形式):Mi abuelo se conserva muy bien. 我爷爷身体保养得非常好。

consideración *f.* 1. 考虑,权衡:Es indispensable tener una consideración antes de tomar la decisión. 作决定之前,必须考虑周全。2. 尊重;谨慎:Nos trataba con mucha consideración. 他对待我们始终很有分寸。en ~ a 考虑到,鉴于:Le han otorgado este título honorario en consideración a sus contribuciones. 鉴于他所作出的贡献,授予他这一荣誉称号。de ~ 极为重要的:Mendoza es un funcionario de consideración. 门多萨是个极为重要的官员。tener/tomar en ~ 考虑,重视:Deseo que tome en consideración mi propuesta. 我希望您考虑我的建议。

considerar *tr.* 1. 考虑:Te ruego que considere seriamente mi solicitud. 我恳请您认真考虑我的申请。2. 认为,以为:Considero que tienes la capacidad de hacerlo. 我认为你有能力做这件事。

consigo *pron.* (前置词"con"和人称代词"sí"的组合形式)和自己,随身:No pudo comprarlo porque no llevaba consigo dinero. 因为随身未带钱,他没买成那件东西。

consiguiente *adj.* 随之而来的:Esperamos con ansiedad los resultados consiguientes del ensayo. 我们焦急地等待试验的结果。por ~ 因此:La sala de lectura está cerrada, por consiguiente, me quedo en el aula para estudiar. 阅览室关门了,因此,我在教室里学习。

consistir *intr.* 在于,基于(与前置词"en"搭配):La prevención del cáncer consiste en atacarlo en sus inicios. 癌症的防治在于发病初期就医治。

consolar *tr.* (19) 安慰,慰问(宾语指人时,与前置词"a"搭配):El alcalde consuela a los damnificados. 市长慰问灾民。

consolidar *tr.* 加强,巩固:Su visita ha consolidado la amistad entre las dos familias. 他的到访加强了两家人的友谊。

constar *intr.* 1. 肯定,确实(常使用第三人称):Me consta que eres muy guapa. 我承认你很

漂亮。2. 记录；包括：En las actas de la reunión consta el nombre de los asistentes. 会议纪要上记录着出席人员的姓名。3. 构成（与前置词"de"搭配）：La delegación consta de tres personas. 代表团由三人组成。

constituir *tr.* (45) 1. 构成，组成：Tres médicos y dos enfermeras constituyen la clínica. 那家诊所由三名医生和两名护士组成。2. 是：China constituye un país en desarrallo. 中国是发展中国家。3. 建立：Hace poco constituyeron una clínica en este barrio. 不久前，有人在这个街区建了一家诊所。~ se *prnl.* 担任，担当（与前置词"en"搭配）：Se constituyó en director general. 他当上了总经理。

construir *tr.* (45) 1. 建设：Muchos intelectuales chinos vinieron del extranjero para construir la nueva China. 许多中国知识分子从国外回来建设新中国。2. 建造：Los trabajadores están construyendo un nuevo puente. 工人们正在建造一座新桥。3. 造句：Construye una oración con este verbo. 请你用这个动词造句。

consultar *tr.* 1. 请教，求教（宾语指人时，与前置词"a"搭配）：Quiero consultar el problema a un abogado. 我想向律师请教这个问题。2. 求医：Me duele el estómago, voy a consultar al médico. 我胃疼，于是去看医生。3. 参阅：Consulta el diccionario si no conoces esta palabra. 如果你不会这个词，查一下词典。~ a 请教，请示：Si no puede tomar la decisión, consulte a su jefe. 如果您不能拍板，就请示您的上司。~ con 商量，商讨：El presidente lo consulta con sus asesores. 总统跟他的顾问们商讨此事。

consumir *tr. prnl.* 1. 消耗（非物质的）：Consumimos mucho tiempo en las negociaciones. 我们在谈判上耗费了很多时间。2. 消费：En China se consume mucho el licor. 在中国，白酒消费量很大。3. 消耗；毁掉（物质的）：El incendio ha consumido toda la casa. 大火烧毁了整个房屋。4. 使烦恼，不悦：Lo consume el fracaso.

失败令他沮丧。5. 使消瘦：Las preocupaciones la han consumido. 忧虑使她身体消瘦。

contacto *m.* 1. 接触：El pez desapareció al ser puesto en contacto con el agua. 鱼一被放进水里，就消失得无影无踪。2.（电）联通：El cable está roto y no hace contacto. 电线断了，线路中断。tener / establecer ～ 联络，联系：Tengo el deseo de establecer contacto con usted para hacer negocio. 我想与您建立联系以便做生意。mantener ～ 保持联系：Aunque nos separamos hace muchos años, todavía mantenemos contacto. 我们多年前便分开了，但是仍然保持着联系。

contagiar *tr.*（3）1. 传染（宾语指人时，与前置词"a"搭配）：Debes quedarte en casa para no contagiar tu enfermedad a otros. 你应当呆在家中，以免把疾病传染给别人。2. 受（某种思想、流派）影响：El ambiente de la Universidad me contagió un gran interés por el estudio de la química. 大学的氛围激发了我学习化学的浓厚兴趣。～ se *prnl.* 染上（与前置词"de"搭配）：Se ha contagiado de hepatitis. 他染上了肝炎。

contaminar *tr.* 1. 污染：Esa basura contaminó el medio ambiente. 那堆垃圾污染环境。2. 传染：La tuberculosis contaminó el pequeño pueblo. 结核病传染了整个小镇。3. 侵蚀；毒害：El viejo contamina a los jóvenes con revistas pornográficas. 那个老家伙利用色情杂志毒害青年人。

contar *tr.*（19）1. 计数，计算：La secretaria cuenta billetes en su oficina. 女秘书在她的办公室点钱。2. 讲述：Nos contó algo de su vida. 他向我们讲述了他生活中的一些情况。～ *intr.* 1. 计算在内，包括其内（常与前置词"en"或"para"搭配）：Hierro y García también cuentan en la delegación. 耶罗和卡尔西亚也在该代表团之内。2. 拥有；依靠（与前置词"con"搭配）：Contando con su ayuda puedo terminarlo enseguida. 有您的帮助，我能马上完成任务。Contando con la fama de su padre, ha conseguido el puesto de trabajo. 仰仗父亲的名望，他得到了该工作岗位。

contemplar *tr.* 1. 观看，欣赏：Esta noche contemplamos una obra en este teatro. 今晚，我们在这个剧场观看节目。2. 认真考虑：El jefe está contemplando la posibilidad de eliminar el enfrentamiento entre vosotros dos. 领导正认真考虑消除你二人之间冲突的可能性。3. 关照；留心：La muchacha contempla mucho a su hermanita. 那个姑娘十分留心她的小妹妹。

contener *tr.* (54) 1. 包括，含有：Esta caja de cartón contiene diez camisas. 这个纸箱装有10件男衬衣。2. 阻止：Ellos contuvieron la inundación con sacos llenos de arena. 他们用沙袋阻挡洪水。3. 抑制：La muchacha les contó el suceso conteniendo las lágrimas. 姑娘忍住泪水，向他们讲述事情的经过。

contento, ta *adj.* 高兴的；满意的（与动词"estar"和前置词"de"或"con"搭配）：1. 高兴的：Estoy contento de conversar contigo. 我很高兴跟你交谈。2. 满意的：Mi hermano está muy contento con su sueldo. 我兄弟对他的薪水十分满意。~ *m.* 高兴；满意：La entrevista concluyó con gran contento. 会谈十分圆满地结束。

contestar *tr.* 1. 回答（宾语指人时，与前置词"a"搭配）：Luis contesta al taxista que va al centro comercial. 路易斯回答出租车司机说，他去商业中心。2. 回复：Ella no contestó mi carta. 她没有给我回信。3. 反对：Contestamos la decisión del jefe. 我们反对领导的决定。~ *intr.* 1. 回答（与前置词"a"搭配）：El alumno contesta a la pregunta del profesor. 那位男生回答老师的提问。2. 顶撞：Te advierto que no contestes a tus padres. 我告诫你不要顶撞父母。

contigo *pron.* 和你，跟你：Voy a la biblioteca contigo. 我和你一起去图书馆。

continuación *f.* 继续；延续：Este trabajo es una continuación del proyecto. 这项工作是那个工程的延续。a ~ 紧接着，下面：A continuación, es-

continuar

cuchamos el discurso del rector. 接下来，我们听校长讲话。

continuar *tr.* (14) 继续：Continúe su trabajo. 请您继续干。~ *intr.* 继续，持续：La conversación continuaba durante todo el día. 会谈持续了一整天。~ *intr. prnl.* 延伸：El ferrocarril continúa desde el norte hacia el sur. 铁路由北向南延伸。~ ＋ *ger.* 继续：Los estudiantes continúan estudiando. 学生们继续学习。

contra *prep.* 1. 反，逆：Avanzamos contra el viento. 我们逆风前进。2. 反对：Luchamos contra el egoísmo. 我们同利己主义作斗争。3. 对付：En la frontera nos vacunaron contra el cólera. 我们在边界注射了抗霍乱疫苗。4. 朝向，面向：Mi casa está contra una escuela. 我家对面是一所学校。5. 靠着：Pongo la escalera contra la pared. 我把梯子靠在墙壁。~ *m. pl.* 反对（常用复数）：Debemos tomar la decisión entre los pros y los contras. 我们必须决定是拥护还是反对。en ~ 反对：Se pone en contra de nosotros. 他反对我们。

contratar

contradecir *tr.* (36) 1. 反驳：Ella contradijo mi opinión. 她曾反驳我的意见。2. 抵触，相矛盾：Tus actos contradicen tus palabras. 你的举动与你的话语相抵触。~ se *prnl.* 自相矛盾（自复形式）：El delincuente se contradijo durante el interrogatorio. 犯罪嫌疑人在审讯过程中前言不搭后语。

contraer *tr.* (55) 1. 收缩：El frío contrayó la puerta de madera. 寒冷使木门收缩。2. 患，染（疾病）：La chica ha contraído la tisis. 女孩患上了肺结核病。3. 结婚，成亲：Los dos jóvenes han contraído matrimonio. 两个青年人成亲了。

contrario, ria *adj.* 1. 相反的：Ella tiene una idea totalmente contraria. 她的想法完全相反。2. 对立的：El equipo contrario lanzó un contraataque. 对方球队发起了反击。~ *m.* 对手：Su contrario es robusto. 他的对手身体健壮。al ~ 相反：Le molesto. —No, al contrario, estoy contento de atenderlo. 我打搅您了。——不会的，恰恰相反，接待您我感到很高兴。

contratar *tr.* 雇用，聘用（宾语指

人时，与前置词"a"搭配）：Esta empresa mixta ha contratado a González como responsable de ventas. 这家合资企业聘用贡萨雷斯为销售部负责人。

contravenir *tr.*（57）违反，违背：Fue despedido por haber contravenido las ordenes del jefe. 他因违背领导的命令而被辞退。

contribuir *intr.*（45）1. 纳税（与前置词"con"搭配）：Contribuye con diez mil yuanes al año. 他一年纳税1万元。2. 贡献（常与前置词"a"、"en"或"para"搭配）：Debemos contribuir a la construcción del país. 我们应为国家建设作贡献。3. 促进：El fertilizante contribuirá al crecimiento del cultivo. 化肥促进庄稼生长。

controlar *tr.* 1. 控制，监控：Tengo la capacidad de controlar la situación. 我有能力控制局面。2. 检查：Ellos dos se encargan de controlar la calidad del producto. 他俩负责检查产品质量。~ se *prnl.* 克制（自复形式）：No puedo controlar me ante la ofensa. 面对侮辱我无法克制自己。

convencer *tr.*（1）1. 说服：Si no me hubieras convencido, no habría comprado el ordenador. 要不是你说服了我，我是不会买电脑的。2. 使信服（与前置词"de"搭配）：Juan me convenció de su capacidad. 胡安使我相信了他的能力。3. 使满意：¿Le convence mi explicación? 我的解释您满意吗？

convenir *intr.*（57）1. 合适，适宜：No me conviene vivir aquí. 我不适宜在这里生活。2. 相符（宾语指人时，与前置词"a"搭配）：A Juan le conviene este traje. 这件西服与胡安的身份相符。3. 同意（与前置词"en"搭配）：Convengo en que compras un coche nuevo. 我同意你买辆新轿车。~ se *prnl.* 一致同意（自复形式，常与前置词"con"或"en"搭配）：Nos convenimos en salir de excursión mañana. 我们一致同意明天外出郊游。Estoy distante de convenirme contigo en eso. 我很难在这方面和你达成共识。

conversar *intr.* 1. 交谈，会谈（与前置词"con"搭配）：Me gusta conversar con mis amigos. 我

喜欢和朋友交谈。2. 交往：Ellos conversan a menudo. 他们经常交往。

convertir *tr.* （17）改变；使成为（常与前置词"en"搭配）：El profesor convirtió al muchacho en un hombre útil para la sociedad. 老师使那个小伙子成为有益于社会的人。~ se *prnl.* 变成（自复形式，与前置词"en"搭配）：En los últimos años Shenzhen se ha convertido en una ciudad moderna. 最近几年，深圳成为一座现代化的城市。

convivir *intr.* 共同生活，共同居住：No quiero seguir conviviendo con mis padres. 我不想继续同父母住在一起。

convocar *tr.* 1. 召开：Esta tarde convocamos una reunión importante. 今天下午我们召开一次重要会议。2. 组织：La facultad ha convocado un concurso de cortos dramas representados en español. 系里组织了一次西班牙语短剧比赛。

cooperar *intr.* 合作（与前置词"con"搭配）：Coopero con los demás en el trabajo. 我和其他人在工作中合作。

coordinar *tr.* 1. 使协调一致：El cerebro coordina los movimientos. 大脑协调动作。2. 安排；协调（宾语指人时，与前置词"a"搭配）：El jefe del taller coordina a los operadores. 车间主任给操作工安排工作。

copiar *tr.* （12）1. 抄写；复制：Anoche copié el texto en el dormitorio. 昨晚我在宿舍抄课文。2. 模仿：Ha copiado el estilo de ese pintor. 他模仿那位画家的风格。3. 抄袭：El alumno que copiaba el examen de su compañero fue expulsado del aula. 抄袭同学试卷的那个男生被赶出了教室。

corazón *m.* 1. 心脏：El corazón del anciano está en buen funcionamiento. 老大爷的心脏状态良好。2. 心肠；心意：Este señor tiene buen corazón, siempre ayuda a los demás. 这位先生心肠好，总是帮助别人。3. 中心：La chica se ha convertido en el corazón del concurso. 那个女孩成为比赛的焦点人物。de ~ 真诚地，诚心诚意地：Debemos servir de corazón a los clientes. 我们应当真诚地为顾客服务。con el

~ en la mano 十分坦诚地：Actúabamos con el corazón en la mano durante la cooperación. 合作期间，我们始终十分坦诚地共事。

corregir *tr.* 1. 改正，纠正：El chico ha corregido sus malas costumbres. 男孩改正了自己的不良习惯。2. 批改：El profesor todavía no ha corregido nuestros trabajos. 老师还未批改我们的作业。3. 指出（缺点，错误）：Corrígeme si tengo falta. 如果我有错，请你指出来。

correr *intr.* 1. 奔跑：Correr despacio es bueno para la salud. 慢跑有益于健康。2. 赛跑：Corre en la carrera de cien metros. 他在进行百米赛跑。3. （时间）流动：Los días corrían y yo no tenía ninguna noticia. 时间一天天流失，我却未得到任何消息。~ *tr. prnl.* 移动：Corre un poco tu silla. 请挪一下你的椅子。¿Puedes correrte a la derecha? 你能往右侧移一下吗？

corresponder *intr.* 1. 回赠，回报（与前置词"con"搭配）：Le correspondí con un buen regalo. 我回赠了他一份厚礼。2. 相符（与前置词"a"搭配）：El libro que me prestaste no correspondía a mi necesidad. 你借给我的那本书不是我所需要的。3. 轮到：Ahora me corresponde hablar. 现在轮到我讲话。~ se *prnl.* 相符（与前置词"con"搭配）：Su comportamiento no se corresponde con su edad. 他的举止与年龄不符。

corriente *adj.* 1. 普通的：Es un obrero corriente. 他是一个普通工人。2. 经常的：En esta zona la sequía no es corriente. 这一地区不经常干旱。3. 当前的：Te lo devuelvo sin duda alguna, en el mes corriente. 这个月我一定还给你。~ *f.* 1. 股，流：Una corriente de aire fresco penetra en la habitación por la ventana. 一股清新的空气从窗户进入房间。2. 电流：Lo torturaron con el látigo y la corriente. 他们用皮鞭和电流拷打他。3. 潮流；思潮：Fue seguidor de la corriente clásica. 他曾是古典派的追随者。contra/en contra de la ~ 1. 逆流：El barco navega contra la corriente. 船

逆流而行。2. 逆着潮流：La chica anda vestida en contra de la corriente. 那个姑娘着装与众不同。

corromper *tr.* 1. 使腐烂变质：El calor ha corrompido el pescado. 炎热使鱼变质。2. 腐蚀，使堕落（宾语指人时，与前置词"a"搭配）：Este hombre maligno ha corrompido a muchos jóvenes. 这个心术不正的男人腐蚀了许多青年。3. 贿赂，收买：Intentó corromper al alcalde con dinero y joyas. 他企图用金钱和珠宝收买市长。

cortar *tr.* 1. 割，剪，裁，砍：El chico cortaba la leña con una afilada hacha. 男孩使用利斧砍柴。Esta tijera no sirve para cortar nada. 这把剪刀不能剪任何东西。2. 切断，截断，打断：La obra ha cortado la carretera. 施工切断了这条公路的交通。Mientras charlábamos, un niño nos cortó. 我们聊天时，一个男孩打断了我们的交谈。3. 裁剪：Quiero cortar un traje con esta tela. 我想用这块布料裁一件西服。4. 划破：El avión corta el aire. 飞机划破气流。～ se *prnl.* 1. 害羞：No te cortes, sigue hablando. 你别不好意思，接着说。2. 中断：Se ha cortado la negociación. 谈判中断了。

cosechar *tr.* 收割；收获：El año pasado este agricultor cosechó mucho maíz. 去年这个农民收获了许多玉米。

costa *f.* 1. 海岸：Quiero pasar unos días en la costa. 我想在海边呆几天。～ *f. pl.* 2. 代价；费用：Me han cobrado las costas de la consulta. 他们收取了我的咨询费。a ～ de 以…为代价：Estoy dispuesto a enfrentarme con el jefe a costa de perder el puesto. 我准备以失去工作为代价与领导抗争。a toda ～ 不惜一切代价，千方百计：El ayuntamiento tiene que resolver a toda costa el problema del tráfico. 市政府必须不惜一切代价解决交通问题。

costar *tr.* (19) 1. 价值；花费：¿Cuánto cuesta esta camisa? 这件衬衣多少钱？2. 使费力：Me costó mucho encontrar tu casa. 我费尽周折才找到你家。3. 耗费（钱、财）：Este viaje me costó mucho. 这次旅行使我花费很多。

costumbre *f.* 1. 习惯：La anciana tiene la costumbre de pasear después de comer. 老大娘有饭后散步的习惯。2. 惯例，常规：Podemos hacerlo según la costumbre. 我们可以按常规去做。～s *pl.* 习俗：Quiero conocer las costumbres de este país. 我想了解这个国家的习俗。de ～ 平常，通常：Hoy me he levantado más tarde que de costumbre. 今天我比平常起得晚。

crear *tr.* 建立，创立：La Universidad ha creado una nueva facultad. 该大学设立了一个新系。Este pintor ha creado una nueva escuela. 这位画家创立了一个新的流派。

crecer *intr.* (28) 1. 生长：Esta planta crece con rapidez. 这种植物生长快。2. 长大：El niño ha crecido mucho. 男孩长高了许多。3. 增长：De momento, no tenemos la capacidad de cubrir la demanda que crece día en día. 眼下，我们无力满足日益增长的需求。～ se *prnl.* 有主见和胆识（自复形式）：Me alegro mucho de que se crezca ante las situaciones difíciles. 我很高兴他面对困难局面有胆识。

creer *tr.* (11) 相信；认为（表示否定时，宾语从句须用虚拟式）：No creemos que ella sea apta para este trabajo. 我们认为她不适合承担这项工作。Creo que lo que has dicho es la verdad. 我认为你讲的是实话。～ *intr.* 1. 信任（常与前置词"en"搭配）：El jefe cree en mí. 领导信任我。2. 信仰，信奉：Ella cree en el Catolicismo. 她信奉天主教。

cresta *f.* （飞禽的）冠；山峰；浪峰：alzar / levantar ～ 高傲自大：No puedo aguantar que me levantes la cresta. 我不能容忍你在我面前趾高气扬。estar en la ～ de la ola 达其巅峰：La nadadora china está en la cresta de la ola. 那位中国女游泳运动员目前处于巅峰。

criar *tr.* (13) 1. 哺育，养育（宾语指人时，与前置词"a"搭配）：Como la madre trabaja, una nodriza se encarga de criar al bebé. 由于母亲工作，奶妈负责哺育婴儿。2. 饲养：El campesino cría muchos cerdos. 那个农民喂养了很多头猪。3. 养殖，种植：Criar setas es un buen negocio. 种植香菇是桩好生意。4. 养育成人：Raquel crió a su sobrino. 拉盖尔把她的侄子养育成人。5. 出产：La oveja de esta zona cría bastante lana. 这一地区的绵羊产毛较多。

criticar *tr.* (7) 1. 批评，批判（宾语指人时，与前置词"a"搭配）：No está·bien que el profesor critique al alumno ante todos. 那位教师在众人面前批评学生是不妥当的。2. 评论：Los alumnos se reúnen para criticar la novela. 学生们聚在一起评论那部小说。

cruzar *tr.* (9) 1. 横穿，通过：Lo atropellaron cuando cruzaba la calle. 他横穿马路时被车撞了。El río cruza la ciudad. 那条河横贯全城。2. 杂交（与前置词"con"搭配）：Cruzaron este asno con esa yegua. 让这头公驴与那匹母马杂交。～ se *prnl.* 1. 相交叉（相互形式）：Las dos carreteras se cruzan en este punto. 两条公路在这个位置交叉。2. 相遇（自复形式，

与前置词"con"搭配）：Me crucé con mi compañero en la calle. 我在街上遇到一位同学。

cuadro *m.* 1. 画：En su habitación hay un cuadro. 他的房间里有一幅画。2. 正方形：Me gusta esa camisa de cuadros. 我喜欢那件方格衬衫。3. 干部：El cuadro de directivos de la empresa se reúne para hablar de la ampliación de producción. 该企业的领导干部聚在一起讨论扩大生产的问题。4. 场面；景象：Me ha dado una impresión terrible el cuadro del terremoto. 地震的场面给我留下了十分可怕的印象。5. 图表：En la sala de la estación hay un cuadro de trenes en marcha. 火车站的大厅有一幅列车时刻表。en ～ 人员不整，寥寥无几（常与动词"estar"或"quedar"搭配）：No podemos empezar porque el equipo de electricistas está en cuadro. 因为电工人员不整，我们无法开工。～ de mandos 控制盘，控制柜：El mecánico está revisando el cuadro de mandos. 机械师正在检测控制盘。

cual *pron.* 1. 那个人,那些人(常与定冠词搭配):Conozco a esa chica, con la cual Luis salió de vez en cuando. 我认识那个姑娘,路易斯有时跟她一起出去。 2. 那件事物,那些事物:La habitación tiene una ventana grande por la cual se ve el jardín. 房间有一扇大窗户,从那儿可以看到庭院。Tengo unos libros muy interesantes, por los cuales he conocido la historia de ese país. 我有几本十分有趣的书,通过它们我了解了那个国家的历史。por lo ~ 因此,所以:Está lloviendo, por lo cual no puedo salir de paseo. 外面正在下雨,我不能外出散步。

cualquiera *adj.* 任何一个(人或物)的(在名词前为:cualquier,复数形式为:cualesquier;位于名词后为:cualesquiera):Cualquier persona puede hacerlo. 任何人都可以干。Necesito una persona cualquiera. 我需要任何一个人。~ *pron.* 任何一个(人或物):Cualquiera de vosotros, que lo haya terminado puede irse. 你们当中的任何人,只要完工了就可以离开。

cuando *adv. conj.* 当…时候:Cuando mi madre cocina, leo el periódico. 母亲做饭时,我看报。de ~ en ~ 时而:Ella salió de compras con su vecina de cuando en cuando. 她时常与邻居外出购物。

cuanto, ta *adj.* 1. 若干的:Me hizo unas cuantas preguntas. 他向我提出了若干问题。2. 全部的:Puedes hacer todo cuanto quieras. 你可以做你想做的一切。~ *pron.* 若干;全部:Salieron cuantos terminaron el trabajo. 干完活的人都走了。~ *adv.* 越(表示数量,与"tan","tanto"或"más","menos"搭配):Cuanto más leamos, tanto más conoceremos. 我们读的书越多,知道得越多。~ antes 尽早地:Devuélveme el libro cuanto antes. 请你尽早把书还给我。en ~ 一…就:Vine en cuanto me avisaste. 你一通知我,我便赶来了。en ~ a 至于,关于:En cuanto a la discusión entre tú y él, no tengo interés en intervenir. 至于你和他之间的争论,我没兴趣卷入。

cuarto, ta *adj.* 1. 第四的：He conseguido el cuarto puesto en el concurso. 我在竞赛中取得第四名。2. 四分之一的：Las tres cuartas partes de los productos de nuestra empresa son para la exportación. 我们公司四分之三的产品供出口。~ *m.* 1. 四分之一：He comprado un cuarto de kilo de langostinos. 我买了半斤对虾。2. 房间：El niño vive en este cuarto. 小男孩住在这个房间。3. 一刻钟：Ahora son las cuatro menos cuarto. 现在是差一刻四点。~ de baño 卫生间，厕所：La casa tiene dos dormitorios y un cuarto de baño. 这套住房有两间卧室和一个卫生间。de tres al ~ 低级别的，低档次的：Ella no confía en ese electricista de tres al cuarto. 她不信任那位低级电工。

cubrir *tr.* 1. 遮，盖，罩：Ella cubre la mesa con un mantel. 她用台布罩住桌子。2. 占据（尤其位置，工作）：Un nuevo empleado ha cubierto la plaza vacante. 一个新职员填补了空缺。3. 弥补，补偿：Le doy un tres por ciento de descuento a su nuevo pedido para cubrir su pérdida anterior. 我给您新的订货 3% 的折扣，以补偿您上次的损失。4. 满足：Hago todo lo posible para cubrir su necesidad. 我尽一切努力满足您的需要。~ se *prnl.* 1. 戴帽子：Cúbrase antes de salir. 出门前请您戴上帽子。2. 提防，防备：Ante la situación peligrosa ya nos hemos cubierto bien. 面对危险局面，我们已作好防备。3. 多云；阴天：De repente se ha cubierto el cielo. 天空突然阴云密布。

cuenta *f.* 1. 计数，计算：La cuenta de las notas de alumnos me costó mucho tiempo. 计算学生分数费了我很多时间。2. 账单：Ya pagué la comida según la cuenta. 我按照账单付了餐费。3. 说明：Ya lo entendemos mediante tus cuentas. 经过你的说明，我们搞清楚了。4. 款项：Ahora no tengo ninguna cuenta en este banco. 现在我在这家银行没有任何存款。5. 责任，份内事：No te preocupes, esto es cuenta mía. 你不必担心，这是我的份内事。6. 念珠：La monja lleva en su cuello un collar de cuentas. 尼姑颈部带着一串念珠。~ corriente 活期存款：Pago el recibo de teléfono por la cuenta corriente. 我用活期存款支付电话费。darse ~ 觉察，知悉：Al llegar a casa me di cuenta de que se me había perdido la llave. 到了家门口我才察觉钥匙丢了。tener en ~ 考虑；记住：Ten en cuenta que esta tarde tendremos dos clases. 你想着点，今天下午我们有两节课。

cuerda *f.* 1. 绳索：Necesito una cuerda para atar el paquete. 我需要一根绳子捆扎包裹。2. 弦，发条：Este violín chino tiene dos cuerdas. 这把中国胡琴有两根弦。La cuerda del reloj está rota. 钟表的发条断了。bajo ~/ por debajo de ~ 私下，隐蔽地：El turista dio dinero a la guía bajo cuerda. 那位游客私下给导游小姐塞钱。en la ~ floja 处于不安或危险之中：La vida del rehén está en la cuerda floja. 人质的生命处于危险之中。

cuerno *m.* 1. 犄角：Esta oveja tiene dos cuernos muy gruesos. 这只绵羊有两只很粗的犄角。2. 触角：Los cuernos de los caracoles son muy sensibles. 蜗牛的触角十分灵敏。3. 号角：El centinela tocó el cuerno para llamar a los soldados. 哨兵吹起号角召集士兵。irse al ~ 失败，结果不妙：La negociación se ha ido al cuerno. 谈判失败了。mandar al ~ 置之不理：El camarero le pidió la propina y él le mandó al cuerno. 服务员向他索要小费，他置之不理。poner los ~s a (对妻子或丈夫)不忠：Esa mujer ha puesto los cuernos a su marido. 那个女人对她的丈夫不忠。

cuero *m.* 皮革：Mario compró un par de zapatos de cuero para su padre. 马里奥为父亲买了一双皮鞋。en ~s 裸体：Algunos niños se bañan en cueros en el río. 几个孩子在河里光着身子洗澡。

cuerpo *m.* 1. 身体：El cuerpo del muchacho es alargado. 小伙子身材修长。2. 物体：Este vino blanco tiene un cuerpo puro. 这种白葡萄酒酒体纯净。Este es un armario de dos cuerpos.

这是一个两件套组合柜。3. 尸体,遗体:Han enterrado el cuerpo del muerto. 死者的遗体已下葬。4. (衣服的)身:El cuerpo de la chaqueta es de algodón. 这件上衣是棉制品。5. 团体;主体:La juventud forma el cuerpo principal del profesorado de la Universidad. 青年人构成该大学教师的主体。6. (印刷)字体:Las letras del texto llevan un cuerpo algo pequeño. 课文的字体有点小。a ~ 不穿大衣:En esta temporada la gente puede salir a cuerpo. 这个季节人们外出可以不穿大衣。~ a ~ 肉搏:Los soldados luchaban contra los enemigos cuerpo a cuerpo. 士兵们同敌人展开肉搏战。en ~ y alma 毫无保留地:Expresó su opinión en cuerpo y alma. 他毫无保留地表明了自己的意见。a ~ de rey 非常舒适地:Ella vive a cuerpo de rey con su madre. 她非常舒适地和她的母亲生活在一起。

cuesta *f.* 坡,斜坡:a ~s 1. 肩扛,背:El campesino llevaba a cuestas un saco de arroz. 那个农民背着一袋大米。2. 承担:¿Quién va a llevar a cuestas esta responsabilidad? 谁承担这个责任?

cuidar *tr.* 1. 看护:El perro cuida la casa. 狗看守家门。2. 关照;照料(宾语指人时,与前置词"a"搭配):La madre cuida a su hijo que está enfermo. 母亲照料生病的儿子。~ *intr.* 照顾;看管:La enfermera cuida de la abuela. 女护士照看那位老奶奶。Luis cuida de la tienda de su hermano durante su ausencia. 路易斯的兄弟不在时,路易斯帮他照看商店。~ se *prnl.* 1. 保重:Cuídese porque su familia lo necesita. 请多保重,因为您的家人需要您。2. 提防(危险):Cuídate de su engaño. 你要提防点,别被他欺骗。

culpa *f.* 1. 过失,过错:La culpa es mía. 这是我的过错。2. 责任:Tengo la culpa del accidente. 那起事故我有责任。echar la ~ a 推卸责任:Todo el mundo echó la culpa del robo a ese chico. 大家把偷盗的过失推到那个男孩的身上。

culpar *tr.* 1. 归咎,归罪于(前置

词"de"搭配）：Culpó de la falta a su compañero. 他把过错推到他的同学身上。2. 指责：Culpó a su hermano de no haberle ayudado. 他指责他的兄弟没有帮他。

cultivar *tr.* 1. 耕种，种植：El agricultor cultiva tomates y pepinos en el invernadero. 该农民在温室大棚种植西红柿和黄瓜。2. 养育，养殖：En la piscina cultivo camarones. 我在鱼池里养虾。3. 致力于；研究：Le gusta cultivar la literatura moderna. 他喜欢研究现代文学。4. 维护；加强：Quiero cultivar la amistad entre nosotros. 我愿意加强咱们之间的友谊。

cumplido, da *adj.* 1. 完成的，圆满的：Ya tenemos cumplido el trabajo. 我们已经完成工作。2. 周到的，客气的：No seas tan cumplido, siéntete como en tu casa. 你别这么客气，就像在自己家那样。~ *m.* 礼貌，客气：No me hagas muchos cumplidos, que somos amigos. 你别跟我这么客气，咱们是朋友。por ~ 出于礼貌：Le acompaño al aeropuerto por cumplido. 出于礼节，我陪您去机场。

cumplir *tr.* 1. 履行，执行：El señor cumplió sus palabras. 那位先生履行了诺言。2. 年满：Hoy cumplo treinta años. 今天我满30岁。3. 完成；实现：El muchacho ha cumplido su deseo de estudiar en una universidad. 小伙子实现了在大学学习的愿望。~ *intr.* 1. 履行职责，尽责（常与前置词"con"搭配）：El jefe ha cumplido con su obligación en el trabajo. 领导对工作尽职尽责。2. 到期：El documento cumplirá el primero de agosto. 该合同8月1日到期。~ se *prnl.* 1. 到期（自复形式）：Hoy se cumple un mes de mi ingreso en la fábrica. 今天我进厂工作整整一个月。2. 实现：Se ha cumplido nuestro deseo. 我们的愿望实现了。por ~ 出于礼貌：Lo hacemos así por cumplir. 我们这样做是出于礼貌。

curar *tr.* 1. 医治（宾语指人时，与前置词"a"搭配）：El médico curó las heridas al niño. 医生为男孩医治伤口。2. 鞣制；

Ellos curaban las pieles de los carneros para hacer bolsos con ellas. 他们鞣制绵羊皮,用它制作皮包。3. 晾制;腌制:éste es un sitio apropiado para curar los jamones. 这是适宜晾制火腿的地方。~ *intr. prnl.* 痊愈,恢复健康(常与前置词"de"搭配):Es un milagro que se haya curado de una enfermedad tan grave. 他重病痊愈是个奇迹。

cursar *tr.* 1. 攻读,学习:¿Qué carrera cursas en la universidad? 你在大学读什么专业? 2. 发布,下达:El jefe cursó la orden a sus subalternos. 领导向部下下达命令。

curso *m.* 1. 学年:El presente curso empezará en septiembre. 本学年将从九月开始。2. 课程:Me interesa el curso de sintaxis de español. 我对西班牙语句法课感兴趣。3. 年级:Somos estudiantes del primer curso de la Universidad. 我们是该大学一年级的学生。4. 路程;进程:Siguiendo el curso de la carretera podemos llegar a la playa. 沿着大道前行我们就能到达海滩。en el ~ de 在…过程中:ebemos ayudarnos en el curso del aprendizaje. 我们应当在学习过程中互相帮助。

custodiar *tr.* 守护,看守:Los guardias custodian la residencia del presidente. 卫兵们守护总统官邸。

CH

charlar *intr.* 聊天（常与前置词"con"搭配）Luis charla con su amigo. 路易斯和他的朋友聊天。

cheque *m.* 支票：En esta tienda se permite pagar con cheque. 这家商店允许使用支票付款。~ de viaje 旅行支票：Cuando viajo me gusta llevar cheques de viaje. 我出差喜欢带旅行支票。~ en blanco 空白支票：El cliente entregó un cheque en blanco a la dependiente sin darse cuenta. 顾客无意中递给女售货员一张空白支票。~ sin fondos 空头支票：Al comienzo no me di cuenta de que éste es un cheque sin fondos. 开始我并未发觉这是一张空头支票。

chiste *m.* 笑话，俏皮话：Luis suele contarnos chistes. 路易斯经常给我们讲笑话。tener ~ 滑稽，可笑：Tiene chiste la cosa, nos dice que no puede devolvérnoslo a tiempo después de habernos comprometido. 他答应我们却又跟我们讲不能按时归还，真可笑。

chocar *intr.* (7) 1. 碰撞（常与前置词"con"或"contra"搭配）：El camión chocó contra una farola. 卡车撞上了路灯。2. 交火，交锋；冲突：Los policías chocaron contra el delincuente. 警察与罪犯交火。Mi carácter choca con el suyo. 我的性格与他格格不入。3. 使诧异：Nos choca que ella sepa español. 她会西班牙语令我们诧异。~ *tr. prnl.* 握手：Los dos conocidos se chocaron las manos cuando se encontraron. 那两个熟人相遇时互相握手。

chupar *tr. prnl.* 1. 吸：El bebé está chupando el biberón. 婴儿吸着奶瓶。2. 吸吮，嘬：Es una mala costumbre chuparse el dedo. 吸吮手指是个坏习惯。3. 含在嘴里：Escucha la conferencia chupando el caramelo. 他嘴里含着糖果听讲座。4. 吸收：La tiza sirve para chupar la tinta manchada en el papel. 粉笔可以用来吸收弄脏纸的墨汁。5. 逐渐消耗（别人的）财富：Esta chica vive chupando a su hermano. 这个女孩靠其兄弟的钱财生活。~ se *prnl.* 消瘦（自复形式）：Se ha chupado mucho después de tener la enfermedad. 患上该疾病之后，他消瘦了许多。

D

dañar *tr.* 1. 损坏：La piedra lanzada por el niño ha dañado el cristal de la ventana. 小男孩抛出的石子打碎了那扇窗户的玻璃。2. 伤害，损害（宾语指人时，与前置词"a"搭配）：Tus palabras han dañado a la chica. 你的话语伤害了那个姑娘。

dar *tr.* (35) 1. 给；递给，交给：Dame un bolígrafo. 你递给我一支圆珠笔。Me ha dado la llave del dormitorio. 他把宿舍的钥匙交给了我。2. 授予（宾语指人时，与前置词"a"搭配）：El alcalde dio a este señor un título honorario. 市长授予这位先生荣誉称号。3. 表达：El empresario da la bienvenida a los invitados. 企业家向来宾表示欢迎。4. 讲授：Este profesor nos da la clase de física. 这位老师给我们上物理课。5. 提供：El decano de la facultad me ha dado la oportunidad de estudiar en México. 系主任给我提供了赴墨西哥学习的机会。6. 产出：Este manzano da muchos frutos. 这棵苹果树结出很多果实。7. 产生：La visita de su empresa me ha dado una buena impresión. 对贵公司的参观使我产生良好印象。8. 打点（钟）：Ahora dan las cinco. 现在是5点钟。9. 开启：Da la luz, por favor. 请你开灯。10. 宣布：Si nadie tiene otras preguntas que hacer, doy por concluida la conferencia. 如果大家没有其他提问，我宣布讲座结束。11. 做（某动作）：Todas las mañanas el jubilado iba a comprar el periódico y daba un paseo. 每天早上，那位退休的老人去买报纸并散步。~ *intr.* 1. 击中：El tiro ha dado en el blanco. 子弹击中靶子。2. 碰撞：El coche dio contra el muro. 轿车撞上围墙。3. 朝向：La habitación tiene una ventana que da a la calle. 那个房间的一扇窗户临街。~ se *prnl.* 1.

沉湎于(与前置词"a"搭配):Se dio al juego después de la ruina de su empresa. 他的企业破产之后,便沉湎于赌博。2. 发生;存在:Se da el caso de que ella está casada. 实际上她已经结婚。~ a entender 使明白:Su presencia nos dio a entender que ésta sería una reunión importante. 他的到场使我们明白这是一次重要的会议。~ a conocer 使知悉,通知:María nos da a conocer que esta tarde no vendrá. 玛丽娅告诉我们今天下午她不来了。~ a luz 分娩,产下:La perra dio a luz tres chachorros. 母狗生下三只狗崽。~ con 找到:Por fin, ella ha dado con su cartera. 最后她找到了钱包。~ se prisa 赶快,抓紧时间:Date prisa porque dentro de pocos minutos sale el tren. 你抓紧一点,还有几分钟火车就开了。~ igual 无所谓,一样:Me da igual el arroz o panecillo a vapor. 我吃米饭或馒头都一样。Nos da igual que vengas o no. 你来不来对我们来讲无所谓。

de *prep.* 1. …的:Quiero ir a casa de mis padres. 我想去我父母家。2. 从:Vengo de Madrid. 我从马德里来。3. 由…制作:La mesa es de madera. 那张桌子是木制的。4. 有关,涉及:Deseo hablar contigo de la inversión. 我想与你商谈有关投资的事。5. 担当:Trabajo de electricista en esta empresa. 我在这家企业当电工。6. 表示时间:Aprendí el inglés de niño. 我小时候就学过英语。7. 表示原因:Me muero de hambre. 我饿得要死。

debajo *adv.* 在底下,在下面:La revista está debajo. 那本杂志在最下面。~ de 在…之下:La niña se metió debajo de la mesa. 小女孩钻入桌下。

debatir *tr.* 争论,辩论:Ellos debatieron este proyecto durante muchas horas. 他们就这一方案争论了几个小时。~ se *prnl.* 斗争,反抗(自复形式):El enfermo se debatía entre la vida y muerte. 那个病人在生死线上挣扎。

deber *tr.* 1. 应该,必须:Debemos hacerlo bien. 我们必须做好这件事。2. 欠(表示欠某人或某处钱物时,与前置词"a"搭配）：Debo veinte yuanes al profesor. 我欠老师20元钱。~ *aux.* 想必，大概：Debe de tener treinta años. 他大约30岁。~ se *prnl.* 由于；归咎于（与前置词"a"搭配）：La obesidad se debe principalmente a los hábitos sedentarios. 肥胖症主要是习惯性不好动所致。~ *m.* 义务，责任：Ayudar a otros es mi deber. 帮助别人是我的义务。~es *pl.* 作业：Hoy tengo muchos deberes. 今天我有很多作业。

debido, da *adj.* 应有的，适当的：Debes ceder el paso a la mujer con la debida cortesía. 你应该以适当的礼貌为那位女士让道。~ a 由于，因为：La autopista está cerrada debido a la gran niebla. 由于大雾，高速公路关闭了。como es ~ 适当地，恰如其分地：Escucha la explicación del profesor como es debido. 请你规规矩矩地聆听老师的讲解。

debilitar *tr.* 使变弱（宾语指人时，与前置词"a"搭配）：La enfermedad crónica ha debilitado mucho a la anciana. 该慢性病使老奶奶身体虚弱。

decidir *tr. prnl.* 1. 决定：Todavía no he decidido adónde ir de vacaciones. 至今我仍未定下来去何处度假。2. 判定：El árbitro dicidió el resultado del partido. 裁判判定了比赛的结果。~ *intr.* 决定，拿主意（与前置词"a"搭配）：Se ha decidido a trabajar al extranjero. 他决定赴国外工作。

decir *tr.* (36) 1. 说，告诉：Li me ha dicho que él va a casarse. 李告诉我他要结婚了。2. 说（含有命令的口吻）：El jefe nos dice que asistamos a la reunión. 领导让我们参加会议。3. 表明：Fernández ha dicho que esto no tiene nada que ver con sus colegas. 费尔南德斯表明这件事与他同事们无关。~ se *prnl.* 1. 自忖，寻思：En los últimos días me digo quién será culpable de eso. 最近几天我一直寻思谁是这件事的元凶。2. 自称：Se dice responsable, en realidad es un obrero. 他自称是负责人，而实际上是工人。~ *m.* 话，说法：esto es un decir de Juan. 这是胡安的说法。es ~ 就是，也就是说：El chico come muchos mangos, es decir, le gusta mucho. 男孩吃了很多芒果，也就是说他很喜欢吃。

decisión *f.* 1. 决定：Finalmente, llegamos a la decisión de que asistirémos a la inauguración. 最后，我们决定出席开幕式。2. 决心；坚定：Presentó la dimisión al director con decisión. 他态度坚定地向经理递交了辞呈。tomar una ~ 作出决定：Hacemos una encuesta antes de tomar una decisión. 作出决定之前，我们举行一次民意调查。

declarar *tr.* 1. 宣布，声明：El presidente declaró un nuevo decreto. 总统宣布了一项新法令。2.（纳税）申报：El viajero rellena un formulario para indicar lo que declara. 那位旅客填写表格说明其申报物品。3. 定罪（宾语指人时，与前置词"a"搭配）：El juez declaró culpable al asesino. 法官判决杀人犯有罪。~ *intr.* 1. 招供；说明：El delincuente declaró ante la policía. 犯罪嫌疑人向警方招供。El muchacho declaró que no tenía nada que ver con el secuestro. 男青年声称自己与那起绑架案毫无关系。~ *prnl.* 1. 宣布，声明：Los funcionarios se han declarado en huelga. 公务员宣布罢工。2. 发生：Se declaró un incendio en el edificio. 那栋楼房发生了火灾。

decomisar *tr.* 没收，充公：La policía ha decomisado algunos alijos de hachís. 警方没收了一些大麻走私品。

decorar *tr.* 装饰，布置：El matrimonio ha decorado la habitación con cuadros y flores. 夫妇俩用画儿和鲜花装饰房间。La sala de estar está bien decorada. 起居室布置得十分漂亮。

dedicar *tr.* (7) 1. 用于（与前置词"a"搭配）：Todos los días él dedica una hora a la lectura. 每天他用一小时朗读。2. 献给；给予：Ese anciano dedicó toda su vida a la construcción del país. 那位老大爷把自己的一生奉献于国家建设。~ *prnl.* 1. 从事（与前置词"a"搭配）：Para dedicarse al canto, es necesario tener una buena voz. 从事歌唱必须有一副好嗓子。2. 致力于，献身于：Este político se dedicó a la solidaridad nacional. 这位政治家致力于民族团结。

dedo *m.* 手指,脚趾:La mano derecha de la chica tiene seis dedos. 那个女孩的右手有6个手指。cogerse / pillarse los ~ (因缺少经验或不谨慎而)处于不利境地:Éste es un negocio lleno de riesgos, no quiero cogerme los dedos. 这是一桩充满风险的买卖,我不想陷进去。chuparse el ~ 不知情;容易上当:¿Quieres aprovecharte de mí pensando que me chupo el dedo? 你以为我不知实情就想利用我吗?

defecto *m.* 1. 不足,缺点:Hizo todo lo posible para corregir su defecto. 他曾竭力改正自己的缺点。2. 瑕疵,缺陷:El televisor tiene un pequeño defecto. 那台电视机有小毛病。por ~ 1. 不足数的,有欠缺的:No sé cuántos vendrán, más vale que reserve habitaciones por exceso que por defecto. 我不知道究竟有多少人来,预定房间多了总比少了要稳妥。2. 自动选择:Cuando enciendes el ordenador, estarás en este directorio por defecto. 当你打开电脑时,你将自动处于这种指令状态。en ~ 缺少,不在:Tendrás el derecho a ocupar el puesto en su defecto. 他不在的时候,你有权占据那个位置。

defender *tr.* (17) 1. 保护(宾语指人时,与前置词"a"搭配):Defiende a su hermana. 他在保护自己的姐妹。2. 保卫:Los soldados defendían la ciudad. 士兵们保卫着该城。3. 捍卫;维护:El erudito defiende las ideas de Confucio. 那位学者捍卫孔子的学说。~ se *prnl.* 1. 自卫,防护(与前置词"de"搭配):Me defiendo de la lluvia con el paraguas. 我用雨伞挡雨。2. 发挥正常:No sé mucho inglés, pero me defiendo. 我不精通英语,但是还说得过去。

definir *tr.* 下定义,确定:¿Quién puede definir esta palabra? 谁能确定这个词的含义?Antes de la reunión tienes que definir tu postura. 开会之前,你必须确定自己的立场。

definitivo, va *adj.* 1. 决定性的:Han conseguido la victoria definitiva después de la batalla.

经过该战役，他们取得了决定性的胜利。2. 最后的，最终的：Ésta es nuestra decisión definitiva. 这是我们的最后决定。en definitiva 总之，归根结底：En definitiva, no puedo asistir aunque tengo un gran deseo. 总之，我很想参加，但是去不了。

defraudar *tr.* 1. 使失望，辜负：El cantante no defraudó las expectativas del público. 那位歌唱演员没有辜负观众对他的期望。2. 欺骗；偷漏（税）：Ese empresario ha defraudado al Estado. 那个企业家蒙骗国家。

degenerar *intr.* 1. 变糟：El debate degeneró en un intercambio de ataques personales. 辩论变成双方人身攻击的对阵。2. 堕落：Este funcionario ha degenerado. 这个公务员堕落了。

degradar *tr.* 1. 贬低（宾语指人时，与前置词"a"搭配）：No lo colocaron en la lista para degradarlo. 为了贬低他，未把他列入名单。2. 罢黜：La directiva lo ha degradado por su comportamiento erróneo. 鉴于他的错误行为，领导班子罢免

了他。

dejar *tr.* 1. 放下，留下：No dejes dinero y joyas en la habitación del hotel. 你别把钱和首饰放在宾馆的房间里。2. 离开；抛弃（宾语指人时，与前置词"a"搭配）：Se ha marchado dejando a su mujer. 他撇下妻子走了。3. 让，允许：La madre no dejó salir a su hijo. 母亲不让孩子出门。4. 给，赠予：El viejo dejó su apartamento a su nieto. 老人把自己的住房留给孙子。~ *intr.* 停止，不再（与前置词"de"搭配）：Ha dejado de fumar por la enfermedad. 他因患病戒烟。~ se *prnl.* 放任（自复形式）：El muchacho se ha dejado en los últimos meses y encuentra muchos problemas. 小伙子最近几个月放任自己，结果遇到很多麻烦。

delatar *tr.* 揭发，检举，告发（宾语指人时，与前置词"a"搭配）：Delató a su colega ante el jefe. 他在领导面前告发了他的同事。La muchacha no se atrevió a delatar a ese delincuente. 女青年不敢检举那个犯罪嫌疑人。

delante *adv.* 1. 在前面（常与前

demandar

置词"de"搭配）：Ella se sentó delante de mi hermano. 她坐在我兄弟的前面。2. 当面：No digas esa cosa delante de los niños. 你别在孩子们面前讲那件事。

demandar *tr.* 1. 请求，要求：El cliente nos demanda nuevos modelos. 客户要求我们提供新产品。2.（法律）起诉（宾语指人时，与前置词"a"搭配）：Juan ha demandado a su vecino por difamación. 胡安起诉邻居诽谤他。

demás *adj.* 其余的，其他的：Ustedes descansen en esta sala y los demás invitados vayan a la otra. 你们在这个大厅里休息，其余的贵宾去另一个大厅。~ *pron.* 1. 其余的人，其他人（与定冠词"los/las"搭配）：Debemos hacer algo para los demás. 我们应当为其他人做点什么。2. 其他的事物（与中性冠词"lo"搭配）：He olvidado todo lo demás. 我忘记了所有的其他事情。por ~ 徒劳的，毫无意义的：Todo lo que has hecho es por demás. 你的所作所为徒劳无益。por lo ~ 此外：Por lo demás, debo decirte

denunciar

eso. 此外，我应告诉你此事。

demorar *tr.* 推迟：Algo urgente lo ha demorado. 一项紧急事务使他迟到。~ se *prnl.* 耽误，耽搁：Me parece que se demora un poco. 我觉得他要耽误点时间。

demostrar *tr.*（17）1. 证明：Tienes un aspecto excelente, lo cual demuestra que gozas de buena salud. 你的气色极好，这一点足以证明你身体很棒。2. 表明：El señor Wang ha demostrado su deseo. 王先生已表明其愿望。

dentro *adv.* 在里面，在…之内（常与前置词"de"搭配）：No hay nada dentro. 里面什么也没有。Dentro de un par de meses empezará el verano. 再过两个月就是夏天了。por ~ 内里，心里：Aunque no decía nada, se reía por dentro. 虽然他没说什么，但心里美滋滋的。

denunciar *tr.*（10）1. 检举，揭发，告发：El delincuente sospechaba que fue su cómplice quien le había denunciado. 那个罪犯猜测他的同伙告发了他。2. 宣告：El presidente ha denunciado el armisticio. 总统宣告

depender

停战。

depender *intr.* 1. 取决于（与前置词"de"搭配）：¿Iremos a la playa mañana? —Depende del tiempo que haga. 明天咱们去海滩吗？——这得看明天天气如何。2. 依赖：Actualmente Carlos vive dependiendo de sus padres. 目前卡洛斯依靠父母生活。

depositar *tr.* 1. 放置：Depositó el libro en el estante. 他把书放在书架上。2. 存放：He depositado el dinero en un banco cercano. 我把钱存入附近的一家银行。3. 寄托：La madre deposita su esperanza en su hijo. 母亲把希望寄托在儿子身上。

depreciar *tr. prnl.* 1. 跌价，减价：Muchos modelos de televisores se han depreciado. 许多型号的电视机降价了。2. 贬值：Ahora el euro está depreciándose. 现在欧元贬值了。

deprimir *tr.* 1. 使压缩：Esta forma de elaboración deprime las setas. 这种加工方式使香菇缩水。2. 使情绪低落，消沉：La noticia deprimió su ánimo. 那一消息使他情绪低落。~ se *prnl.* 情绪低落：Se deprime por el fracaso. 他因失败而情绪低落。

derecho, cha *adj.* 1. 直的，笔直的：Necesito un palo derecho. 我需要一根笔直的棍子。2. 右边的：La cama está al lado derecho de la ventana. 床铺位于窗户的右侧。~ *m.* 1. 法律：Mi compañero estudia en la Facultad de Derecho. 我的同学在法律系学习。2. 权利：Tenemos derecho a la opinión. 我们有权利发表意见。~s *pl.* 费用；税：El solicitante pagó los derechos del visado a la embajada. 申请者向使馆交付了签证费。~ *adv.* 直接地：Al recibir el aviso, fui derecho al hospital. 接到通知后，我直接赶往医院。**derecha** *f.* 1. 右手，右侧：La niña escribe con la derecha. 那个女孩用右手写字。2. 右派，右翼：La derecha del país no está de acuerdo con el proyecto presentado por la izquierda. 该国的右翼党派不同意由左翼党派提出的方案。a la ~ 1. 向右侧：Gire a la derecha.

请您往右拐。2. 位于右侧：A mi derecha está Jaime. 我的右侧是哈伊梅。

derramar *tr.* 使流出；摊开：La chica derramó el agua de la jofaina por el suelo. 姑娘把脸盆的水泼在地上。~ se *prnl.* 1. 流出；摊开：La harina se derramó en la mesa. 面粉摊在桌面。2. 传播：Los rumores se han derramado por la ciudad. 谣言传遍全城。3. 流入：El Río Yangtsé se derrama en el Mar de Este. 长江流入东海。

derribar *tr.* 1. 弄倒：El vendaval derribó los postes de la electricidad. 飓风刮倒了电线杆。2. 拆毁：Es necesario derribar este tabique para ampliar la sala. 为了扩展大厅，需要拆掉这堵隔墙。3. 推翻（宾语指人时，与前置"a"搭配）：Un grupo de oficiales ha derribado al dictador. 一群军官把独裁者赶下了台。

derrotar *tr.* 打败，击败，战胜（宾语指人时，与前置词"a"搭配）：El Ejército Rojo derrotó al enemigo en esa batalla. 红军在那场战役中打败了敌人。El muchacho ha derrotado a todos sus rivales en el torneo. 小伙子在竞赛中击败了全部对手。~ se *prnl.* 情绪低落（自复形式）：No te derrotes por el fracaso. 你别因失败而情绪低落。

derrumbar *tr. prnl.* 倒塌；拆毁：Han derrumbado el viejo edificio. 那座旧楼被拆除。El hotel se ha derrumbado a causa del terremoto. 那家饭店因地震而倒塌。~ se *prnl.* 情绪低落（自复形式）：Se derrumbó tras el fracaso. 失败后，他一蹶不振。

desafiar *tr.* (13) 1. 挑战（宾语指人时，与前置词"a"搭配）：Ha desafiado al campeón mundial de tenis. 他向网球世界冠军挑战。2. 对抗：El político desafía la dictadura. 那位政治家反抗独裁。

desagradar *tr.* 1. 使不愉快：La presencia de Rosa lo desagradó. 罗莎的到场令他不快。2. 使讨厌：Me desagrada vivir en el campo. 我不喜欢住在乡村。

desaparecer *intr.* (28) 消失，失踪：Hace dos días mi vecino

despareció. 两天前，我的邻居失踪了。

desarmar *tr.* 1. 解除武装（宾语指人时，与前置词"a"搭配）：La policía desarmó al delincuente y lo detuvo. 警察缴下犯罪嫌疑人的武器并逮捕了他。2. 拆卸：Desarmó el reloj y no pudo volver a montarlo. 他拆散了钟表，但不能重新装上。

desarrollar *tr.* 1. 展开：Ha desarrollado el mapa. 他展开了地图。2. 开展：Luis desarrolla la operación comercial. 路易斯开展商务活动。3. 发展；扩大：Debemos desarrollar la industria ligera. 我们应当发展轻工业。4. 发挥：Wang Li ha desarrollado su talento en el trabajo. 王力在工作中发挥了自己的才能。

desatar *tr.* 1. 松开，解开：Desató el paquete. 他解开包裹。2. 挑起，引发：Sus palabras han desatado la discusión. 他的话语引起争论。

desayunar *intr.* 用早餐：Desayuno todos los días a las siete. 我每天早上7点用早餐。~ *tr.* 早餐吃…：La chica sólo desayunó un vaso de leche. 女孩早餐仅喝了一杯牛奶。

descansar *intr.* 1. 休息：Hoy descanso. 今天我休息。2. 睡觉：No grites, que está descansando. 你别喊叫，他在睡觉。3. 安息：Sus restos descansan en una tumba antigua. 他们的尸骨在古老的墓地安息。4. 依靠，依托（与前置词"en"或"sobre"搭配）：La amistad descansa en la confianza. 友谊基于信任。~ *tr.* 靠，置（与前置词"en"或"sobre"搭配）：Descansa las piernas sobre la silla. 他把双腿靠在椅子上。

descargar *tr.* (8) 1. 卸：Los trabajadores descargan la mercancía del camión. 工人们从卡车上卸货。2. 使解脱：La madre descargó la tristeza con el llanto. 母亲以痛哭减轻悲伤。3. 推给：El jefe ha descargado todo su trabajo en su ayudante. 领导把全部工作推给他的助手。4. 取出，退出（弹药）La pistola está descargada. 手枪已卸下子弹。

descender *intr.* (17) 1. 从高处下来（与前置词"de"搭配）：El muchacho ha descendido de la colina. 男青年从小山上下来。2. 来自；出身于：Luisa desciende de una familia ilustre. 路易莎出身于有名望的家庭。3. 下降：Hoy la temperatura ha descendido. 今天气温下降了。

descomponer *tr.*（49）1. 拆散；分解：La máquina está totalmente descompuesta. 那台机器全部拆散了。2. 弄乱：La niña ha descompuesto toda la habitación. 小女孩把整个房间弄得一片狼藉。3. 弄坏：El niño descompuso la guitarra. 男孩把吉他弄坏了。~ se *prnl.* 1. 发怒：Se descompuso al oír esas palabras. 听到那些话他发怒了。2. 变质，腐烂：La comida se ha descompuesto por el calor. 由于天气炎热，食物变质了。

desconcertar *tr.*（16）使茫然；惊慌失措：Tus palabras me desconciertan. 你的话使我茫然。~ se *prnl.* 茫然；晕头转向（自复形式）：Se ha desconcertado con los ruidos. 他被噪音搞得晕头转向。

desconocer *tr.*（28）1. 不认识，不了解（宾语指人时，与前置词"a"搭配）：Te desconoce. 他不认识你。2. 不知道：Todavía desconozco este asunto. 我还不知道这件事。3. 认不出：Probablemente desconocerá su enfermedad. 他大概不清楚自己身患何病。

descontar *tr.*（17）1. 扣除：Me han descontado los impuestos de mi salario. 从我的工资中扣除了税款。2. 打折扣：Su actitud negativa descuenta nuestro entusiasmo. 他的消极态度削弱了我们的热情。

describir *tr.* 1. 描述，描写：El autor describe la vida de la mujer en su novela. 作者在他的小说里描写了那位妇女的一生。2. 描绘，勾画：El niño describió una casa en el papel. 小男孩在纸上画了一个房屋。

descubrir *tr.* 1. 揭开；揭露：El policía se levantó el uniforme descubriendo la pistola. 警察撩起警服露出手枪。2. 发现：El campesino ha descubierto una cueva. 那个农民发现了一个山洞。~ se *prnl.* 脱帽：Se descubrió al entrar. 他一进屋便摘了帽子。

descuidar *tr.* 1. 不关心：El niño

descuida su higiene personal. 那个男孩不注意个人卫生。2. 不照料(宾语指人时,与前置词"a"搭配):La madre es perezosa y descuida a sus hijos. 那位母亲懒惰,不照料她的子女。~ intr. 不担心,放心:Descuida, voy a hacerlo. 你放心吧,我来干。~ se prnl. 疏忽,大意(自复形式):Se ha descuidado y se le ha perdido la llave. 他粗心大意把钥匙丢了。

desde prep. 自,从:Te esperaba desde las nueve de la mañana. 我从上午9点就一直等你。Ese señor vive aquí desde que se casó. 那位先生婚后始终住在这里。

desear tr. 1. 想,要:La muchacha desea estudiar el español. 女青年想学西班牙语。¿Qué desea usted? 您要点儿什么?2. 希望:Deseo que vengas a mi casa. 我希望你到我家来。3. 祝愿:Te deseamos buena suerte. 我们祝你好运。

desechar tr. 1. 弃除:El obrero desecha las piezas malas. 那位工人扔掉坏零件。2. 拒绝:Ha desechado el consejo de su hermano. 他拒绝了其兄弟的劝告。3. 丢弃,扔掉:Desechó la botella sucia. 他扔掉了那个脏瓶子。

desembarcar tr. prnl. (7) 卸货:¿En qué muelle desembarcamos la mercancía? 我们把货物卸在哪个码头? ~ intr. 下(船,飞机或火车):Ella todavía no ha desembarcado. 她还未下船。

desempeñar tr. 1. 担任:Desempeñó el cargo de rector hace muchos años. 他多年前曾担任校长。2. 扮演:Ella desempeña el papel de princesa en el drama. 她在话剧中扮演公主的角色。3. 赎回:Juan intentó desempeñar su anillo. 胡安力图赎回他的戒指。

desencadenar tr. prnl. 1. 解开锁链;释放(宾语指人时,与前置词"a"搭配):La policía ha desencadenado a los manifestantes. 警方释放了示威者。2. 引发:El viento desencadenó una tempestad de polvo. 那股风引起沙尘暴。3. 爆发:La guerra se desencadenó en 1941. 那场战争爆发于1941年。

desenterrar tr. (16) 1. 发掘,挖出:Han desenterrado mucho

tesoro de la tumba. 从坟墓中发掘出许多财宝。2. 忆起：Desenterré la época de niñez. 我回想起童年时代。

desenvolver *tr.* (20) 1. 打开：Desenvuelvo el paquete. 我打开包裹。2. 展开：Les interesa desenvolver la conversación. 他们对继续交谈感兴趣。3. 发展：Es necesario desenvolver el sector terciario. 发展第三产业很有必要。~ se *prnl.* 应付自如（自复形式）：Liu Lin se ha desenvuelto bien en la negociación. 刘林在谈判中应付自如。

desesperar *tr.* 使失望，使绝望：El fracaso lo desesperó. 失败令他绝望。~ *intr.* 失望，绝望（常与前置词"de"搭配）：Desesperaba de volver a trabajar con ella. 他对再次与她一起工作失去信心。~ se *prnl.* 失望，绝望：La muchacha se desesperó y se suicidó. 女青年因绝望而自杀。

desfigurar *tr.* 1. 使变形：El accidente le desfiguró la cara. 那起事故使他面部变形。2. 歪曲：Ha desfigurado los hechos. 他歪曲了事实。~ se *prnl.* 改变脸色：Su cara se desfigura por el terror. 恐惧使他脸色大变。

desgastar *tr.* 1. 磨损：La pieza dañada ha desgastado la máquina. 那个坏零件磨损了机器。2. 损耗（精力）：La enfermedad lo ha desgastado mucho. 疾病使他精力受到很大耗损。

deshacer *tr.* (39) 1. 拆：La muchacha deshace el jersey y hará una bufanda con la lana. 女青年把毛衣拆了，准备织围巾。2. 融化：Deshizo el hielo con agua caliente. 他用热水融化了冰块。3. 毁坏，弄坏：La inundación ha deshecho el muro. 洪水冲垮了围墙。4. 击败：Deshicieron la ofensiva enemiga. 他们瓦解了敌人的攻势。~ se *prnl.* 1. 毁坏：La silla se ha deshecho. 椅子坏了。2. 消失：La nube se deshizo. 云团散开了。3. 竭尽全力：La madre se deshace por sus hijos. 那位母亲为她的子女竭尽全力。4. 摆脱：El joven quiere deshacerse de sus familiares. 男青年想脱离家人。

designar *tr.* 1. 指派（宾语指人

时,与前置词"a"搭配):El jefe designó a dos personas para este trabajo. 领导指派两个人承担这项工作。2. 确定:No encuentro una palabra adecuada para designar este sentido. 我未找到确定此含义的恰当词语。

desinfectar *tr.* 消毒:El médico desinfectó la herida con alcohol. 医生用酒精为伤口消毒。

desintegrar *tr. prnl.* 分离;分解:La asociación se ha desintegrado. 那家协会解散了。

deslizar *tr.* (9) 1. 使滑动:El cartero deslizó el sobre por debajo de la puerta. 邮递员把那个信封从门的底缝滑入屋内。2. 脱口而出:Deslizó algunas informaciones importantes en la charla. 闲聊间,他无意中流露了一些重要信息。~ se *prnl.* 1. 滑动(自复形式):Los niños se deslizan sobre el hielo. 孩子们在冰上滑行。2. 溜掉:Al notar la llegada de la policía, el ladrón se deslizó por la puerta trasera. 小偷发现警察来了,便从后门溜掉。3. 搞错;出差错:No te deslices en el concurso. 你别在竞赛中出差错。

desmayar *tr. prnl.* 昏厥:Al ver la sangre se desmayó. 他一见血便晕过去了。~ *intr.* 泄气:No desmayes, todavía te queda una oportunidad. 别泄气,你还有机会。

desnudar *tr. prnl.* 1. 脱光衣服(宾语指人时,与前置词"a"搭配)La madre desnudó al niño para bañarlo. 为给孩子洗澡,母亲脱光了他的衣服。Se desnudó antes de bañarse. 洗澡前,他脱光了衣服。2. 去掉遮盖物:El chófer desnudó la cubierta del coche. 司机揭掉轿车的车罩。

desorientar *tr.* 1. 使迷失方向:La tormenta nos desorientó. 暴风雨使我们迷失方向。2. 使困惑:Su explicación me desorientó. 他的讲解令我困惑不解。~ se *prnl.* 迷失方向,迷路(自复形式):Nos desorientamos en el bosque. 我们在森林中迷失了方向。

despachar *tr.* 1. 办理:Todavía no ha despachado bien los trámites. 至今他还未办妥有关手续。2. 解决:Juan despachó en el acto el alojamiento. 胡安

当场解决了住宿问题。3. 撵走；辞退：Lo despacharon del taller. 他被撵出车间。4. 寄发，发运：¿Cuándo nos despachará la mercancía? 您何时给我们发货？5. 派遣（宾语指人时，与前置词"a"搭配）：La fábrica ha despachado a un mecánico para arreglar mi refrigerador. 厂家派出一位修理工为我修理冰箱。6. 出售：Le despaché un ordenador. 我卖给他一部电脑。~ se prnl. 随意吐露：No te despaches ante todos. 你别在大家面前随意吐露心里话。

despedir *tr.* (23) 1. 送别（宾语指人时，与前置词"a"搭配）：Fue al aeropuerto para despedir a su amigo. 他去机场送他的朋友。2. 辞退：Han despedido a muchos empleados. 他们辞退了许多职工。3. 排出，施放：La locomotora despide humo. 火车头喷着浓烟。~ se 告别，辞行（自复形式或相互形式，自复形式与前置词"de"搭配）：Los compañeros de Li se despidieron. 李的同学们互相告别。Li se despidió de su profesor. 李与老师辞别。

despegar *tr.* (8) 揭下（与前置词"de"搭配）：Despegué la foto del carné. 我揭下了证件上的照片。~ *intr.* 起飞：El avión despega con retraso. 飞机起飞晚点。

despejar *tr. prnl.* 1. 腾空：Despejamos la habitación para convertirla en un almacén. 我们腾空那间房屋做仓库。2. 澄清，明朗：No quiero decir nada hasta que se despejen las cosas. 待事情明朗时我再表态。~ se *prnl.* 变晴朗（自复形式）：El día se despeja después de la lluvia. 雨后天空晴朗。

desperdiciar *tr.* (12) 1. 浪费，挥霍：El muchacho desperdicia el dinero. 小伙子挥霍钱财。2. 错过：Ha desperdiciado la oportunidad. 他错过了机会。

despertar *tr.* (16) 1. 使醒：El ruido me despertó. 噪音惊醒了我。2. 激起：El olor de pescado despierta mi apetito. 鱼的香味激起我的食欲。~ se *prnl.* 睡醒（自复形式）：Esta mañana se despertó muy temprano. 今天早上他醒得很早。

desplazar *tr.* (9) 1. 移动：El niño

intentó desplazar la mesa. 小男孩想移动桌子。2. 排水量：Este barco desplaza 20000 toneladas. 这条船的排水量为2万吨。~ se *prnl.* 移动，走动（自复形式）：El vendedor se desplaza vendiendo los comestibles por las calles. 小贩沿街叫卖食品。

desplegar *tr.* (43) 1. 展开：El águila desplegó las alas y echó a volar. 苍鹰展开双翅飞向天空。2. 施展：Desplegó su capacidad en el trabajo. 他在工作中施展才华。3. 使散开（士兵）：El coronel desplegó las tropas por el campo de batalla. 上校把部队分布在战场上。

despojar *tr.* 1. 掠夺（宾语指人时，与前置词"a"搭配）：El pícaro despojó a la muchacha del dinero y joyas. 坏蛋抢去姑娘的钱和首饰。2. 剥夺：El tribunal lo despojó de la casa. 法院没收了他的住房。3. 去掉：Despejó al caballo de la silla. 他把那匹马的马鞍卸掉。~ se *prnl.* 1. 脱衣（与前置词"de"搭配）：Se ha despejado del abrigo. 他脱掉了大衣。2. 舍弃，放弃：Se despejó de su escrúpulo y asistió al encuentro. 他摆脱顾虑参加了聚会。

despreciar *tr.* (12) 轻视，蔑视（宾语指人时，与前置词"a"搭配）：Esa muchacha desprecia a sus compañeros. 那个姑娘瞧不起她的同学们。Desprecia la dificultad. 他蔑视困难。~ se *prnl.* 自贱，自卑（自复形式）：No está bien que se desprecie. 您不要自卑。

desprender *tr.* 1. 使分离：El niño desprendió el botón del vestido. 男孩把衣服的扣子弄了下来。2. 产生：El huevo podrido desprende un mal olor. 那个腐烂的鸡蛋散发着臭味。~ se *prnl.* 1. 舍弃（自复形式，与前置词"de"搭配）：La mujer se ha desprendido de la herencia de sus padres. 那位女士舍弃了父母的遗产。2. 推断：De su actitud, se desprende que no quiere venir. 从他的态度推断，他根本就不想来。

después *adv.* 以后，随后：Ahora leo el texto y después haré el trabajo por escrito. 现在我读课文，然后做书面作业。~ de

destacar

在…之后（与名词或原形动词搭配）：Juega al tenis después del trabajo. 他下班之后打网球。Me gusta pasear después de cenar. 我喜欢晚饭后散步。~ de que 在…之后（表示将来，须使用虚拟式）：Saldré después de que mi hermano venga. 等我兄弟回来时我再离开。

destacar *tr.*（7）1. 强调：El rector destacó la importancia de la reunión. 校长强调了会议的重要性。2. 派遣，分遣：El coronel destacó a un equipo de soldados para cortar el paso. 上校分遣一队士兵去切断通道。~ *intr.* 突出：Rosa destaca por su belleza. 罗莎漂亮出众。

destinar *tr.* 1. 把…用于（与前置词"a"搭配）：La muchacha destinó todos sus ahorros a la compra de ropa. 姑娘把自己的全部积蓄用于购买服装。Este edificio está destinado a oficinas. 这栋楼房用于办公。2. 指派，委派：El director destinó a Wang Xi a España. 经理把王希派往西班牙。

destino *m.* 1. 用途：El destino de

desvanecer

este aparato es calentar la comida. 这件电器的用途是加热食物。2. 目的地：Vamos en tren al mismo destino. 我们乘火车去同一个地方。3. 命运：Esto es mi destino. 这就是我的命运。4. 结局，结果：El destino de hacerlo a ciegas es el fracaso. 盲目行事的结果就是失败。con ~ a 走向，驶向，开往：El barco navega con destino a Barcelona. 那条船驶往巴塞罗那。

destituir *tr.*（45）罢免（职务）：El ministro fue destituido por el presidente. 那位部长被总统罢免。

destruir *tr.*（45）破坏，毁坏：El terremoto ha destruido muchos edificios. 地震毁坏了许多楼房。El conflicto destruyó la paz. 冲突破坏了和平。

desvanecer *tr.*（28）1. 使消散：El viento desvaneció el humo. 大风把烟雾驱散了。2. 打消：La explicación del profesor ha desvanecido la duda de los estudiantes. 老师的讲解消除了学生们的疑问。3. 使（记忆、印象）消失：La enfermedad desvanece sus recuerdos. 疾病

使他失去记忆。~ se *prnl.* 1. 散发,挥发(自复形式):El licor se desvanece con el tiempo. 随着时间的推移,白酒逐渐挥发。2. 昏迷;晕倒:Ella se desvaneció al oír la noticia. 她听到那消息晕倒了。

desviar *tr.* (13) 1. 使偏离:Las obras desviaron el curso del río. 工程改变了那条河的流向。2. 劝阻(宾语指人时,与前置词"a"搭配):Sólo su hermano puede desviar a él de esta idea. 只有他兄弟能够使他改变主意。

detalle *m.* 1. 细节,详情:Tras el terremoto los expertos han revisado los detalles del edificio. 地震过后,专家们检查了那栋楼房的每个部位。2. 细目,清单:Presentó al jefe el detalle de los gastos. 他向上司提交了全部费用的清单。3. 客气,殷勤:Tiene detalles con su jefe. 他对领导很殷勤。vender al ~ 零售:En esta tienda sólo venden al detalle. 这家商店仅零售。con ~s 详细地:Explícamelo con detalles. 请你详细给我解释一下。

detener *tr.* (54) 1. 阻挡,阻止:Un río detiene nuestro camino. 一条河挡住了我们的去路。2. 扣留;逮捕:La policía ha detenido al muchacho. 警方逮捕了男青年。~ se *prnl.* (宾语指人时,与前置词"a"搭配)停下来,驻足(自复形式):Mucha gente se detuvo en la calle para ver a los bomberos que apagaban el incendio. 许多人在大街上驻足观看消防队员灭火。

determinar *tr.* 1. 确定;规定:Ya hemos determinado la fecha de partida. 我们已确定出发的日期。2. 决定:Juan determina viajar a China. 胡安决定到中国旅游。3. 造成,招致:El escape de gas determinó su muerte. 煤气泄漏造成他的死亡。

detrás *adv.* 在后面;在背面:Juan está detrás. 胡安在后面。~ de 在…后面;在背面:Me siento detrás de él. 我坐在他的后面。Pasé por detrás de la casa. 我从房子后面穿过。por ~ 背着,背后:Ellos hablan de mí por detrás. 他们背后谈论我。

devaluar *tr. prnl.* (14) 使贬值;

devolver

贬值：En los últimos meses el euro se devalúa mucho. 近几个月，欧元贬值许多。

devolver *tr.*（20）1. 归还（宾语指人时，与前置词"a"搭配）：He devuelto el libro a ella. 我已把书还给她。2. 退回：El cartero me devuelve la carta mandada porque el destinatario se ha mudado. 由于收信人已搬家，邮递员把我发送的信退回来。3. 恢复：Devolvió la empresa a una situación favorable. 他把企业恢复至良好状况。4. 呕吐：El muchacho ha devuelto la comida por el mareo. 小伙子因眩晕而呕吐。

día *m.* 天，日，日期；时刻：Hace tres días llegué aquí. 我三天前到达这里。El día veintidós de diciembre es mi cumpleaños. 12月22日是我的生日。~ de fiesta 假日，节日：El Día Nacional es un día de fiesta. 国庆节是节日。~ laborable 工作日：En este país los sábados también son días laborables. 在这个国家，周六也是工作日。~ y noche 夜以继日：Los trabajadores arreglan día y noche el puente. 工人们不分昼夜地

dicho, cha

抢修大桥。de ~ en ~ 日益：El país se desarrolla de día en día. 国家日益发展。

dibujar *tr.* 1. 绘，描：El niño dibujó una casa en el papel. 小男孩在纸上画了一个房子。2. 描写：Nos dibuja el proyecto. 他向我们描述该项目。~ se *prnl.* 隐约可见；显露（自复形式）：A lo lejos se dibuja la silueta del barco. 远方依稀可见船的轮廓。

dictar *tr.* 1. 使听写：El profesor nos dictó un verso. 老师让我们听写一首诗。2. 启示；公布：El tribunal dictará mañana la sentencia. 法院明天宣布判决结果。3. 授（课）：La profesora les dicta la clase de historia. 那位女老师给他们上历史课。

dicho, cha *p. p.* 提到的；上述的：Lo ha explicado con claridad en dicha reunión. 他在上述会议上已把此事解释清楚。~ *m.* 俏皮话；格言；谚语：Ella conoce muchos dichos. 她知道许多谚语。mejor ~ 更确切地说：Él es jefe, mejor dicho, director de la escuela. 他是领导，确切地说是校长。~ y hecho 说到做到：Ella es muy trabajadora：siempre que le digo que arregle la habitación es dicho y hecho. 她十分勤快，每当我让她收拾房间时，她应声就做。

diente *m.* 牙，齿：Todos los días me limpio los dientes dos veces. 我每天刷两次牙。~ de leche 乳牙：Al niño se le cayó el primer diente de leche. 男孩已脱掉第一颗乳牙。armado hasta los ~s 武装到牙齿：El bandido iba armado hasta los dientes. 强盗武装到牙齿。decir/hablar entre ~s 说话含糊不清：Como hablaba entre dientes, no pude oírselo. 由于他说话含糊，我无法听清。

dieta *f.* 规定的食谱：Todos los días como según la dieta determinada por el médico. 我每天按照医生规定的食谱进餐。~s *pl.* 出差费：Voy a cobrar las dietas del viaje. 我去报销出差费。estar a ~ 忌食：Su trabajo le obliga a estar a dieta. 工作迫使他忌食。

diferenciar *tr.* (12) 1. 区别，区分（宾语指人时，与前置词"a"搭配）：No soy capaz de diferenciar a estos gemelos. 我无法区别这对双胞胎。2. 使不同，使区别：Debemos ser justos para no diferenciar a los unos de los otros 我们应当公正以避免一些人与另一些人出现差别。~ se *prnl.* 不同：El color de las cortinas se diferencia. 窗帘的颜色各不相同。

difundir *tr.* 使散布，使扩散：La gente desea que los periodistas difundan las noticias. 人们希望记者传播那些消息。Siento un dolor que se difunde por todo el cuerpo. 我感觉疼痛传遍了全身。~ se *prnl.* 传播，散开（自复形式）：Se han difundido las falsas noticias sobre el accidente aéreo. 有关空难的各种不实消息四处流传。

digerir *tr.* (16) 1. 消化：Este alimento es difícil de ser digerido. 这种食物不易消化。2. 考虑，琢磨：Todavía estoy digiriendo lo que me has dicho. 我仍在琢磨你对我所讲的内容。3. 忍受，承受：No puedo digerir el menosprecio que me has mostrado. 我不能忍受你对我的蔑视。

digno, na *adj.* 有自尊心的；体面

的:Creo que Juan es un hombre digno. 我认为胡安是个有自尊心的男人。es ～/digna de 1. 值得…的,无愧于…的: Eres una persona digna de ser admirada. 你是个值得钦佩的人。2. 与…相配的:La camisa es digna de usted. 那件男衬衣配得上您。

dilatar *tr. prnl.* 1. 扩大;膨胀:El calor dilata los cuerpos. 热使物体膨胀。2. 拖延,延长:La reunión se ha dilatado mucho. 会议延时许久。3. 传播:Las hazañas del héroe se han dilatado. 英雄的事迹传遍四方。

dimitir *intr.* 辞职:Song Li ha dimitido de su trabajo. 宋力辞去了工作。Dimitió del cargo de alcalde. 他辞去了市长的职务。

dinero *m.* 货币,钱财:Ahora no tengo dinero para comprar este diccionario. 现在我没钱买这部辞典。～ contante y sonante/en efectivo 现金:Nos pidió que le pagáramos con dinero en efectivo. 他要求我们用现金付款。～ negro 黑钱:La banda intentó lavar el dinero negro en este banco. 该团伙企图在这家银行洗黑钱。

dirigir *tr.* (3) 1. 领导:Guitiérrez dirige el proyecto. 古铁雷斯负责该项目。2. 指向:Dirigieron ataques injustificados contra los inocentes. 他们毫无道理地攻击无辜者。3. 引导,指导:El padre dirigió a su hijo en su estudio. 父亲在学习上指导他的儿子。～ se *prnl.* 1. 走向:¿Adónde se dirigen los manifestantes? 游行的人们去哪里? 2. 朝…讲话:El alcalde se dirige a la multitud en la plaza. 市长在广场上面对人群讲话。

discriminar *tr.* 1. 歧视(宾语指人时,与前置词"a"搭配):No descrimines a las mujeres. 你不要歧视妇女。2. 区别,区分:Nos es necesario discriminar lo que es urgente de lo que no lo es. 我们有必要区分出急于处理的事务。

disculpar *tr.* 1. 原谅;宽恕:Quiero explicárselo para que me disculpe. 我想向您解释一下,以便得到您的谅解。2. 解释,辩解:Discúlpame ante tu hermano por no haberlo invitado a la cena. 请你就未邀请你兄

弟吃晚饭一事向他解释一下。~ se *prnl.* 道歉,抱歉(自复形式):Se disculpó ante nosotros por haber dicho aquella frase tan inoportuna. 他为自己不合时宜的话语当面向我们表示了歉意。

discutir *tr.* 讨论,研讨:Estamos discutiendo el problema de la contaminación urbana. 我们正在讨论城市污染问题。~ *intr.* 争论,争吵(常与前置词"por"搭配):Ellos dos discuten por una entrada. 他俩为了一张入场券而争吵。

diseñar *tr.* 1. 绘制;设计:El ingeniero diseñó un nuevo modelo de autobús. 那位工程师设计出一种新型公交车。2. 筹划,运筹:Juan diseña el plan de viaje. 胡安筹划旅行计划。

disfrazar *tr.* (9) 1. 伪装,化装(宾语指人,与前置词"a"搭配):La madre disfrazó a su hijo de payaso. 母亲把儿子装扮成小丑。2. 掩饰,隐瞒:Disfraza su mala intención con palabras dulces. 他用甜言蜜语掩盖其不良企图。~ se *prnl.* 伪装,装扮,化装(自复形式):Ella se disfrazó de conejo. 她化装成兔

子。

disfrutar *tr. intr.* 享有,拥有:Deseo que disfruten de una agradable estancia en China. 我希望你们在中国过得愉快。El matrimonio disfruta un chalé. 那对夫妇拥有一幢别墅。~ *intr.* 享受;愉悦(与前置词"con"搭配):Disfruto con la música. 我欣赏着音乐。

disimular *tr. intr.* 1. 隐瞒;姑息:La madre trató de disimular la culpa de su hijo para que el padre no la notara. 为了不让他父亲发现,母亲尽力隐瞒儿子的过错。2. 遮掩:El maquillaje puede disimular las pequeñas arrugas. 化妆可以遮掩小皱纹。

disminuir *tr. intr.* (45) 减少,减弱,缩小:Actualmente el número de turistas disminuye. 目前游客的人数减少。

disolver *tr. intr.* (20) 1. 溶解;稀释:El agua disuelve el azúcar. 水使糖溶解。2. 解散,拆散:Intentó disolver al matrimonio. 他企图拆散那对夫妻。La asociación se ha disuelto hace poco. 该协会不久

前解散。

disponer *tr.* (49) 1. 布置,安排: Los alumnos disponen la sala para la fiesta. 学生们为联欢会布置大厅。 2. 准备,预备: Hoy ella me dispone el desayuno. 今天她为我准备早餐。 3. 命令;规定: La secretaria lo hizo según lo que había dispuesto el jefe. 女秘书根据上司的意图处理了此事。~ *intr.* 1. 拥有(与前置词"de"搭配): Esta habitación dispone de aire acondicionado. 这个房间有空调。 2. 支配: Nunca dispongo de mucho tiempo para la diversión. 我从未把大量的时间用于娱乐。 3. 利用;委派: El gerente dispuso de su ayudante para atender al cliente. 经理委派其助手接待那位客户。~ se *prnl.* 准备做某事;打算(自复形式,与前置词"a"搭配): Me dispongo a estudiar en España. 我打算在西班牙学习。

disposición *f.* 1. 安排;布局: La disposición de los muebles es adecuada. 家具的布局合适。 2. 规定: Según la disposición de la facultad, tienes derecho a solicitar la beca. 根据系里的规定,你有权申请奖学金。 3. 支配: Tienes libre disposición de estos libros. 你可以自由支配这些书。 4. 才能: Nos ha mostrado su gran disposición en el trabajo. 他在工作中向我们展示了他的才能。 a ~ de 听从…安排,调遣: Puedo hacerlo a disposición de ustedes. 我可以按你们的安排去做。 a su (tu, vuestra, etc.) ~ 听从您的(你,你们的)盼咐: Estoy a su disposición. 我听从您的盼咐。

dispuesto, ta *adj.* 能干的,有才能的: Manuel es un joven dispuesto. 马努艾尔是个能干的男青年。 estar ~/dispuesta a 准备…,打算: La señora está dispuesta a salir de compras. 那位女士准备外出购物。

disputar *tr.* 争夺: Los alumnos disputan el primer puesto en el concurso. 学生们在竞赛中争夺第一。 ~ *intr.* 争论,辩论;争吵(常与前置词"con"搭配): La chica disputa con la dependiente. 那个女孩正与女售货员争吵。

distancia *f.* 1. 距离: Entre Beijing y Tianjin hay ciento treinta y siete kilómetros de distancia. 北京和天津有 137 公里的距离。2. 差距：La distancia entre los dos alumnos en el estudio es enorme. 那两个学生在学习上的差距很大。a ~ 从远处：Saludo a Isabel a distancia. 我从远处跟伊莎贝尔打招呼。guardar (mantener) las ~s 保持一定的距离，不过分亲近：Debemos guardar las distancias con él. 我们应和他保持一定的距离。

distar *intr.* 1. 相距，相隔（与前置词"de"搭配）：Mi distrito dista de Beijing unos veinte kilómetros. 我们县距北京大约 20 公里。2. 相差：Los gustos de nosotros dos distan mucho. 我们两人的爱好差别很大。

distinción *f.* 1. 荣誉：La joven ha recibido muchas distinciones de la Universidad. 女青年获得了学校所授予的许多荣誉。2. 杰出，优秀：Está orgulloso por su distinción. 他对自己的杰出表现感到骄傲。3. 差别：No existe ninguna distinción entre los dos hermanos. 那兄弟俩没有一点差别。sin ~ 无差别：Éste es un concurso sin distinción de edad. 这是一项无年龄差别的比赛。

distinguir *tr.* (4) 1. 区别，区分：Distinguió estas palomas de aquéllas con una señal. 他使用记号将这些鸽子与那些鸽子加以区别。2. 辨别，辨认：Este señor puede distinguir vinos. 这位先生能够鉴别葡萄酒。3. 授予荣誉：La facultad distinguió al alumno con una medalla. 系里用奖牌表彰了那个男生。~ se *prnl.* 突出，出众（常与前置词"por"搭配）：Este chico se distingue por su inteligencia. 这个男孩聪明出众。

distraer *tr.* (55) 1. 使注意力分散，使分心：No me distraigas, que estoy leyendo. 你别使我分心，我在看书。2. 使得到消遣，使开心：La transmisión del partido de fútbol me ha distraído. 那场足球赛的转播使我开心。~ se *prnl.* 1. 走神，心不在焉：Se ha distraído en clase de literatura. 他上文学课时走神了。2. 娱乐，消

遣：Le gusta distraerse en la discoteca. 他喜欢在舞厅娱乐。

distribuir *tr.*（45）1. 分配，分发：El gobierno distribuye cereales y ropa entre los damnificados. 政府为灾民分配粮食和衣服。Los carteros distribuyen normalmente la correspondencia dos veces al día. 邮递员一般一天分发两次信件。2. 安排，部署：El jefe distribuye los trabajos según la necesidad. 领导根据需要安排工作。3. 编排：Distribuyó de nuevo los capítulos del libro. 他重新编排了该书的每个章节。

divertir *tr.*（17）使开心：Me divierte con sus aventuras amorosas. 他以他的爱情奇遇逗我开心。~ se *prnl.* 娱乐，消遣，开心：Me he divertido mucho en la discoteca. 我在舞厅玩得十分开心。

dividir *tr.* 1. 分开：La madre divide el pan en cuatro partes. 母亲把面包分为四块。2. 分给；分配（宾语指人时，与前置词"a"搭配）：El profesor ha dividido las revistas a sus alumnos. 老师把杂志分给他的学生们。3. 分裂，离间：El político dividió a sus rivales. 那位政治家离间了对手。4.（数学）除：Si dividimos ciento entre veinte, el resultado es cinco. 如果把100除以20，得数为5。~ se *prnl.* 疏远，分道扬镳（与前置词"de"搭配）：El muchacho se ha dividido de sus compañeros. 小伙子与他的同伴们分道扬镳。

divorciar *tr. prnl.*（12）1. 离婚：El juez propuso que la pareja no se divorciara. 法官希望那对夫妻别离婚。2. 分开，分离：Las contradicciones existentes entre ambas partes van divorciándoles. 双方之间存在的矛盾使他们逐渐疏远。

divulgar *tr.*（8）公布；传播：Algunas cadenas privadas divulgan continuamente noticias sin fundamento. 一些私人电视台仍在报道毫无根据的消息。

doblar *tr.* 1. 加倍，翻番：Ella me dobla en edad. 她的年龄比我大一倍。2. 折叠，使弯曲：¡No dobles las esquinas de páginas del libro! 你别折那本书的页角。3. 绕过：Lo encontré después de haber doblado la esquina. 我一拐过街角便遇到了他。4.（电影）配音：Le conviene doblar a ese actor de la película americana. 他适合为那部美国电影中的那位男演员配音。5. 替身：El muchacho doblaba al protagonista cuando saltaba del tren. 小伙子替代男主角跳火车。~ *intr.* 拐弯：Doblamos a la derecha. 我们往右拐。~ se *prnl.* 屈服，屈从（自复形式）：Se dobló ante la amenaza. 他在威胁面前屈服。

doler *intr.* (21) 疼痛，使疼痛：Me duele la cabeza después de levantarme. 我起床后头疼。~ se *prnl.* 1. 抱怨，诉说（自复形式，与前置词"de"搭配）：La muchacha se duele de la mala suerte ante su hermana mayor. 姑娘在姐姐面前抱怨自己运气不好。2. 后悔：Ese señor se duele de su error cometido. 那位先生因自己所犯的错误而后悔。3. 难过，痛心：Nos dolemos de tu fracaso. 我们为你的失败而痛心。

domar *tr.* 1. 驯服；驯养（宾语指人时，与前置词"a"搭配）：Nadie se atreve a domar este caballo. 无人敢驯养这匹马。2. 抑制：Por fin ella consiguió domar su pasión. 最终她抑制住自己的情绪。3. 使顺从：Sólo su padre puede domar a este niño. 只有他父亲能管住这个男孩。

dominar *tr.* 1. 统治：El gobernante ambicioso intentaba dominar todo el mundo. 那位野心勃勃的统治者企图统治全世界。2. 控制：Ella no consiguió dominar sus sentimientos y se echó a llorar. 她未能控制住自己的感情，放声痛哭。3. 掌握；精通：Este diplomático domina cuatro idiomas. 这位外交官通晓四国语言。~ *intr. tr.* 突出，占主导地位：La pagoda de madera domina (en) todo el pueblo. 那座木塔位于全镇的突出位置。

donar *tr.* 1. 赠送，捐赠（常与前置词"a"搭配）：El viejo donó todos sus bienes a la beneficencia. 老人把全部财产捐献给慈善机构。2. 献血：Muchos desconocidos desean donar la sangre al herido. 许多陌生人愿意向那位伤员献血。

donde *adv.* 那里：Quiero trabajar donde viven mis padres. 我想在我父母居住的地方工作。

dormir *tr.* (26) 使入睡：La medicina durmió al enfermo. 该药物促使病人入睡。~ *intr.* 1. 睡觉：Anoche dormí bien. 昨夜我睡得很香。2. 同居：Él duerme con su amiga. 他与女友同居。~ *se prnl.* 不重视；不投入：No te duermas, aunque consigas mucho progreso. 即使你取得很大进步，也不应不思进取。~ la siesta 睡午觉：Le gusta dormir la siesta. 他喜欢睡午觉。

dotar *tr.* 1. 陪嫁，陪送：Los padres han dotado a su hija con un televisor a color y una lavadora. 父母给女儿一台彩电和一台洗衣机作为陪嫁。2. 装备，配备（常与前置词"de"搭配）：La fábrica dotó el laboratorio de equipos modernos. 工厂为试验室配备了现代化设备。3. 拨给：El gobierno ha dotado la univesidad de una suma de fondos para la construcción de una biblioteca. 政府为那所大学拨了一大笔资金用于建造一座图书馆。4. 赋予，给予：La lectura me dota de muchos conocimientos. 阅读使我获得很多知识。

duchar *tr. prnl.* 淋浴：Se ducha después del trabajo. 他下班之后淋浴。

dudar *intr. tr.* 1. 怀疑，不相信：Dudamos que se haya enriquecido honestamente. 我们不相信他是凭本事发财的。2. 犹豫：Dudo entre ir en tren o en avión. 我还未拿定主意是坐火车去还是乘飞机去。No dudes en decirme si necesitas algo. 如果你需要什么，别客气。

durante *adv.* 在…时候，在…时间里：Pueden hacer preguntas durante la conferencia. 大家可以在讲座中间提问。

durar *intr. tr.* 1. 持续：La operación duró tres horas. 手术持续了3个小时。2. 耐久：Los zapatos de esta marca duran mucho. 这个牌子的鞋十分结实。

E

economizar *tr. intr.* (9) 1. 节约，节俭：Debemos economizar para reducir el costo. 我们应厉行节约降低成本。2. 积蓄，攒钱：Estoy economizando porque quiero comprar un coche. 我想买辆轿车，所以正在攒钱。

echar *tr.* 1. 扔，投，抛：La mujer echó la basura en un cubo. 那位妇女把垃圾扔入桶内。2. 放，放入：No eches los huevos hasta que el aceite esté hirviendo. 等油热了，你再放鸡蛋。3. 发出，冒出，喷出：La locomotora marcha echando humo. 火车头喷着浓烟前进。4. 赶走，驱逐：El hombre echó a su mujer. 那个男人赶走了他的妻子。5. 辞退：El jefe ha echado a este joven porque dormía durante el trabajo. 由于这个青年在工作时睡觉，领导把他辞退。6. 长出：En primavera el árbol echa hojas. 春天树木长出叶子。7. 上（锁、插销等）：Al entrar eché el cerrojo. 进屋之后，我插上插销。8. 玩；比赛：Quiere echar una partida de ajedrez chino conmigo. 他想和我下盘中国象棋。9. 放映；上演：¿A qué hora echan la película? 电影几点钟放映？10. 投向；歪向：La niña se marchó después de echarme una mirada. 女孩瞥了我一眼，走开了。El niño echó su cabeza a la derecha. 男孩把头歪向右侧。11. 倒，打倒：Echó por tierra a su rival. 他把对手打倒在地。~ *se prnl.* 1. 躺下（常与前置词"en"搭配）：Al entrar, se echó en la cama. 他一进屋便躺在床上。2. 跳入；投身：Se echó al río para salvar al niño. 他跳入河中，救助那个男孩。3. 扑向（与前置词"sobre"搭配）：El soldado se echó sobre el enemigo. 士兵扑向敌人。~ *se a* 开始…；猛然间：El perro se echó a ladrar en cuanto oía un sonido. 狗听到响声狂吠。~ a perder 1. 弄坏：La inundación ha echado a perder la cosecha. 洪水毁坏了庄稼。2. 带坏：El malvado ha echado a perder a mi hijo. 那个坏蛋把我的儿子带坏了。~ de menos 1. 发现缺少（人或物）：En el trabajo he echado de menos un martillo. 工作中我发现少了一把榔头。2. 想念：Echo de menos a mis padres. 我想念父母。~ se atrás 违约，失信：Dijo que me traería la novela al día siguiente, pero a la hora de la verdad se echó atrás. 他说第二天给我带来那本小说，可是到时候他却失信了。~ se encima 临近，来临：Se nos está echando encima el Día Nacional. 国庆节临近。

edad *f*. 1. 年龄，年岁：¿Qué edad tienes? 你多大年岁？2. 时代，时期：Actualmente nos encontramos en una edad llena de desafíos y oportunidades. 当前我们处于一个充满挑战和机遇的时代。~ adulta 成人年龄：Este joven ha llegado a la edad adulta. 这个男青年已是成年人。~ del pavo 青春年龄：Una persona en la edad del pavo puede hacer algo inadecuado. 处于青春年龄的人会做出某些不恰当的事情。~ madura 中年年龄：Mi tío es una persona de edad madura. 我叔叔是中年人。~ escolar 入学年龄：Este niño que ha llegado a la edad escolar no quiere ir a la escuela. 这个已到入学年龄的男孩不想上学。mayor de ~ 已达法定年龄：El muchacho puede votar porque ya es mayor de edad. 那个男青年可以投票，因为他已到法定年龄。menor de ~ 未达法定年龄：Como es menor de edad, no le permiten entrar en la discoteca. 由于他未到法定年龄，因而不许进舞厅。de ~ 上了年岁的，年老的：Siéntese aquí, porque Vd. es de edad. 您上了年岁，请坐在这里。

educar *tr*. (7) 1. 教育；培养（宾语指人时，与前置词"a"搭配）：El matrimonio quiso educar a su hijo en un colegio privado. 夫妇俩想在私立学校培养自己的儿子。2. 训练：Educa al perro para que le sirva. 他训练那条狗，为了使它对自己有所

帮助。

efecto *m.* 1. 结果,后果: Su imprudencia ha producido un efecto negativo. 他的冒失举动引起了消极后果。2. 影响;印象: La visita del presidente causó un gran efecto. 总统的访问产生极大的影响。3. 目的:¿Acaso es éste el efecto que quieres conseguir? 难道,这就是你想达到的目的吗? ~s *pl.* 财物,物品: Guarda bien tus efectos cuando salgas. 你出门的时候要存放好自己的财物。a ~s de 为了: Vengo a efectos de pedirte unos libros. 我来这里是为了找你借几本书。en ~ 确实,实际上: En efecto, ya le di una respuesta. 实际上,我给您作出了答复。

efectuar *tr.* (14) 实行,进行: La operación fue efectuada con éxito. 手术获得成功。~ se *prnl.* 实现,完成: Finalmente, el proyecto se efectuó. 那个项目最终完成了。

ejecución *f.* 1. 实施,执行: Se ocupa de la ejecución del proyecto. 他负责该项目的实施工作。2. 处决: En este país no existen las ejecuciones. 这个国家没有死刑。3. 演奏: La ejecución del violinista fue magnífica. 小提琴家的演奏十分精彩。poner en ~ 实施,执行: Ponemos el nuevo horario en ejecución a partir del próximo mes. 下个月起,我们执行新的作息时间。

ejecutar *tr.* 1. 实施,执行: Ejecuto el plan según la instrucción del responsable. 我按照负责人的指示实施该计划。2. 演奏: Ha ejecutado esta obra musical con violín. 他用小提琴演奏了这一音乐作品。3. 处死: El espía fue ejecutado. 那个间谍被处死。

elaborar *tr. prnl.* 1. 加工,制作: Éste es un taller donde se elaboran las cometas. 这是制作风筝的作坊。2. 构思: Los técnicos elaboran un nuevo modelo de coche. 技术人员正在构思一种新型轿车。

elegir *tr.* (6) 1. 选择,挑选: Ella eligió una falda corta. 她挑选了一件短裙。2. 选举: En este país los alcaldes son elegidos por los ciudadanos. 这个国家,市长是经公民选举而产生。

elevar *tr.* 1. 举起,使升高：El alumno elevó la mano para hacer la pregunta. 那个男生举手提问。Esta máquina sirve para elevar contenedores. 这台机器是用来提升集装箱的。2. 提升：El gerente lo ha elevado al puesto de responsable del departamento. 经理提升他为该部门的负责人。~ se *prnl.* 升高,矗立：En este barrio se elevan muchos rascacielos. 这个区矗立着许多摩天大楼。

eliminar *tr. prnl.* 1. 淘汰,剔除：Fui eliminado en la primera prueba. 我在第一轮比赛中就被淘汰了。2. 消除,祛除：La gasolina sirve para eliminar las manchas de mugre. 汽油可以祛除油污。3. 消灭：Eliminaron al traidor. 他们除掉了叛徒。4. 排泄：El sudor se elimina por los poros. 汗通过毛孔排泄。

elogiar *tr.*（12）称赞,夸奖（宾语指人时,与前置词"a"搭配）：Los vecinos elogian a la muchacha por su laboriosidad. 邻居们都夸那个姑娘勤劳。

eludir *tr.* 1. 躲避（宾语指人时,与前置词"a"搭配）：Ella no volvió a casa para eludir la crítica de su madre. 为了躲避母亲的批评,她没有回家。2. 回避：Quiere eludir a María. 他想避开玛丽娅。

emanar *intr.* 出自,发自（与前置词"de"搭配）：De su carácter emana la travesura del niño. 他的性格里透出一种儿童的淘气劲。~ *tr.* 发出,散发：El café emana un buen aroma. 咖啡散发着香味。

embalar *tr.* 打包,包装：Deseamos que usted embale la mercancía en cajas de madera. 我们希望您用木箱包装货物。~ se *prnl.* 匆忙（自复形式）：No te embales, todavía te queda tiempo para arreglarlo. 别急急火火的,你还有时间处理此事。

embarazar *tr.*（9）1. 使受孕（宾语指人时,与前置词"a"搭配）：Fernando no consiguió embarazar a su mujer a causa de la enfermedad. 费尔南多因患病未能使妻子受孕。2. 使尴尬,为难：Las palabras impropias de Luis embarazaron a sus amigos. 路易斯不恰当的言辞使他的朋友们难堪。3.

使行动不便：El vestido de fiesta embarazaba sus movimientos. 礼服使他（她）行动不便。~ se *prnl.* 怀孕（自复形式）：La muchacha se embarazó a tres días del casamiento. 那个姑娘结婚三天便怀孕了。

embarcar *tr.* (7) 1. 装上船（火车或飞机）（与前置词"en"搭配）：Embarcaron la mercancía en la bodega del barco con la grúa. 他们使用吊车往船舱装货。2. 使参与：Mi amigo me ha embarcado en una actividad sucia. 我的朋友使我卷入一桩肮脏的交易。~ *intr. prnl.* 上船（火车或飞机）：Ya es hora de embarcar en el avión. 到登机的时候了。~ se *prnl.* 从事，进行（与前置词"en"搭配）：Nos hemos embarcado en la fundación de un laboratorio. 我们正在筹建一个实验室。

embargar *tr.* (8) 1. 使终止：El dolor embargó mis sentidos. 疼痛使我失去了知觉。2. 阻碍：La mentalidad atrasada embarga el progreso social. 陈旧的观念阻碍社会进步。3. 查封，扣押：El tribunal dio la orden de embargar su chalé. 法院下令查封他的别墅。

embellecer *intr.* (28) 修饰，美化：La señora embellece la habitación con flores frescas. 那位女士用鲜花美化房间。

emborrachar *tr.* 使醉倒：El licor me emborrachó porque es fuerte. 该酒度数高，把我醉倒了。~ se *prnl.* 喝醉：Li se emborrachó en la fiesta. 李在聚会中喝醉了。

embotellar *tr.* 1. 灌入瓶内：Ésta es una máquina que embotella cerveza. 这是一个往瓶子里灌啤酒的机器。2.（车辆）堵塞：Los coches embotellaban la calle por el accidente. 由于发生交通事故，汽车堵塞了街道。

emergencia *f.* 紧急情况：El médico estaba de guardia para atender las emergencias. 医生值班以应付紧急情况。en caso de ~ 紧急情况下：Llámame en caso de emergencia. 遇到紧急情况你给我打电话。

emerger *intr.* (2) 1. 露出水面，浮现（与前置词"de"搭配）：La rana emergió del agua. 青蛙浮出水面。2. 涌现：En los últimos años han emergido muchos cantantes destacados. 最近几年涌现出许多杰出的歌唱演员。

emigrar *intr.* 1. 移居国外（常与前置词"a"搭配）：Hace poco Carlos emigró a Sudamérica. 不久前卡洛斯移居南美。2.（动物）迁徙：Los cisnes emigran en primavera. 天鹅春季迁徙。

emitir *tr. prnl.* 1. 发出，释放出：La piedra preciosa emite brillos bajo la luz. 宝石在光的照射下发出光芒。2. 放送，播放：La emisora emite este programa esta tarde. 电台今天下午播放这个节目。3. 发行：Se ha emitido una nueva serie de sellos. 刚刚发行了一套新邮票。4. 发表：El rey emite un discurso en la universidad. 国王在那所大学发表演说。

emocionar *tr. prnl.* 激动；感动：Se emocionaba mucho al ver a sus padres. 见到父母，他十分激动。Su amabilidad nos emocionó. 他的热情感动了我们。

empachar *tr.* 使讨厌，使厌烦：La mujer me ha empachado con sus disparates. 那个女人的胡言乱语令我厌烦。~ se *prnl.* 消化不良（自复形式）：El niño se empachó con mucha comida frita. 男孩因吃了许多油炸食物而消化不良。

empapar *tr.* 1. 使浸透：La lluvia ha empapado la tierra. 雨水浸透了土地。2. 吸收（水分）：Empapo la mancha de tinta en el papel con una tiza. 我用粉笔吸收纸上的墨迹。~ se *prnl.* 熟知；明白（与前置词"de"搭配）：Me empapé de este artículo mediante repetidas lecturas. 我反复看了几遍才弄明白这篇文章。

empatar *tr. intr.* 1.（比赛）平局：Los dos equipos han empatado a cero en el partido. 那场比赛两队战成0比0。2.（选举）得票相等：Los candidatos a la presidencia han empatado en las elecciones generales. 两位总统候选人在大选中得票相等。

empeñar *tr.* 1. 典当，抵押：Juan tuvo que empeñar el anillo para mantenerse. 胡安为了生存只好典当戒指。2. 承诺：Puedo empeñar lo que he hecho. 我可以对我的所作所为作

出承诺。~ se *prnl.* 1. 欠债，负债（常与前置词"para"搭配）：Se ha empeñado para curar la enfermedad. 他为了治病而负债。2. 坚持（与前置词"en"搭配）：El muchacho se empeña en comprar una moto. 小伙子非要购买摩托车。

empeorar *tr. intr. prnl.* 变糟，恶化：La relación entre los dos jóvenes ha empeorado. 两个青年人的关系恶化。

empezar *tr.* （44）开始：Empezamos el trabajo a las ocho de la mañana. 我们早上8点开始工作。~ *intr.* 开始（与原形动词搭配须使用前置词"a"）：La chica empieza a estudiar. 姑娘开始学习。

emplear *tr.* 1. 用，使用，利用：He empleado toda la tarde para hacer el repaso. 我利用整个下午复习。2. 雇用，任用（宾语指人时，与前置词"a"搭配）：El campesino empleó a su vecino para recoger la cosecha. 那个农民雇用他的邻居收割庄稼。

empobrecer *tr.* （28）使贫穷：La muerte del padre empobreció a la familia. 父亲的去世使全家贫困交加。~ *intr.* 变穷：Este señor está empobrecido por la deuda. 这位先生因债务而穷困潦倒。

emprender *tr.* 开始，着手进行（指费力或棘手的事务）：Este país ha emprendido una importante transformación social. 这个国家发生了重大的社会变革。

empujar *tr.* 1. 推：Entró en la habitación empujando la puerta. 他推开房门，进入房间。2. 推动，促使：Tu intervención empujó la solución del problema. 你的干预推动了问题的解决。

en *prep.* 1. 在：Estoy en casa. 我在家中。2. 用，以（表示方法，手段）：Explícamelo en español. 请你用西班牙语给我解释。3. 乘（车，船，飞机等）：No me gusta viajar en avión. 我不喜欢乘飞机旅行。4. 表示时间：Viajaré en mayo. 我五月份去旅行。5. 擅长：Éste es un experto en medicina tradicional china. 这是一位擅长中医的专家。de dos (tres, cuatro, etc.) ~ dos (tres, cuatro, etc.) 每两个(人)，每两个

（人）地：Me gusta enumerarlo de dos en dos. 我喜欢两个两个地计算。Entren de tres en tres. 你们三个人一伍进入。de puerta ~ puerta 挨门挨户地：El cartero envía los periódicos de puerta en puerta. 邮递员挨门挨户地送报。

enamorar *tr.* 1. 使产生爱情；求爱（宾语指人时，与前置词"a"搭配）：El muchacho la enamoró con palabras dulces. 小伙子用甜言蜜语向她求爱。2. 使喜爱：El paisaje de esa zona le ha enamorado. 那一地区的风景令他迷恋。~ se *prnl.* 爱上，喜爱（自复形式，与前置词"de"搭配）：Esta muchacha no se enamoró de él. 这个姑娘没爱上他。

encabezar *tr.* (9) 1. 居于（名单）首位：Rosa encabeza la lista de los candidatos a la beca. 罗莎位于奖学金候选人名单的首位。2. （文章，信函）开头：He encabezado la carta con unas palabras de saludo. 我在信的开头写了几句问候语。3. 率领，带头：El ministro es el que encabeza la delegación. 率领代表团的是部长。

encadenar *tr. prnl.* 1. 用锁链锁住（宾语指人时，与前置词"a"搭配）：El dueño encadena al perro porque es peligroso. 因为那条狗凶猛，主人用锁链拴着它。2. 束缚：La madre encadenó a su hijo en casa. 母亲把儿子关在家里。3. 联系：La policía encadena este caso con el anterior. 警方把这个案件与前一个案子联系起来。

encajar *tr. intr.* 1. 嵌入；插入，塞入（与前置词"en"搭配）：La pintura encaja en el cuadro. 那幅画嵌入镜框。2. 接受；处理：No he encajado bien mi cambio de cargo. 我没有理智地对待自己的职务变动。3. 打，揍：El joven le encajó un fuerte golpe. 男青年狠狠地打了他一拳。~ *intr.* 1. 合适，相吻合（与前置词"con"搭配）：La idea de Juan encaja con la mía. 胡安的想法和我的想法一致。2. 适应：Luis ha encajado bien en su nuevo puesto de trabajo. 路易斯已适应新的工作岗位。

encaminar *tr.* 1. 指路，指引：La guía nos ha encaminado al Palacio Imperial. 导游小姐带

领我们去故宫。2. 引导，指导：El profesor me dio una orientación para encaminar correctamente mi investigación. 老师指导我正确开展研究。3. 教导：La madre encamina a sus hijos. 母亲教导子女。

encantar *tr.* 1. 使非常喜欢：Nos encanta tu carácter. 我们非常喜欢你的性格。2. 使着迷：Me encanta la ópera de Beijing. 京剧令我着迷。3. 使着魔：La bruja encantó a la chica y la transformó en un conejo. 巫师向姑娘施魔法并把她变成一只兔子。

encapricharse *prnl.* 喜欢上，迷上（与前置词"con"或"de"搭配）：El niño se ha encaprichado con el juguete de otro chico. 那个男孩喜欢上另一个男孩的玩具。Juan se encapricha de esta chica. 胡安迷恋这个姑娘。

encarar *tr.* 1. 正视，面对（困难，问题）：La muchacha no se atreve a encarar el problema. 女青年不敢正视那个问题。2. 对齐：Encaré las hojas de papel antes de cortarlas. 裁剪之前我把纸张对齐。~ se *prnl.* 对立，对抗（常与前置词"con"搭配）：Se encaró con el jefe y ha sido despedido. 他顶撞领导，因而被辞退。

encargar *tr.* (8) 1. 委托，托付：Jorge me encargó comprarle un periódico. 豪尔赫让我给他买份报纸。2. 预订，订做：Encargué una tarta para el cumpleaños de mi mujer. 我为妻子的生日订做了一个蛋糕。~ se *prnl.* 负责（与前置词"de"搭配）：Me encargo de cocinar. 我负责做饭。

encender *tr.* (25) 1. 点燃：Encendió un cigarrillo con el mechero. 他用打火机点燃了香烟。2. 开启：Enciendió la luz al entrar en la habitación. 他进入房间后开灯。3. 激化，引发：La envidia encendió la disputa entre las dos muchachas. 妒忌挑起两个女孩的争吵。4. 激发，燃起（情感）：Sus palabras me han encendido el entusiasmo. 他的话激发了我的热情。~ se *prnl.* 脸红（自复形式）：Al oírlo la chica se encendió. 听到这些话，女孩脸色绯红。

encerrar *tr.* (16) 1. 关押：Los

bandidos han encerrado a los rehenes en un sótano. 土匪把人质关在一间地下室里。2. 监禁：El tigre está encerrado en una jaula. 老虎被关在笼子里。3. 含有，包含：Sus palabras encierran cierta intención. 他的话语里含有某种意图。~ se *prnl.* 幽居，隐居（自复形式）：Desde joven se encerró en un templo. 他从年轻时就隐居在一所庙宇里。

encima *adv.* 1. 在上方：¡Cuidado con el cable que está encima! 小心上面的电线！2. 随身：Hoy no llevo dinero encima. 今天我随身没带钱。3. 除此之外：Ellos lo insultaron y encima, lo apalearon. 他们不仅辱骂他，还用木棒打他。~ de 在…上方：La antena se pone encima de la casa. 天线架在房屋上方。El teléfono está encima de la mesa. 电话机在桌上。por ~ 粗略地：He leído la novela por encima. 我只是粗略地看了那部小说。

encoger *intr.* (2) 收缩：El jersey ha encogido después de ser lavado. 毛衣洗过之后缩水了。~ *tr. prnl.* 1. 缩回：Encogió las piernas para dejar pasar a los demás. 他把双腿缩回来以便他人通过。2. 畏缩，胆怯：La chica se encoge ante los desconocidos. 那个女孩在陌生人面前胆怯。~ se de hombros 耸肩：Al oírlo se encogió de hombros. 听到那件事，他耸了耸肩。

encomendar *tr.* (16) 1. 委派：El jefe me encomendó una misión importante. 领导委派我一项重要的任务。2. 托付，委托：La vecina encomendó a mi mujer el cuidado de su hijo. 邻居托付我妻子照料她的儿子。

encontrar *tr.* (19) 1. 找到：Ya he encontrado la bicicleta perdida. 我找到了丢失的自行车。2. 碰到，遇到：Encontramos a Carlota en la calle. 我们在那条街上遇到了卡洛达。3. 发觉：Te he encontrado muy cambiado. 我发觉你的变化很大。~ se *prnl.* 1. 相遇，汇合：Me encuentro con mi compañero. 我与同学相遇。2. 状况：Li no ha venido a clase porque se encuentra mal. 李因为不舒服没来上课。

3. 位于：La casa de Wang se encuentra en el centro. 王家位于市中心。

encubrir *tr.* 1. 掩盖，隐瞒：El niño encubrió lo que hizo para que no le castigaran sus padres. 为了免遭父母的惩罚，男孩隐瞒了所做的事情。2. 窝藏，包庇（过去分词为：encubierto）：Fue detenido por haber encubierto a un criminal. 他因窝藏罪犯而被捕。

enchufar *tr. prnl.* 1. 插上插头：Enchufo el ordenador. 我插上电脑插头。2. 套接（管道）：Esta manguera no se puede enchufar con la otra. 这个水龙带与另一个水龙带不能接连。3.（靠门路）安插（宾语指人时，与前置词"a"搭配）：El jefe ha enchufado a su hermano en un buen puesto. 领导把他兄弟安排在一个好岗位。

enchufe *m.* 1. 插头；插座：~ macho 插头：Este enchufe macho está estropeado. 这个插头坏了。~ hembra 插座：He comprado un enchufe hembra de tres agujeros. 我买了一个三孔插座。2. 门路：Ha conseguido el puesto porque tiene enchufe con el gerente. 他与经理有关系，于是得到了那个职位。

enderezar *tr.*（9）1. 弄直：Endereza el cable. 你把电线弄直。2. 处理；驾驭：No puedo enderezar la huelga. 我处理不好罢工事件。3. 使改邪归正：El padre intentó enderezar a su hijo. 父亲力图使儿子改邪归正。

endurecer *tr.*（28）1. 使变硬：La sequía endureció la tierra. 干旱使土地硬结。2. 使能吃苦耐劳，使坚强：La miseria lo ha endurecido. 贫困使他性格坚强。~ se *prnl.* 冷酷无情（自复形式，常与前置词"con"搭配）：No te endurezcas tanto con tus subordinados. 你别对你的部下这么冷酷无情。

enfadar *tr.* 1. 激怒，惹恼：El insulto lo enfadó. 辱骂惹恼了他。2. 恼火，发火（与前置词"con"搭配）：No estoy enfadado con vosotros. 我不是跟你们发火。~ se *prnl.* 恼火；翻脸（相互形式或自复形式，常与前置词"con"或"contra"搭配）：Ellos dos se enfadaron y no se hablaban. 他俩闹翻了，互不理睬。Se enfadó con su hermano. 他跟他的兄弟翻脸。

enfatizar *tr.*（9）强调：El jefe enfatizó la importancia del trabajo. 领导强调了工作的重要性。

enfermo, ma *adj.* 生病的，有病的：estar ~ 生病，患病：Está enfermo y por eso no puede trabajar. 他因生病而不能工作。~ *m. f.* 病人：La enfermera atiende amable a los enfermos. 那位护士对待病人和蔼可亲。（辨析：此句使用"amable"这一形容词起双重补语作用。）

enfrentar *tr.* 1. 使面对面（与前置词"con"搭配）：Enfrento mi escritorio con el tuyo. 我把我的办公桌面对着你的办公桌。2. 使对立，使反目（宾语指人时，与前置词"a"搭配）：El problema económico ha enfrentado a los dos hermanos. 经济问题使兄弟反目。~ *se prnl.* 1. 面临（自复形式，常与前置词"a"搭配）：Nos enfrentamos a una situación crítica. 我们面临严峻的形势。2. 对付；对抗：El muchacho se enfrentó a su rival con valentía. 那个小伙子勇敢地与对手抗

衡。

enfrente *adv.* 在对面，在面前：~ de 面对：La farmacia está enfrente de la escuela. 药店位于学校对面。

enfriar *tr.*（13）1. 使变凉，降温：Metí las bebidas en el frigorífico para enfriarlas. 我把饮料放入冰箱使它变凉。2. 使（感情）冷淡，冷却：Tu crítica ha enfriado mi entusiasmo. 你的批评冷却了我的热情。~ *intr.*（感情）冷淡：Ahora la amistad entre ellos dos está enfriando. 目前他俩的友情冷淡。~ *se prnl.* 伤风，感冒（自复形式）：Anoche el niño se enfrió. 昨晚男孩感冒了。

enfurecer *tr.*（28）激怒，使恼火：Tu crítica lo enfureció. 你的批评激怒了他。~ *se prnl.* 暴怒，恼火（自复形式）：Se enfureció tanto con él que lo pegó. 他非常恼怒，揍了对方。

engañar *tr.* 1. 欺骗；愚弄（宾语指人时，与前置词"a"搭配）：En esa tienda engañan a los clientes en el peso. 那家商店在分量上欺骗顾客。2.（对配偶）不忠：Nunca engañaba a su mujer. 他从未对妻子不忠。3. 暂时消除（渴、饿）：Voy a comprar un helado para engañar la sed. 我去买支冰淇淋解渴。4. 消磨时间：No sé si engaño el tiempo con esta revista. 我不知道这本杂志能否帮我消磨时间。~ intr. 使产生错觉：Este señor parece joven, pero engaña. 这位先生看上去很年轻,但实际上并非如此。~ se prnl. 自欺；搞错（自复形式）：Te engañas creyendo que eres omnipotente. 你自认为无所不能,这是自欺欺人。

engordar tr. 1. 养肥,喂肥（动物）：El campesino engordó a los puercos y después los vendió. 那个农民把猪养肥后卖掉。2. 使发胖：Esta comida me engorda. 这种食物使我发胖。~ intr. 1. 发胖：El niño ha engordado mucho. 那个男孩胖了很多。2. 发财：Este señor ha engordado con la ayuda de sus amigos. 这位先生在朋友的帮助下发财了。

engrasar tr. 加油：Ha engrasado con aceite las bisagras de la puerta para que no suenen. 他往房门的合页上加机油,以消除响声。

enlazar tr.（9）捆绑,系在一处：Ella enlazó las revistas con una cuerda. 她用绳子把杂志捆在一起。~ intr. 1. 连贯：Sus ideas no estaban bien enlazadas en su expresión oral. 他在口头表达上思路不连贯。2. 连接：La red de trenes enlaza con el puerto. 铁路网与港口相连接。~ se prnl. 结婚,联姻（自复形式,与前置词"con"搭配）：Ma Qiang se enlazó con una muchacha extranjera. 马强与一位外国姑娘结婚。

enmohecer tr. prnl.（28）1. 发霉：Esta manzana se ha enmohecido. 这个苹果发霉了。2. 生锈：La torre de metal se ha enmohecido a causa de la humedad. 铁塔因潮湿而生锈。3. 失去作用,失灵：Llevaba tanto tiempo sin estudiar que mi cerebro se ha enmohecido. 这么久没学习,我的大脑都不听使唤了。

enojar tr. 使生气,激怒：Me ha enojado su intervención. 他的干预令我恼火。~ se prnl. 生气,恼火（与前置词"con"搭

配）：Se enojó con Luis porque no lo había ayudado. 路易斯没帮他，他生气了。

enredar *tr.* 1. 弄乱：El viento enredó su cabello. 大风吹乱了他的头发。2. 使卷入（宾语指人时，与前置词"a"搭配）：Ellos enredaron al muchacho en un asunto de contrabando. 他们使那个男青年卷入一起走私案。3. 纠缠：Un grupo de jóvenes enreda al portero para que les permita pasar. 一群年轻人与看门人纠缠，求他让他们进去。~ *intr.* 1. 淘气：No puedo hacer nada con este chico que enreda sin cesar. 我真拿这个淘气的男孩没办法。2. 乱动：El chico enredó con la cámara y ahora no funciona. 那个男孩乱动照相机，结果弄坏了。~ *se prnl.* 1. 混乱不清（自复形式或相互形式）：El alumno se enredó cuando el profesor le preguntó. 老师提问时，那个男生的思路混乱不清。2. 争执，斗殴：Ellos dos se enredaron en la disputa. 他俩争吵起来。3. 关系暧昧：Se enredaba con una chica. 他与一个女孩关系暧昧。

enriquecer *tr.* （28）使富裕；使发财：La construcción de la carretera enriquecerá ese pueblo. 这条公路的建设将使那个镇子富裕起来。~ *intr.* 变富，发财：Está enriquecido gracias al apoyo del gobierno. 他在政府的支持下变富了。~ *se prnl.* 变富，发财（自复形式）：Se enriqueció por este negocio. 他靠这桩买卖发财了。

enrojecer *tr.* （28）使变红：La chica ha enrojecido sus uñas. 那个女孩涂红了指甲。~ *se prnl.* 脸红：Ella se enrojeció por la vergüenza. 她因害羞而脸红。

enrollar *tr.* 卷成卷儿：El pintor enrolló la pintura y la guardó en un armario. 画家把画儿卷起来，然后存放在柜子里。~ *se prnl.* 1. 卷入（自复形式）：No te enrolles en su disputa. 你别卷入他们的争吵。2. 混熟：Mi hermano se ha enrollado con ellos. 我兄弟和他们混熟了。3. 与（某人）有性关系：Se enrolla con una chica. 他与一个姑娘有性关系。

enroscar *tr.* （7）1. 卷，缠：El electricista enroscó el cable después del trabajo. 电工干完活后把电线卷了起来。2. 拧，旋紧（螺钉等）：El mecánico enroscó el tornillo que estaba flojo. 修理工拧紧了松动的螺钉。

ensamblar *tr.* 1. 铆接：El carpintero ha ensamblado las dos tablas de madera. 木工把两块木板拼接在一起。2. 组装：Los operadores están ensamblando los medidores de gas. 操作工正在装配煤气表。

ensanchar *tr. prnl.* 加宽，扩展：En los últimos meses se han ensanchado muchas calles. 最近几个月许多街道拓宽了。~ *se prnl.* 骄傲，自负（自复形式）：Se ha ensanchado después de ser elogiado por el profesor. 受到老师表扬之后，他变得骄傲自大。

ensayar *tr.* 1. 试验，检测：El investigador está ensayando la seguridad del coche. 那位研究人员正在测试轿车的安全性。2. 排练：Los actores ensayaron la obra antes del estreno. 演员在公演之前排练该剧目。

enseñar *tr.* 1. 教，教授：El chófer me enseña a conducir. 那位司机教我开车。2. 教导，教育：La crítica de tus compañeros te enseña que debes corregir el error. 你的同学们的批评提示你应该改正错误。3. 展示，出示：En cuanto le enseñamos la foto, te reconoció enseguida. 我们向他一出示照片，他立即就认出你来。4. 指引：El anciano me enseñó el camino. 老大爷为我指路。

ensuciar *tr.* (12) 1. 弄脏：El polvo ensució sus zapatos. 尘土弄脏了他的鞋。2. 玷污：El chico ha ensuciado el honor de su padre. 那个男孩玷污了他父亲的名誉。

entender *tr.* (17) 1. 懂得，明白：Ella entiende el español. 她懂西班牙语。Entiendo que estás ocupado. 我知道你正忙着。2. 理解；了解：Entendemos la situación en la que te encuentras. 我们理解你的处境。~ *intr.* 精通（常与前置词"de"或"en"搭配）：Juan entiende en chino. 胡安精通汉语。~ *se prnl.* 一致，和睦（自复形式，与前置词"con"搭配）：El profesor se entiende muy bien con sus estudiantes. 那位老师与他的学生关系融洽。

enterar *tr.* 通知,告知(与前置词"de"搭配):Mi amigo me ha enterado de la noticia. 我的朋友已告知我那个消息。~ se *prnl.* 得知,获悉(与前置词"de"搭配):Se enteró de lo ocurrido. 他已知晓所发生的一切。

enternecer *tr.* (28) 1. 使变软: Enternece la seta seca con agua tibia antes de cocinar. 烹调之前,你先用温水把香菇泡软。2. 感动,打动:Las hazañas del muchacho ha enternecido a los oyentes. 男青年的事迹感动了听众。

enterrar *tr.* (16) 1. 埋:La mujer enterró la joya en el patio. 那位妇女把首饰埋在院里。2. 埋葬:Enterraron el cadáver de ese muerto. 他们埋葬了那个死者的尸体。3. 藏匿:Enterró el documento bajo un montón de papeles. 他把文件藏在一堆纸张的下面。4. 摈弃;忘掉:Intento enterrar los malos recuerdos. 我力图将不愉快的往事统统忘掉。5. 活得长久:La vieja tiene una salud tan buena que nos enterrará a todos. 老大娘的身体这么结实,肯定活得长久。~ se *prnl.* 隐居(自复形式,与前置词"en"搭配):Se entierra en su casa que está en el campo. 他隐居于乡村的家中。

entonces *adv.* 当时,那时;那么:Ya es hora de comer, entonces vámonos. 该吃饭了,那么咱们走吧。desde ~ 从那时起:Desde entonces trabajé en esta fábrica. 从那时起我就在这家工厂工作。en aquel ~ 那时:No sabía español en aquel entonces. 那时我不会西班牙语。por aquel ~ 当时,那时:Yo no tenía empleo por aquel entonces. 当时我没有工作。

entrada *f.* 1. 进入;加入:La entrada de la policía provocó una protesta entre los empleados. 警察的进入引起职工们的抗议。2. 入口:Te espero a la entrada del gimnasio. 我在体育馆入口处等你。3. 门票,入场券:No tengo la entrada para este partido. 我没有这场比赛的门票。4. 首期付款:Ya he pagado la entrada del coche. 我已支付轿车的首期付款。

entrar *intr.* 进入（常与前置词"en"搭配）：Quiero entrar en esta universidad. 我想进入这所大学。En esta zona el invierno entra a principios de noviembre. 这一地区11月初进入冬季。~ *tr.* 移入，搬进：Entramos las mesas y sillas porque va a llover. 要下雨了，我们把桌椅搬进去。

entre *prep.* 1. 介于，位于…之间：Vendré entre las nueve y las diez. 我大约9点至10点来。El escritorio está entre los dos estantes. 写字台位于两个书架之间。2. 在…之内：Elijo entre los alumnos. 我在学生中挑选。3. 共同：Lo hacemos entre tú y yo. 你和我一起做这件事。~ tanto 同时；当口：Espero la llamada de Luis, entre tanto leo el periódico. 我趁等路易斯电话的当口看报。

entreabrir *tr. prnl.* 半开；微启：Ella entreabrió la puerta para ver qué ocurría. 她微启房门，观看外面发生了什么事。

entregar *tr.* （8）交给，交付：Li Hua me entregó su tarjeta de crédito. 李华把她的信用卡交给了我。La policía ha entregado el niño a sus padres. 警方把男孩交给了他的父母。~ se *prnl.* 1. 投降；自首（自复形式，与前置词"a"搭配）：El criminal se entregó a la comisaría. 犯罪嫌疑人向警署自首。2. 专心，致力于：Ella se ha entregado enteramente al cuidado de los huérfanos. 她全身心地照料那些孤儿。3. 沉湎：Se entregó a la droga. 他沉湎于毒品。

entremeter *tr.* 1 放入（某物）中间：Entremetí el cheque entre las páginas del libro. 我把支票夹在书页中间。2. 塞入，卷进去：Ella entremetió la sábana entre el colchón y somier. 她把床单边角塞入床垫与床绷之间。~ se *prnl.* 参与，插手（自复形式，与前置词"en"搭配）：Intentó entremeterse en los asuntos de los demás. 他企图插手别人的事务。

entrenar *tr. prnl.* 训练（宾语指人或动物时，与前置词"a"搭配）：Entreno al perro para que sea más listo. 我训练那只狗让它更加机灵。El equipo de fútbol se entrena en un sitio secreto. 足球队在一个秘密的地方训练。

entretener *tr.* (54) 1. 使开心：Este juguete entretiene mucho al niño. 这个玩具令小男孩十分开心。2. 耽搁：No me entretengas, que tengo mucho que hacer. 你别耽搁我，我还有许多事要做。3. 分散注意力；使容易度过：Leo la revista para entretener la espera. 我看杂志消磨等候时间。～ se *prnl.* 消遣，娱乐（自复形式）：Ellos se entretuvieron cantando y bailando. 他们开心地唱歌、跳舞。

entrever *tr.* (58) 1. 隐约看见：Desde la ventana entreveo la colina. 我从窗户隐约望到那座小山。2. 猜测到：Entreveo que tienes hambre. 我猜到你饿了。

entrevistar *tr.* 拜访，采访：El periodista ha entrevistado a un destacado pintor. 记者采访了一位有成就的画家。～ se *prnl.* 会见；会晤（自复形式，与前置词"con"搭配）：Quiere entrevistarse con el ministro. 他想会见部长。

entristecer *tr.* (28) 1. 使难过，使悲伤：La mala noticia le ha entristecido. 那一坏消息令他难过。2. 使凄凉：El frío entristece el paisaje de la zona. 寒冷使该地区景象凄凉。～ se *prnl.* 伤心，悲伤：Se entristeció por la muerte de su padre. 他因父亲的去世而悲伤。

entumecer *tr.* (28) 使麻木，使僵直：El frío ha entumecido mis dos piernas. 寒冷使我双腿麻木。

enturbiar *tr. prnl.* (12) 1. 使混浊：El polvo enturbió el agua de la jofaina. 尘土使脸盆的水混浊。2. 搅乱，干扰：Tu intervención ha enturbiado la solución. 你的干涉干扰了问题的解决。

entusiasmar *tr. intr.* 1. 鼓舞，振奋：La escena lo entusiasmó mucho. 当时的场面令他振奋不已。2. 使非常喜欢：Me entusiasma viajar en tren. 我十分喜欢乘火车旅行。

envanecer *tr.* (28) 使虚荣，使骄傲：La victoria lo envaneció. 胜利使他骄傲。～ se *prnl.* 骄傲，洋洋得意（与前置词"con"或"por"搭配）：No debes envanecerte con el éxito. 你不应因获得成功而洋洋得意。

envejecer *tr.*（28）1. 使变老（宾语指人，与前置词"a"搭配）：La tristeza envejece a la gente. 悲伤使人衰老。~ *intr.* 1. 变老：Ha envejecido por la vida miserable. 他因生活贫困而衰老。2. 变旧：La pintura envejeció con el transcurso de tiempo. 随着时间的推移，那幅画陈旧了。

envenenar *tr.* 1. 毒死：Ponemos el veneno en torno al almacén para envenenar a los ratones. 我们在仓库四周投放毒药灭鼠。2. 放毒，投毒：La criada envenenó la comida intentando matar al dueño. 女佣往食物里投毒，企图害死房东。3. 损害：Su indebido comportamiento envenenó la amistad entre ellos. 他的不当行为损害了他们之间的友谊。

enviar *tr.*（13）1. 发送；拍发：Te he enviado un fax. 我给你发了一份传真。2. 邮寄：Les envío enseguida la muestra del producto. 我立即给你们邮寄该产品的样品。3. 派遣，差遣：Ya hemos enviado a un técnico a su fábrica. 我们已派出一名技术员去贵厂。

enviciar *tr.*（12）使染上恶习：La pereza ha enviciado al chico en el robo. 懒惰致使那个男孩染上偷窃的恶习。~ *se prnl.* 1. 养成恶习（自复形式，常与前置词"con"或"en"搭配）：Se ha enviciado con los juegos de azar. 他养成赌博的恶习。2. 嗜好，癖好：Se ha enviciado con los juegos de ordenador. 他养成贪玩电脑游戏的嗜好。

envidiar *tr.*（12）1. 妒忌：Esta muchacha envidia la belleza de su compañera. 这个姑娘妒忌她的女同学的美貌。2. 羡慕：Juan envidia a su hermano porque gana más que él. 胡安羡慕他兄弟，因为挣钱比他多。

envolver *tr. prnl.*（20）1. 包，裹，围（宾语指人，与前置词"a"搭配）：La dependiente ha envuelto el juguete con un papel de regalo. 女售货员用包装纸把玩具包好。La mujer envolvió a su bebé con la toquilla. 那位妇女用围巾裹住婴儿。2. 缠，绕：La mujer envuelve el hilo en la bobina. 那个女人往线轴上绕线。3. 包

围：Nuestro ejército ha envuelto al enemigo. 我们的军队将敌人包围。4. 使无言以对：Me envolvieron con muchos argumentos y no supe qué decir. 他们以大量的依据封住了我的嘴，我一时不知该说什么。5. 牵连，牵扯：El político se ha visto envuelto en un escándalo financiero. 那位政治家被牵扯进一桩金融丑闻。

equipar *tr. prnl.* 1. 装备，配备（常与前置词"de"或"con"搭配）：Han equipado la oficina con dos ordenadores. 为办公室配备了两台电脑。2. 准备必需品：Me he equipado de ropa y algo necesario antes del viaje. 旅行前，我已备妥衣服和一些必需品。

equivaler *intr.* （56）1. 等于，相当于（与前置词"a"搭配）：Una botella de cerveza equivale a un pan. 一瓶啤酒相当于一个面包。2. 意味着：Entiende que negarse a ayudarle equivale a enemistarse con él. 他认为拒绝帮助他就意味着与他为敌。

equivocar *tr.* （7）搞错，使出错：He equivocado el número de teléfono de tu casa. 我搞错了你家的电话号码。~ *se prnl.* 搞错，弄错（自复形式，与前置词"de"或"con"搭配）：Ha llegado tarde porque se equivocó de autobús. 他上错了公交车，所以来晚了。

erradicar *tr. prnl.* （7）连根拔除，根除：Todavía no han logrado erradicar el cáncer. 目前还不能根除癌症。

esbozar *tr.* （9）1. 画草图：El pintor esbozó con rapidez el retrato. 画家很快勾画出那个人物像。2. 起草：Se reúnen para esbozar un nuevo plan. 他们聚在一起制定一项新计划。3. 流露：Ella esbozó tristeza al saberlo. 得知此事后，她面露悲伤。

escandalizar *intr.* （9）吵闹：En la zona escolar no se puede escandalizar. 不能在校园里吵闹。~ *tr. prnl.* 出丑，臭名远扬：Las relaciones con esa chica le escandalizaron. 与那个女孩保持关系使他臭名远扬。~ *se prnl.* 气愤，恼火（自复形式，与前置词"de"搭配）：Nos escandalizamos de su conducta. 我们对他的行为感到恼火。

escapar *intr.* 1. 逃离，逃脱（与前置词"de"搭配）：El tigre escapó de la jaula. 老虎逃出笼子。2. 摆脱（与前置词"a"或"de"搭配）：Finalmente escapó al poder de su marido. 最后，她摆脱了丈夫的控制。~ se *prnl.* 1.（水，气等）泄漏，溢出（与前置词"de"搭配）：El gas se escapa de la tubería. 煤气从管道泄漏。2. 脱离：El globo se ha escapado. 气球跑了。3. 忍不住；失控：Al verlo venir con máscara se me escapó la risa. 看到他戴着面具走过来，我忍不住笑了。

escarmentar *tr.* (16) 惩戒，教训：El profesor lo escarmentó con severidad. 教师严厉地教训了他。~ *intr.* 吸取教训：Su padre lo ha castigado para que escarmiente. 他父亲惩罚了他，目的是让他吸取教训。

escasear *intr.* 短缺，匮乏：Aquí escasean los alimentos. 这里食品短缺。

escasez *f.* 匮乏，短缺：La escasez de cereales fue el motivo fundamental del alza de precios. 粮食短缺是物价上涨的根本原因。con ~ de 由于缺少…：No podemos cumplirlo con escasez de manos de obra. 由于缺少劳力，我们不能完成任务。

escatimar *tr.* 1. 吝惜：No debes escatimar tu ayuda en caso de que la necesiten. 当别人需要你的帮助时，你不应吝惜。2. 曲解：Has escatimado lo que dije. 你曲解了我所讲的意思。

escoger *tr.* 挑选，选择：Hemos escogido una habitación con la ventana que da a la calle. 我们选择了一个窗户临街的房间。

escoltar *tr.* 1. 护送，护卫（宾语指人时，与前置词"a"搭配）：Los guardaespaldas escoltan al presidente. 保镖护卫着总统。2. 押送：Los soldados escoltaban a los prisioneros. 士兵们押送俘虏。

esconder *tr.* 1. 藏，藏匿（宾语指人时，与前置词"a"搭配）：No debes esconder a un preso en casa. 你不应把犯罪嫌疑人藏在家中。2. 遮盖：El cuadro esconde el agujero de la pared. 那幅画遮住墙壁的小孔。3. 隐藏：Creo que bajo tu sonrisa escondes cierta intención. 我认为你的微笑里

隐藏着某种企图。~ se *prnl.* 躲藏（自复形式）：El gato se escondió detrás del sofá. 那只公猫躲在沙发的后面。

escondidas *f. pl.* a ~ 偷偷地；悄悄地：El muchacho se reunió con su novia a escondidas. 小伙子偷偷地与他的未婚妻会面。Entró en la habitación a escondidas. 他悄悄地走进房间。

escote *m.* 1. 领口，袒胸或袒背领：Ha comprado una camiseta con el escote redondo. 他买了一件圆领的 T 恤衫。2. （均摊的）份额：Nosotros tres vivimos juntos y el escote del alquiler mensul es de doscientos yuanes. 我们三人住在一起，每月的房租人均 200 元。a ~ 分摊：Ayer cenamos en un restaurante y lo pagamos a escote. 昨天我们在一家餐馆晚餐，饭费均摊。

escribir *tr. intr.* 1. 写，书写：No sé escribir los caracteres chinos. 我不会写中国汉字。2. 写作：Este señor está escribiendo una novela. 这位先生正在撰写一部小说。3. 写信：No olvides escribir me. 你别忘记给我写信。~ *intr.* （笔）能用：Dame un bolígrafo porque éste no escribe. 你给我一支圆珠笔，这支笔写不出字了。

escrito, ta *adj.* 已写成的，写的，著的：Ya tengo escrita la tesis. 我已写完论文。Éste es un artículo escrito por ella. 这是她写的文章。~ *m.* 文字；文章；书面通知：En el escrito he expuesto mi solicitud de la beca. 我已在书面文字中表明申请该奖学金。por ~ 书面的：La empresa ha efectuado una prueba por escrito a los aspirantes. 那家企业对求职者进行了书面测试。

escuchar *tr.* 1. 听，聆听：Estamos escuchando un discurso. 我们正在听报告。2. 听从：El chico no ha escuchado a su hermano mayor. 那个男孩不听他哥哥的话。

esculpir *tr.* 1. 雕，雕塑：Esculpe la madera para darle la forma de león. 他雕琢那块木料，以使它形成狮子的模样。2. 雕刻：El artista esculpía la figura humana en la piedra. 那位艺术家在石块上雕刻人物。

escupir *intr.* 吐痰，吐唾沫：No

escupas en el suelo. 你别往地上吐痰。~ tr. 1. 吐，喷：El mono se comió el fruto y escupió la semilla. 那只猴子吃果子吐出果核。2. 喷发：El volcán escupió la lava ardiente. 火山喷发出灼热的岩浆。3. 排出：La pared escupe la humedad y está mohosa. 墙壁排出湿气并露出霉迹。

escurrir *tr.* 1. 拧干：La mujer escurrió la ropa lavada antes de tenderla. 那个女人在晾晒之前把洗过的衣服拧干。2. 倒净，控净：Ella quiere escurrir la botella de vino. 她想空净瓶中的葡萄酒。~ *intr.* 沥干：Coloca en sentido vertical los platos para que escurran. 你把盘子竖着摆放，以便沥干。~ *se prnl.* 1. 溜掉；逃脱（自复形式，与前置词"de"或"de entre"搭配）：El pájaro se escurrió de entre las manos del niño. 小鸟从男孩的手中逃脱。2. 滑动；Me escurrí en el suelo y casi me caí. 我在地面上滑了一下，差点摔倒。

esforzar *tr.* (42) 1. 使有力，使充满精力：Éste es un trabajo importante, tengo que esforzar mis capacidades. 这是一项重要的工作，我必须施展全部能力。2. 使（器官）用力，费力：El mecánico esforzó su oído para detectar la avería. 为了查找故障原因，机械师用力听断。~ *se prnl.* 努力，尽力（自复形式，与前置词"por"或"para"搭配）：Nos esforzamos por terminarlo cuanto antes. 我们力争尽早完工。

eso *pron.* 那件事物：No es eso lo que te he dicho. 我跟你讲的不是这些。a ~ de（指时间）大约：Anoche regresé a casa a eso de las once. 昨晚，我大约11点回家。por ~ 因而，因此：Estoy muy cansado, por eso quiero descansar. 我十分疲劳，因此想休息。

espalda *f.* 1. 背部，脊背：Me duele la espalda. 我后背疼。Lo colocó sobre la espalda del asno. 他把物品放在驴的背上。2.（衣服）后身：La espalda de la chaqueta es de otro color. 上衣的后身是另一种颜色的。3. 靠背：Leo recostado contra la espalda de la silla. 我靠着椅背看书。~s *pl.* 背面，背后：a ~s de 背面，背后：Tenemos una piscina a espaldas de la casa. 我家房后有一个游泳池。a ~s de una persona 背着，瞒着：El chico compró un juguete a espaldas de sus padres. 男孩背着父母买了一件玩具。caer/caerse de ~s 十分吃惊：Te vas a caer de espaldas al saber la noticia. 你知道那个消息会大吃一惊的。dar/volver la ~ 回绝，不理睬：Cuando le pedí que me trajera el libro, Él me dio la espalda. 我让他给我带来那本书，他拒绝了我。guardar las ~s 护卫，保护：No te acérques a él, que tiene quienes le guarden las espaldas. 你别靠近他，他身边有许多人护卫。cargado/da de ~s 驼背的：Esta vieja cargada de espaldas es mi vecina. 这个驼背老太太是我的邻居。

espantar *tr.* 1. 惊吓，使害怕：El muchacho con máscara espantó a los niños. 戴假面具的小伙子使孩子们受到惊吓。2. 驱赶：El viejo espantó a las gallinas de la puerta. 老大爷把母鸡轰出屋门。~ se *prnl.* 惊奇，惊讶（自复形式，与前置词"de"搭配）：Me espanto de verte tan gordo. 见到你这么胖，我大吃一惊。

esparcir *tr. prnl.* (31) 1. 撒，散开：El campesino esparcía las semillas en el campo. 那个农民往田地里撒种。2. 传播，扩散：El escándalo se ha esparcido por toda la ciudad. 丑闻传遍全城。~ se *prnl.* 消遣，散心：Me esparzo paseando por el campo. 我以乡间散步的方式散心。

especial *adj.* 特殊的，特别的，专门的：Para mí, éste es un trabajo especial. 对我来说，这是一项特殊的工作。en ~ 特别，尤其：No tengo nada que decirte en especial. 我没有专门跟你讲的事情。

especializar *tr.* (9) 1. 专攻（与前置词"en"搭配，宾语指人时，与前置词"a"搭配）：Esa escuela especializa a los alumnos en hacer el diseño de la moda. 那所学校专门培养学生进行时装设计。2. 专门从事：La junta de administración especializa la empresa en la fabricación de motos. 董事会让企业专门从事摩托车生产。

especificar *tr. prnl.* (7) 明确说

明：Si no me lo especificas no puedo decir nada. 如果你不对我明确说明，我无法表态。

especular *intr.* 1. 思考，琢磨（与前置词"sobre"搭配）：Estamos especulando sobre la posibilidad de resolverlo. 我们在琢磨解决该问题的可能性。2. 投机，牟利（与前置词"con"搭配）：Este comerciante se dedica a especular con cereales. 这个商人从事粮食投机生意。

esperar *tr.* 1. 希望，盼望，期待：Esperamos que se realicen todos tus deseos. 我们希望你的愿望全部实现。Espero un buen resultado. 我期望有一个好的结果。2. 等候：Li está esperando el autobús. 李正在等候公共汽车。~ *intr.* 1. 盼望；等待（与前置词"a"搭配）：Espero a que me ayude. 我盼望您帮助我。El profesor espera a que todos los alumnos lleguen para empezar. 老师等待学生到齐后才开始授课。2. 将要发生：Nos espera una discusión. 我们面临一场争论。

espiar *tr.* (13) 1. 侦察，暗中监视：El agente llevaba todo el día espiándome. 那个便衣警察监视我整整一天。2. 刺探：Espiaba cierta información sobre la prueba atómica. 他在刺探有关核试验的信息。

espirar *tr.* 散发（气味等）：La flor espira un olor agradable. 那种花散发着香味。~ *intr.* 吐出，呼出（气）：Me duele el pecho cuando espiro. 我吐气时胸疼。

esquiar *intr.* (13) 滑雪：En invierno me gusta esquiar. 冬天我喜欢滑雪。

esquina *f.* 拐角：El bar está en la esquina de la calle. 酒吧位于街道的拐角。doblar la ~ 转过街角：Encontré a ella al doblar la esquina. 我一转过街角就遇到了她。a la vuelta de la ~ 临近：La Fiesta de Primavera está a la vuelta de la esquina. 春节临近。

esquivar *tr.* 1. 躲避：El boxeador esquivó el golpe con habilidad. 拳击手灵巧地躲过对方的攻击。2. 回避：En cuanto a este asunto debes esquivarlo. 有关这件事你应该回避。

estabilizar *tr.* (9) 使稳定：El médico consiguió estabilizar la situación del enfermo. 医生控制住了该病人的病情。~ se *prnl.* 稳定（自复形式）：La situación económica de este país se ha estabilizado. 这个国家的经济形势已经稳定。

establecer *tr.*（28）1. 建立，设立：Liu Xin ha establecido una clínica en este barrio. 刘新在这个区开了一家诊所。2. 确立，规定：La ley establece que los trabajadores trabajan cuarenta horas a la semana. 法律规定劳动者每周工作40小时。3. 创立（学说、原则等）：El teórico ha establecido una nueva teoría. 那位理论家创立了一个新的理论。~ se *prnl.* 1. 定居（自复形式）：El año pasado mi amigo se estableció en esta ciudad. 去年，我的朋友在这座城市定居。2. 开店，开业：Carlos se estableció de abogado. 卡洛斯开了一家律师事务所。

estacionar *tr.* 停放（拉美有些国家惯用）：El periodista estaciona el carro en la calle. 记者把轿车停放街边。~ se *prnl.* 1. 停留；滞留（自复形式）：Los manifestantes se han estacionado en la bocacalle. 示威的人群在街口停下来。2.（指重病）停滞，不再扩散：El cáncer se estacionó gracias al tratamiento del médico. 经医生的治疗，癌症得到控制。

estafar *tr.* 欺诈，诈骗：Los dos jóvenes han estafado a la anciana con palabras dulces. 两个男青年用甜言蜜语蒙骗老大娘。

estallar *intr. prnl.* 1. 爆炸：El explosivo estalló en un coche. 炸药在一辆轿车内爆炸。2. 爆裂，崩开：El globo estalló al ser pisoteado. 气球被踩爆了。La falda le quedaba tan estrecha que se le estalló la cremallera. 那条裙子她穿着很瘦，连拉链都崩开了。3. 爆发：La Guerra Civil de España estalló en 1936. 西班牙内战爆发于1936年。4.（情感）宣泄：Estalló en carcajadas al oír el chiste. 听了那个笑话他捧腹大笑。

estampar *tr.* 1. 印，盖：Estampó su sello en el documento. 他在文件上盖上自己的印章。2. 冲压：Esta máquina sirve para estampar monedas. 这台机器用于铸造硬币。3. 留下印记：Estampó una mano en el cemento fresco. 他在刚浇注的水泥上留下一个手印。4. 掷，摔：El joven estampó el jarrón contra el suelo. 男青年把花瓶摔在地上。

estancar *tr. prnl.* (7) 1. 停顿：La negociación se estanca porque una de las dos partes ya ha perdido interés. 由于其中一方失去兴趣，谈判中断。2. 停滞：El dique ha estancado el agua del río. 大堤使河水滞流。3. 执行专卖：Actualmente el Estado ha estancado la venta de tabaco. 目前国家对烟草执行专卖。

estar *intr.* (37) 1. 在，位于（常与前置词"en"搭配）：La universidad está en el centro. 那所大学位于市中心。2. 处于（身体状况；时间）：¿Cómo estás? 你好吗？¿A cuántos estamos hoy? Hoy estamos a veintidós de agosto de dos mil dos. 今天是几月几日？今天是2002年8月22日。3. 合身：Me está un poco grande la camisa. 那件衬衣我穿着有点肥大。4. 价值：El pan está a dos yuanes. 那个面包2元钱。~ con 与某人在一起：Ahora estoy con mi hermano. 现在我跟我兄弟在一起。~ para/por 为了；准备：Estoy por irme a casa. 我准备回家。~ se *prnl.* 停留；耽搁（自复形式）：Me estuve en casa de mis padres el año pasado. 去年我住在父母家中。~ enfermo/ma 生病：Estoy enfermo. 我生病了。~ cansado/da 疲劳，疲倦：Ahora ella está muy cansada. 她现在十分疲劳。~ convencido/da de 坚信，确信：Estamos convencidos de que esta solución le satisfará. 我们确信这一解决办法肯定令您满意。~ claro 明朗，清楚，明显：Está claro que el hombre está destruyendo el medio ambiente. 人类显然在破坏自然环境。~ + *ger.* 表示正在进行的动作：Estoy leyendo. 我正在看书。~ al caer 临近，即将：El día del examen está al caer. 考试的日期临近。~ de más / de sobra 多余：Ahora estamos de más. 目前我们呆在这里多余。~ en todo 无所不管：Mi madre es una mujer que está en todo. 我母亲是一个无所不管的妇女。

estilo *m.* 1. 文体: Me gusta el estilo de este novelista. 我喜欢这位小说家的文体。2. 形式, 式样: El presente año reina el estilo de esta moda. 今年流行这种时装的式样。3. 风格: Ésta es una música de estilo clásico. 这是一首古典风格的乐曲。al(a) ~ de 按…方式: Hemos resuelto el problema de Macao a estilo de Hong Kong. 我们按照香港的方式解决了澳门问题。por ~ 类似的, 相似的: Los estudiantes leen por el estilo. 学生们看上去都在看书。

estimar *tr.* 1. 敬重, 器重: Juan estima mucho a sus colegas. 胡安十分敬重他的同行们。2. 认为: Estimé adecuado marcharme de aquí. 我认为我最好离开这里。3. 估计: Los expertos estiman las pérdidas hechas por la inundación. 专家们估测洪水所造成的损失。

estimular *tr.* 1. 激励, 鼓励: El maestro lo estimuló a seguir los estudios. 老师鼓励他继续读书。2. 刺激, 促进: El ejercicio físico estimula la circulación sanguínea. 锻炼身体促进血液循环。

estipular *tr.* 1. 规定: Debemos cumplir lo que se ha estipulado en el contrato. 我们应履行合同所规定的内容。2. 商定: Las dos partes se reúnen para estipular las nuevas condiciones de pago. 双方聚在一起商定新的付款条件。

estirar *tr.* 1. 绷紧, 拉长: El cocinero estiraba sin cesar la masa de harina para convertirla en fideos muy finos. 厨师不停地抻拉面团, 使它变成细细的面条。2. 展平, 展开: La camarera estiró el mantel. 女服务员铺平了桌布。3. 节省花费: Tenemos que estirar el salario para llegar a fines del mes. 为了应付到月底, 我们必须节省花费薪水。~ *intr.* 长高; 长大: El chico ha estirado mucho. 男孩长高了许多。~ se *prnl.* 伸懒腰 (自复形式): Se estiró después de levantarse. 他起床后伸了伸懒腰。

estorbar *tr.* 1. 妨碍, 阻止: Un camión averiado estorbó el paso. 一辆出故障的卡车妨碍了交通。2. 打扰, 烦扰: No me estorbes, estoy leyendo. 你别

打扰我，我在看书。

estrechar *tr.* 1. 使狭小，束紧：Los coches aparcados han estrechado la calle. 停放在路边的轿车使街道变窄。Estreche un poco el pantalón porque ha adelgazado. 您把裤子改瘦点，因为现在他瘦了。2. 使亲密：La dificultad estrechó nuestra solidaridad. 困难促使我们更加团结。~ se *prnl.* 挤紧（自复形式）：Nos estrechamos para poder sentarnos en un mismo banco. 为了坐在一张长凳上，我们紧紧地挤在一起。~ se las manos 握手：Los dos amigos se estrechan las manos al encontrarse. 两位朋友见面后握手。

estrellar *tr.* 撞碎（常与前置词"en"或"contra"搭配）：El joven estrelló la copa en el suelo. 男青年把酒杯摔在地上。~ se *prnl.* 1. 撞，撞击（自复形式）：El coche se estrelló contra la valla de la autopista. 轿车撞在高速公路隔离网上。2. 失败：Este señor se estrelló al invertir sus ahorros en la bolsa. 这位先生拿积蓄炒股失败。3. 星辰密布：Esta noche el cielo se estrella. 今夜天空星辰密布。

estremecer *tr.* (28) 1. 震动，晃动：El terremoto estremeció toda la ciudad. 地震震动了全城。2. 动摇：Nadie puede estremecer nuestra determinación. 任何人也动摇不了我们的决心。3. 使发抖：La alta fiebre me estremeció. 高烧使我颤抖。~ se de frío 冷得发抖：Me estremezco de frío. 我冷得发抖。

estrenar *tr. prnl.* 1. 首演，首映：Hoy se estrena una película norteamericana en este cine. 今天这家影院首映一部美国电影。2. 初次使用：Mi hijo estrena el juguete que le compré. 我儿子第一次玩我给他买的玩具。~ se *prnl.* 开始从事，初次从事（自复形式，与前置词"en"搭配）：Antonio se estrena en este trabajo. 安东尼奥初次从事这项工作。

estribar *intr.* 基于，在于（与前置词"en"搭配）：El éxito de negocio estriba en el entendimiento y la confianza mutuos. 交易的成功在于相互理解和信任。

estropear *tr. prnl.* 1. 损坏，毁

坏:El ascensor se ha estropeado. 电梯坏了。2. 使失败,落空:Su acción ha estropeado la fiesta de cumpleaños. 他的举动使生日聚会不欢而散。

estrujar *tr.* 1. 榨:Estrujo el limón. 我榨柠檬汁。2. 揉搓:Juan estrujó el papel entre las manos. 胡安双手揉搓纸张。3. 挤,压:El muchacho me estrujó para entrar primero. 小伙子挤开我,想第一个进去。4. 压榨,剥削:Éste es un empresario que estruja a sus empleados. 这是一个剥削员工的老板。

estudiar *tr.* 1. 学习,攻读:Estudio la historia china. 我学习中国历史。2. 研究,琢磨:Estamos estudiando cómo mejorar el método de enseñanza. 我们正在研究如何改进教学方法。

eternizar *tr.* (9) 使永恒,使长存:Hemos de hacer esfuerzos por eternizar la amistad entre nuestros dos países. 我们必须为使我们两国之间的友谊长存而努力。~ se *prnl.* 没完没了,无休止(自复形式):Rosa, no te eternices leyendo, ya es hora de comer. 罗莎,别没完没了地看书了,该吃饭了。

evacuar *tr.* (14) 1. 使离开,撤离:Hay que evacuar primero a los niños y a las mujeres en caso de urgencia. 遇到紧急情况应先撤离儿童和妇女。2. 腾空:Ya hemos evacuado la habitación. 我们已腾空房间。~ *intr.* 排泄(粪便):Estoy mal porque no he evacuado bien. 由于排便不畅,我感到不舒服。

evadir *tr.* 1. 躲避,逃避:Evadía las respuestas acudiendo a ciertos motivos. 他总是以各种理由避而不答。2. (非法)转移钱财:Ese funcionario está acusado de evadir dinero al extranjero. 那位官员被指控往国外非法转移金钱。~ se *prnl.* 1. 逃离(与前置词"de"搭配):Unos soldados se han evadido del cuartel. 一些士兵逃离了军营。2. 躲避:La mujer se trasladó a otra ciudad para evadirse del escándalo. 为了躲避那件丑事,那个女人搬到另一座城市。

evaluar *tr.* (14) 评估,评价:Los especialistas se reúnen para evaluar la factibilidad del proyecto. 专家聚在一起评估

该项目的可行性。

evaporar *tr. prnl.* 1. 使蒸发，挥发：El calor evapora el agua. 炎热使水蒸发。La gasolina se evapora. 汽油可挥发。2. 溜走：Liu Ming se ha evaporado de la reunión. 刘明从会上溜走。3. 消失：Su dinero se evaporó en unos días. 几天的光景，他的钱便花光了。

evidencia *f.* 明证，证明：El resultado de la encuesta fue la evidencia de su capacidad. 民意测验的结果就是他能力的明证。poner/quedar en ～ 1. 表明，证实：Su actitud pone en evidencia que tiene interés en hacerlo. 他的态度表明他有兴趣做这件事。2. 出丑，尴尬：Sus mentiras la pusieron en evidencia. 她的谎言使她出丑。El inadecuado comportamiento de su hijo en público puso al padre en evidencia. 儿子在公共场合的不当举动令父亲尴尬。

evitar *tr.* 1. 避免：El médico no pudo evitar la intervención quirúrgica al paciente. 医生只得对那位病人实施外科治疗。2. 回避，躲避：El joven evitó hablar de este tema porque tenía poco conocimiento. 由于知之甚少，男青年回避谈及这个话题。Quiero evitar a ese niño porque es muy travieso. 那个男孩十分淘气，我想避开他。

evocar *tr.* (7) 1. 回忆：Está evocando la vida de su infancia. 他在回忆童年的生活。2. 使联想起：La foto le evocó los tiempos pasados. 那张照片使他联想起过去的年代。

exagerar *tr.* 夸张，夸大：Ellos han exagerado la discordia entre Li y Liu. 他们夸大了李和刘之间的分歧。

examinar *tr.* 1. 检查，查看：No toquen el cadáver hasta que el forense lo examine. 法医查验尸体之前谁也别碰它。2. 考试，测验：El profesor nos examinó de español. 老师测验我们西班牙语。

excavar *tr.* 挖，刨，掘：Los trabajadores escavan un canal para meter después la tubería de gas. 工人们挖沟铺设煤气管道。

exceder *tr.* 超出，超过：Ella excede a Ana en edad. 她比安

娜大。~ *intr.* 过量的,富裕的:Puedo prestarte los libros que exceden. 我可以把多余的书借给你。~ se *prnl.* 过量,过分(与前置词"en"搭配):No debes excederte en las bebidas alcohólicas. 你不应过量饮酒。

excepción *f.* 例外,特例:En realidad, no tomo bebidas alcohólicas, hoy hago una excepción. 实际上我不喝含有酒精的饮料,今天破例了。a/con ~ 除…之外:Todos pueden ir al cine a excepción de él. 除了他,大家都可以去看电影。de ~ 极佳的:Éste es un plato de excepción. 这是一道名菜。

excepto *adv.* 除去,除…之外:Esta tarde todos visitamos el museo, excepto ella. 今天下午除去她之外,我们都去博物馆参观。Todos los días trabajo, excepto los sábados y domingos. 除去周六、周日,我每天都工作。

excitar *tr. prnl.* 1. 刺激:El consumo ha excitado el desarrollo económico. 消费刺激了经济发展。2. 使兴奋,使激动;激励:El discurso del director excitó el ánimo de los empleados. 厂长的报告激发了职工们的干劲。

excluir *tr.* 1. 排除;开除:Lo excluyeron de la empresa por su mala conducta. 他表现不好被开除出厂。2. 拒绝:Excluí su propuesta. 我拒绝了他的建议。~ se *prnl.* 不相容,互相排斥(自复形式):Ellos dos no pueden convivir porque sus caracteres se excluyen. 他们二人性格不合,所以不能住在一起。

excusar *tr.* 1. 辩解,袒护:La madre no ha excusado el error de su hijo. 那位母亲没有袒护儿子的错误。2. 原谅:Excúsame, que tengo prisa. 请你原谅,我有急事。3. 免得,省得:Si vienes enseguida, excuso ir allá. 如果你马上来,我就不必去那儿了。

exhibir *tr.* 1. 展览,陈列:En esta exposición exhiben unos cuadros tuyos. 这次展览展出了几幅你的画作。2. 出示:Antes de entrar en el cine debes exhibir la entrada. 进入电影院之前,你应出示电影票。~ se *prnl.* 出风头,显示自己:

No me gusta exhibirme. 我不喜欢出风头。

exigir *tr.*（3）1. 强制，强求：El jefe exige que terminemos el trabajo a las cinco de la tarde. 领导强制我们下午5点前完工。2.（有权）要求：Mi compañero me exigió que le devolviera el libro. 我的同学要求我还书。3. 需要，必需：Es un trabajo que exige la habilidad. 这是一项需要技巧的工作。

exiliar *tr.*（12）放逐，流放：Lo exiliaron a un sitio apartado. 他被流放到一个偏僻的地方。~ se *prnl.* 流亡：Se exilió al extranjero durante la guerra. 战争期间他流亡国外。

eximir *tr. prnl.* 免除，解除（与前置词"de"搭配）：Este señor es generoso y ha eximido a Juan de la deuda. 这位先生十分慷慨，他免除了胡安的债务。

existir *intr.* 1. 存在，有：En esta calle existe una universidad. 这条街上有一所大学。2. 生存，生活：Existimos en una época llena de competencias y desafíos. 我们生活在一个充满竞争和挑战的时代。

expandir *tr. prnl.* 1. 展开；扩大，扩张：El muchacho se encarga de expandir el mercado exterior. 小伙子负责拓展国外市场。Este país expandió mucho su territorio. 这个国家曾把本国的疆域扩展了许多。2. 传播：La noticia se expandió con rapidez. 消息迅速传开。

expedir *tr.*（23）1. 发送，寄发：Le expedimos hoy mismo la mercancía. 我们今天就给您发货。2. 签发：En la embajada expiden los visados a los solicitantes extranjeros. 使馆为外国申请者签发入境签证。

expender *tr. prnl.* 1. 消耗，花费：El chico ha expendido el dinero que le dio su madre. 男孩把母亲所给的钱全部花光了。2. 零售，出售：Aquí se expenden los libros. 这里售书。

expensas *f.* 费用，开支：a ~ 由…支付，负担：El muchacho no quiere seguir viviendo a expensas de sus padres. 男青年不想继续依靠父母生活。

experimentar *tr.* 1. 经历，体验：Esta zona experimenta una terrible sequía. 这一地区经历

着一场可怕的旱灾。2. 感受：Experimenté un gran dolor al saber que se había marchado. 得知他离开这里，我感到十分痛苦。3. 实验，试验：El investigador experimenta la intensidad del cemento armado. 那位研究人员正在试验混凝土的强度。

expirar *intr.* 1. 断气，死：El viejo expiró a las diez de la mañana. 那位老人于上午10点辞世。2. 期满：El plazo para entregar la mercancía expira el próximo viernes. 交货的期限是下周五。

explayar *tr.* 展开（视野，思想）：Subió a lo alto de la colina y explayó la mirada para disfrutar del paisaje. 他登上那座小山的高处极目远眺，享受着天然的美景。~ se *prnl.* 1. 畅谈（自复形式）：El catedrático se explayó en la conferencia. 教授在讲座上侃侃而谈。2.（在野外）消遣：Luis iba a explayarse al campo con frecuencia. 路易斯经常去乡下散心。3. 叙怀：A él le gusta explayarse con sus amigos. 他喜欢和他的朋友们叙怀。

explicar *tr.* (7) 1. 解释，说明：Li Ping nos explica su idea. 李平向我们说明她的想法。2. 讲解，讲授：El profesor explica el texto a los alumnos. 老师给学生们讲解课文。~ se *prnl.* 理解，明白（自复形式）：Ya me lo explico. 我已经明白了。

explorar *tr.* 1. 考察，勘察：Los geólogos exploran el estrato de esta zona. 地质学家们勘察这一地区的地层。2. 调查，了解：El sociólogo explora la sociedad. 社会学家了解社会。3. 探查：El médico explora el pecho del enfermo. 医生检查该患者的胸部。

explotar *intr.* 爆炸：La bomba explotó en el puente. 炸弹在桥上爆炸。~ *tr.* 1. 开发：El Estado ha invertido el dinero para explotar las zonas apartadas. 国家投资开发边远地区。2. 剥削：Ellos no quieren seguir trabajando para este patrón que los explota. 他们不愿意继续为这个剥削他们的老板干活。

exponer *tr.* (49) 1. 陈列，展览：Se han expuesto las últimas obras del pintor en la exposición. 该画家的最新作品在展览会上展出。2. 表达，陈述：Carlos ha expuesto su punto de vista en la reunión. 路易斯在会上陈述了自己的观点。3. 使…暴露：No es bueno exponer la camisa de seda bajo el sol. 把丝绸衬衣放在太阳下面不好。4. 冒险，使遭受危险：El joven expuso su vida para salvar al niño secuestrado. 男青年冒着生命危险解救被绑架的男孩。

exportar *tr.* 输出，出口：China exporta géneros de porcelana y té. 中国出口瓷器和茶叶。

expresar *tr. prnl.* 表达，表露：La chica expresó su idea a su madre. 女孩向她母亲表达了自己的想法。

exprimir *tr.* 1. 榨；挤压：La mujer exprimió naranjas para preparar un zumo. 那位妇女用橙子榨汁。2. 剥削：Los empleados no permiten que su jefe les exprima. 职工不赞成他们的上司剥削他们。3. 用至极限：No está bien que exprimas tanto esa máquina. 你过度使用那台机器不好。

expropiar *tr.* (12) 征用：El Ayuntamiento les expropió el terreno para construir una escuela pública. 市政府征用他们的那块地皮，用于建设一所公立学校。

expulsar *tr.* 1. 驱逐（与前置词"de"搭配）：Las fuerzas de seguridad expulsaron a los inmigrantes clandestinos del país. 安全部门把非法移民驱逐出境。2. 开除：Lo expulsaron de la escuela en vista de su mala conducta. 他因行为不检点而被学校除名。

extender *tr.* (16) 1. 展开，铺开：La madre extendió el mantel sobre la mesa. 母亲把台布铺在桌上。2. 涂，抹：La chica extiende la mermelada en el pan. 小女孩往面包上抹果酱。3. 散开：El viento extendió las hojas por todo el patio. 大风把树叶吹满了整个院子里。4. 开，写出：Me extendió un cheque. 他给我开出一张支票。~ *se prnl.* 1. 传播，扩散：La noticia se extendió por toda la universidad. 消息传遍整个校园。2. 延伸：El pueblo se extiende al pie de la montaña. 那个小镇一直延伸至山脚。3.

达到: La inversión ya se extiende a cinco millones de dólares. 投资额达 500 万美元。 4. 持续: La reunión se extendió durante tres horas. 会议开了 3 小时。

exteriorizar *tr.* (9) 表露, 流露: Gustavo nos ha exteriorizado su idea. 古斯塔沃向我们表露了他的想法。

exterminar *tr.* 毁灭; 消灭, 灭绝, 夷平(宾语指人时, 与前置词"a"搭配): La bomba atómica puede exterminar a la humanidad y las ciudades. 原子弹能够毁灭人类和所有的城市。Los campesinos han exterminado la plaga de saltamontes. 农民们消灭了蝗灾。

extinguir *tr.* (4) 1. 熄灭, 扑灭: No han conseguido extinguir el incendio del bosque. 人们没有扑灭森林大火。2. 使消失, 使消亡: Los cazadores clandestinos han extinguido casi a los tigres de esta zona. 非法狩猎者几乎使这一地区的老虎灭绝。～ se *prnl.* (动、植物)绝种, 消亡: Este árbol es una especie que está en peligro de extinguirse. 这种树木是濒临灭绝的树种。

extirpar *tr.* 1. 摘除: El cirujano ha extirpado una verruga al enfermo. 外科医生为那位病人摘除了一个肉瘤。2. 根除: Tenemos que extirpar la corrupción. 我们必须根除腐败。

extra *adj.* 1. 极好的: Me gusta este arroz de calidad extra. 我喜欢吃精米。2. 额外的, 外加的: Los mecánicos hacen unas horas extras a menudo. 修理工经常加班。～ *f.* 加薪: Los empleados de esta empresa tienen una extra al fin del año. 这家企业的职工年终享有加薪。 *m. f.* 小角色: En esta película él sólo trabaja como extra. 他在这部电影中仅扮演一个小角色。

extraer *tr.* (55) 1. 取出, 弄出: El médico le extrajo una muela dañada. 医生为他拔除了受损的白牙。2. 提取, 提炼: Los obreros extraen gasolina del petróleo. 工人们从石油中提炼汽油。

extrañar *tr.* 1. 使惊奇, 惊讶: Me extraña mucho que no veas nunca la televisión. 你从不看

电视，令我十分惊讶。2. 生疏，不习惯：No puedo quedarme más porque extraño la comida. 我不习惯这里的饮食，所以不能再呆下去了。3. 思念，想念：Diego vive con su abuela y su madre lo extraña mucho. 迭戈跟祖母一起生活，他母亲十分想念他。～ se *prnl.* 1. 感到奇怪（自复形式，常与前置词"de"搭配）：Me extraño de que no hables nunca en la reunión. 你在会上从不发言，令我纳闷。2. 疏远：No sé por qué se extraña de sus compañeros. 我不知道他为何疏远他的同学们。

extremar *tr.* 使极端化，极其：Las autoridades han extremado las medidas de seguridad ante la visita del presidente. 当局为迎接总统的来访采取了极其严密的安全措施。～ se *prnl.* 精心（自复形式）：Nos hemos extremado en los preparativos para su visita. 我们为您的来访做了精心准备。

F

fabricar *tr.* (5) 1. 生产，制造，建造：Esta empresa fabrica bicicletas. 这家企业生产自行车。2. 捏造，编造：Esta joven solía fabricar líos entre sus compañeros. 这个女青年经常在同学中制造纠纷。

facilitar *tr.* 1. 易于，使变容易：Tu explicación me facilitó el entendimiento. 你的解释使我易于理解。2. 提供，供给：Juan me facilitaba todo lo que necesitaba durante mi estancia en Madrid. 我在马德里逗留期间，胡安为我提供了我所需要的一切。

falsear *tr.* 篡改：Falseó los hechos para eludir la responsabilidad. 他为了逃避责任而篡改了事实。~ *intr.* 变得无力，不结实：El marco de la ventana falsea, hay que arreglarlo. 窗框不结实了，必须修理一下。

falsificar *tr.* (7) 伪造：Falsificaron los diplomas de muchas universidades. 他们伪造了许多大学的学历证书。

falso, sa *adj.* 1. 伪造的，假冒的：Este billete es falso. 这张纸币是假的。2. 不符合实际的，虚假的：Nadie cree en sus palabras falsas. 无人相信他的谎话。3. 虚伪的：Es un señor falso. 他是个伪君子。~ *m.* (衣服的)贴边：Los falsos de las mangas de su chaqueta son de otro color. 他的外衣袖口的贴边是另一种颜色。en ~ 1. 虚伪地：Es un hombre mentiroso, que siempre nos trata en falso. 他是个爱说谎的人，与我们交往总是虚虚假假的。2. 踩空：Pisó en falso y se cayó. 由于踩空，他摔倒了。

falta *f.* 1. 缺少，缺乏：En esta zona hay falta de agua. 这一地区缺水。2. 缺席，不在：Ya nos hemos dado cuenta de la falta de José en el trabajo. 我们发现何塞没来上班。3. 过错：Reconozco la falta. 我承认自己的过错。4. 瑕疵：No he encontrado ninguna falta en la camisa. 我没有发现那件男式衬衣有毛病。5. 犯规：El árbitro le mostró una tarjeta amarilla porque cometió una falta. 他犯规了，裁判向他出示了一张黄牌。hacer ～需要：Me hace falta un diccionario. 我需要一本词典。sin ～一定：Te ayudaré sin falta. 我一定帮助你。a ～ de 由于缺少，在无…情况下：A falta de transportes públicos voy a pie. 由于没有公共交通工具，我步行去。

faltar *intr.* 1. 没有，缺少：A este obrero le falta una mano a causa del accidente. 这位工人因事故而失去一只手。2. 缺席（与前置词"a"搭配）：Luis nunca falta a clase. 路易斯从未缺过课。3. 差（与前置词"para"搭配）：Faltan diez minutos para las seis. 差10分钟6点。4. 还差…未完成：Me falta la lectura del texto. 我还差课文没读。5. 不足，不充分：Ahora me falta la energía. 我现在精力不足。6. 不履行，不答复（与前置词"a"搭配）：No faltes a tus palabras. 你不要食言。7. 失礼，失敬：Chico, no faltes a los mayores. 小家伙，不要对长辈无礼。

fallar *tr.* （法律）判决：Esperamos a que el juez falle. 我们期待法官判决。～ *intr.* 1. 落空，失败：Sus esperanzas han fallado. 他的希望落空了。2. 支持不住，失去作用：El muro falló a causa de la inundación. 因洪水的冲击，围墙倒塌了。

fallecer *intr.* （28）逝世，死亡：El viejo falleció ayer. 那位老人昨天去世了。

familiarizar *tr.* （9）使亲近；使习惯（宾语指人时，与前置词"a"搭配）：Esta revista me familiariza con la cultura española. 这本杂志使我了解西班牙文化。～ *se prnl.* 亲近；习惯（自复形式，与前置词"con"搭配）：Tengo que familiarizarme con el clima de esta zona. 我必须适应这一地区的气候。

fanfarronear *intr.* 吹嘘，吹牛：A ese señor le gusta fanfarronear ante sus amigos. 那位先生喜欢在朋友面前吹牛。

fascinar *tr.* 1. 强烈吸引：Las fotos relacionadas con el paisaje de Tíbet me fascinan mucho. 那些有关西藏风景的照片深深地吸引着我。2. 迷惑，欺骗（宾语指人时，与前置词"a"搭配）：Fascinó a su compañero para que le pagara el almuerzo. 他诱使他的同伴为他支付午餐的费用。

fastidiar *tr.*（12）1. 使恼火；厌倦：Nos fastidió tu actitud tan negativa. 你如此消极的态度令我们恼火。2. 使厌恶；不悦：Me fastidia seguir pidiéndole libros. 我讨厌继续找他借书。～ se *prnl.* 承受，忍受（自复形式）：Como lo has hecho con imprudencia, pues te fastidias. 你做事不谨慎，就得自作自受。

fatigar *tr. prnl.*（8）使疲劳：Me fatigó mucho este trabajo. 这项工作使我感到十分疲劳。

favor *m.* 1. 帮助，救助：Mi compañero me hizo un favor en el trabajo. 我的同事在工作中帮了我一把。2. 支持：Podré terminarlo a tiempo contando con tu favor. 有你的支持，我肯定能按时完工。hacer el ～ de 请，劳驾：Haga el favor de pasarme el libro. 请您把那本书递给我。por ～ 请：Dígame la verdad por favor. 请您告诉我实情。a ～ de 1. 有利于：El primer tiempo del partido terminó a favor del equipo A. 那场球赛上半场结束时甲队领先。2. 借助；顺势：Navegamos a favor de la corriente. 我们顺流航行。en ～ de 有利于，对…有利：Nos cooperamos en favor del beneficio mutuo. 我们为双方的互利而合作。

favorable *adj.* 有利的；顺利的，如意的：ser ～ para/a 有利于：El ejercicio físico es favorable para la salud. 锻炼身体有利于健康。

favorecer *tr.*（28）1. 帮助，支持：Ellos me han favorecido mucho en el estudio. 他们在学习上给予我很多帮助。2. 有利于：La lluvia favorece el crecimiento del cultivo. 雨水有利于庄稼生长。3. 使（服饰等）更漂亮（宾语指人时，与前置词"a"搭配）：Esta falda favorece a la niña. 这条裙子使小姑娘显得更漂亮。

fe *f.* 1. 相信，信任：Tengo fe en ella. 我信任她。2. 信仰：

Tiene mucha fe en el Budismo. 他虔信佛教。dar/hacer ~（以法律形式）确认…真实性：El notario dio fe de la fecha del nacimiento de este señor. 公证员证实这位先生的出生日期确凿无误。de buena ~ 好心的，善意地：Aunque lo han criticado, él lo hace de buena fe. 虽然他受到了批评，仍旧一心一意地去做。Es una joven de buena fe. 她是个善良的女青年。de mala ~ 不怀好意，恶意地：No puedo aceptar la crítica de mala fe. 我不能接受恶意的批评。

fecundar *tr.* 1. 使受孕：Muchas mujeres pueden ser actualmente fecundadas gracias a las nuevas técnicas. 目前许多妇女能够借助新技术受孕。2. 使多产，使肥沃：El campesino echó abonos para fecundar el cultivo. 那位农民施化肥促使庄稼增产。

fecha *f.* 日期：He olvidado la fecha de tu nacimiento. 我忘记了你的出生日期。hasta la ~ 时至今日：Hasta la fecha no hemos recibido su respuesta. 时至今日，我们仍未收到您的答复。

felicitar *tr.* 祝贺，祝愿（宾语指人时，与前置词"a"搭配）：Felicito a mi compañero que ha conseguido la beca. 我向我的这位获得奖学金的同学表示祝贺。~ se *prnl.* 高兴（自复形式）：Me felicité por haber sido nombrado el responsable del departamento. 我为自己被任命为该部门负责人而高兴。

fertilizar *tr.* (9) 使肥沃；施肥：El abono sirve para fertilizar la tierra. 肥料能够使土地肥沃。

festejar *tr.* 1. 庆祝，纪念：Festejamos la Fiesta de Primavera. 我们庆祝春节。2. 款待，招待（宾语指人时，与前置词"a"搭配）：Juan festejó a los invitados en un restaurante. 胡安在一家餐馆招待客人。~ se *prnl.* 娱乐；欢庆：Nos festejamos por haber conseguido el éxito. 我们为获得成功而欢庆。

fiado, da *adj.* 信任的，诚实的：Manuel es un joven fiado. 玛努埃尔是个诚实的男青年。al ~ 赊欠：En esta tienda se vende al fiado. 这家商店赊帐售货。

fiar *tr.* （13）1. 赊销：El proveedor me ha fiado porque tengo confianza con él. 我守信用，所以供货商向我赊销。2. 托付：El padre ha fiado su depósito a su hijo. 父亲把自己的存款托付给儿子。3. 担保：Te fío que él te devolverá el libro. 我担保他一定还给你那本书。ser de ～ 可信赖的：Puedes decirlo a ella porque es de fiar. 你可以把此事告诉她，她是可信赖的人。

fichar *tr.* 1. 登入卡片：La secretaria ha fichado los antecedentes de todos los empleados. 女秘书将全体员工的履历登入卡片。2. 看透，不信任：No me vayas con rodeos, que te he fichado. 别跟我绕圈子，我早就看透你了。3. 雇用（运动员）：El club ha fichado a un futbolista famoso. 俱乐部雇用了一位著名球员。～ *intr.* 打卡：Todos los días ficho a las ocho y media de la mañana. 我每天早上8点半打卡。

fiesta *f.* 1. 节，节日：El primero de octubre es la fiesta del Día Nacional. 十月一日是（中国的）国庆节。2. 庆祝活动：Hacemos una fiesta en casa porque hoy es mi cumpleaños. 今天是我的生日，所以我们在家中聚会。aguar la ～ 破坏欢乐气氛：Hoy estamos muy contentos y nadie debe aguarnos la fiesta. 今天我们十分高兴，谁也别让我们扫兴。

figurar *intr.* 1. 处在；出现；充当：Figura entre los expertos. 他位于专家之列。Ella figura como secretaria en la empresa. 她在那家企业当秘书。2. 有名望：Fernando figura mucho. 费尔南多是个显赫人物。～ *tr.* 1. 描绘；塑造（宾语指人时，与前置词"a"搭配）：Quiero figurar al personaje. 我想塑造那个角色。2. 假装：Figuré una caída para atraer su atención. 为了引起他的注意，我假装摔倒。～ se *prnl.* 想像：Desde niño se figuraba ser un científico. 他从小就幻想当科学家。

fijar *tr.* 1. 固定：Fijé la ventana con tornillos. 我用螺钉固定窗户。2. 集中：El anciano fijó su mirada en el cuadro. 老人将目光集中在那幅画作上。3. 确定：Todavía no hemos fijado la fecha de la visita. 我们还未确定访问的日期。

fila *f.* 行, 排: Conozco al muchacho que está en la primera fila. 我认识第一排的那个小伙子。en ~ india 单列, 纵列: La gente espera el autobús en fila india. 人们站成一排等候公共汽车。~s *pl.* 派别: Es un seguidor de las filas de oposición. 他是反对派的追随者。en ~s 服现役: El joven está en filas. 那个男青年正在服兵役。

filtrar *tr.* 1. 过滤: He comprado un aparato para filtrar el agua potable. 我买了一个过滤饮用水的装置。2. 透露: No sé quién filtró la noticia a su padre. 我不知道谁把那个消息透露给他父亲。~ *intr. prnl.* 渗入: El agua de lluvia ya se filtró por el techo. 雨水渗透屋顶。

fin *m.* 1. 结束, 终止; 末尾: No pude quedarme hasta el fin de la película. 我未能坚持到电影结束。2. 目的: Mi amigo dedicó todos sus ahorros a un fin beneficioso. 我的朋友把全部储蓄用于营利。dar/poner ~ a 结束: Hice todo lo posible para poner fin a la disputa entre ellos. 我曾竭力平息他们之间的纠纷。a ~ de 为了: Voy en taxi a fin de llegar a tiempo. 为了准时赶到, 我乘出租车去那里。Te lo explico a fin de que me entiendas. 我向你解释此事就是希望你能理解我。a ~es de 在…之末: Tendremos una conferencia a fines del mes. 月底我们有一个讲座。al / por ~ 终于: Al fin, encontré la llave perdida. 我终于找到了丢失的钥匙。en ~ 总之: En fin, hemos cumplido la tarea. 总之, 我们完成了任务。al ~ y al cabo 说到底, 归根结底: Al fin y al cabo, tú eres culpable. 归根结底, 你是罪魁祸首。un sin ~ de 无数的: Esta familia ha dado un sin fin de ayudas a su vecino. 这户人家向邻居提供了无数的帮助。

finalizar *tr.* (9) 结束, 完成: Finalizamos el trabajo dentro de cinco minutos. 我们在五分钟之内干完了工作。~ *intr.* 结束: La reunión finalizó a las cinco de la tarde. 会议于下午5点结束。

financiar *tr.* (12) 资助，提供资金（宾语指人时，与前置词"a"搭配）: La universidad financia a los alumnos pobres. 那所大学资助贫困生。La empresa ha financiado la formación de los empleados nuevos. 那家企业为新员工的培训提供资金。

fingir *tr. prnl.* (3) 假装: Se fingió enfermo para no acudir a la escuela. 他假装生病而不去学校。

firmar *tr.* 签署，签名；签订: Firmó el contrato de trabajo. 他签订了工作合同。

firme *adj.* 1. 牢固的，坚固的: El muro de la fábrica es firme. 工厂的围墙坚固。2. 坚定的，坚决的: Se mantuvo firme ante las amenazas. 他面对威胁意志坚定。~ *m.* 路基，地基: El firme de la carretera está bien construido. 公路的路基筑得坚固。~ *adv.* 顽强地；激烈地: El periodista luchó firme contra la corrupción. 那位记者同腐败行为顽强地斗争。de ~ 猛烈地；紧张地: Estoy estudiando de firme. 我正在加紧学习。en ~ 坚定地: Me respondió en firme que cooperaría conmigo. 他曾肯定地答复我，一定跟我合作。

fletar *tr. prnl.* 1. 租船，租车: Hemos fletado un barco de esta compañía. 我们租用了这家公司的一艘货船。2. 装货，载客: Se fletaron muchos contenedores. 载运了许多集装箱。

flor *f.* 1. 花: Regaló un ramo de flores a la muchacha. 他送给那个姑娘一束鲜花。2. 精华: El jarrón de porcelana es la flor de sus colecciones. 大瓷瓶是他的全部收藏的精华。a ~ de piel 在…表面: Tengo defectos a flor de piel. 我的缺点明显。ser ~ de un día 短暂: La relación entre ellos dos fue flor de un día. 他俩的关系如同昙花一现。

florecer *intr.* (28) 1. 开花: Las plantas del jardín florecen en primavera. 春天，庭院里鲜花盛开。2. 繁荣；发达: Actualmente la economía china está floreciendo. 目前中国经济繁荣。

flotar *intr.* 1. 漂浮；浮动: Un barco flotaba en el mar. 一艘船在海上漂浮。2. 飘动: La cometa flota en el aire. 风筝在空中飘动。

flote *m.* 漂浮：sacar a ～ 帮助摆脱困境：Juan sacó a flote a toda nuestra familia. 胡安帮助我们全家摆脱了困境。salir a ～ 摆脱困难，渡过难关：Contando con la ayuda de mis compañeros ya he salido a flote. 在同学们的帮助下，我渡过难关。

fluctuar *intr.* (14) 1. 浮动，波动：Los precios han fluctuado mucho a causa de la crisis económica. 由于经济危机，物价起伏很大。2. 犹豫不决：Estoy fluctuando entre dos opciones. 面对两种选择，我一时拿不定主意。

fomentar *tr.* 促进，增进：Los técnicos fueron al campo para fomentar la producción agrícola. 技术人员为促进农业生产下乡。

forma *f.* 1. 形状：Esta caja tiene la forma cuadrada. 这个盒子是方形的。2. 方式：Me lo explicó en forma simplificada. 他简略地向我解释了那件事情。～s *pl.* 礼节，规矩：Hay que respetar las formas. 必须遵守规矩。de ～ que 目的，结果：He presentado una lista de temas，de forma que cada alumno escoja según su interés. 我提供了选题目录，以便每位学生根据自己的兴趣选择。de todas ～s 无论如何：Aunque estoy muy ocupado，de todas formas te ayudaré. 虽然我很忙，但是无论如何也要帮你。en ～ 状态良好：Hoy estoy en forma. 我今天状态良好。

formar *tr.* 1. 使成型：El niño formó un pájarito con arcilla. 男孩用黏泥捏了一只小鸟。2. 形成，构成：El grupo está formado por quince alumnos. 那个班由15个学生组成。3. 培养（宾语指人时，与前置词"a"搭配）：Hay que formar bien a los niños. 应该把孩子们培养好。～ *intr.* 列队：Los soldados formaron ante el cabo. 士兵们在班长面前列队。～ se *prnl.* 发育，成长（自复形式）：La chica se ha formado en un ambiente amistoso. 那个女孩在友善环境中成长。～ parte 构成…一部分：La educación física forma parte de la educación universitaria. 体育是大学教育的一部分。

forrar *tr.* 1. 加护皮: He forrado los libros del curso. 我把课本全部包上了书皮。2. 加衬里: Mi madre forró la parte de las rodillas de mi pantalón. 母亲在我的裤子的膝盖部位加上了衬里。~ *se prnl.* 收入很多，致富: Mi vecino se ha forrado. 我的邻居发财了。

fortalecer *tr.* (28) 巩固，增强: Deseo fortalecer la amistad entre nosotros. 我愿意加强我们之间的友谊。

fortificar *tr. prnl.* (7) 1. 增强，加强: Nos fortifica tu apoyo. 你的支持使我们力量倍增。2. 设防: Nuestro ejército se fortificó en la colina. 我们的部队已在小山上设防。

fortuna *f.* 1. 命运，运气: La fortuna me hizo encontrar un empleo agradable. 我靠运气找到了一份顺心的工作。2. 财产: La fortuna que he conseguido es reducida. 我所积攒的家产很薄。3. （产品）受欢迎，抢手: Este nuevo coche no ha tenido mucha fortuna entre nuestros clientes 这种新型轿车没有在我们的客户中引起轰动。probar ~ 碰运气: Vamos a probar fortuna a esa compañía. 我们去那家公司碰碰运气。por ~ 幸运，幸好: Por fortuna, no nos costó mucho convencerlos. 还好，我们没费太多周折便说服了他们。

forzar *tr.* (42) 1. 强迫，强制（宾语指人时，与前置词"a"搭配）: El patrón forzó a los obreros a trabajar en horas extras. 老板强迫工人加班。2. 用强力打开: El muchacho ha forzado la puerta para abrirla. 小伙子用力撞开房门。3. 强奸，强暴: El maleante intentó forzar a la chica. 那个恶棍企图强暴那个姑娘。

fotocopiar *tr.* 复印: Voy a fotocopiar el documento. 我去复印那份文件。

fotografiar *tr.* (13) 拍摄: El periodista fotografió unas escenas de la inauguración. 记者拍摄了开幕式的一些场面。

fracasar *intr.* 失败，落空: Mi plan ha fracasado. 我的计划失败了。

fracturar *tr. prnl.* 1. 折断: El soldado fracturó el brazo del

fragmentar

enemigo. 那个士兵把敌人的胳膊折断。2. 骨折：Se fracturó una pierna al caer de la escalera. 他从梯子上掉下来，摔断了一条腿。

fragmentar *tr. prnl.* 弄碎，破碎：La botella se fragmentó al caer de la mesa. 瓶子从桌上掉下来摔碎了。

fraguar *tr.* (10) 1. 锻造：Está fraguando hierro para hacer una azada. 他正用打一把锄头。2. 策划：Un grupo de oficiales fraguaron un golpe de estado militar para derrotar al dictador. 为了把独裁者赶下台，一群军官策划了军事政变。~ *intr.* 凝结，凝固：El pavimiento recién fundido fragua en seis horas. 刚浇铸的地面6小时凝固。

frecuentar *tr.* 1. 常去（某处）：No frecuento el parque zoológico. 我不常去动物园。2. 常与某人交往：El joven frecuenta malas compañías. 那个男青年经常与不三不四的人交往。

fregar *tr.* (8) 刷洗，擦洗：La chica fregaba los armarios en el tiempo libre. 那个女孩经常利用空闲时间擦柜子。

freír *tr.* (24) 1. 油炸：He frito dos huevos. 我煎了两个鸡蛋。2. 枪杀（宾语指人时，与前置词"a"搭配）：El secuestrador finalmente frió al rehén. 绑架者最后杀死了人质。3. 骚扰：Los mosquitos me fríen cuando leo. 我看书时，蚊子骚扰我。

frenar *tr.* 1. 刹住，制动：El conductor frenó inmediatamente el coche al ver cruzar a una anciana. 司机见老大娘过马路便急忙刹车。2. 阻止，控制：El gobierno ha tomado medidas para frenar el alza de los precios. 政府已采取措施控制物价上涨。

frente *f.* 额头：La frente de la chica es estrecha. 那个女孩的额头窄。~ *m.* 1. 前面；正面：El frente del hotel está decorado con granitos negros. 饭店的正面是用黑色花岗岩装饰的。2. 前线：Los soldados fueron al frente. 士兵们赶往前线。3. 页头，页眉：Tengo que escribirlo de nuevo porque no he dejado suficiente frente. 由于页眉处的预留量不足，我只得重写。al ~ 1. 在前面：

Estoy al frente de la manifestación. 我在游行队伍的前列。2. 向前: Luis dio unos pasos al frente. 路易斯朝前走了几步。de ~ 1. 面向前方: Póngase de frente a la ventana. 请您面对窗户。2. 迎面: Puedes llegar a la plaza siguiendo de frente por esta calle. 你沿着这条街迎面前行, 就可以到达广场。3. 果断地; 直截了当地: Es importante que expongas de frente tu idea ante todos. 你直截了当地向大家表明自己的想法很重要。~ a 1. 对着: La librería está frente a una peluquería. 书店位于一家理发店的对面。2. 面临: Nos encontramos frente al desempleo. 我们面临失业。hacer ~ a 1. 奋争, 抗争: Debemos hacer frente a la dificultad. 我们应当和困难作斗争。2. 反对; 不畏惧: Sólo él se atreve a hacer frente al jefe. 只有他敢于抗拒领导。ponerse al ~ 领导: Todo el mundo espera a que me ponga al frente de la empresa. 大家期待我领导该企业。~ a 1. 当面: Quiero hablar de eso con usted frente a frente. 我想当面跟您谈及此事。2. 面对面地; 毫不掩饰地: Deseo debatirlo frente a frente contigo. 我希望面对面地跟你就此内容辩论。

frío, ría *adj.* 1. 冷的, 凉的; 寒冷的: Me gusta la cerveza fría. 我喜欢喝凉啤酒。2. 冷淡的: ¿Por qué estás tan frío conmigo? 你为何对我这么冷淡? 3. 冷静的: El jugador es frío en el partido. 那个球员在比赛中头脑冷静。~ *m.* 冷, 寒冷: Hoy hace mucho frío. 今天很冷。¿Tienes frío? 你冷吗? coger ~ 着凉: He cogido frío. 我着凉了。en ~ 1. 不受外界干扰的情况下: Quiero tomar una decisión en frío. 我想在不受外界干扰的情况下作出决定。2. 无准备的情况下: Ayer tuve que dar el discurso en frío. 昨天我只得即席讲话。quedarse ~ 震惊; 无可奈何: Al saber que su solicitud fue rechazada se ha quedado frío. 得知申请被拒后, 他感到震惊。

frotar *tr. prnl.* 磨擦: Me frotaba las manos por el frío. 由于天冷, 我不停地搓手。

frustrar *tr. prnl.* 1. 落空：Su intervención inportuna frustró nuestro esfuerzo. 他不合时宜的干预，使我们的努力落空。2. 使失望；辜负：Ha frustrado a sus padres. 他令父母失望。

fruto *m.* 1. 果实：Este manzano está cargado de frutos. 这棵苹果树结满了果实。2. 成果：Este libro publicado es un fruto mío. 这本出版物是我的成果。～ seco 干果，坚果：La nuez es un fruto seco. 核桃是坚果。sacar ～ 获益：He sacado fruto de mis estudios. 我从学习中获益。

fuego *m.* 1. 火，火光；火灾：Echo leña al fuego. 我往火里添干柴。Los bomberos han apagado el fuego. 消防队员将大火扑灭。2. 火力：El soldado respondió al fuego enemigo. 士兵反击敌人的炮火。3. 热情：Está ardiendo el fuego de su amor. 他的爱情之火在燃烧。abrir el ～ 开火：El coronel ordenó a los soldados que abrieran el fuego contra el enemigo. 上校命令士兵向敌人开火。atizar el ～ 挑拨，火上浇油：No debemos atizar el fuego en caso de que ellos dos estén en disputa. 当他俩争吵时，我们不应火上浇油。jugar con ～ 玩火，冒险：Está jugando con fuego porque va a nadar en el río sin saber. 不会游泳而去河里游泳，简直是冒险。～s de artificio/artificiales 节日烟火：En la noche del Día Nacional se hacen fuegos artificiales. 国庆节夜晚燃放烟火。echar ～ por los ojos 怒火冲天：Al oír tus palabras difamatorias echó fuego por los ojos. 听到你的这些诽谤性的话语，他怒火冲天。

fuera *adv.* 外面：～ de 在…之外：Vamos a jugar al tenis fuera del trabajo. 下班之后，我们去打网球。Estoy fuera de la Universidad. 我现在在学校外面。～ *m.*（球赛）出界：El árbitro pitó fuera y dio el balón al equipo contrario. 裁判判球出界并把球递给对方。～ *interj.* 滚开，滚蛋：Todo el mundo gritaba："¡Fuera, fuera!"大家不断地呼喊："滚出去，滚出去！"de ～ 外地的，外国的：Este producto de fuera está acogido aquí. 这种外

地产品在这里很抢手。

fuerza *f.* 1. 力,力量: Este muchacho tiene mucha fuerza. 这个小伙子力气很大。2. 威力: Las palabras del cacique tenían fuerza. 酋长的话语有威力。3. 用力,强力: Empujó la puerta con fuerza. 他用力推门。4. 暴力: Utilizó la fuerza para obligarme a obedecerle. 他使用暴力迫使我听命于他。5. 实力: Éste es un país que dispone de fuerza poderosa. 这是一个实力强大的国家。6. 承受能力: La fuerza de la viga es grande. 那根房梁的承受力很强。~ mayor 不可抗拒力: Se quedará libre de la indemnización en caso de la fuerza mayor. 在不可抗拒情况下才可以免除赔偿。a ~ de 凭借…力量,依靠: He pasado el examen a fuerza del repaso. 我依靠复习通过了考试。por ~ 迫不得已,不得不: Tuve que asistir a la reunión por fuerza. 迫不得已,我只好出席了会议。por la ~ 强行,强迫: Quitó mi bolso por la fuerza. 他夺走了我的皮包。a la ~ 强迫: Si no quieres ir a la escuela, te haré ir a la fuerza. 如果你不愿去学校,我只得强迫你去。

fugarse *prnl.* 逃跑(常与前置词"de"搭配): El pájaro logró fugarse de la jaula. 小鸟终于逃出了笼子。

fumar *intr. tr.* 吸烟: Fumo diez cigarros al día. 我一天抽10支烟。~ se *prnl.* 挥霍: Se ha fumado todo su salario en cinco días. 他5天之内就将薪水挥霍一空。

funcionar *intr.* 运转,运行: La lavadora funciona bien. 洗衣机运转正常。

fundar *tr.* 建立,创办: Mi compañero fundó una asociación. 我的同学创立了一家协会。~ se *prnl.* 1. 建立于…基础之上(常与前置词"en"或"sobre"搭配): La techumbre del taller se fundó sobre cuatro columnas. 车间的屋顶建于四根立柱之上。2. 基于,依据: ¿En qué te fundas para decir que te engaño? 你凭什么说我欺骗你?

fundir *tr.* 1. 熔化,融化: Fundieron el hierro para hacer una estatua. 他们熔铁铸造一尊塑像。2. 铸造: Fundieron un león de metal. 用金属铸造了一头雄狮。~ se *prnl.* 1. 结合,合并(相互形式):Las dos compañías se han fundido. 两家公司合并了。2. (电器)失灵;损坏:Se ha fundido el refrigerador. 电冰箱坏了。3. 挥霍:El niño fundió en dos días el dinero que le había dado su madre. 男孩两天就把他妈妈给的钱花光了。

fusilar *tr.* 1. 枪毙(宾语指人时,与前置词"a"搭配):Fusilaron al prisionero. 枪杀了那个俘虏。2. 抄袭,剽窃:Fusiló una parte de la novela del escritor. 他抄袭了那位作家所著小说的部分内容。

fusionar *tr. prnl.* 合并:Los dos bancos se han fusionado. 那两家银行合并了。

G

gala *f.* 1. 华丽的服装：La muchacha se pone sus mejores galas para asistir a la boda de su amiga. 那个姑娘穿上最华丽的服装参加女友的婚礼。2. 高雅的聚会：El millonario ha organizado una comida de gala en el hotel. 百万富翁在一家饭店举办盛宴。hacer ~ de 炫耀：Carlos hizo gala de su medalla de oro ante los espectadores. 卡洛斯在观众面前炫耀其金牌。llevar/tener a ~ 骄傲，洋洋得意：Juan tiene a gala de haber sido director general de la empresa mixta. 胡安为自己当上合资企业的总经理而骄傲。

galantear *tr.*（对女人）追求，讨好（宾语指人时，与前置词"a"搭配）：Galanteó a la muchacha. 他追求过那个姑娘。

galardonar *tr.* 奖赏（宾语指人时，与前置词"a"搭配）：El director ha galardonado al ingeniero por su gran aporte a la empresa. 经理奖赏了那位为公司作出重大贡献的工程师。

galvanizar *tr.*（9）电镀：El obrero galvanizó las piezas para que no se oxidaran. 工人电镀零件，以防生锈。

gallina *f.* 母鸡：En el corral hay unas veinte gallinas. 鸡窝约有20来只母鸡。~ *m. f.* 胆小的人：La chica es una gallina, que no se atreve a cantar ante la gente. 那个姑娘胆小，不敢在众人面前唱歌。como ~ en corral ajeno 在陌生人面前不自在：En el encuentro él estaba como gallina en corral ajeno. 聚会上，他在众人面前感觉不自在。

gana *f.* 1. 愿望，意愿（常使用复数）：Tengo ganas de aprender bien español. 我想学好西班牙语。2. 食欲：Esta mañana comí poco porque no tenía ganas. 因为没有食欲，今天早上我吃得不多。con ~s 愿意，充满热情：Trabajamos con ganas. 我们充满热情地工作。dar la ～愿意：No fui a ver la película porque no me dio la gana. 我不喜欢那部电影，所以没去看。de buena ～ 情愿地，热情地：El chico emprendió el estudio de buena gana. 那个男孩兴致勃勃地投入学习。

ganar *tr.* 1. 赚：Juan ganó mucho en el negocio. 胡安在那桩生意上赚了很多钱。2. 赢得，获得：Ha ganado nuestro apoyo. 他赢得了我们的支持。3. 达到：El ciclista ganó la meta. 那位自行车运动员到达了终点。4. 超过：Ella nos gana en el estudio. 她在学习上超过了我们。5. 获胜；获得：El deportista ha ganado la medalla de oro. 那位运动员获得了金牌。～ *intr.* 改进；获益（常与前置词"con"搭配）：He ganado mucho con tu ayuda. 我从你的帮助中获益匪浅。

garantizar *tr.* (9) 保证，担保：La dependienta me garantiza que la lavadora es de calidad. 女售货员向我保证，那台洗衣机品质优良。

gastar *tr. prnl.* 1. 花费（常与前置词"en"搭配）：Gasté todo lo que llevaba en comprar este diccionario. 我花掉身上所有的钱，买下了这本词典。2. 消耗；损耗：El champú se ha gastado. 洗发香波用光了。3. 习惯穿用：En verano la gente gasta camisas y sandalias. 夏季人们习惯穿衬衣和凉鞋。4. 讲，说：Le gusta gastar bromas. 他喜欢开玩笑。5.（存在）缺点：El muchacho gasta mal genio. 小伙子脾气暴躁。～ las 举止，行为一贯如此：No sabes cómo las gasta cuando está enojado. 你不知道他生气时的那个样子。

gatear *intr.* 爬行：El niño todavía no sabe caminar, sólo gatear. 小男孩还不会走路，只会爬。

gato *m.* 1. 猫：A la anciana le gusta el gato. 老大娘喜欢那只公猫。2. 千斤顶：Cambió la rueda del coche utilizando el gato. 他使用千斤顶更换轿车轮胎。a gatas 爬行，匍匐：Los soldados se acercaron a los enemigos a gatas. 士兵们匍匐着接近敌人。cuatro ～s 人少：La película fue muy aburrida y finalmente sólo estábamos cuatro gatos. 那部

电影令人扫兴,最后仅我们寥寥几人呆在那里。dar ~ por liebre 假冒,以次充好:No quiero ir a esa tienda porque me dieron gato por liebre. 那家商店以次充好,所以我不愿去那里。haber ~ encerrado 有骗局,设有圈套:Nos dijeron que lo venderían a muy bajo precio, pero me parecía que había gato encerrado. 他们跟我们讲,以最低价出售,可是我觉得这里有圈套。llevarse el ~ al agua (对抗中)获胜:Finalmente el tenista se llevó el gato al agua. 最终,那位男网球运动员获胜。

gemir *intr.* (23) 呻吟:La anciana gime sin cesar por el dolor de las muelas. 老大娘因牙痛而不断地呻吟。

general *adj.* 1. 总的:Este señor es el director general de la empresa. 这位先生是那家公司的总经理。2. 大体上的,粗略的:Ya hemos tenido una impresión general sobre su compañía después de la visita. 参观之后,我们对贵公司有了一个大体上的认识。~ *m.* 将军:Aquel señor de uniforme es general. 那位穿军装的先生是个将军。en/por lo ~ 一般来说,总体上:En general, China es un país en desarrollo. 总体上讲,中国是发展中国家。

generalizar *tr. prnl.* (9) 普及,推广:Este señor es el precursor en generalizar el Budismo. 这位先生是推广佛教的先驱。~ *intr.* 泛泛地讲,笼统地说:Sólo quiero generalizar diciendo que sois inocentes. 我只想笼统地讲,你们是无辜的。

generar *tr.* 产生:La sequía ha generado mala cosecha. 干旱造成歉收。

gentileza *f.* 1. 优雅:Cuando el señor bailaba acentuaba la gentileza de su figura. 那位先生跳舞时注重形体的优雅。2. 礼貌;殷勤:El señor cedió el paso con gentileza a la muchacha. 那位先生十分礼貌地给姑娘让路。tener la ~ de 礼貌,盛情:Tengo la gentileza de invitarles a comer. 我盛情邀请诸位吃饭。

gestar *tr. prnl.* 1. 怀孕,孕育:La muchacha está gestada. 那个姑娘怀孕了。2. 酝酿,准备:

Gestamos un nuevo proyecto. 我们正在酝酿一个新项目。

gestionar *tr.* 1. 筹办，张罗：Estoy gestionando la licencia de importación. 我正在争取进口许可证。2. 办理，处理：El abogado gestiona un pleito económico. 那位律师正受理一个经济案件。

girar *intr.* 1. 旋转：La figurilla de madera gira sin cesar. 小木人不停地旋转。2. 围绕…进行：La reunión giró en torno a la construcción de la biblioteca. 会议主题围绕图书馆工程展开。3. 转弯：Gire por favor a la derecha. 请您向右拐。~ *tr.* 1. 汇款：He girado quinientos yuanes a mi hermano. 我给我兄弟汇去500元。2. 使旋转：Abrió la puerta después de girar el picaporte. 他转动圆形门把，打开了房门。

gobernar *tr.* (16) 1. 管理：Mi compañero gobierna la empresa. 我的同学管理那家企业。2. 统治；治理：El país es gobernado por el partido de derecha. 那个国家目前由右翼党派掌权。3. 驾驶，操纵：El piloto es capaz de gobernar este nuevo modelo de avión. 那个飞行员有能力驾驶这架新型飞机。4. 支配，控制：No me gusta que otros me gobiernen. 我不喜欢别人支配我。

golpear *tr. intr.* 击，打，敲：No golpees la mesa. 你别敲桌子。

gozar *intr.* (9) 1. 享受，享有（常与前置词"de"搭配）：Zhao Lin ha gozado de un empleo bastante bueno. 赵林有一个相当好的工作。2. 感到愉快：Gozo mucho en la fiesta. 节日里，我过得非常愉快。

grabar *tr.* 1. 雕，刻：Grabó su nombre en la piedra. 他在石块上刻下自己的名字。2. 录制：He grabado en una cinta el diálogo en español. 我把西班牙语对话录在磁带上。3. 铭记：Se me ha grabado en la memoria aquel accidene. 那次事故令我铭记在心。

gracia *f.* 1. 优美，潇洒：Me agrada la gracia que tienes al bailar. 我喜欢你跳舞时的优美姿势。2. 幽默，诙谐（常与动词"hacer"或"tener"搭配）：Me hizo gracia este chiste. 我觉得这个笑话很幽默。3. 天赋，天资：La secretaria tiene gracia para arreglarlo. 女秘书很会处理此事。4. 恩惠：Me hizo la gracia de permitirme salir. 他手下留情，让我走了。~s *pl.* 谢谢：Le doy gracias por su sincera ayuda. 我感谢您的诚挚帮助。~s a 多亏，由于：Hemos logrado el éxito gracias a su buena cooperación. 多亏您的通力合作，我们才得以成功。caer en ~ 使喜欢，给人以好感：Tu hermano me cae en gracia. 你兄弟讨我喜欢。

grano *m.* 1. 谷物；粒，颗粒：Los granos de este maíz son grandes. 这种玉米的颗粒大。2. 疙瘩：Me ha salido un grano en la pierna derecha. 我的右腿长出一个疙瘩。ir al ~ 言归正题：No me des rodeos y vayamos al grano. 你别绕弯子了，咱们言归正题。

gratificar *tr.* (7)酬谢；奖赏（宾语指人时，与前置词"a"搭配）：Ese señor gratificó al taxista por su excelente servicio. 由于出租车司机服务周到，那位先生奖赏了他。

gritar *intr.* 喊叫，吵闹：Deja de gritar, estoy escuchando la grabación. 你别再喊叫了，我在听录音。~*tr.* 大声斥责：La madre grita a su hijo porque no quiere ir a la escuela. 孩子不愿去上学，因而母亲厉声训斥他。

grito *m.* 喊叫声：No podemos aguantar los gritos de los niños. 我们无法忍受那帮孩子的喊叫声。a ~ pelado 高声喊叫：María llama a su hermanita a grito pelado en el balcón. 玛丽亚在阳台上高声喊叫她的小妹妹。poner el ~ en el cielo 怒气冲天：Puso el grito en el cielo cuando se enteró de que no le habían admitido. 得知未被录取后，他怒气冲天。

guante *m.* 手套：En invierno la gente lleva guantes. 冬天人们戴手套。arrojar el ~ 挑战：Tras el fracaso le arrojó el guante para una nueva competición. 失败之后，他又迎战新的竞争。como un ~ 俯首帖耳：Ante la amenaza de unos chicos groseros, la niña se quedó como un guante. 面对几个粗野男孩的威胁，那个女孩俯首帖耳。colgar los ~s 放弃，隐退（尤指拳击运动）：Ha colgado los guantes después de sufrir aquel golpe moral. 受到那次心理打击之后，他便隐退了。echar el ～ 拘捕，逮捕：El delincuente es tan astuto que la policía todavía no ha podido echarle el guante. 那个罪犯十分狡猾，警方至今仍未抓住他。

guardar *tr.* 1. 保护：Los dos perros guardan el rebaño. 那两条狗保护着羊群。2. 保管，存放：He guardado el anillo en un estuche. 我把戒指存放在一个盒子里。3. 保留：Guárdame la silla, regreso enseguida. 你帮我留心那把椅子，我马上就回来。4. 保持：Debemos guardar silencio en el aula. 在教室里，我们应保持安静。5. 保守：Me ha prometido guardar el secreto. 他答应我保守秘密。～ se *prnl.* 避免，防范（常与前置词"de"搭配）：Debes guardarte de caer en su trampa. 你应避免落入他的圈套。guardársela 记恨，怀恨在心：Ésta se la guardo, no lo voy a olvidar. 这件事我怀恨在心，不会忘记的。～ cama 卧床：El médico me dice que guarde cama dos días. 医生要求我卧床两天。

guardia *f.* 1. 警卫；看管：La mujer confía la guardia de sus joyas a este banco. 那位妇女放心地让这家银行保管她的首饰。2. 卫队，卫戍部队：La guardia vigila la entrada del palacio. 警卫部队监护着王宫的入口。～ *m.* 卫兵，警卫员：El guardia me pidió el carnet. 卫兵让我出示证件。estar de ～ 值班，当值：Hoy me toca estar de guardia. 今天轮到我值班。en ～ 警觉：Ante la situación crítica nos ponemos en guardia. 面对严峻的形势，我们要保持警觉。poner en ～ 提醒（注意安全）：Cuando su hijo iba a salir de viaje la madre le puso en guardia. 当儿子将外出旅行时，母亲提醒他注意安全。bajar la ～ 放松警惕：No bajes la guardia aunque no le pasa nada. 虽然一切正常，你也别麻痹大意。

guiar *tr.* (13) 1. 带路，引导：El pastor nos guió hasta la salida del bosque. 那个牧民带领我们到达了森林的出口。2. 指导：El profesor guía a los estudiantes para que superen las dificultades encontradas en el estudio. 老师引导学生克服学习中遇到的困难。3. 驾驶: Le gusta guiar el avión. 他喜欢驾驶飞机。~ se *prnl.* 听从；遵循: Nos guíamos por sus instrucciones. 我们遵从他的指示。

guisar *tr. intr.* 烹调: Aprendo a guisar con mi madre. 我跟母亲学习烹调。

gustar *intr.* 1. 使喜欢，使喜爱（与原形动词或名词搭配）: No me gusta comer fuera de casa. 我不喜欢在外面吃饭。Nos gusta la música clásica. 我们喜欢古典音乐。2. 喜欢，喜爱（与前置词"de"搭配）: Gusto de charlar contigo. 我喜欢和你聊天。~ *tr.* 品尝: Nos dice que el plato es delicioso al gustarlo. 他品尝之后，告诉我们那道菜可口。

gusto *m.* 1. 味觉: El gusto está localizado en la lengua. 舌部产生味觉。2. 味道，滋味: El guisado tiene un gusto muy rico. 那道菜味道极佳。3. 高兴，乐意；情趣: Liu me ayuda con gusto. 刘愉快地帮助我。Tengo el gusto de invitarte a la cena. 我高兴地邀请你吃晚饭。4. 爱好: Jaime tiene el mismo gusto. 哈伊梅有相同的爱好。a su ~ 舒适地，情愿地: Puede hacerlo a su gusto. 您可以按自己的意愿做。dar ~ 使高兴: El muchacho hace lo que quiere la muchacha para darle gusto. 为了使姑娘高兴，小伙子做她所喜欢的事。

H

haber *aux.* (38) 和过去分词搭配构成复合时态,表示完成的动作: He terminado el trabajo. 我刚干完活儿。Cuando regresaste ya había comido. 你回来时,我已吃过饭。~ *impers.* 1. 有(无人称用法,仅使用第三人称单数): Hay dos libros en la mesa. 桌子上有两本书。2. 存在: Había dos árboles delante de su casa. 他家房前有两棵树。3. 发生: Ayer hubo un accidente en esta autopista. 昨天这条高速公路发生了事故。~ *m. pl.* 财产,资产(常使用复数) Mis haberes son reducidos. 我的财产很少。~ de 一定,必须: He de llegar allí antes de las cinco. 我必须5点前赶到那里。hay que 应该,必须(无人称句,泛指): Hay que hacerlo bien. 必须做好这件事。no hay de qué 没关系,别客气: Gracias por su ayuda. —No hay de qué. 谢谢您的帮助。——别客气。

habilitar *tr.* 1. 使有技能;使适合: Me habilitaron para que fuera un operador calificado. 为使我成为熟练的操作工而对我进行了培训。2. 使有资格(宾语指人时,与前置词"a"搭配): El jefe habilitó a Juan para que gestionara este asunto. 领导授权胡安处理此事。3. 改造: Habilitamos unas oficinas para instalar una sala de reunión. 我们把几间办公室改造成会议室。

habitar *tr. intr.* 居住,栖身: La familia de Carlos habita en este edificio. 卡洛斯一家住在这栋楼房里。

habituar *tr.* (14) 使习惯于,使适应(常与前置词"a"搭配): El trabajo me habituaba a madrugar. 工作使我习惯于早起。~ se *prnl.* 习惯于,适应: No me habitúo al clima de esta zona. 我不适应这一地区的气候。

hablar *intr.* 1. 说话,讲话(指与

某人交谈，与前置词"con"搭配；表示使用某种语言时，与前置词"en"搭配）：No quiero hablar contigo. 我不愿意和你交谈。Tengo que hablar español para que me lo entienda. 为了让您听懂，我只得使用西班牙语说话。2. 谈论，议论；讲述（与前置词"de"或"sobre"搭配）：Li habla sobre sus aventuras. 李讲述他的冒险经历。Ellos hablan de nosotros. 他们在议论我们。~ tr. 会讲（某种语言）：El profesor habla español e italiano. 这位老师说西班牙语和意大利语。~ se prnl. 讨论，交谈（相互形式）：Se hablaron en el bar. 他们在酒吧交谈。

hacer tr.（39）1. 做，制作：El carpintero ha hecho una mesa. 那位木匠制作了一张桌子。2. 产生：No me hagas molestia. 你别打搅我。3. 充当，扮演：Ese muchacho hace el rey en la función. 那个小伙子在戏里扮演国王。4. 整理：Hago la habitación antes de salir. 我外出之前整理房间。5. 训练：Hago piernas y pies parael salto de longitud. 为了跳远，我训练双腿和双脚。6.（数学）等于：Tres y cinco hacen ocho. 3 加 5 等于 8。~ intr. 1. 适合：Este cuadro hace bien aquí. 这幅画挂在这儿挺合适。2. 干；行动：Déjame hacer. 你让我干吧。3. 力争，尽力（与前置词"por"搭配）：Hago rápido por terminarlo a tiempo. 我加紧干，以便准时完成。4. 装扮（与前置词"de"搭配）：La madre hizo de conejo para divertir a sus hijos. 母亲装扮成兔子，逗孩子们开心。~ impers. 1. 是；有（表示天气）：Hoy hace calor. 今天天热。Hace viento y llueve fuera. 外面刮风，下雨。2. …之前；已满（表示时间）：Hace cinco días fui al museo. 五天前我去过那家博物馆。Hace un mes que no nos vemos. 我们有一个月没见面了。~ se prnl. 1. 形成，成熟：El muchacho se hace más maduro. 那个小伙子更加成熟。2. 变成，成为：Mi amigo se ha hecho notario por voluntad de su padre. 遵照他父亲的意愿，我的朋友当上了公证员。3. 感觉；自认为：Se me hizo fácil el trabajo mediante la práctica. 经过实践，那项工作我干起来觉得轻松了。4. 弄到，得到（与前置词"con"搭配）：Se ha hecho con el ordenador. 他得到了那台电脑。

hacia *prep.* 1. 向，朝：Vamos hacia el centro comercial. 我们正在去商业中心。Mi habitación da hacia la calle. 我的房间临街。2. 接近，大约（指时间）：Volveré hacia las cuatro de la tarde. 我大约下午四点回来。

halagar *tr.* (8) 1. 取悦，恭维，讨好（宾语指人时，与前置词"a"搭配）：No quiero halagar al jefe. 我不想讨好领导。2. 使喜悦；满意：Me halaga su idea. 您的想法令我满意。

hallar *tr.* 1. 碰到，遇见（宾语指人时，与前置词"a"搭配）：No ha hallado a su hijo en la escuela. 他在学校里没有碰到他的儿子。2. 发觉，看出：He conseguido hallar la solución apropiada. 我找到了合适的解决办法。3. 查找：Mi trabajo consiste en hallar fallas en las piezas. 我的工作就是查找有瑕疵的零件。~ se *prnl.* 1. 在，位于（自复形式）：La universidad se halla en las afueras de la ciudad. 那所大学位于城市的近郊。2. 处于（状态）：Me hallo feliz en la escuela. 我在该校很幸福。

harina *f.* 1. 面，面粉：Preparo tartas con harina. 我用面粉做蛋糕。2. 粉末：En esta tienda se vende harina de ajos. 这家商店卖大蒜粉。ser ~ de otro costal 另一码事，与此事毫不相关：No me lo expliques porque eso es harina de otro costal. 你不必向我解释，这是另一码事。

hartar *tr. intr. prnl.* 1. 饱餐：Tenemos que hartarnos de frutas porque aquí es un desierto. 因为这里是沙漠，我们只得拼命吃水果。2. 使厌烦：Nos ha hartado con su discurso sin sentido. 他那毫无内容的讲话令我们厌烦。~ se *prnl.* 腻透，厌烦（与前置词"de"搭配）：Me he hartado de leer y entonces salgo de paseo. 我不愿再读下去，于是出去散步。

hasta *prep.* 1. 到，至，达：Nos quedamos aquí hasta el próximo lunes. 下周一之前我

们始终呆在这里。2. 甚至：Puedes pedir hasta más de diez libros. 你甚至可以借10多本书。~ luego/mañana 一会儿见，明天见：Hasta luego, voy a clase. 我去上课，一会儿见。~ que 直至（表示将来，从句动词须使用虚拟式）：Estaré aquí hasta que regreses. 我一直呆在这里，直到你回来。

hastiar *tr.*（13）使厌烦：Me hastian tus halagos. 我烦透了你的甜言蜜语。

hecho, cha *adj.* 1. 已做好的，现成的：Ya tenemos hecho el trabajo. 我们已完成那项工作。2. 发育成熟的：Me gusta la manzana hecha. 我喜欢吃成熟的苹果。3. 火候：Prefiero el filete menos hecho. 我喜欢吃烤得较嫩的肉排。~ *m.* 1. 行为，举动：Éste es un hecho significante. 这是个有意义的行为。2. 事实：Debemos respetar los hechos. 我们应该尊重事实。de ~ 实际上，事实上：De hecho, este producto es de fabricación china. 实际上，这是中国制造的产品。~ y derecho 地地道道的；已长大成人

的：Tu hijo ya es un hombre hecho y derecho. 你的儿子已是个地地道道的成年人。

helar *tr.* 1. 使冰冻，使结冰：Voy a helar la carne de sobra en la nevera. 我把富余的肉放在冰箱内冷冻。2. 使惊呆：La tragedia nos heló por completo. 那一悲剧令我们完全惊呆了。~ *impers.* 结冰，冰冻：Anoche heló. 昨晚结冰了。~ se 冻僵（自复形式）：Me helaba esperando el autobús. 我等公共汽车时冻僵了。

hender, hendir *tr. prnl.*（16）1. 劈开，破开：Hendió la madera con el hacha. 他用斧头劈开了那块木头。2. 划破：El avión avanza hendiendo el aire. 飞机划破空气前进。

heredar *tr.* 1. 继承：Ella ha heredado una gran fortuna de su abuelo. 她继承了她爷爷的一大笔财产。El joven ha heredado la buena tradición de su familia. 男青年继承了自家的优良传统。2. 由遗传而得（性格、特征等）：La nariz la ha heredado de su madre. 他的鼻子有他母亲的特征。

herido, da *adj.* 1. 受伤的：Está

herido. 他受伤了。2. 内心受到伤害的: Se sintió herida al oír aquellas palabras. 她听到那些话语感到伤心。~ m. f. 伤员: Los heridos fueron llevados al hospital. 伤员们被送往那家医院。

herir *tr. prnl.* (25) 1. 使受伤,受伤: Se ha herido con un clavo y le han puesto la antitetánica en el hospital. 他被钉子扎伤了,在医院打了抗破伤风针。2. 挫伤;伤害: Con sus palabras crueles me está hiriendo. 他使用恶毒的话语伤害我。

hervir *intr.* (25) 1. 沸腾: El agua está hirviendo. 水烧开了。2. (发酵时)冒气泡, 翻腾: El vino hierve en las barricas. 葡萄酒在木桶内翻腾。3. 挤满: La sala hervía de gente. 大厅里挤满了人。~ *tr.* 1. 煮,煮沸: Hirvió el arroz para preparar la sopa. 他煮大米做稀饭。2. 消毒,使无菌: La madre está hirviendo el biberón de su bebé. 母亲为其婴儿的奶嘴消毒。

hielo *m.* 冰: La gente se acostumbra a tomar whisky con hielo. 人们习惯于喝威士忌加冰块。romper/quebrar el ~ 打破僵局: El mediador planteó otra propuesta para romper el hielo. 调解人为打破僵局, 提出了一个新建议。

hierro *m.* 1. 铁: Esta estatua es de hierro fundido. 这个雕像是铁铸的。2. 烙印: Pusieron el hierro a los caballos. 给那些马匹烙了印。de ~ 强壮的;坚强的: Este señor tiene una salud de hierro. 这位先生身体健壮。quitar ~ 缓和,缓解(矛盾): Tu intervención sirve para quitar hierro a la disputa. 你的干预有助于缓和争吵。

hígado *m.* 肝脏: El abuso de bebidas alcohólicas puede dañar el hígado. 滥用酒精饮料会伤害肝脏。echar los ~s 竭尽全力: El anciano echa los hígados subiendo la escalera. 老人吃力地登着楼梯。

himno *m.* 赞歌, 颂歌, 赞美诗: Cantamos un himno a la patria. 我们唱赞美祖国的颂歌。~ nacional 国歌: Cuando sonó el himno nacional, todos se pusieron de pie. 奏国歌时, 全体站立。

hincapié *m.* 坚持;强调: hacer ~

坚持；强调：El jefe hizo hincapié en la importancia de la reunión. 领导强调了会议的重要性。

hincar *tr.* （7）插入，刺入：El muchacho hincó el cuchillo en la mesa. 小伙子将尖刀刺入桌面。~ se *prnl.* 某物刺入：Se me ha hincado una espina de madera en el dedo. 一棍木刺扎入我的手指。~ se de rodillas 下跪，屈膝：El niño se hincó de rodillas ante su padre y le suplicó que no le castigara. 男孩跪在父亲面前恳求别惩罚他。~ el diente 做棘手或不情愿的事情：Éste es un trabajo arduo, nadie quiere hincar el diente. 这是一项艰巨的工作，谁也不愿承担。

hinchar *tr.* 1. 充满，使膨胀：Estoy hinchando las ruedas de la bicicleta. 我正在给自行车车胎充气。2. 夸大：Has hinchado tu capacidad. 你夸大了自己的能力。~ se *prnl.* 1. 肿胀：Se le hinchó el brazo derecho por un picotazo de mosquito. 他的右臂被蚊子叮了一下后红肿。2. 吃饱：Ya me he hinchado y no puedo comer más. 我已吃饱，不能再吃了。3. 骄傲：No te hinches ante los elogios. 面对赞扬，你不要骄傲。~ a golpes/palos 狠揍，猛打：Ayer un grupo de jóvenes lo hinchó a palos. 昨天，一群年轻人把他狠揍了一顿。

hipotecar *tr. prnl.* 1. 以抵押物担保，抵押某物：Luis ha hipotecado su casa para curar la enfermedad de su padre. 为给父亲治病，路易斯抵押了住房。2. 冒风险：Hemos hecho unos trabajos preparativos para que no se hipoteque el plan. 为避免计划夭折，我们做了一些准备工作。

hocico *m.* （动物的）嘴，鼻：No pongas la mano cerca del hocico del animal. 你别把手靠近动物的嘴边。estar de ~s 因生气而不说话：Deja de gritar, está de hocicos. 你别喊叫了，他正在生闷气。meter los ~s en 打探，猎奇：Esta mujer siempre mete los hocicos en todas partes. 这个女人经常四处打听别人的事情。

hojear *tr.* 翻阅，浏览：He decidido comprar este diccionario después de hojearlo. 我浏览了

这部词典之后，决定买下来。

holgar *intr.* (41) 1. 多余：En realidad, mi preocupación holgaba. 实际上, 我的担心是多余的。2. 无须：Huelga expresar el agradecimiento, porque somos amigos. 咱们是朋友, 所以不必致谢。3. 休息, 休假, 空闲：Estaba holgando cuando le llamé por teléfono. 我给他打电话时, 他正在休息。~ se *prnl.* 高兴, 欢喜（与前置词 "de" 或 "con" 搭配）：Me holgo de tu venida. 你的到来令我高兴。

hombre *m.* 1. 男人, 男子汉：En esa empresa trabajan pocos hombres. 那家企业仅有少数男工。2. 人, 人类：La película trata del origen del hombre. 那部电影描述了人类的起源。3. 丈夫：La mujer habla con su hombre. 那位女士正跟她丈夫说话。~ *interj.* 好家伙！：¡Hombre! ¡cuántas horas has tardado en llegar! 好家伙！你用了这么长时间才到！~ de bien 诚实, 正派的男人：Este compañero mío es un hombre de bien. 我的这位同学是个正派人。~ de pelo en pecho 健壮、勇敢的男人：Enrique es un hombre de pelo en pecho y todos lo respetan. 恩里克是个健壮勇敢的人, 大家都尊敬他。~ de paja 受别人幕后操纵的男人：No quiero ser un hombre de paja. 我不想做受别人幕后操纵的男人。ser un ~ hecho y derecho（男人）成人, 大人：Conozco a tu hijo, que ahora es un hombre hecho y derecho. 我认识你儿子, 他现在已是成人了。

homenaje *m.* 1. 效忠宣誓：El primer ministro hizo un homenaje ante el rey. 首相在国王面前效忠宣誓。2. 纪念：Edificaron un museo en homenaje de este pintor famoso. 为了纪念这位著名的画家, 建立了一座博物馆。rendir ~ a 致敬；纪念：Los soldados saludaron ante el monumento para rendir homenaje a los mártires. 士兵们在纪念牌前敬礼向烈士们致敬。

homologar *tr.* (8) 1. 审核；批准：Esta institución nacional se encarga de homologar los nuevos modelos de productos. 这个国家机构负责审核新产品。

2. 认可: Los títulos extranjeros deben ser homologados por el Ministerio de Educación. 国外文凭应经过教育部认可。3. 一视同仁,同等对待: El patrón homologa a los empleados forasteros con los nativos. 那位老板对待外地和本地员工一视同仁。

honor *m.* 1. 光荣,荣誉: Luchamos por el honor de la patria. 我们为祖国的荣誉而斗争。2. 名誉,名声: Debo hacer algo que favorece el honor de la familia. 我应当做有利于自家声誉的事。3. 身份;尊严: Para él, el honor es más importante que la vida. 对他来说,尊严比生命更重要。~ es *pl.* 荣誉头衔: Ese señor tiene los honores de rector. 那位先生是荣誉校长。tener el ~ 荣幸,高兴: Tengo el honor de presidir la reunión. 我很荣幸主持会议。en ~ de 为招待,为庆祝,为纪念: El rector ofreció una cena en honor de la profesora española. 校长举行晚宴招待西班牙女教师。

honrar *tr.* 1. 尊敬;赞扬: Honramos las hazañas de ese soldado. 我们颂扬那个士兵的事迹。2. 使骄傲,满意: Su presencia nos honra mucho. 您的到场令我们感到十分骄傲。~ se *prnl.* 骄傲,自豪(自复形式,与前置词"con"或"de"搭配): Me honro con mi éxito. 我为获得成功而自豪。

hora *f.* 1. 小时: Trabajo ocho horas al día. 我一天工作8小时。2. 时间,时刻: Ya es hora de comer. 该吃饭了。3. 钟点: ¿Qué hora es? 几点了?¿A qué hora vamos a la biblioteca? 咱们几点去图书馆? 4. 约定的时间: Tengo hora con el médico a las cuatro y media de la tarde. 我和医生约好下午四点半就诊。~ s *pl.* 超工时,加班: Todos los días hacemos horas en la fábrica. 我们每天都在工厂加班。poner en ~ 对时: Suelo poner el reloj en hora porque no anda bien. 表走得不准,所以我经常对时间。no dar ni la ~ 一毛不拔,既不出力又不出钱: No quiero salir con él porque es una persona que no da ni la hora. 他是个一毛不拔的家伙,因而我不愿和他一起外出。tener/llevar ~

询问时间：¿Tiene hora? 您戴表了吗？（您知道几点了吗？）a primera ～一大早：Tráeme el libro mañana a primera hora. 你明天一早给我捎来那本书。a buenas ～s 真是时候（反话）：A buenas horas me lo entregas ahora, que ya no me hace falta. 你现在才交给我，真是时候，可惜我不需要了。

horrorizar *tr.*（9）使恐怖，胆怯（宾语指人时，与前置词"a"搭配）：La oscuridad horrorizó al niño. 黑暗令小男孩怕得要死。

hospedar *tr.* 留宿：Mi amigo me hospedó durante una semana en su casa. 我的朋友让我在他家住了一周。～ se *prnl.* 住宿，寄宿：Me hospedo en un piso alquilado. 我住在一套租赁的单元房内。

hospitalizar *tr.*（9）使住院（宾语指人时，与前置词"a"搭配）：El médico hospitalizó al enfermo para someterle a una operación. 医生让那位病人住院接受手术治疗。～ se *prnl.* 住院：El paciente lleva cinco días hospitalizado. 那位病人已住院5天了。

hoy *adv.* 今天：Hoy no estoy en casa. 今天我不在家。～ día/en día 当前，现在：Hoy en día muchos chinos salen de viaje al extranjero. 现在许多中国人赴国外旅行。de ～ en adelante 从今以后：Debemos apoyarnos de hoy en adelante. 今后我们应当互相支持。

hueso *m.* 1. 骨，骨头：El electricista se cayó de la escalera y se le rompió un hueso de la pierna. 电工从梯子上摔下来，腿骨摔断了。La tarea que me ha designado es un hueso duro de roer. 您交给我的任务是一块难啃的骨头。2. 果核：He comprado los dátiles secos sin hueso. 我买了一些去核的干枣。3. 苛刻的人：El profesor que nos enseña la historia es un hueso. 教我们历史的男老师是个苛刻的人。moler los ～s 猛打，狠揍：Unos jóvenes le molieron los huesos a puñetazos. 几个男青年用拳头猛揍他。tener los ～s molidos 疲惫不堪；全身疼痛：Al caerse de la escalera tiene los huesos molidos. 他从梯子摔下来，周身疼痛。

huevo *m.* 1. 卵，蛋：La paloma

está incubando sus huevos. 鸽子在孵蛋。Este tipo de pez pone huevos. 这种鱼产卵。2. 鸡蛋：Quiero comprar una docena de huevos. 我想买一打鸡蛋。3. 包儿，疙瘩：Al darse con la cabeza en la mesa，al niño le salió un huevo. 男孩的头磕到桌上，顿时起了个疙瘩。costar un ～1. 困难，费力：Me cuesta un huevo meterlo en el agujero. 我吃力地把此物弄入孔内。2. 很值钱，昂贵：Éste es un anillo que cuesta un huevo. 这是一枚昂贵的戒指。importar un ～不感兴趣，不关心：Me importa un huevo lo que has dicho. 你所说的话对我来说无关紧要。ser más cerrado que un ～1. 不精明，愚蠢：No hace falta que se lo expliques más porque es más cerrado que un huevo. 你不必再给他解释，他是个笨蛋。2. 固执；不开窍：No me interesa，es más cerrado que un huevo. 我对他不感兴趣，他是个顽固不化的家伙。

huir *intr.*（45）1. 逃跑，躲避（与前置词"de"或"a"搭配）：El ladrón está huyendo de la policía. 小偷正在躲避警察。2. 流逝：El tiempo huye de nosotros. 时间从我们身边流逝。

humedecer *tr.*（28）弄湿，使湿润：La mujer humedeció la toalla y la puso en la frente de su hijo. 那位妇女把毛巾润湿，然后放在儿子的前额上。

humillar *tr.* 1. 低下，垂下：El niño reconoció la falta humillando la cabeza. 男孩低下头，承认了过错。2. 羞辱，使丢脸（宾语指人时，与前置词"a"搭配）：No humilles a tu hija ante la gente. 你别在人们面前羞辱女儿。～ se *prnl.* 卑躬屈膝（与前置词"con"或"ante"搭配）：Se humilló con las torturas. 他因拷打而屈服。

humor *m.* 1.（生物的）体液：El humor vítreo se halla en el globo del ojo. 眼睛的晶体位于眼球。2. 心情，情绪（与前置词"tener"，"estar"或"ponerse"搭配）：Hoy ella está de mal humor. 今天她情绪不好。3. 幽默，诙谐：Me gustan las películas de humor. 我喜欢诙谐的电影。

hundir *tr. prnl.* 1. 倒塌：La

inundación hundió muchas casas. 洪水冲垮了许多房屋。 2. 沉没: Hundieron un buque enemigo. 击沉了一艘敌舰。 3. 陷入; 倒闭: La crisis económica ha hundido esta empresa. 经济危机使这家企业倒闭。 4. 塌陷, 下沉: Este terreno se ha hundido por la lluvia. 这块土地因雨水而下沉。 ~ se *prnl.* 1. 衰落（自复形式）: Su familia se hundió hace cinco años. 他家五年前败落。 2. 陷入: Me he hundido en la desesperación. 我陷入绝望之中。

hurgar *tr.* (8) 拨弄; 触摸, 抠: La madre dijo a su hijo que no hurgara la nariz. 母亲让孩子别抠鼻子。~ *intr.* 窥探; 翻弄: Ésta es una mujer que siempre hurga en las cosas de los demás. 她是个经常打探别人事务的女人。~ en la herida 揭别人的短处: No hurgues más en la herida de la muchacha. 你别再揭姑娘的短处。

hurtadillas: a ~ 暗地里, 悄悄地: Entró en la habitación a hurtadillas. 他悄悄地走进房间。

hurtar *tr.* 偷窃: El profesor ha criticado al alumno que hurtó el libro de la biblioteca. 老师批评了那个偷窃图书馆图书的学生。

I

idea *f.* 1. 概念, 观念: No tengo ni idea al respecto. 我对此事没有一点印象。 2. 想法, 主意: Se me ha ocurrido la idea de visitar el museo. 我突然产生参观那家博物馆的想法。 3. 看法; 评价: Tengo una idea equivocada de él. 我对他有偏见。 no tener ni puta ~ 一窍不通, 一无所知: No tengo ni puta idea de la historia de este país. 我对这个国家的历史一无所知。 dar una ~ 产生灵感, 使突然想到: Las alas de la libélula me dieron la idea para explicar la función del equilibrio. 蜻蜓的双翅使我联想到如何解释平衡的作用。

ideal *adj.* 1. 概念的; 想像的: Tengo sólo un conocimiento ideal de este señor. 我对这位先生仅有粗浅的认识。 2. 理想的: El millonario está buscando a un sucesor ideal. 百万富翁在寻找理想的继承人。 ~ *m.* 1. 理想, 信念: Desde pequeño el muchacho tiene el ideal de hacerse un científico. 小伙子从小就有当科学家的理想。 2. 典范, 楷模: Cooperamos según el ideal de igualdad. 我们以平等的模式合作。 lo ~ 最好 (从句的动词须使用虚拟式): Lo ideal sería que me acompañaras al hospital. 最好你陪我去医院。

idear *tr.* 构思; 想出, 形成: Ideamos una solución muy eficaz. 我们琢磨出一种十分有效的解决办法。

identidad *f.* 一致性, 同一性: Nos sorprendió la identidad de estos dos niños. 这两个男孩相貌相似得令我们吃惊。 carné de ~ 身份证: El policía me pidió mostrarle el carné de identidad. 警察要求我出示身份证。

identificar *tr.* (7) 1. 识别, 验明 (宾语指人时, 与前置词 "a" 搭配): Identificaron a los participantes antes de iniciar el examen. 考试开始之前，查验参加者的证件。2. 使等同：Identifico tu tarea con la mía. 我将你的任务视为自己的任务。~ se *prnl.* 1. 一致（自复形式，与前置词"con"搭配）：Me identifico con tu punto de vista. 我同你的观点一致。2. 结合，成为一体：Debemos identificarnos con los trabajadores. 我们应当与劳动者打成一片。3. 证明身份：El guardia pidió que me identificara a la entrada del edificio. 卫兵要求我进入大楼之前先证明自己的身份。

ignorar *tr.* 1. 不知道，不清楚：Ignoro cuándo saldrás a España. 我不知道你何时去西班牙。2. 不顾，无视：Ignorando el peligro el joven sigue avanzando. 男青年不顾危险，继续前行。

igual *adj.* 1. 相同的，一样的：Tenemos el derecho y la obligación iguales. 我们有相同的权利和义务。Su falda es igual que la mía. 她的裙子和我的一样。2. 相似的：Eres igual que tu hermano. 你跟你兄弟十分相似。~ *m.* 同类的人：Nos atendió como a sus iguales. 他像对待自己人那样接待了我们。~ *adv.* 同样地：Las dos maletas pesan igual. 这两个手提箱重量相同。dar ~ 无所谓，一样（从句动词与主句动词人称不一致，须使用虚拟式；人称一致则使用原形动词或名词）：Me da igual que vengas a las tres o a las cuatro. 你3点来，还是4点来对我来说都无所谓。Me da igual ir al cine o al museo. 对我来讲，去电影院或博物馆都一样。Me da igual carne o pescado. 不论吃肉还是吃鱼，我都行。

igualar *tr.* 1. 使平直，使整齐：Igualaron el pavimento del cuarto de baño antes de poner los azulejos. 铺瓷砖之前，先平整卫生间的地面。2. 使平等（宾语指人时，与前置词"a"搭配）：La ley iguala a todos sin distinción. 法律对所有的人一视同仁，毫无例外。3. 使一致，使相同：El matrimonio igualó los muebles de las dos habitaciones. 夫妇俩将两个房间的家具配置无二。~ se *prnl.* 相同（自复形式，常与前置词"a"搭配）：El color de la camisa se iguala al del pantalón. 衬衫的颜色与裤子的颜色相同。

iluminar *tr.* 1. 照亮，照明：Es necesario instalar una lámpara para iluminar la habitación. 需要安一盏灯让房间明亮。 2. （用彩灯）装饰：Iluminaban las calles por el Día Nacional. 街道张灯结彩欢度国庆节。 3. 着色：El artesano ilumina lo interior del frasco. 那位工匠为小瓶的内壁着色。 4. 启发：Tu propuesta me iluminó. 你的建议启发了我。

ilusionar *tr.* 使抱幻想，使向往：Me ha ilusionado pasar la Fiesta de Primavera con vosotros. 我渴望与你们一起过春节。 ~ *se prnl.* 幻想，梦想：Se ilusiona con la idea de viajar por todo el mundo. 他怀有环球旅行的梦想。

ilustrar *tr.* 1. 加插图：Se encarga de ilustrar el libro con láminas. 他负责给那本书加插图。 2. 借助（图片等）讲解：El profesor nos ilustraba la historia de España con diapositivas. 老师借助幻灯片给我们讲解西班牙历史。 3. 使有知识，有文化：El padre hizo esfuerzos por ilustrar a su hijo. 那位父亲竭力使儿子有知识。

imaginar *tr. prnl.* 1. 想像，设想：Imaginó la forma de construir una casa con nuevos materiales. 他设想使用新材料建造房屋的方式。 2. 猜测；想出：Si yo hubiera imaginado que había tanta gente, no habría venido. 假如我想像到有这么多人，我就不会来了。

imitar *tr.* 1. 模仿，仿效：Imita la pronunciación del profesor español. 他模仿西班牙教师的语调。 2. 像：Esa película imitó el estilo de esta novela. 那部电影近似这部小说的风格。

impacientar *tr.* 使不安；使焦虑：Tu tardanza me impacientó. 你迟迟不到令我焦虑。 ~ *prnl.* 不耐烦，焦急：Como me impacienté, salí inmediatamente. 我焦急不安，于是马上离开了那里。

impactar *intr.* 撞击：Un avión civil impactó en el rascacielo del Centro de Comercio Mundial. 一架客机撞击了世贸中心大厦。 ~ *tr. intr.* 产生冲击，重大影响：El acontecimiento ha impactado la situación mundial. 那一重大事件对世界形势产生极大影响。

impartir *tr.* 1. 传授：El profesor imparte la literatura moderna de Chile. 那位男教师讲授智利现代文学。2. 发布：El gobierno local ha impartido un nuevo decreto. 当地政府颁布了一项新的政令。

impedir *tr.* (23) 1. 阻止，阻挠：El portero nos impidió entrar en el edificio. 门卫阻止我们进入楼房。2. 妨碍：El camión averiado impide el paso. 那辆发生故障的卡车妨碍交通。

impeler *tr.* 推动；促使：La competición nos impele reducir el coste de producción. 竞争促使我们降低生产成本。~ *intr.* 驱使，促使（与前置词"a"搭配）：La imprudencia impele a veces al fracaso. 鲁莽有时造成失败。

imperar *intr.* 1. 占统治地位：La opinión de la mayoría imperó. 大部分人的意见占上风。2. 流行，盛行：Han tomado las medidas preventivas para que la enfermedad no impere. 为了防止该病流行，采取了各种预防措施。La minifalda impera en el verano. 今年夏天流行迷你裙。

implicar *tr.* (7) 1. 使牵连，连累：El muchacho implicó a su compañero en el contrabando de drogas. 男青年将同伴牵连进毒品走私。2. 连带；意味着：Comprar un local implica mucho dinero. 买一个店铺需要很多钱。~ *se prnl.* 牵连，卷入（自复形式）：El joven se implicó en el asesinato. 男青年卷入了那起谋杀案。

implorar *tr.* 恳求，哀求：Imploraba al patrón que lo permitiera seguir trabajando en la empresa. 他恳求老板让他继续在工厂工作。

imponer *tr.* (49) 1. 强加：Intentó imponer sus ideas a los demás. 他企图把自己的想法强加给别人。2. 使敬畏；令人胆怯：La estatura del deportista nos impone. 那个运动员的身高令我们胆怯。3. 续存：Voy a imponer el dinero en mi cuenta para la compra de un coche. 为购置轿车，我往存折内续款。4. 起名：El profesor me impuso el nombre de Luis.

男老师给我起名路易斯。~ se *prnl*. 1. 超出，超越：Me impongo a él en la estatura. 我在身高上超过了他。2. 流行，盛行：Éste es un hábito que se impone en esta zona. 这是这一地区盛行的习俗。3. 必须，应该：Me impongo hacerlo. 我必须做这件事。

importancia *f*. 1. 重要性：Debes conocer la importancia del aprendizaje. 你应该清楚学习的重要性。2. 价值；影响：Este libro tiene poca importancia. 这本书用处不大。de ~ 重要的；严重的：Éste es un asunto de importancia. 这是一件重要的事情。

importar *tr*. 1. 进口，输入：Deseamos importar una fotocopiadora. 我们想进口一台复印机。2. 价值：La moto importa ocho mil yuanes. 那辆摩托车价值8千元。~ *intr*. 1. 重要，关系重大；介意：No importa de qué país eres. 你是哪国人无关紧要。2. 妨碍，影响：¿Te importa que yo lea aquí? 我在这儿看书妨碍你吗？

imposibilitar *tr*. 使不可能，使无望：Su actitud negativa imposibilitó la cooperación entre las dos partes. 他的消极态度使双方的合作无望。~ *prnl*. 瘫痪：Se ha imposibilitado por la enfermedad. 他因患此病而瘫痪。

impregnar *tr*. 1. 灌注；浸润：Impregné las bisagras de la puerta con aceite. 我在房门的合页上加注了润滑油。2. 浸满：La enfermera impregnó un algodón en alcohol y me limpió la herida. 女护士把药棉浸满酒精，然后为我清洗伤口。~ se *prnl*. 灌输；形成（思想；习俗，与前置词"de"搭配）：Se impregnó de muchas ideas democráticas durante sus estudios en la universidad. 在大学学习期间，他接受了许多民主思想。

impresionar *tr. prnl*. 1. 有印象；感受：Me impresionó mucho la visita de su país. 对贵国的访问使我印象深刻。2. 感光：Se impresionó la imagen sobre la película al abrirse el objetivo de la cámara. 照相机镜头打开之后，影像感光在胶片上。

imprimir *tr*. 1. 印刷，印制：Hemos imprimido doscientos manuales. 我们印制了200册课本。2. 使具有: Este señor imprimió en el joven la ambición de ser un inventor. 这位先生使男青年具有成为发明家的雄心。3. 激起; 感染: La exposición me imprimió el deseo de viajar a Italia. 那个展览使我产生去意大利旅行的愿望。

improvisar *tr.* 1. 临时准备: Le improviso la habitación por su llegada imprevista. 我为他的突然到来临时准备住房。2. 即席创作, 即兴演奏: El cantante improvisó una canción más. 男歌唱演员又即兴唱了一首歌。

improviso, sa *adj.* 未料到的, 意外的: La secretaria avisa que esta tarde tendremos una reunión improvisa. 女秘书通知我们今天下午有一个临时会议。de ~ 突然地: No sabemos por qué Li ha salido de improviso de la fiesta. 我们不知道李为何突然离开了聚会。

impulsar *tr.* 1. 推动, 驱动: Impulso la bicicleta con los pies. 我骑自行车。2. 促进, 增进: Debemos hacer algo favorable para impulsar la amistad entre los dos países. 我们应该做一些有利于促进两国友谊的事情。3. 促使, 驱使: El fracaso lo impulsó a suicidarse. 失败促使他自杀。

imputar *tr.* 1. 归罪, 归咎(宾语指人时, 与前置词"a"搭配): Todo el mundo imputó la culpa al chico. 大家把过失归咎于那个男孩。2. 指明(资金)用途: Los gastos se imputaron a la reparación del ordenador. 那些费用全部用于修理电脑。

inaugurar *tr.* 1. 举行开幕式, 主持落成仪式: El alcalde inauguró la Exposición. 市长主持了展览会开幕仪式。2. 开创; 引进: El inmigrante chino ha inaugurado una nueva moda en China. 那位中国移民把新时装引进中国。

incautarse *prnl.* 1. 没收, 充公(自复形式, 与前置词"de"搭配): El tribunal se ha incautado de toda la fortuna que consiguió ilegalmente el delincuente. 法院没收了罪犯非法所得的全部财产。2. 强占: Esa familia se incautó de la casa que no le pertenecía. 那户人家强占了不属于他们的房屋。

incendiar *tr.* 火烧；烧毁：El soldado incendió la casa del campesino. 士兵放火烧了那个农民的房屋。

incinerar *tr.* 火化，火葬：Su cadáver fue incinerado. 他的尸体被火化。

incitar *tr.* 1. 激励（宾语指人时，与前置词"a"搭配）：El público incitaba a los ciclistas a no perder el ánimo. 观众鼓励自行车运动员加油。2. 煽动，挑动：Incitó al muchacho a pelear con el otro. 他挑动那个小伙子与另一个小伙子打架。

inclinar *tr.* 1. 使倾斜：El chófer inclinó el camión para facilitar la descarga. 为了便于卸货，司机将卡车倾斜。2. 弯，屈：Incliné el cuerpo para recoger el libro caído. 我弯身捡掉在地上的书。3. 说服；使倾向于：Hicimos todo lo posible para inclinar a la mayoría en favor de nuestra propuesta. 我们曾尽全力说服大多数人赞同我们的建议。~ se *prnl.* 1. 倾斜（自复形式，常与前置词"a"搭配）：La torre se inclina al norte. 高塔往北侧倾斜。2. 弯腰，曲身：Se inclinó para recoger la llave caída. 他弯腰捡掉在地上的钥匙。3. 倾向于：Me inclino a aceptar tu proyecto. 我倾向于接受你的方案。

incluir *tr.* (45) 1. 列入，纳入：Te incluímos en la delegación. 我们把你列入代表团。2. 包括：El precio del viaje no incluye el alojamiento. 旅行的价格中不含住宿费。

incluso *adv.* 1. 包括：Criticó a todos, incluso a mí. 他批评了大家，也包括我。2. 甚至：Nos insultaron, incluso nos pegaron. 他们辱骂我们，甚至殴打我们。

incomodar *tr.* 1. 打扰；妨碍：Las gafas me incomodan para jugar al tenis. 戴眼镜妨碍我打网球。2. 使不舒服；使生气：Tu intervención me incomodó. 你的干预令我不快。~ se *prnl.* 不痛快，生气（自复形式）：Me he incomodado por su actitud negativa en el trabajo. 我为他工作中所表现的消极态度而恼火。

incorporar *tr.* 1. 加入, 搀入: El cocinero incorporó unos trozos de carne en el caldo. 厨师往汤里加入一些肉块。2. 抬起, 欠起（头, 上身）: La muchacha incorporó a su madre para que tomara la medicina. 为了便于母亲吃药, 姑娘扶起她的上身。~ se *prnl.* 参加（自复形式, 与前置词"a"搭配）: El muchacho se ha incorporado al ejército. 男青年参军了。

incrementar *tr. prnl.* 增加, 增长: La exportación de los juguetes se ha incrementado mucho. 玩具出口量增长了许多。

incrustar *tr. prnl.* 1. 镶, 嵌: El artesano ha incrustado un diamante en el anillo. 工匠在戒指上镶了一颗钻石。2. 粘结, 粘附: Su chaqueta está incrustada de mugre. 他的外衣上粘着油污。

incumbir *intr.* （责任, 义务）落在（身上）; （属于）…责任; 义务: Este trabajo no me incumbe. 这项工作不属于我管。

incurrir *intr.* 1. 犯, 触犯（与前置词"en"搭配）: Incurrió en un grave error. 他犯了一个严重的错误。2. 惹, 招致: El chico ha incurrido en el enojo de su padre. 男孩惹恼了他父亲。

indagar *tr.* （8）调查: El fiscal está indagando el caso económico. 检察官正在调查那桩经济案。

indemnizar *tr.* （9）赔偿, 补偿: El exportador extranjero nos ha indemnizado las pérdidas. 外国出口商补偿了我们的损失。

independizar *tr.* （9）使独立, 使自立（宾语指人时, 与前置词"a"搭配）: Los padres independizaron a su hijo a dieciocho años. 父母让儿子18岁时独立生活。~ se *prnl.* 独立, 自立（自复形式, 与前置词"de"搭配）: El político se ha independizado del partido. 那位政治家已脱离该党。

indicar *tr.* （7）1. 表明, 说明: Le pido que me indique dónde está la plaza central. 我请您指明中心广场位于何处。2. 指明, 指点; 暗示: Indícame cuando tenga errores. 当我犯错误时请你指出来。

indignar *tr.* 使愤怒, 使气愤: Tu actitud de superioridad me indignó. 你凌驾于人的态度令我气愤。~ se *prnl.* 气愤, 愤

怒：Me indigné mucho al saber que mi hermana había sido ofendida por otros. 得知妹妹被别人侮辱，我十分气愤。

inducir *tr.* (28) 1. 引诱，劝诱：Entonces intentaron inducirme a la capitulación. 那时他们企图劝诱我投降。2. 推断出（与前置词"de"搭配）：De tus palabras se induce tu actitud. 从你的话语中可以推断出你的态度。

indultar *tr.* 赦免；免除：El padre indultó a su hijo del castigo. 父亲免除了对儿子的惩罚。

infamar *tr.* 败坏声誉，诽谤：Me ha infamado para conseguir el cargo. 为了得到那个职务，他败坏我的名声。

infectar *tr. prnl.* 1. 使感染：Puse un poco de alcohol en la herida para que no se infectara. 我往伤口涂了点酒精，以免感染。2. 传染：Su hepatitis me infectó. 他的肝炎病传染上我。3. 毒害，侵蚀：La película pornográfica infecta a la juventud. 黄色电影毒害青少年。

inferir *tr. prnl.* (25) 1. 推断：De su expresión infiero que no le interesa el viaje. 我从他的话语推断，他对这次旅行不感兴趣。2. 造成（伤害，危害）：Estoy enfadado con él porque me ha inferido la infamación. 我恼火他败坏我的声誉。

infestar *tr.* 使充斥，泛滥成灾：Las ratas infestan este barrio. 老鼠在这个区泛滥成灾。La habitación está infestada de muebles rotos. 房间里堆满了破损的家具。

infiltrar *tr.* 1. 使渗透；灌输：El médico le infiltra un medicamento en la rodilla. 医生往他的膝盖里灌输药物。2. 灌输（思想）：Infiltró sus ideas entre los jóvenes. 他在青年人中灌输他的思想。~ se *prnl.* 混进，潜入（自复形式，与前置词"en"搭配）：El espía se infiltró en el servicio de inteligencia de ese país. 该间谍混入那个国家的谍报机关。

inflamar *tr.* 1. 发炎，红肿：Mi garganta está inflamada. 我的喉咙发炎了。2. 点燃：El chico inflamó el petardo con el fósforo. 男孩用火柴点燃了爆竹。3. 激起：Sus palabras nos inflamaron la ira. 他的话语激起了我们的怒火。

inflar *tr.* 1. 充气，使膨胀：El chófer infló el neumático con aire comprimido. 司机使用压缩空气给轮胎充气。2. 惹恼：Deja de inflarlo, que no puede aguantar más. 你别再惹恼他了，他已忍无可忍了。3. 夸大，夸大其词：Ha inflado su capacidad ante nosotros. 他在我们面前夸大自己的能力。~ se *prnl.* 1. 吃喝过量（自复形式，专指某种食物或饮料时，与前置词"de"搭配）：Se ha inflado en la cena. 晚餐他吃得过多。Nos inflamos de vino en la boda de nuestro amigo. 在朋友的婚礼上，我们喝葡萄酒过量。2. 得意：Se ha inflado tanto que nadie quiere hablar con él. 他这样傲慢，谁也不愿理睬他。3. 厌烦：Me inflo de ver esa película. 我再也不想看那部电影了。

influir *intr.* (45) 影响，作用于（与前置词"sobre"或"en"搭配）：El estado de ánimo influye mucho en la salud. 情绪好坏对健康有很大的影响。La mujer trató de influir sobre su marido para que lo decidiera. 那个女人竭力对丈夫施加影响，让他决定此事。

informar *tr. prnl.* 通知；得知（常与前置词"de"搭配）：Me han informado de que esta tarde tenemos una conferencia. 他们通知我今天下午我们有讲座。¿Dónde puedo informarme del resultado del examen? 我在何处可以得知考试结果？

infringir *tr.* (3) 违反，触犯：Fue castigado por infringir los reglamentos de la fábrica. 他因违反厂规而受到处罚。

infundir *tr.* 引起，激发：Su confianza me ha infundido valor para culminarlo. 您的信任激发了我完成这项工作的勇气。

ingresar *tr.* 1. 存钱：Voy al banco para ingresar el dinero. 我去银行存钱。2. 使住院治疗：Han ingresado a su padre para operarlo de un tumor. 他们送父亲住进医院做肿瘤摘除手术。~ *intr.* 进入，加入（与前置词"en"搭配）：El año pasado ingresó en esta asociación. 去年他加入这家协会。

inhabilitar *tr. intr.* 1. 解职；使无能力：Por el error cometido, lo han inhabilitado del cargo. 他因所犯的错误而被解除职

务。2. 禁止：Han inhabilitado la discoteca. 那家舞厅被禁止营业。

inhibir *tr.* 1. 抑制：Esta substancia sirve para inhibir microbios. 这种物质可以抑制细菌。2.（法律）禁止：Han inhibido al juez para atender este caso. 那位法官被禁止审理这桩案子。

iniciar *tr.*（12）1. 开始：Hoy iniciamos el trabajo a las ocho de la mañana. 今天我们上午8点开始工作。2. 启蒙（与前置词"en"搭配）：El maestro los inició en el aprendizaje de la fonética. 教师从学语音开始，对他们进行启蒙。

injertar *tr.* 1. 嫁接：El agrónomo injertó unas plantas con las otras. 农艺师把一些花木与另一些花木相嫁接。2.（医）移植：Le han injertado un corazón artificial. 他被植入人工心脏。

inmediato, ta *adj.* 1. 邻近的：La habitación inmediata a la mía está ocupada. 与我的房间相邻的那间屋已经住人。2. 随即的，立刻的：Éste es un medicamento de efecto inmediato

para la gripe. 这是一种治疗感冒速效药。de ～ 立即，马上：No se preocupe, regreso de inmediato. 您不必担心，我马上就回来。

inmigrar *intr.*（从国外）移居（与前置词"en"搭配）：Ha inmigrado en ese país con toda su familia. 他和全家人移居那个国家。

innovar *tr.* 改进；更新：Innovamos el sistema de ensamblaje aprovechando el fondo de la inversión. 我们利用投资的资金改进装配系统。

inquietar *tr.* 使烦躁不安，心烦意乱：El ruido nos inquietó. 噪音令我们烦躁不安。～ *se prnl.* 焦躁不安，心绪不宁（自复形式，与前置词"con"、"de"或"por"搭配）：Se inquietó por los comentarios de sus vecinos. 他被邻居们的议论搞得心绪不宁。

inquirir *tr.*（18）调查，了解，查询：El alcalde visitó incógnito el hospital para inquirir la calidad de servicio. 市长微服查看那家医院，以了解其服务质量。

inscribir *tr. prnl.* 1. 登记，注册：Me han inscrito en la carrera de informática. 我被注册在信息学专业。2. 铭记：Sus hazañas se inscribieron en mi memoria. 他的事迹铭记在我的脑海里。3. 铭刻：Han inscrito el nombre del héroe en una lápida. 人们把英雄的名字铭刻在一块石碑上。

insertar *tr. prnl.* 插入，嵌入：Han insertado unos anuncios en la transmisión de la telenovela. 电视剧的播放中插入了一些广告。

insinuar *tr.* (14) 暗示，暗指：Se lo insinué varias veces, pero me hizo caso omiso. 我暗示了他几次，他却不予理睬。~ *prnl.* 取悦；示爱：La muchacha hizo esfuerzos por insinuarse a su jefe. 姑娘竭力向上司示爱。

insistir *intr.* 1. 坚持（与前置词"en"搭配）：Aunque le hemos aconsejado bastante, insiste en su actitud. 尽管我们极力劝说，他仍坚持那种态度。2. 强调：El jefe ha insistido en la importancia del trabajo. 领导强调了那项工作的重要性。

inspeccionar *tr.* 检查，视察：Ayer el alcalde inspeccionó la escuela. 昨天市长视察了那所学校。

inspirar *tr.* 1. 吸（气）：Inspiró el aire fresco abriendo la ventana. 他打开窗户，吸入新鲜空气。2. 启发，使产生（想法）：La foto le inspiró los recuerdos de su infancia. 那张照片使他回想起童年时代。3. 激发，使有灵感：La historia del anciano le inspiró para la creación de la novela. 老人的经历激发他创作那部小说。~ *se prnl.* 有感于，受到启发（自复形式，与前置词"en"搭配）：Su sinfonía se inspira en la música popular. 他创作的那首交响乐源于民间音乐。

instalar *tr.* 1. 安装：¿Cuándo viene a instalar el teléfono? 您何时来安装电话？2. 设置，安置：Han instalado un supermercado cerca de mi casa. 我家附近新建了一家超市。~ *se prnl.* 安家，定居（自复形式，与前置词"en"搭配）：La familia de Wang se ha instalado en el centro de la ciudad. 王家已定居市中心。

instancia *f.* 申请；申请书：Relleno la instancia para hacer la reclamación. 我填写要求索赔

的申请单。a ～（s）de 应…的要求：A instancia de su familia, vengo aquí para consultar con usted el alquiler del piso. 应您家的要求，我来这里与您协商房租一事。en última ～万不得已：No voy a vender el coche, si no es en última instancia. 只有在万不得已的情况下，我才卖那辆轿车。（根据汉语表达习惯，此句采用反译法。）

instante *m.* 瞬间，刹那，片刻：en un ～ 一下子，迅即：El muro se derrumbó en un instante. 围墙一瞬间倒塌了。al ～ 立即，马上：Ven al instante, que tengo algo urgente que decirte. 你马上过来，我有要紧的事跟你说。

instar *tr. intr.* 要求，坚持要；紧迫（与前置词"a"搭配）：El jefe me instó a que lo terminara a las cinco de la tarde. 领导催促我下午5点前完成任务。La madre insta a su hijo al repaso. 母亲要求儿子复习功课。

instaurar *tr. prnl.* 建立，确立：Hace poco se instauró una empresa mixta aquí. 不久前这里建立了一家合资企业。

instigar *tr.* (8) 煽动，唆使（宾语指人时，与前置词"a"搭配）：Esta persona maligna instigó a los niños a robar. 这个居心不良的家伙唆使孩子们偷窃。

instituir *tr.* 创立，建立：El año pasado instituyeron una fundación benéfica. 去年建立了一家慈善基金会。

instruir *tr.* (45) 1. 指导，训练：El maestro me instruyó en el manejo de automóvil. 师傅指导我驾驶机动车。2. 教育：El profesor nos instruye el avanzado método de aprendizaje. 教师传授我们先进的学习方法。

insultar *tr.* 辱骂，侮辱：Cuando oyó que la insultaban, le entró un arrebato de ira. 当听到有人辱骂她时，她顿时怒火填膺。

integrar *tr.* 1. 使结合，使一体化（宾语指人时，与前置词"a"搭配）：El gobierno intenta integrar a los inmigrantes en la sociedad. 政府力图使移民融入社会。2. 组成，构成：Los siete miembros integran la junta de administración. 那7位成员组成董事会。～ se *prnl.* 加入，融入（自复形式，与前置词"en"搭配）：El nuevo alumno se ha integrado en nuestro curso. 那位新同学已编入我们年级。

intemperie *f.* 恶劣气候：La intemperie ha dañado la fachada del edificio. 恶劣的气候损坏了那栋楼房的墙面。a la ~ 露天：Ayer pasamos la noche a la intemperie. 昨天我们露天过夜。

intención *f.* 1. 企图，别有用心：Ese hombre tiene la intención de engañarme. 那个家伙企图欺骗我。2. 打算：Mi intención es comprar cierto día una casa para mis padres. 我的打算是某一天为父母买一套住房。con ~ 有意地：Creo que me dijo eso con cierta intención. 我认为他跟我讲那些话含有某种目的。segunda/doble ~ 用心不良：Me parece que él me ha ayudado con segunda intención. 我觉得他帮助我别有用心。

intensificar *tr. prnl.* (7) 1. 加强：Quiero intensificar la lectura. 我想加强阅读。2. 加剧：La sed se intensificaba por momentos. 随着时间的推移，口渴加剧。

intentar *tr.* 试图，企图，打算：El prisionero intentó huir de la cárcel. 那个俘虏企图越狱。Intento tener un buen trabajo. 我打算找个好工作。

intercambiar *tr. prnl.* (12) 1. 交换：Los alumnos de los dos países se intercambian los recuerdos. 两国学生交换纪念品。2. 交流：Los profesores intercambiaron las metodologías de enseñanza. 老师们交流教学方法。

interceptar *tr.* 1. 截取，拦截，阻断：El piloto de caza intentó interceptar el avión enemigo. 歼击机飞行员试图拦截敌方的飞机。2. 窃取：El espía ha interceptado un mensaje importante. 那个间谍窃取了一个重要的情报。

interesar *tr.* 1. 对…感兴趣：A Manuel le interesa coleccionar monedas antiguas. 玛努埃尔对收藏古钱币感兴趣。2. 关心，重视：Éste es un problema que me interesa. 这是我所关心的问题。3. 使参与：Le he interesado en la negociación. 我让他参与了谈判。~ se *prnl.* 感兴趣（自复形式）：Me intereso por el concurso. 我对竞赛感兴趣。

interferir *tr.* (25) 干扰，妨碍：La presencia de Ma Lan interfirió la conversación. 马兰的到来使会谈受到影响。~ *intr.* 干扰，妨碍：La montaña interfiere en la recepción de las ondas. 山峦妨碍电波的接收。

internar *tr.* 1. 送入（宾语指人时，与前置词"a"搭配）：Internaron a su hijo en una escuela privada. 他们把儿子送入一所私立学校读书。2. 使深入：No debes mandarlo internar solo en el desierto. 你不应派他独自一人深入沙漠。~ se *prnl.* 1. 深入：El cazador se internó en el bosque para buscar el tigre herido. 猎人进入森林寻找那只受伤的老虎。2. 钻研：Me interno en la gramática de español. 我钻研西班牙语语法。

interponer *tr.* (49) 1. 放在中间：He interpuesto el escritorio entre un armario y un estante. 我把写字台放在柜子和书架之间。2. 使出面调停，调解：Hemos interpuesto a Mario entre los contendientes. 我们让马里奥出面，在对立者之间进行调解。

interpretar *tr.* 1. 解释：El escritor nos interpretó el verso. 作家给我们讲解那首诗。2. 理解，领会：Hago lo posible para que interpretes bien mi idea. 我尽可能让你清楚理解我的想法。3. 表现：El escultor interpreta la laboriosidad del pueblo mediante su obra. 雕塑家通过他的作品表现人民的勤劳。4. 表演：El muchacho interpretó un espectáculo en la fiesta. 小伙子在联欢会上表演了一个节目。

interrogar *tr.* (8) 询问；审问（宾语指人时，与前置词"a"搭配）：La policía interrogó al delincuente. 警方审问了那个犯罪嫌疑人。

interrumpir *tr.* 1. 中断，打断：La llamada telefónica me interrumpió la siesta. 电话铃声打断了我的午觉。2. 插话：No me interrumpas cuando hablo. 我讲话时，请你不要插话。

intervenir *intr.* 1.（57）参加（与前置词"en"搭配）：Mi vecino intervino en la manifestación.

我的邻居参加了游行。2. 干预，干涉：No me gusta intervenir en asuntos ajenos. 我不喜欢介入别人的事务。~ tr. 1. 动手术：El paciente fue intervenido ayer por la tarde. 病人昨天下午动了手术。2. 监听；监察：Han intervenido el teléfono del político. 那位政治家的电话被监听。

intimar tr. 通令，勒令（宾语指人时，与前置词"a"搭配）：El alcalde intimó a los sublevados que volvieran a casa inmediatamente. 市长勒令闹事者立即回家。~ intr. 关系亲密（与前置词"con"搭配）：Intima con Li Ming porque son paisanos. 他和李明关系亲密，因为他俩是同乡。

intoxicar tr. prnl.（7）1. 使中毒：La comida podrida lo ha intoxicado. 腐烂的食物使他中毒。2. 毒害：La publicidad insana intoxica a la juventud. 不健康的广告毒害青少年。

intranquilizar（9）使不安，使担忧：La noticia nos intranquilizó. 那一消息使我们感到不安。

intrigar intr.（8）阴谋策划：Me he dado cuenta de que ellos están intrigando contra mi compañero. 我发现他们在阴谋策划对付我的同学。~ tr. 引起好奇心；兴趣：El anuncio de esta película me ha intrigado. 这部电影的宣传广告使我产生了好奇心。

introducir tr.（31）1. 放入，插入：Introducimos unas fotos en los textos. 我们在课文中加入一些图片。2. 使加入：Lo introdujeron en la asociación. 让他加入了协会。3. 引进，输入：Han introducido una nueva tecnología. 引进了一种新工艺。4. 领入，带入：La secretaria me introdujo en la oficina del gerente. 女秘书把我领入经理办公室。~ se prnl. 进入（自复形式，与前置词"en"搭配）：El ladrón se introdujo en la habitación por la ventana. 小偷从窗户潜入房间。

inundar tr. prnl. 1. 淹没：El río se ha desbordado y ha inundado los campos. 河水溢出，淹没了田野。2. 充满：Los juguetes inundan toda la habitación. 整个房间到处都是玩具。

invadir *tr.* 1. 侵略：El pueblo de ese país efectuó una lucha ardua contra la tropa enemiga que había invadido su territorio. 那个国家的人民同入侵的敌军展开了一场艰苦的斗争。2. 侵入；遍布：Los saltamontes han invadido los campos. 蝗虫遍布田野。3. 侵犯：Han invadido su intimidad. 侵犯了他的隐私。4. 影响，左右（感情）：Al oír tus palabras me invade el enfado. 听了你的话语我很生气。

invalidar *tr.* 使失效，使无用；宣布作废：El importador invalidó el contrato por el incumplimiento del exportador. 由于出口商未履行职责，进口商将合同废止。

inventar *tr. prnl.* 1. 发明，创造：Cuando nací, no se había inventado el ordenador. 我出生的时候，电脑还没有问世。2. 杜撰，编造：Inventó una excusa para explicar su ausencia. 他编造借口，掩饰自己的缺席。

inverso, sa *adj.* 反向的，逆向的：Se dice que andar en sentido inverso es un ejercicio favorable para la salud. 据说倒着走路是一种对身体健康有益的锻炼。a la inversa 相反, 反方向的：En la antigüedad china, la escritura se hacía a la inversa. 中国古代，人们反方向书写文字（竖行右起）。

invertir *tr.* （25）1. 使倒转, 倒置：Cuidado, este aparato no se puede invertir. 注意, 这件设备不能倒置。2. 投资：Decidimos invertir dinero en la compra del terreno. 我们决定投资购买那块地皮。3. 花费（时间等）：Invirtió muchos años de su vida en formarse para convertirse en un deportista mundialmente conocido. 为成为世界闻名的运动员, 他把一生的大部分时间用于自我培养。

investigar *tr.* （8）1. 调查：El público pidió que el gobierno investigara el accidente. 公众要求政府调查那起事故。2. 研究：Está investigando en el laboratorio. 他正在实验室搞研究。

invitación *f.* 邀请, 请柬：Todavía no he recibido la carta de invitación de su compañía. 至今我还未收到贵公司的邀请

函。a ~ de 应 … 邀请：A invitación de Wang Li, asistí a la cena. 应王力的邀请，我出席了晚宴。

invitar *tr.* 1. 邀请：Mi amigo me invita a su boda. 我的朋友邀请我参加他的婚礼。2. 请求：Me invitó a decírselo. 他请求我告诉他这件事。3. 诱使，促使：El paisaje de esa zona me invita a hacer un viaje. 那一地区的风景促使我去那里旅行。

involucrar *tr.* 使卷入，使…牵连进：Involucró a su compañero en el contrabando de drogas. 他使他的同学卷入毒品走私。~ se *prnl.* 卷入，牵连：Se ha involucrado en un negocio sucio. 他卷入一桩肮脏的交易。

inyectar *tr.* 1. 注射：La enfermera le inyectaba insulina todos los días. 女护士每天给他注射胰岛素。2. 喷射：La fuente inyecta unos chorros. 喷泉喷射水柱。

ir *intr.* (46) 1. 去（与前置词"a"搭配）：Voy a Nanjing en tren. 我乘火车去南京。2. 通往：Esta carretera va a Beijing. 这条公路通往北京。3. 运行，进行：La negociación va muy bien. 谈判进行得十分顺利。¿Qué tal te va? 你身体好吗？~ se *prnl.* 离开：Se fue sin decir nada. 他一声不响地走了。~ + ger. 渐进，逐渐：La situación económica va mejorando. 经济形势逐渐好转。~ a + inf. 将要…；去做某事：Voy a invitar a mis compañeros a cenar en un restaurante. 我将邀请我的同学们在餐馆吃晚饭。

irrigar *tr.* (8) 1. 灌溉：Irrigamos el campo de cultivo con el agua del canal. 我们使用水渠的水灌溉庄稼。2. 喷洒；El avión está irrigando el fertilizante. 飞机正在喷洒化肥。3. 灌洗：Le irrigaron el intestino para limpiar el estómago. 为他灌洗肠道清洁胃。

irritar *tr. prnl.* 1. 激怒：Su irresponsabilidad en el trabajo irritó al jefe. 他工作上不负责任的行为激怒了领导。2. 使发炎：Se le irritó la piel después de comer el marisco. 他吃过海鲜之后，皮肤红肿。

irrumpir *intr.* 闯入，冲入：Un grupo de jóvenes irritados

izquierdo, da

irrumpió en la casa de mi vecino. 一群愤怒的青年闯入我的邻居家。

izquierdo, da *adj.* 左边的，左侧的：La escuela se halla en el ala izquierda de la farmacia. 学校位于药店的左侧。Mi compañero escribe con la mano izquierda. 我的同学用左手写字。levantarse con el pie ~ 走背运，倒霉：Tuve un accidente, creo que hoy me he levantado con el pie izquierdo. 我出了事故，觉得今天走背运。

J

jactarse *prnl.* 自吹自擂，吹嘘（自复形式，一般与前置词"de"搭配）：A este señor le gusta jactarse ante los demás. 这位先生喜欢在别人面前吹牛。El joven se jacta de su valentía. 男青年吹嘘自己的胆量。

jamás *adv.* 从来；绝不，永远不：Jamás te dejamos atrasado en el estudio. 我们绝不让你在学习上落在后面。Nunca jamás contaré a los demás lo que me has dicho. 我永远也不会把你告诉我的事情告诉别人。

jardín *m.* 花园：Estoy paseando en el jardín. 我正在花园里散步。~ de infancia 幼儿园：A mi hija no le gusta ir al jardín de infancia. 我女儿不愿去幼儿园。

jarra *f.* 敞口带耳罐：En la mesa hay una jarra de porcelana. 桌上有一个带耳瓷罐。en/de ~s 双手叉腰：La vecina ofendió en jarras a su sirvienta. 邻居双手叉腰地辱骂她的女佣。

jubilar *tr.* 1. 使退休：La empresa jubiló a los empleados mayores de sesenta años. 企业让60岁以上的职工退休。2. 报废：Jubilé el coche porque no me servía. 那辆轿车不顶用了，我把它报废。~ se *prnl.* 退休：Mi padre se ha jubilado. 我父亲已经退休。

juego *m.* 1. 游戏，玩耍：Me gusta este juego. 我喜欢这种游戏。2. 比赛，运动会：Por la herida, el tenista se ha retirado del juego. 那位网球运动员因伤退出了比赛。3. 赌博：El señor ha perdido mucho dinero en el juego. 那位先生在赌博中输了很多钱。4. 副，套：He comprado un juego de sofás. 我买了一套沙发。hacer ~ 相配套：Esta falda no hace juego con la blusa. 这条裙子和那件衬衫不配套。poner en ~ 发挥作用；运用：Puso en juego sus influencias para conseguirme la beca. 为使我得

到奖学金,他发挥了其影响力。

jugar *intr. tr.* (22) 1. 玩耍,游戏,娱乐:Los niños juegan en el jardín. 孩子们在花园里玩耍。Esta tarde jugamos al tenis. 今天下午我们打网球。Ellos dos están jugando al ajedrez. 他俩正在下国际象棋。2. 比赛:Jugamos un partido de fútbol. 我们进行了一场足球比赛。3. 赌博:¿Cuánto dinero has traído para jugar con nosotros? 你带了多少钱,和我们一起赌? 4. 冒险:Deja de hacerlo, creo que estás jugando con tu vida. 你别再做这件事了,我认为你是在玩命。~ se *prnl.* 冒险(自复形式):Se juega su salud en el trabajo. 工作中,他拿身体不当回事。jugár se la 捉弄:Se la jugó deciéndo al niño que le regalaría un ordenador. 他捉弄那个男孩说,送给他一部电脑。

juicio *m.* 1. 智力;理智:Ella tiene mucho juicio y actúa con prudencia. 她十分理智而且举止有分寸。2. 判断力;看法:Mi amigo tiene su propio juicio ante este asunto. 我的朋友对这件事有自己的看法。a (mi, tu, su) ~ 依…看:A mi juicio, no debemos hacerlo de tal manera. 依我看,我们不应该这样做。estar en su sano ~ 头脑正常:Me parece que no está en su sano juicio, porque quiere salir en cueros. 我觉得他头脑不正常,因为他想赤身裸体出门。

juntar *tr.* 1. 聚集,汇集,积攒:Juntamos todo el dinero que llevamos para comprar este diccionario. 我们把所带的钱凑在一起购买这本词典。2. 并拢:He juntado las tres sillas para acostarme un rato sobre ellas. 我把3张椅子并在一起,想在上面躺一会儿。~ se *prnl.* 1. 呆在一起;亲密(自复形式,一般与前置词"con"搭配):El padre no quiere que su hijo se junte con ese tío. 父亲不愿意他的儿子与那家伙聚在一起。2. 靠近:No te juntes tanto, que me das calor. 你别靠得这么近,这样会使我感觉热。3. 姘居:La secretaria se junta con su jefe. 女秘书与她的上司姘居。

junto, ta *adj.* 1. 在一起的:Vamos a hacer compras juntos. 我们一起去购物。2. 相连的，紧靠着的：Nuestras casas están juntas. 我们两家紧挨着。~ *adv.* 同时地：¿Leemos o escribimos? ——Lo hacemos junto. 我们是阅读还是书写？——两项同时做。~ a 紧靠，靠近：Mi casa está junto a la escuela. 我家紧靠那所学校。~ con 和…一起：Ayer por la tarde, estudié junto con Mario. 昨天下午我和马里奥一起学习。

jurar *tr.* 1. 发誓：Juro que te he dicho la verdad. 我发誓，我已告知你真实情况。2. 宣誓：El nuevo ministro juró su cargo ante el presidente. 新任部长在总统面前宣誓就职。~ *intr.* 咒骂：Cuando está de mal humor, se pone a jurar. 他情绪不佳时便破口大骂。~ se la/ ~ se las 发誓惩罚某人，报复某人：Como me engañó se la he jurado. 他欺骗了我，于是我发誓报复。

justificar *tr.* (7) 1. 说明；辩解：La ignorancia no sirve para justificar tu crimen. 无知并不能为你的罪行开脱。2. 证明有理；证实：El certificado expedido por este departamento justifica que la fecha de tu nacimiento es cierta. 这个部门发放的证书证明你的出生日期真实无误。~ se *prnl.* 为自己辩解，证明自己清白（自复形式）：Se justifica de su conducta ante nosotros. 他在我们面前为自己的行为辩解。

juzgar *tr.* (8) 1. 审判：El juez juzgó al acusado. 法官审判被告。2. 评定；判断：Mi amigo siempre juzga a las personas por su apariencia. 我的朋友总是以貌取人。

K

kilómetro *m.* 千米，公里（也可写作 quilómetro）: Tianjin está a 137 kilómetros de Beijing. 天津距北京 137 公里。~ cuadrado 平方公里: La superficie de China es de 9,6 millones de kilómetros cuadrados. 中国的陆地面积是 960 万平方公里。

L

labrar *tr.* 1. 耕作：El viejo campesino labra el huerto. 老农在耕作菜园。 2. 加工：Ellos labraban las piedras a martillo y cincel. 他们用榔头和凿子加工石块。 3. 犁地,翻地：Está labrando la tierra. 他正在犁地。

lado *m.* 1. 边,侧；面：Me siento al lado de mi hermano. 我坐在我兄弟的身旁。Éste es el lado exterior de la chaqueta. 这是上衣的表面。 2. 地方：Te he buscado por todos los lados. 我刚才四处找你。 3. 方面：Por otro lado no estoy de acuerdo contigo. 从另一方面看,我与你意见不一致。dejar de ～ 1. 冷落：Lo dejamos de lado porque no queremos comer con él. 我们不愿和他一起吃饭,所以将他冷落一旁。 2. 搁置：Dejo de lado este problema. 我把这一问题搁置一边。 de ～ 倾斜,歪斜：A causa del terremoto la pagoda antigua está de lado. 那座古塔因地震而倾斜。ir de ～ 步入歧途：Si no sigues mi consejo vas de lado. 如果你不听我的劝告,肯定走入歧途。

ladrar *intr.* 吠叫：El perro ladra cuando encuentra al desconocido. 那条狗遇到生人便吠叫。

lágrima *f.* 眼泪：El niño pide con lágrimas que su madre le permita salir un rato con sus amiguitos. 小男孩流着眼泪央求母亲,允许他和他的小朋友们出去一会儿。～s de cocodrilo 鳄鱼的眼泪,假慈悲：No me engañes con lágrimas de cocodrilo. 你别用假慈悲来欺骗我。llorar a ～ viva 痛哭,号啕大哭：La niña llora a lágrima viva al perder su juguete. 小女孩因丢失了玩具而号啕大哭。saltarse las ～s 使落泪：Al picar las cebollas se le saltan las lágrimas. 剁洋葱使人流泪。

lamentar *tr.* 1. 感到遗憾：Lamento que ustedes se encuentren en estas dificultades. 我

为你们处于困境而感到遗憾。2. 感到难过：Lamentamos mucho el dolor que sufres. 我们为你所遭受的疼痛而难过。~ se *prnl.* 抱怨，埋怨：El muchacho se lamentaba de su imprudencia. 小伙子为自己的冒失行为而懊悔。

lamer *tr. prnl.* 1. 舔：El perro lame mi mano. 狗舔我的手。El bebé se lame los dedos. 婴儿在吮手指。2.（波浪）轻轻拍击：El agua del mar lame las rocas sobresalientes. 海水拍打着突出的岩石。

lanzar *tr.*（9）1. 抛，投，扔：El niño lanzó piedras al río. 小男孩往河里投石头。2. 发射：Los soldados lanzaron misiles a la zona enemiga. 士兵往敌占区发射导弹。3. 使问世：Esta empresa lanzó un nuevo modelo al mercado. 这家企业向市场推出一种新型产品。~ *prnl.* 1. 冲向，扑向：El soldado se lanzó sobre el enemigo. 士兵扑在敌人身上。2. 跳入：El muchacho se lanzó al río para salvar a un niño caído en él. 小伙子跳入河中，救助落水的男孩。3. 突然开始(与前置词"a"搭配)：El chico se lanzó a correr. 男孩突然飞跑。

largo, ga *adj.* 1. 长的：La camisa me queda un poco larga. 那件衬衣我穿着有点长。2. 个子高的：El muchacho es muy largo. 小伙子身材很高。~ *m.* 长度：Esta tela tiene seis metros de largo. 这块布料长 6 米。a lo ~ de 1. 沿着：A lo largo de la calle hay muchas tiendas. 那条大街有许多店铺。2. 在…时间里，过程中：A lo largo de mi vida he aprendido muchas cosas. 我在一生中学到了许多东西。pasar de ~ 径直而过：Ella pasó de largo sin saludarnos. 她没向我们打招呼，便径直而过。dar largas 推托：Cuando le digo que me devuelva el dinero, siempre me da largas. 每当我让他还钱时，他总是推托。~ *m.* 滚开：¡Largo de aquí! 从这里滚开！

lastimar *tr.* 1. 弄伤；使疼痛：Este detergente lastima las manos. 这种洗涤剂损伤双手。2. 挫伤，伤害：Su crítica me lastimó. 他的批评伤害了我。

latir *intr.*（心脏）搏动，跳动：Mi corazón latía muy de prisa

cuando corría. 我奔跑时心脏剧烈跳动。

laurel *m.* 1. 月桂树: Las cortezas de laurel se usan como condimento en China. 在中国，月桂树的树皮可做佐料。2. 桂冠，荣誉: El alumno ha conseguido el laurel del primer puesto en el concurso de traducción. 那个男生在翻译竞赛中获得桂冠。dormirse en los ～es 沉醉于已有的成就: No debes dormirte en los laureles. 你不应该沉醉于已有的成就。

lavado *m.* 洗涤: El taller posee un sistema automático de lavado de automóviles. 车间里有一套自动清洗机动车系统。～ de celebro 洗脑（指转变思想）: Para ser un miembro de esta organización se exige un lavado de celebro. 若想成为这个组织的成员，需要先洗脑。～ de dinero 洗钱: Éste es un banco que se dedica al negocio ilegal del lavado de dinero. 这是一家从事非法洗钱交易的银行。

lavar *tr.* 1. 洗，清洗: No me gusta lavar la ropa. 我不喜欢洗衣服。2.（为恢复名声）昭雪，洗刷: Hizo lo posible para lavar su honor dañado. 他竭力洗刷受到损害的名誉。～ se *prnl.* 洗脸（自复形式）: Se lava después de levantarse. 他起床后洗脸。

le *pron.* 您，他，她（与格代词）: Le devuelvo el libro. 我还给您那本书。A ella le gusta la manzana. 她喜欢吃苹果。～s *pron.* 你们，他们，她们，诸位（与格代词）: A ellos les gusta salir de paseo después de comer. 他们喜欢饭后外出散步。

leer *tr. intr.* (11) 1. 阅，看: Estoy leyendo la revista. 我在看杂志。2. 读，念: Nos lee el poema. 他给我们朗读那首诗。3. 读懂，看懂: Ella puede leer algo en italiano. 她能看懂一些意大利文。4. 看出，觉察: Es capaz de leer lo que piensas por medio de tu mirada. 他能够通过你的眼神，发觉你心有所思。

legalizar *tr.* (9) 1. 使合法化: Quiero legalizar mi permiso de conducir en este país. 我想在这个国家办理驾驶证合法化手续。2. 确认，公证: El notario legalizó la firma de este documento. 公证员确认了这个文件的签名。

legar *tr.* (8) 1. 遗赠（宾语指人时，与前置词"a"搭配）：El anciano legó la mitad de sus bienes a su sirvienta. 老大爷把自己的一半财产赠予女佣。2.（思想、传统、作风、文化）传给，传输：Legó sus ideas a sus seguidores. 他将自己的思想传输给追随者。

lejos *adv.* 远，遥远，久远（常与动词"estar"搭配）：Mi casa está lejos del centro de la ciudad. 我家远离市中心。a lo ~ 远处：Se ven las colinas a lo lejos. 远方有几座小山。de ~ 从远处：No he visto bien la torre de lejos. 从远处我未能看清那座高塔。~ de 非但…而是…：Lejos de ayudarle, impidió a otros que la visitaran. 他非但不帮她，而且阻止别人拜访她。

lente *f.* 透镜，镜片：Queremos importar una gran cantidad de lentes de su empresa. 我们打算从贵公司进口大量的镜片。~ s *m. pl.* 眼镜：Puedo verlo bien con los lentes. 我戴着眼镜才能看清楚。~ de contacto 隐形眼镜：Le gusta llevar lentes de contacto. 他喜欢戴隐形眼镜。

lesionar *tr. prnl.* 1. 受伤，损伤：Se ha lesionado una pierna, entonces está descansando en casa. 他的一条腿受伤，于是在家休养。2.（精神上的）伤害：Tu crítica ha lesionado mi prestigio. 你的批评有损于我的名誉。

letra *f.* 1. 字母：Esta palabra está compuesta por tres letras. 这个词由三个字母构成。2. 字体：Se exige rellenar el formulario con letras de imprenta. 表格要求用印刷体填写。3. 票据：Tienes que pagarme conforme a la letra. 你应该按票据向我付款。~ s *pl.* 人文科学：Este señor se dedica a las letras. 这位先生从事人文科学研究。~ de cambio 汇票：No me gustaría que me lo pague con la letra de cambio. 我不希望您用汇票支付这一款项。

levantar *tr. prnl.* 1. 抬起，立起；举起：El alumno levantó la mano para hacer una pregunta. 那个男生举手提问。Levanta la mesa caída por favor.

你把倒下的桌子立起来。2. 竖立；建造：Han levantado un monumento en la plaza. 广场上竖起一座纪念碑。3. 撤销，解除：Me han levantado el castigo. 撤销了对我的惩罚。4. 激起，引发：La discusión encarnizada levantó una pelea. 激烈的争吵引发了斗殴。5. 拆除：El ejército levantó el campamento y se marchó. 部队拆除营盘后离去。6.（会议）结束：La reunión se levantará hasta el próximo lunes. 会议至下周一结束。7. 提高（声音）：Levanta la voz porque no puedo oírte. 你声音大点儿，我听不清。~ se prnl. 1. 起立，起床：Me levanto a las seis y media de la mañana. 我早上6点半起床。2. 起义，造反：El pueblo se levantó contra la dictadura. 人民起义反对独裁。3. 升起（指自然现象）：El sol se levanta por el este. 太阳从东方升起。

liar *tr.* （13）1. 捆，扎，卷：Llevó la leña a casa después de liarla. 他把干柴捆扎好后带往家中。Lío un tabaco con el papelillo. 我用纸条卷了一支烟。2. 纠缠：Ellos me liaron para que les acompañara al supermercado. 他们纠缠我，让我陪他们去超市。3. 使事情复杂化：Apártate de aquí y no líes más este asunto. 你快离开这里，别把这件事搞得更加复杂。~ se *prnl.* 1. 更糟糕：Debemos hacer algo para que el asunto no se líe. 我们应该有所举动，别让此事更加难办。2. 卷入纠纷；纠缠一起：Se ha liado con este caso. 他卷入此案。3. 姘居：La joven se lió con un hombre casado. 那个女青年与一个已婚男人姘居。

liberar *tr.* 1. 解放：El ejército liberó la ciudad ocupada por el enemigo. 部队解放了那座被敌人占领的城市。2. 释放：Los secuestradores sólo liberaron a los niños y las mujeres. 劫持者仅释放了儿童和妇女。3. 解除，免除（与前置词"de"搭配）：Lo liberamos de la obligación. 我们解除了他的义务。~ se *prnl.* 解脱，摆脱（自复形式）：El preso intentó liberarse de la persecución de la policía. 逃犯企图摆脱警方的追捕。

libertad *f.* 1. 自由；权利：Los padres deben dar cierta libertad a los niños, fuera de clase. 课余，父母应给孩子一些自由。2. 无拘束；无顾虑：Puedes hablar conmigo con toda libertad, porque somos amigos. 因为咱们是朋友，你可以毫不拘束地跟我交谈。~ de opinión 言论自由：Como ciudadanos tenemos la libertad de opinión. 作为公民，我们享有言论自由。~ de culto 信教自由：En este país, los ciudadanos poseen la libertad de culto. 在这个国家，公民享有信教自由。~ condicional （法）假释：Por la enfermedad, el preso consiguió la libertad condicional. 那个犯罪嫌疑人因患病而获得假释。tomarse la ~ 1. 冒昧，冒然：Me he tomado la libertad de invitarle a la recepción. 我冒昧地邀请您出席招待会。2. 擅自做主，放肆：Perdona que me haya tomado la libertad de prestarle tu libro. 请原谅我擅自做主，把你的书借给他。

libertar *tr.* 解放，释放：La policía hizo todo lo posible por libertar a los rehenes. 警方尽最大努力解救人质。El delincuente no quiso libertar ni al niño. 罪犯连那个孩子都不想释放。

librar *tr.* 1. 解脱，解除：Antonio nos libró de la situación crítica. 安东尼奥使我们摆脱了困境。2. 展开，进行：Ellos libraron una ardua lucha contra la corrupción. 他们同腐败展开了艰巨的斗争。3. 签发（付款凭证）：El comprador me ha librado una letra de cambio. 买方给我签发了汇票。~ *intr.* 休假，公休：El sábado y domingo son los días que libramos. 周六和周日是我们的公休日。

libro *m.* 1. 书：El profesor viene con dos libros en la mano. 教师手里拿着两本书走过来。2. 著作：He leído un libro de ese escritor. 我读过那位作家的一部著作。~ de cuentas 账本：No sé dónde está el libro de cuentas. 我不知道账本在何处。~ de oro 来宾签名簿：El alcalde firmó en el libro de oro de nuestra empresa. 市长在我公司签名簿上签名。colgar

licenciar

los ~s 辍学：Colgó los libros por la pobreza. 他因家境贫困而辍学。

licenciar *tr.*（12）1. 准许退役：Licenciaron a este soldado por su edad. 考虑到这个士兵的年龄，准予他退役。2. 授予学位：La universidad ha licenciado a estos alumnos. 学校已授予这些学生学位。~ se *prnl.* 1. 退役（自复形式）：Este soldado se licenció después de haber servido dos años en el ejército. 这个战士在部队服役两年后退役。2. 获得学位：Se licenció hace dos años. 他两年前获得了学位。

ligar *tr.*（8）1. 联系：La relación comercial los liga. 贸易关系使他们联系在一起。2. 捆扎：Ligamos las cajas cargadas en el camión. 我们捆绑装在卡车上的箱子。3. 使熔合：Ligaron el cobre con cinc. 他们把铜与锌熔合一起。~ se *prnl.* 联合，结合：Li se ha ligado al sindicato de este sector. 李加入了这个行业的工会。

ligero, ra *adj.* 1. 轻的：Este armario es ligero. 这个柜子很轻。2. 快的，敏捷的：Un

limitar

caballo ligero lo llevó hacia la colina. 一匹快马驮着他朝小山奔去。3. 轻微的：Ella tiene un sueño muy ligero y cualquier ruido puede despertarla. 她睡觉很轻，任何响动都会惊醒她。4. 清淡的：En el desayuno prefiero comer algo ligero. 早餐，我喜欢吃点清淡的食物。a la ~ 轻率地：No debemos tomar la decisión a la ligera. 我们不应轻率地作出决定。

lijar *tr.* 用砂纸磨；磨光：El carpintero lija la mesa para pintarla después. 木匠用砂纸磨光桌子以便油漆。

limar *tr.* 1. 锉，锉平：Limó las uñas después de haberlas cortado. 他剪过指甲，锉平它。2. 润色：El escritor limó una y otra vez su novela. 作家一次又一次地为他的小说润色。3. 使得体：Ésta es una forma que sirve para limar los modales de los niños. 这是一种使孩子们举止得体的方式。

limitar *tr.* 限制，限定：La policía limitó el paso de automóviles con barreras. 警察利用障碍物限制机动车通行。~ *intr.* 接

壤,毗邻:China limita con Vietnam. 中国与越南接壤。~ se *prnl*. 仅限于(自复形式,与前置词"a"搭配):Aunque le pedí decirme los detalles, se limitó a indicarme lo que yo sabía. 我要求他告知详情,但是他仅跟我讲了我所知道的东西。

limpiar *tr*. 1. 清扫:Estamos limpiando la sala de lectura. 我们正在清扫阅览室。2. 清洗,洗刷:Hizo todo lo posible para limpiar su reputación manchada. 他竭尽全力洗刷受到玷污的名声。3. 清除:Debemos limpiar la ciudad de pícaros. 我们应当清除城里的流氓。4. 偷窃:Me limpiaron la cartera en el vagón de metro. 有人在地铁车厢里偷窃了我的钱包。

liquidar *tr*. 1. 结算;清偿:El señor liquidó todas las deudas. 那位先生清偿了全部债务。2. 甩卖:Esta tienda liquida la ropa que ha pasado de temporada. 这家商店甩卖过季的服装。3. 了结:La disputa entre los dos jóvenes ya está liquidada. 两个青年的争吵已了结。4. 除掉,杀死:El muchacho intentó liquidar al hombre que había violado a su hermana mayor. 小伙子企图杀死那个曾强暴他姐姐的男人。5. 耗尽,用光(钱财):Liquidó el sueldo de este mes en un solo día. 他一天就把这个月的薪水花光了。

lisonjear *tr*. 阿谀,奉承:Éste es un tipo que sólo sabe lisonjear ante el jefe. 这是个只会在领导面前拍马屁的家伙。~ se *prnl*. 满意,高兴(自复形式,与前置词"de"搭配):Se ha lisonjeado de haber conseguido la medalla de oro. 他为获得金牌而高兴。

lista *f*. 1. 目录,清单:La secretaria ha presentado la lista de los nuevos empleados al director. 女秘书把新员工的名单交给了经理。2. 条纹:En la camiseta de Luis hay unas listas de varios colores. 路易斯的T恤衫上有一些彩色条纹。~ negra 黑名单:Su nombre figuraba en la lista negra del gobierno. 他的名字出现在政府所列的黑名单内。pasar ~ 点名:El maestro pasa lista antes de empezar la clase. 老师在授课前点名。

listo, ta *adj.* 1. 聪明的：Paco es el alumno más listo de su curso. 巴科是他所在的年级中最聪明的学生。2. 机灵的（与动词"ser"搭配）：Li Ming es muy listo y apto para este trabajo. 李明十分机灵并胜任这项工作。3. 准备妥当的（与动词"estar"搭配）：Estamos listos para marchar. 我们整装待发。pasarse de ～ 自认为聪明过人：No te pases de listo en este asunto. 在此事上，你别自以为聪明过人。

lo *art.* 中性冠词：En lo alto de la colina hay un quiosco. 小山的高处有一个亭子。～ *pron.* 您，他，它（宾格代词，可以指人或事物）：Te lo llevo ahora mismo. 我马上给你带过去那件东西。Lo espero a la entrada del museo. 我在博物馆入口处等您。los, las *art.* 定冠词（复数）：Los libros son muy interesantes. 那些书很有趣。Las mesas son nuevas. 那些桌子是新的。～ *pron.* 你们，他们，她们；它们（宾格代词）：Las conozco. 我认识她们。Aquí están mis libros, llévalos por favor a mi dormitorio. 这些是我的书，请你把它们拿到我的宿舍去。

localizar *tr.* (9) 1. 弄清（位置）；找到：¿Has localizado la estación ferroviaria en el mapa? 你在地图上找到火车站了吗？La policía no ha conseguido localizar al asesino. 警方没有找到凶手。2. 确定位置：El jefe localizó el terreno de operaciones. 领导确定了操作区域。3. 使局限于，使不扩散（瘟疫）：Los bomberos hicieron todo lo posible para localizar el incendio. 消防队员竭尽全力控制火情。

loco, ca *adj.* 1. 疯癫的，神经错乱的（与动词"estar"搭配）：Me parece que está loco porque ofende a todos sin ningún motivo. 他无缘无故地侮辱大家，因而我觉得他精神失常了。2. 渴望的；着迷的（与前置词"por"搭配）：Este muchacho está loco por viajar a China. 小伙子渴望去中国旅行。3. 发狂的（与前置词"de"搭配）：Estoy loco de alegría al recibir esta noticia. 得到这一消息，我高兴得发狂。～ *m.* 疯子，精神失常者：Ten cuidado con ese loco. 你小心点那个疯子。a lo ~ 盲目乐观地；不假思索地：Éste es un trabajo importante, no se permite hacerlo a lo loco. 这是一项重要的工作，不允许不假思索地蛮干。hacer el ~ 纵情玩乐：Un grupo de jóvenes hacen el loco en la discoteca. 一群青年在舞厅纵情玩乐。hacerse el ~ 装聋作哑，装傻：Le pedí que me lo explicara, pero él se hizo el loco. 我让他给我作出解释，可是他却装聋作哑。volver ~ 1. 令人厌烦：No grites porque me estás volviendo loco. 你别大喊大叫了，简直让我烦透了。2. 酷爱：Este deporte me vuelve loco. 我酷爱这项运动。

lograr *tr.* 取得，获得：Ha logrado este empleo por sus propios esfuerzos. 他经过自己的努力得到了这份工作。Luis ha logrado ser responsable del departamento. 路易斯成为那个部门的负责人。

lubricar *tr.* (7) 润滑：El mecánico lubricó el motor del ventilador. 修理工往电扇的电机内注入润滑油。

lucir *intr.* (28) 发光，发亮：La bombilla de la lámpara de mi habitación no luce. 我房间的电灯不亮。~ *tr.* 炫耀，显露：El muchacho quiso lucir su capacidad ante los demás. 小伙子想在别人面前显露自己的能力。~ se *prnl.* 1. 炫耀（自复形式）：Ella quiere lucirse ante el jefe. 她想在领导面前炫耀自己。2. 出洋相：Se lució anoche bailando de esa manera en la fiesta. 昨晚他在联欢会上那样跳舞，出尽了洋相。

lucrarse *prnl.* 获利，赚钱（自复形式）：Con la exportación de este producto el patrón se ha lucrado. 老板靠出口这种产品赚了钱。

luchar *intr.* 1. 斗争，战斗：Luchamos contra la droga. 我们与毒品作斗争。2. 奋斗：El padre luchaba por mejorar la vida de su familia. 父亲为改善家庭生活条件而奋斗。3. 格斗，搏斗：Los dos boxeadores están luchando. 两位拳击手正在格斗。

luego *adv.* 随后，然后：Ahora no puedo salir, luego te acompañaré a la librería. 现在我不能离开，过一会儿我陪你

去书店。~ *conj.* 因此，所以：Tengo hambre, luego como. 我饿了，所以吃饭。desde ~ 当然：Desde luego, iré a hacerlo. 我当然要做这件事。hasta ~ 再见，一会儿见：¡Hasta luego! 再见！

lugar *m.* 1. 地方：¿Quién sabe el lugar en que está Luisa? 谁知道路易莎所在的那个地方？2. 位置：Ahora no queda ningún lugar para sentarse. 眼下没有任何可以就坐的位置。3. 地位：El funcionario ha perdido su lugar social después de aquel escándalo. 那件丑闻曝光之后，这个公务员失去了所处的社会地位。4. 空闲，工夫：Actualmente estoy tan ocupado que no me deja lugar para atenderlo. 眼下我忙得连接待您的空闲都没有。dar ~ a 引起，造成：Tus palabras dieron lugar a una discusión. 你的话语引起争论。en ~ de 代替：Asistí al encuentro en lugar de mi esposa. 我替妻子参加了聚会。Voy a bailar en lugar de cantar. 我以跳舞代替唱歌。tener ~ 举行；发生：La boda de Li Hua tuvo lugar en un hotel. 李华的婚礼在一家饭店举行。en primer ~ 首先：En primer lugar, te doy la bienvenida en representación de mi familia. 首先，我代表全家向你表示欢迎。sin ~ a dudas 毫无疑问：Sin lugar a dudas, eres hermano de Juan. 毫无疑问，你是胡安的兄弟。

luna *f.* 1. 月球，月亮：Hace poco este país lanzó un satélite a la luna. 不久前，这个国家往月球发射了一颗卫星。2. 镜子；玻璃：El chico ha roto la luna del escaparate con una piedra. 男孩用石子打破了橱窗玻璃。estar en la ~ 心不在焉：No ha logrado ningún progreso porque estaba en la luna en clase. 他在课堂上经常心不在焉，所以未取得丝毫进步。~ de miel 蜜月：La pareja ha pasado su luna de miel en un país africano. 那对新人在一个非洲国家度过了蜜月。pedir la ~ 痴心妄想：Querer ser omnipotente es pedir la luna. 想无所不能，那是不可能的。

luz *f.* 1. 光，光线：La luz penetra por la ventana. 光从窗户射入。2. 灯：No olvides apagar la luz antes de dormir. 睡觉前，你别忘了关灯。3. 电：Esta lámpara gasta mucha luz. 这盏灯耗电多。4. 光亮：No me gusta vivir en esa habitación que tiene pocas luces. 我不喜欢住在那间光亮昏暗的房间里。5. 楷模，典范；引路人：El sastre es la luz de la moda china. 那位裁缝是中国时装的典范。luces *pl.* 智能；知识全面：Quiero hacerme un profesor con muchas luces. 我想成为一名知识全面的教师。dar a ~ 分娩：La mujer dio a luz en la ambulancia. 那位妇女在救护车上分娩。sacar a la ~ 曝光，披露；发表：El periodista sacó a la luz el escándalo. 那位记者将丑闻曝光。La disputa entre ellos dos sacó a la luz sus contradicciones. 他俩的争吵暴露了他们之间存在的矛盾。salir a (la) ~ 问世：La novela de este escritor salió a la luz en 1995. 这位作家的那部小说于1995年问世。

ll

llaga *f.* 1. 溃疡,糜烂: Tuvo llagas en el pie derecho después de un largo recorrido. 经过长途跋涉,他的右脚出现糜烂。 2. (精神)打击,创伤: Todavía no se ha apartado de la llaga del fracaso. 他至今仍未摆脱失败的打击。 poner el dedo en la ~ 击中要害: El autor fue amenazado porque ponía el dedo en la llaga del problema de la corrupción. 作者因刺中了腐败这一问题的要害而受到威胁。

llamar *tr.* 1. 叫,呼唤: Bajé a la calle cuando me llamaste por abajo. 当你在下面叫我时,我下楼到大街。 2. 称呼: Llámame Paco a partir de hoy. 从今天起你就叫我巴科。 ~ *intr.* 1. 敲门: Cuando mi amigo llamaba a la puerta se la abrí. 当我的朋友叫门时,我打开了房门。 2. 通(电话): Esta tarde te llamaré (por teléfono). 今天下午我给你打电话。 ~ se *prnl.* 1. 称呼(自复形式): Me llamo Santiago. 我叫圣地亚哥。 2. 题为: Esta película se llama *A la muerte*. 这部电影的片名是《走向死亡》。 ~ la atención 1. 吸引注意力: La disputa entre ellos dos llamó la atención de los peatones. 他二人之间的争吵引起行人的注意。 2. 指责: Le llamó la atención porque había gritado en el trabajo. 他因在工作中大声喊叫而受到指责。

llave *f.* 1. 钥匙: Se me perdió la llave de la casa. 我把家里的钥匙弄丢了。 2. 扳手: Necesito una llave para apretar la tuerca de la máquina. 我需要扳手,紧固机器的螺母。 3. 水龙头,阀门: Cierra bien la llave de la cocina, antes de salir. 离家前,你关好厨房的水龙头。 4. (电)开关: ¿Dónde está la llave de la luz? 电灯的开关在何处? 5. 关键;法宝: El visado es la llave que te permite pisar el territorio de ese país. 签证是允许你踏上那个国家领土的关键。poner bajo ~ 上锁保管：Tengo que poner bajo llave este contrato. 我必须把这份合同上锁保管。

llegar *intr.* (8) 1. 到达,抵达(与前置词"a"搭配)：Llegamos a Beijing a las cuatro de la tarde. 我们下午4点抵达北京。2. 达到：El importe de la obra llegó a cincuenta millones de yuanes. 工程的总额达到五千万元。3. 达成：Llegamos a un acuerdo mediante la negociación. 我们通过谈判达成协议。4. 成为：Finalmente, él ha llegado a ser director general de esta empresa. 他终于成为这家企业的总经理。~ lejos 前途远大：Este joven llegará lejos en el terreno de la pintura. 这个男青年在绘画领域前途远大。

llenar *tr. prnl.* 1. 装满,充满(与前置词"de"搭配)：Llené el estante de libros. 我在书架上放满了书。Llenó el vaso de agua. 他往杯子里斟满了水。2. 使充满(愿望)：El estudio de español lo ha llenado de interés. 西班牙语的学习使他充满兴趣。3. 遍布：El pan se llenó de moscas. 面包上落满苍蝇。4. 使满意,使高兴：El juguete no llenó al niño. 那个玩具并未让男孩满意。~ se *prnl.* 吃饱,喝足：Me he llenado mucho, no puedo comer más. 我已经吃饱,不能再吃了。

llevar *tr.* 1. 带去,捎去：Llevo el diccionario a casa. 我把字典带回家。2. 运送：El chófer llevó la mercancía al puerto en el camión. 司机用卡车把货物运至港口。3. 穿戴：A esa muchacha le gusta llevar la falda. 那个姑娘喜欢穿裙子。4. 携带：No llevo el dinero suelto. 我没带零钱。5. 达到；完成：Llevo dos cartas escritas. 我写好两封信。6. 促使：Su propuesta me llevó a cambiar de idea. 他的建议促使我改变主意。7. 耗费,耗时：La alfombra lleva mucho trabajo. 那件地毯十分费工。8. 承受：Lleva bien su trabajo pesado. 他能承受那一繁重的工作。9. 花费；收费：La reparación del refrigerador me lleva poco dinero. 修理那台电冰箱我花费不多。10. 超过：En la carrera de cien metros le llevé dos minutos de ventaja. 在百米赛跑中我领先他两秒钟。~ intr. 通向，通往：La carretera lleva a Beijing. 那条公路通往北京。~ se prnl. 1. 带走；买下：Esta camisa es buena, me la llevo. 这件衬衣不错，我买下了。2. 与某人相处（好，坏）：Ella se lleva mal con su madre. 她与她母亲相处得不好。~＋ger. 持续：Llevo dos meses trabajando en esta empresa. 我在这家企业工作了两个月。

llorar intr. 哭，流泪：El niño lloraba porque su madre no le permitió salir. 因为母亲不让出门，男孩哭个不停。~ tr. 1. 滴出浆液：El pino llora resina. 松树滴出松脂。2. 为…难过：Todo el mundo lloró la muerte de este joven. 大家都为这个青年的去世而难过。

~ a moco tendido 痛哭：Al saber la noticia, ella se echó a llorar a moco tendido. 得知那一消息，她痛哭流涕。

llover intr.（20）1. 下雨：Ayer llovió mucho. 昨天雨下得很大。2. 像雨点般袭来：Llovieron sobre la chica muchas tristezas. 许多令人伤心的事情,雨点般地向女孩袭来。como quien oye ~ 置若罔闻，不予理睬：El jefe lo enfatizó varias veces, pero él estaba como quien oye llover. 领导对此事已强调多次，可是他却置若罔闻。~ sobre mojado 1. 祸不单行：Se le perdió el dinero en el accidente, para él eso es llover sobre mojado. 他在事故中丢了钱，对他来说真是祸不单行。2. 再次遭罪：No es la primera vez que me duele la cabeza, en realidad llueve sobre mojado. 我已不是第一次头疼了，实际上是再次受罪。

M

machacar *tr.* (7) 1. 捣碎，碾碎：Machacó ajo en el mortero. 他在臼内把蒜捣碎。2. 砸扁：Le machaqué sin querer un dedo con el martillo. 我无意中用榔头砸扁了他的一个手指。3. 战胜，击败：El boxeador aspirante ha machacado al campeón en la lucha. 拳击挑战者在比赛中击败冠军。4. 坚持学习：Tienes que machacar el chino si quieres aprobarlo. 如果你想通过汉语考试，就必须学习它。~ *intr.* 坚持，固执：No machaques, debemos hacerlo de esta manera. 你别拧着劲儿了，咱们就得这样做。

madrugada *f.* 黎明，拂晓：En verano el campesino empezó a trabajar a las cinco de la madrugada. 夏季，那位农民凌晨5点便开始干活。de ~ 黎明，拂晓：Partimos de madrugada. 我们拂晓便出发了。

madurar *tr.* 1. 使成熟：Esta substancia sirve para madurar con rapidez los tomates. 这种物质能使蕃茄快速成熟。2. 考虑成熟：El plan maduró gradualmente en su mente. 计划逐渐在他的大脑中成形。~ *intr.* 成熟（果实或人）：Su hijo maduró después de graduarse. 他的儿子毕业之后成熟了。Las manzanas ya han madurado. 苹果已成熟。

mal *adv.* 1. 坏，不好：Se portó mal con nosotros. 他与我们相处得不好。2. 不舒服：Hoy estoy mal. 今天我身体不舒服。~ *m.* 1. 坏事，坏处；弊端：Debemos luchar contra el mal. 我们应当与坏事作斗争。2. 病痛；灾祸，不幸：El anciano está sufriendo su mal. 老大爷遭受着病痛的折磨。ir de ~ en peor 恶化：Su enfermedad va de mal en peor. 他的疾病日趋恶化。menos ~ que 好在，还好：Menos mal que se ha quedado fuera del accidente. 还好，他没碰上那场事故。

maldecir *tr.* （36）诅咒，咒骂：Maldijo el lugar donde había encontrado el problema. 他咒骂那个遇到麻烦的鬼地方。~ *intr.* 辱骂：No está bien que maldigas a la gente. 你辱骂别人不好。

malgastar *tr.* 浪费，挥霍：No debes malgastar el dinero. 你不应该挥霍金钱。Has malgastado una buena oportunidad. 你失去了一次良好的机会。

maltratar *tr.* 1. 虐待：El patrón maltrataba a los trabajadores forasteros. 那位老板经常虐待外地劳工。2. 损坏：No maltrates las sillas. 你不要损坏椅子。

malversar *tr.* 贪污，盗用（公款）：El contador malversó los fondos de la empresa. 那个会计贪污了企业资金。

manar *intr.* 流出，涌出，冒出：El agua manaba de la fuente. 水从山泉中流出。Una solución apropiada manó de su mente. 一个恰当的解决方案从他的脑海涌现。

manchar *tr.* 1. 弄脏：El agua sucia manchó su camisa. 污水弄脏了他的衬衣。2. 玷污，有损：No hagas nada que manche el honor de tu padre. 你别干玷污你父亲名誉的事。

mandar *tr.* 1. 命令：El jefe nos manda opinar. 领导让我们发表意见。2. 委托；请求：Mando a Luis que me traiga la revista. 我委托路易斯把那本杂志带来。3. 寄发：Ayer le mandé un paquete por correo. 昨天我给他邮寄了一个包裹。~ *tr. intr.* 统治，指挥：El presidente tiene derecho a mandar el ejército. 总统有权指挥军队。¿Quién manda en tu casa? 你们家谁主事？

mando *m.* 1. 指挥：Mario es el mando de la expedición. 马里奥是考察队的指挥。2. 指挥权：El general está encargado del mando del ejército formado por soldados de los dos países. 那位将军拥有由两国士兵组成的军队的指挥权。3. 控制装置：Pulsa el mando rojo para parar la máquina. 你按下那个红色控制钮停机。~ a distancia 遥控器：Cambio el programa de televisión con el mando a distancia. 我通过遥

控器调换电视节目。

manejar *tr.* 1. 掌握；使用：¿Puedes manejar este programa básico de ordenador? 你能够掌握电脑的基本程序吗？El joven es apto para manejar la máquina importada. 男青年能够熟练地使用那台进口机器。2. 驾驶（仅在西班牙南部和拉美国家使用）：Sé manejar el tractor. 我会开拖拉机。3. 经营，管理：Este comerciante manejaba la exportación de este producto. 这位商人经营该产品的出口业务。4. 操纵，控制：Este señor sabe manejar a otros. 这位先生善于操纵别人。~ se *prnl.* 善于处理：No te preocupes, que sé manejarme solo. 你不必担心，我能独自应付。

manera *f.* 1. 方式，方法：Por el momento, no he encontrado la manera apropiada para expresarte mi agradecimiento. 眼下我还未找到向你表示谢意的合适方式。2. 举止；风格：Aprendo las maneras de actuar que rigen en la ceremonia. 我学习仪式上所要求的举止。a ~ de 仿佛，当作：Puso una hoja grande del plátano encima de la cabeza, a manera de paraguas. 他在头上顶着一片大香蕉叶当雨伞。a la ~ de 按…方式：Sigue arreglando la habitación a la manera de su mujer. 他仍旧按照他妻子的方式整理房间。de ~ que 因此，以至于：Les he explicado con detalles, de manera que ellos me entienden bien. 我给他们作出了详细解释，因此他们十分理解我。de todas ~s 无论如何：De todas maneras, tengo que hacerlo. 无论如何，我必须做这件事。

manifestar *tr.* (16) 1. 表达，表示：Ella manifestó su preocupación por tu salud. 她表明了对你的健康的关心。2. 显示，流露：Su respuesta nos manifestó su deseo con claridad. 他的答复向我们清楚地表露了他的愿望。~ se *prnl.* 游行，示威：Muchos trabajadores se manifestaron ante el ayuntamiento. 许多劳工面对市政府示威。

manipular *tr.* 1. 操作：Se exige una formación técnica para manipular correctamente la máquina. 为了正确操作机器，需要进行技术培训。2.（为获利）操纵；控制：Este señor intentó manipular la venta del producto. 这位先生企图控制该产品的销售。3. 掺假：Éste es un vendedor malvado porque ha manipulado la harina. 这是个心地不良的商贩，因为他往面粉里掺假。4. 操纵，摆布：No quiere dejarse manipular por su marido. 她不情愿任其丈夫摆布。

mano f. 1. 手：Su mano derecha está herida. 他的右手受伤了。2.（动物的）前蹄，前爪：El perro se ha dañado en la mano. 那条狗的前爪受伤了。3. 侧：La mesa está a mano izquierda del armario. 桌子位于柜子的左侧。4. 回，次（上漆，刷浆）：Quiero dar una mano más de pintura a la puerta del dormitorio. 我想给卧室的房门再刷一遍油漆。5. 手腕：El jefe usa mano dura con sus subalternos. 那位领导对部下采用铁腕管理。6.（打扑克）人手：Puedo ser mano en la partida. 这一局我可以算把手。de primera 〜第一手的，原始的：He conseguido la información de primera mano. 我获得了第一手信息。de segunda 〜 第二手的：Deseo comprar un coche de segunda mano. 我想买一辆二手轿车。echar una 〜 帮忙：Si me necesitas, puedo echarte una mano. 如果需要，我可以帮你一把。a 〜1. 手工的：Éste es un producto hecho a mano. 这是一件手工制作的产品。2. 近前：¿Tienes un diccionario a mano? 你跟前有本词典吗？〜 de obra 1. 劳力：Necesito mano de obra para trasladar estos equipos. 我需要劳力移动这些设备。2. 劳务：En ese país, la mano de obra es muy cara. 那个国家劳务费用很高。al alcance de la 〜 可及；有可能：No coloques la medicina al alcance de la mano de los niños. 你别把药放在孩子能够拿到的地方。El deportista tiene el campeón al alcance de la mano. 那位运动员有可能拿到冠军。con las 〜s en la masa 当场：Cuando estaba robando lo pillaron con las manos en la masa. 他偷窃时被人们当

场抓获。dar la ～握手问候：Ellos dos se dieron la mano al encontrarse. 他二人相遇时互相握手问候。estar en la ～ de alguien 1. 取决于某人：La solución del problema está en la mano del jefe. 问题的解决取决于领导。2. 由某人掌握，负责：Éste no es un trabajo que está en la mano de Liu Li. 这不是由刘力主管的工作。irse de las ～s 失去控制：El coche se le fue de las manos y chocó contra el farol. 轿车失去控制，撞上路灯。pedir la ～ 求婚，订婚：Ayer Luis vino con sus padres para pedir la mano de mi hija. 昨天路易斯和他的父母来向我女儿求婚。poner la ～ encima 揍，打：Nadie se atreve a ponerle la mano encima porque es un boxeador. 他是个拳击手，因而无人敢打他。～ a ～ 仅两人之间：La conversación se efectuó mano a mano. 会谈在两人之间进行。

mantener tr. (54) 1. 维持，保持：Hice todo lo posible para mantener la estrecha relación entre nosotros. 我竭尽全力保持我们之间的紧密关系。2. 抚养，养活：Con lo que gano no puedo mantener a toda mi familia. 靠我的收入我不能养活全家。3. 坚持；维护：Mantengo lo que expresé en la reunión de ayer. 我坚持我在昨天会上所表达的意见。～ se prnl. 1. 生存，生活（自复形式）：No puedo mantenerme sin trabajo. 没有工作我无法生存。2. 保持：La torre se mantiene en pie a pesar del terremoto. 尽管发生了地震，高塔仍旧矗立着。3. 身材苗条，身材匀称：Aunque la mujer es mayor, se mantiene. 尽管那位女士年岁已大，身材却依然匀称。

manufacturar tr. 加工，制造：La fábrica manufactura lápices. 那家工厂制造铅笔。

maquillar tr. prnl. 化妆：La madre maquilla a su hija antes de su salida. 女儿出门前，母亲为她化妆。La modelo se maquilla. 女模特在化妆。

maravilla f. 1. 奇迹；奇事：La Gran Muralla es una maravilla. 长城是个奇迹。2. 惊奇：Nos pareció una maravilla que tomaras diez botellas de cerveza en la cena. 晚餐上你喝了10瓶啤酒，令我们吃惊。de ~ 完美，美妙：Las figurillas esculpidas en el interior del frasco me quedan de maravilla. 我觉得雕在小瓶内侧的人物十分精妙。

marca *f.* 1. 标记，记号：He hecho una marca en la pluma para que todos sepan que es mía. 我在钢笔上做了记号，以便大家知道这是我的钢笔。2. 商标，品牌：Mi amigo me regaló una camisa de una marca mundialmente conocida. 我的朋友送给我一件世界知名品牌的男衬衣。3.（体育比赛）记录：El atleta ha superado su propia marca en la prueba del salto de longitud. 那位田径运动员跳远比赛超过了自己所创造的记录。de ~ 名牌产品：Le gusta llevar ropa de marca. 他喜欢穿名牌服装。

marcar *tr.* (7) 1. 做记号：Marcaron los caballos con un hierro candente. 他们用烙铁为马匹打标记。2. 标出；记录：El medidor marca la cantidad gastada de la electricidad. 电表记录着耗电量。3. 拨号（打电话）：Marque el número ciento doce en caso de urgencia. 遇到紧急情况请您拨打112。4. 进球：El delantero derecho marcó un gol en el primer tiempo del partido. 右边锋上半场踢进一球。5. 留下痕迹：Aquel fracaso lo marcó para siempre. 那次失败永远留在他的记忆中。6. 标价：La dependiente marca las manzanas empaquetadas. 女售货员为袋装苹果标价。7. 归类（贬义）：Lo marcaron de imbécil. 人们把他视为笨蛋。

marcha *f.* 1. 行进：Tenemos que hacer los preparativos necesarios antes de la marcha. 出发前，我们必须做好必要的准备工作。2. 进展：Me preocupa mucho la marcha del proyecto. 我十分关心项目的进展情况。3. 游行：Se ha organizado una marcha contra el terrorismo. 人们组织了一次反对恐怖主义的游行。4.（汽车的）排档：Este coche tiene las marchas automáticas. 这辆轿车是自动变速。5. 行军，转移：En 1935 el Ejército Rojo realizó la

Gran Marcha. 1935 年红军进行了长征。poner en ~ 1. 启动：Ponga en marcha la máquina por favor. 请您启动机器。2. 开始实施,进行：Ponemos en marcha el proyecto. 我们开始实施该项目。a toda ~ 急忙地；全速地：Fui a toda marcha a la estación de tren para llegar a tiempo. 为了准时赶到火车站,我急忙奔向那里。dar ~ atrás 倒车：Ten cuidado, ese camión está dando marcha atrás. 你小心点,那辆卡车正在倒车。

marchar *intr.* 1. 行走,行进,行军：El coche marcha rápido por la autopista. 轿车在高速公路急驶。La tropa está marchando por la carretera. 部队正沿着公路行进。2. 进行,进展：La cooperación entre nuestras dos partes marchó muy bien. 我们双方的合作进展非常顺利。3. 运转：La máquina marcha sin ningún problema. 那台机器运转良好。~ se *prnl.* 离开,走掉：Se marchó hace poco. 他刚刚离开这里。

margen *m. f.* 1. 岸边：Hay muchos árboles a los márgenes del río. 那条河的两岸有许多树木。2. 边缘；边白：Añadí unas notas en el margen derecho. 我在右边角加了一些注释。3. 余地：Ahora no puedo visitarle porque me queda poco margen de tiempo. 因为空余时间不多,现在我不能看望他。al ~ 处于…之外；不参与：Como es inaccesible, entonces la dejamos al margen de la excursión. 因为她很难与别人相处,我们没让她参加郊游。

más *adv. adj.* 1. 更多：Quiero tener más dinero. 我想有更多的钱。2. 再：Me apetece añadir un poco más de azúcar en el café. 我喜欢在咖啡中再多加点糖。3. 更：Mi compañero es más alto que yo. 我的同学身材比我高。4. …以上：Carlos me ha traído más de veinte libros. 卡洛斯给我带来 20 多本书。5. 又,还：¿Qué más hay en la mesa? 桌子上还有什么？6. 最：Es más pesado entre sus compañeros. 他在同学当中身体最重。7. （用于感叹句）多

么,非常:¡Qué flor más bonita! 多么漂亮的花呀! de ~ 多余的:Tengo que marcharme porque estoy de más. 由于呆在这儿多余,我只好离开。a lo ~ 最多,顶多:Necesito cincuenta yuanes a lo más. 我最多需要 50 元。a ~ no poder 尽可能地,尽全力地:Te conté lo que había sucedido a más no poder. 我尽可能地向你讲述所发生的一切。ni ~ ni menos 1. 恰好,正好:Me has dado cinco libros ni más ni menos. 你给了我恰好 5 本书。2. 正是,的确:Se marchó con María ni más ni menos. 他的确是跟玛丽娅一起走的。sin ~ ni ~ 无缘无故地:Faltó a clase sin más ni más. 他无缘无故地缺课。~ o menos 大约:Tendrá más o menos cincuenta años. 他大约 50 岁。

matar tr. 1. 杀,宰:Los bandidos mataron al rehén porque su familia se negó a pagar el rescate. 由于人质的家属拒绝支付赎金,那帮土匪把人质杀了。2. 使疼痛;难熬:El calor me mata. 我热得难受。El dolor de cabeza me está matando. 我头痛难忍。3. 解除(饥、渴):He comido dos naranjas para matar la sed. 我吃了两个橙子解渴。~ se *prnl*. 1. 自杀:Se mató con medicamentos. 他服药自杀。2. 拼命;竭力:Me mato por conseguir el éxito. 为获得成功,我竭尽全力。~ el tiempo 消磨时间:El joven jugó a naipes con otros para matar el tiempo. 男青年与他人玩纸牌消磨时间。~ las callando 不露声色:Ten cuidado con él porque las mata callando. 你与他打交道要小心点,他做事不露声色。

materia *f*. 1. 物质;材料:Este país exporta materias primas a otros países. 这个国家向另一些国家出口原材料。2. 内容:Este tema es una materia del debate. 这个题目是辩论的内容。en ~ de 关于:En materia de la beca, quiero pedir más informaciones a la universidad. 有关奖学金事宜,我想向那所大学索取更多的信息。entrar en ~ 进入正题:Antes de entrar en materia, quisiera aprovechar la ocasión para expresarles mi agradecimiento.

进入正题之前,我想利用这一场合向你们致谢。

matricular *tr. prnl.* 注册,登记:Quiero matricular el coche recién comprado. 我想为新买的轿车上牌照。Se matriculó en la universidad. 他进入那所大学。

máximo, ma *adj.* 最大的,最高的:Hoy la temperatura máxima llega a cuarenta grados. 今天最高气温达到40℃。~ *m.* 极限,顶点:La velocidad del coche ya llega a su máximo. 那辆轿车的速度已达极限。como ~ 最多,顶多:Como máximo, te esperaré cinco minutos. 我最多等你5分钟。

mayor *adj.* 1. 年长的:Mi hermano mayor es médico. 我哥哥是医生。2. 最大的:Mi mayor deseo consiste en conseguir un buen empleo. 我的最大愿望就是找到一个好工作。3. 成年的:Cuando era mayor, trabajé de profesor en una universidad. 我成年时,在一所大学当教师。4. 年岁大的:Este hombre ya es muy mayor para dedicarse al trabajo tan pesado. 这个男人从事这么繁重的工作年岁过大。5. 较大的,更大的:Luis es mayor que yo. 路易斯比我年岁大。~ *m.* 1. 领导,负责人:El mayor de la escuela es amable. 学校的领导平易近人。2. (某些部队)司令:El mayor dio la orden de ataque. 司令下达了进攻的命令。~es *pl.* 长辈,前辈:Los jóvenes deben respetar a los mayores. 青年人应尊敬长辈。al por ~ 批发:En esta tienda se venden algunos objetos al por mayor. 这家商店批发一些商品。

mediado, da *adj.* 一半的:El vaso está mediado de té. 杯子里还有一半茶水。a ~s 中期:Podemos terminarlo a mediados del mes. 本月中旬我们就能完成这项工作。

mediar *intr.* (12) 1. 调解:Mediaba entre los dos compañeros suyos. 他在他的两个同事之间进行调解。2. 求情,讲情:Fernando medió por su compañero ante el profesor. 费尔南多在老师面前为他的同学求情。3. (时间)间隔:Mediamos un mes entre las dos con-

medida

ferencias. 我们将两次讲座间隔一个月。4. 位于,居于(两者之间):Entre ellos dos media un río. 他二人之间隔着一条河。

medida *f.* 1. 量度,尺寸: Quiero comprar una cama de esta medida. 我想买一张这个尺寸的床。2. 计量: Este instrumento sirve para la medida de la longitud. 这个工具是用来测量长度的。3. 措施: Tenemos que tomar medidas necesarias para controlar la situación. 我们必须采取必要的措施控制局面。4. 量具: El vendedor tiene una medida para vender la leche. 商贩有一个卖牛奶的量具。en cierta ~ 在一定程度上: Mi opinión corresponde, en cierta medida a la tuya. 在一定程度上,我的意见与你相同。a ~ que 随着: A medida que se incrementa la demanda, debemos ampliar la producción. 随着需求的增加,我们应该扩大生产。a la ~ 1. 合适的: Quiero comprar una chaqueta a la medida. 我想买一件合身的上衣。2. 按尺寸制作的: Necesito un estante a la medida para el despacho. 我需要为办公室配置一个按尺寸制作的书架。a la ~ de 相符的,合适的: Quiero comprar una casa a la medida de mi capacidad. 我想买一套与我的能力相符的住房。

medio,dia *adj.* 1. 一半的;半个的: He comido media manzana. 我吃了半个苹果。2. 居中的: La farmacia se encuentra en la parte media de la calle. 药店位于那条街的中央地段。3. 中等的: Mi nivel de español es medio. 我的西班牙语水平属于中等。~ *adv.* 有些;半: Estoy medio muerto de hambre. 我饿得半死。Hoy hace mucho calor y el chico va medio desnudo. 今天天气很热,男孩半光着身子。~ *m.* 1. 中间: Los dos muchachos hablan en medio de la sala. 两个小伙子在大厅中央交谈。2. 环境: Hay que proteger el medio ambiente. 必须保护生存环境。3. 手段;办法: El autobús es un medio de transporte importante. 公共汽车是一种重要的交通工具。~s *pl.* 财产;财力: Por momento, me faltan medios para cubrir los gastos. 眼下我缺少资金支付那些费用。a ~ 未完成,未结束:Salió de casa dejando la mesa a medio hacer. 他把制作桌子的活儿搁在一边,离开家门。por ~ de 通过:Lo conocí por medio de Wang Lin. 我是通过王林认识他的。media *f.* 1. 长筒袜:La muchacha lleva las medias en otoño. 秋天,那个姑娘穿长筒袜。2. 半点钟:Ahora son las cinco y media. 现在是5点半钟。3. 平均:La media de la edad de los alumnos es veintidós años. 学生的平均年龄为22岁。a medias 1. 未完成,不完整:Tengo algo urgente que hacer y lo dejo a medias. 我有急事要做,于是把此事搁置一下。2. 分摊:Pagamos el gasto de electricidad a medias entre nosotros dos. 我们二人平均支付电费。

mediodía *m.* 中午,正午:El mediodía se presenta muy caluroso. 中午天气很热。a ~ 中午,正午:Comemos en este restaurante a mediodía. 中午我们在这家餐厅吃饭。

medir *tr.* (23) 1. 测量,度量:Mido el suelo de la sala antes de comprar una alfombra. 买地毯之前,我先丈量了一下客厅的地面。2. (尺寸)大小:La habitación mide quince metros cuadrados. 那个房间有15平方米。3. 斟酌:Debemos medir los riesgos antes de tomar la decisión. 在拿主意之前,我们应考虑风险大小。4. 有节制,有分寸:Tienes que medir las palabras en el trato social. 在社会交往上你说话要有分寸。~ se *prnl.* 较量(相互形式,与前置词"en"搭配,表示在某方面):Los dos muchachos se miden en el estudio. 两个小伙子在学习上较量。

meditar *tr.* 思考,考虑:Estoy meditando la solución del problema. 我正在琢磨问题的解决办法。~ *intr.* 沉思:Está meditando. 他正在沉思。

mejor *adj.* 1. 较好的:Tu casa es mejor que la mía. 你家比我家好。2. 更好的;最好的:Éste es el mejor trabajo que he encontrado. 这是我遇到的最好的工作。~ *adv.* 较好地,更好地:Debo hacerlo mejor. 我应该把此事做得更好。a lo ~ 也

许,可能:A lo mejor, puedo venir a la reunión. 也许我能来参加会议。~ que/ser ~ que 最好(如体现人称,从句动词须使用虚拟式):Es mejor que asistas a la fiesta. 最好你出席联欢会。~ que ~ 最好不过了:Si no viene, mejor que mejor. 如果他不来,那是最好不过了。

mejorar *tr. prnl.* 1. 改善,改进:La empresa ha mejorado las condiciones de trabajo. 那家企业已改善工作条件。2. (身体)好转:Deseo que te mejores pronto. 我祝你病情尽快好转。~ *intr.* (天气)好转:El tiempo ha mejorado después de la lluvia. 雨后,天气好转。

mencionar *tr.* 提及,提到:Me contó todo, pero no quiso mencionar su relación con los demás. 他向我讲述了一切,但唯独不愿提及他与别人之间的关系。

menor *adj.* 1. 较小的:Quiero comprar una camisa de menor talla. 我想买一件尺寸较小的男衬衣。2. 年幼的:Mi hermano menor no está en casa. 我弟弟没在家。~ *m.* 1. 未成年人:Los menores no pueden tomar bebidas alcohólicas. 未成年人不能喝含有酒精的饮料。2. (数学)小于:Tres es menor que cinco. 3 小于 5。al por ~ 零售:En esta tienda sólo se venden artículos al por menor. 这家商店仅零售商品。

menos *adv.* 1. 少:Si viajamos en tren, nos cuesta menos. 如果我们乘火车旅行,费用较少。2. …以下:Asistieron a la reunión menos de cincuenta personas. 出席会议的不到 50 人。3. 差:Ahora son las cuatro menos cinco. 现在是差 5 分钟 4 点。4. 除去,除…之外:Todos ya hemos terminado el trabajo menos él. 除了他,我们都完工了。~ *m.* (数学)减:Seis menos dos son cuatro. 6－2＝4(6 减 2 等于 4)。a ~ que 除非:Tendrías que contármelo a menos que no lo sepas. 你必须告诉我,除非你一无所知。de ~ 欠缺,短少:Me has devuelto libros de menos. 你还我的书有短缺。al/a lo/por lo ~ 至少,起码:Comió por lo menos, dos empanadas. 他至少吃了两个馅饼。

menospreciar *tr.* (10) 1. 轻视，忽视：No debes menospreciar la importancia de este trabajo. 你不应忽视这项工作的重要性。2. 蔑视（宾语指人时，与前置词"a"搭配）：No menosprecies a este joven, que es responsable del departamento. 你别小看这个男青年，他是那个部门的负责人。

mentir *intr.* (16) 1. 说谎，撒谎：No me mientas, ya lo sé. 你别跟我撒谎，我知道那件事。2. 造成错觉：A veces los sentidos mienten. 感觉有时使人产生错觉。

menudo, da *adj.* 1. 小的，细小的：En mi familia sólo yo soy menudo. 我们家只有我身材矮小。2. 微不足道的：No me interesa el asunto menudo. 我们对无足轻重的小事不感兴趣。3.（强调）好一个，多么好的：¡Menudo coche te has comprado! 你买了一辆多么好的轿车啊！~s *pl.*（宰杀的）牲畜的内脏：Compré menudos para mi perro. 我为狗买了动物的内脏。a ~ 经常：Carlota va a menudo a la discoteca. 卡洛达经常去舞厅。

merecer *tr.* (28) 应当得到，值得；应当受到：Tu mérito merece ser elogiado por todos. 你的才华值得大家的赞扬。Por lo que haces mereces una crítica. 基于你的所为，应该受到批评。~*intr.* 值得奖赏，值得称赞：Le gusta actuar mereciendo ante el jefe. 他喜欢在领导面前卖力，以赢得领导表扬。~ la pena 值得，有必要的：Merece la pena que lo expliques al jefe. 你向领导解释那件事很有必要。

meter *tr.* 1. 装入，塞入：Metí la pluma en el bolsillo. 我把钢笔放入口袋。2. 使加入，使卷入：Juan ha metido a su sobrino en la fábrica suya. 胡安把侄子安置在自己的工厂里。3. 存钱：No quiero meter el dinero recién cobrado en el banco. 我不想把刚收取的钱存入银行。4.（将布料、衣服）缩短：La chica quiere meterle a la falda porque le queda un poco larga. 那条裙子，姑娘穿着有点长，于是她想剪短点。5. 硬塞；骗卖：Me ha metido unos huevos de mala calidad. 他硬卖给我一些不好的鸡蛋。

mezclar

~ se *prnl.* 1. 进入，钻入（与前置词"en"搭配）：No sabemos dónde se ha metido. 我们不知道他躲在哪里。2. 参与，卷入：Este señor se metió en el contrabando. 这位先生参与了走私。3. 不请自到；混入：Se ha metido en la cena sin invitación. 他未受邀请却混入晚宴。a todo ~ 拼命地：El joven conduce el coche a todo meter. 男青年飞速驾驶轿车。~ se con 招惹；使恼火：No te metas con ella. 你别招惹她。

mezclar *tr. prnl.* 1. 混合；搀兑：El cocinero mezcla los huevos y la harina con el agua. 厨师用水把鸡蛋和面粉搅拌在一起。2. 弄乱；混杂：Los libros y revistas están mezclados. 书和杂志混杂在一起。3. 混同，聚在一起：Se mezcla con los oyentes. 他和听众混在一起。4. 使某人卷入，参与（与前置词"en"搭配）：Mezcló a su amigo en el secuestro. 他使他的朋友卷入了那起绑架。Se mezcló en un negocio sucio. 他参与了一桩肮脏的交易。~ se 交往（与前置词"con"搭配）：El padre no permite que su hijo se mezcle con las personas malditas. 那位父亲不让他的儿子与坏人交往。

mí *pron.* 我（与前置词"a"或"para"搭配）：Mi madre ha comprado una camisa para mí. 我母亲给我买了一件衬衣。A mí me gusta el café con leche. 我喜欢喝咖啡加牛奶。

miedo *m.* 1. 害怕：El niño tiene miedo al perro. 小男孩害怕狗。El domador se acercó sin miedo al tigre. 驯兽师毫不胆怯地走近老虎。2. 担心：Tengo miedo de que el coche tenga avería en el camino. 我担心轿车在路上出故障。de ~ 非同一般的，极佳的：Esta mesa está de miedo. 这张桌子很精致。morirse de ~ 怕得要命：Cuando los niños vieron que el domador metía su cabeza en la boca del león se murieron de miedo. 看到驯兽师把头伸进狮口，孩子们吓得要死。

miel *f.* 蜜；蜂蜜：Comí el pan con miel en lugar de mermelada. 我吃面包抹蜂蜜代替果酱。~ sobre hojuelas 锦上添花：Julio ha conseguido el premio en el concurso de traducción y

mientras

además la beca, miel sobre hojuelas. 胡里奥不仅在翻译竞赛中获奖，而且还得到奖学金，真是锦上添花。dejar con la ~ en los labios 令人眼馋，令人垂涎：Yo quería saber la verdad pero ella no me la dijo y me dejó con la miel en los labios. 我想知道事情的真相，她却不告诉我，真吊我胃口。

mientras *adv.* 与…同时，在…时候：Mientras trabajamos, él estudia. 当我们工作的时候，他在学习。~ que 而，相反：Preparo la cena mientras que tú no haces nada para ayudarme. 我独自一人做晚饭，而你却袖手旁观。

milagro *m.* 1. 奇迹：Este científico ha hecho muchos milagros. 这位科学家创造了许多奇迹。2. 奇事，怪事：Es un milagro que un estudiante tan atrasado haya conseguido la beca. 这么落后的一位学生竟然获得奖学金，真是怪事。de ~ 奇迹般地：Aunque el incendio fue horrible, mi vecino estaba vivo de milagro. 尽管火势凶猛，我的邻居却奇迹般地活着。

mira

mineral *adj.* 矿物质的：Esta comida abarca unas substancias minerales. 这种食品含有矿物质。~ *m.* 矿物，矿石：Del mineral se puede extraer ciertos metales. 从该矿石中可以提取某些金属。agua ~ 矿泉水：Quiero comprar una botella de agua mineral. 我想买瓶矿泉水。

minuto *m.* 分钟：Espéreme cinco minutos. 请您等我5分钟。sin perder un ~ 分秒必争地，迅速地：Tenemos que llevar al herido al hospital sin perder un minuto. 我们应迅速地把受伤者送往医院。

mío, mía *adj.* 我的（位于名词后面并随名词变性、数）：Un amigo mío viene a verme. 我的一个朋友来看望我。

mira *f.* 1. （武器、量具的）准星：Este fusil tiene una mira de gran alcance. 这支步枪有远射程的准星。2. 目的，意图：Nuestras miras consisten en la solución del poroblema. 我们的目的是解决问题。con ~s a 为了：Todos los días hago el ejercicio con miras a tener una buena salud. 我每天锻炼就是

为了有个好身体。

mirada *f.* 1. 看，瞧：Dé una mirada al informe, que es muy importante. 该报告十分重要，请您过目。2. 目光，眼神：La chica observa al visitante con una mirada curiosa. 女孩用好奇的目光看着来访者。echar/dar una ~ 瞥了一眼：Se marchó después de echarnos una mirada. 他瞥了我们一眼便离开了。

mirar *tr.* 1. 看，瞧：Miro las estrellas por la ventana. 我从窗户观看星星。2. 考虑：El muchacho sólo mira sus intereses. 那个小伙子只考虑自己的利益。3. 判断，了解：Mira bien lo que hacemos. 你要弄清楚我们所做的一切。4. 查找：Mira en el patio a ver si está allí. 你到院子里找一找，看看是否在那里。5. 查看，检查：No mires la maleta, que no hay nada dentro. 你别查看手提箱，里面什么也没有。~ *intr.* 朝向（与前置词"a"搭配）：La ventana de la habitación mira a la calle. 那间房屋窗户临街。~ por 关心；爱护：Debes mirar por tu hija. 你应当关心你的女儿。

mitad *f.* 1. 半，一半：Partí el pan en dos mitades. 我把面包分为两半。2. 中间，中央：Ahora ya llegamos a la mitad de la calle. 现在我们到达那条街的中心。en ~ de 在…中间：Salimos de la sala en mitad de la reunión. 我们在会议中间离开了会议室。

moda *f.* 1. 习俗，风尚：El anciano no se acostumbra a las actuales modas. 那位老年人不习惯当前的习俗。2. 时装：La moda femenina del verano es más cómoda y llamativa. 今年夏季的女时装不仅更加舒适，而且色彩鲜艳。a la ~ 穿着、打扮新潮：Actualmente las jóvenes visten a la moda. 当前女青年穿着新潮。de ~ 流行，时兴：Este verano está de moda la falda larga. 今年夏季时兴长裙。Ésta es una canción de moda. 这是一首流行歌曲。pasado de ~ 过时的：En esta tienda se venden las camisas pasadas de moda a un precio bajo. 这家商店低价出售过时的男式衬衣。

modificar *tr.* (7) 修改，更改：Hemos modificado ciertas cláusulas del contrato. 我们修改了合同的一些条款。

modo *m.* 1. 方式，方法；做法：Me gustaría aplicar un modo más fácil de hacerlo. 我喜欢采用一种简便的方法做这件事。Quiero explicártelo de modo más simplificado. 我想以最简明的方式向你解释。2.（语法）式：Me parece difícil el estudio del modo subjuntivo. 我觉得虚拟式难学。a ~ de 当作，作为：Tomo el cartón a modo de máscara. 我把纸板当作面具。a (mi, tu, su, etc.) ~ de… 依(我、你、他等)的看法、见解：A mi modo de creer, debemos marcharnos ahora mismo. 依我看，我们应马上离开这里。de ~ que 因此，所以：Has adelgazado mucho, de modo que tendrás que comer más. 你瘦了许多，因而要多吃东西。de todos ~s 无论如何：De todos modos, te acompañaré a la librería. 我无论如何也要陪你去书店。

mojar *tr.* 1. 弄湿，淋湿：La lluvia me ha mojado totalmente. 雨水淋透了我全身。El vino derramado mojó el mantel. 溢出的葡萄酒弄湿了桌布。2. 尿湿：Anoche el chico mojó la cama. 昨夜那个男孩尿床了。3.（将食物）浸在调味汁或饮料内：El anciano ha mojado unas galletas en el vaso de leche. 老人把几块饼干放在牛奶杯里浸泡。~ se *prnl.* 卷入，参与(自复形式)：Es tan astuto que no quiere mojarse por nada ni por nadie. 他十分狡猾，既不想受某事的牵制，也不愿受某人的支配。

moler *tr.*（20）1. 研，磨：El campesino muele el trigo en el molino. 那位农民在石磨上磨小麦。2. 使筋疲力尽，使疲惫不堪：El trabajo pesado y repetido me muele mucho. 繁重的工作使我疲惫不堪。3. 烦扰，使厌烦：Este niño nos molía con gritos. 这个男孩高声喊叫令我们厌烦。~ a palos 痛打；使疼痛：Si cometes de nuevo el error, te voy a moler a palos. 假如你再犯错误，我一定痛打你一顿。

molestar *tr.* 1. 麻烦，打扰：No me molestes, que estoy ocupado. 你别打扰我，我正忙着

呢。2. 使厌烦：Nos molesta el grito de los niños. 孩子们的喊叫声令我们厌烦。3. 妨碍：Las gafas me molestan para jugar al tenis. 我戴眼镜打网球碍事。4. 使感到不适；使微痛：Me molesta el pantalón estrecho. 那条瘦裤子我穿着不舒服。~ se *prnl.* （为某人）费心，尽力（常与前置词"en"搭配）：No te molestes en explicarme, ya lo entiendo. 你别再费力给我解释，我明白了。

momento *m.* 1. 片刻，瞬间：Espérame un momento. 你稍等我片刻。2. 时刻，时期：Me parece que es un momento adecuado para leer. 我觉得此时正是阅读的最佳时间。3. 时机：Éste es el momento favorable para presentar la idea al jefe. 此时正是向领导提出该想法的好时机。de ~/por el ~ 眼下，暂时：Por el momento, no tengo nada que hacer. 眼下我无事可做。de un ~ a otro 随时，马上：Tu padre vendrá de un momento a otro. 你父亲随时会来这里。en un ~ 很快：Escribiré la carta en un momento. 我很快

便写此信。

montar *intr.* 骑上，跨上，乘（与前置词"en"或"a"搭配）：Monté en la bicicleta para ir al trabajo. 我骑自行车去上班。Montó a un caballo negro. 他骑上一匹黑马。~ *tr.* 1. 骑着：Montó un caballo rojo. 他骑着一匹枣红马。2. 装配，安装：Los trabajadores montan la máquina. 工人们安装机器。3. 镶嵌：El joyero montó un diamante en el anillo. 那位首饰工匠在戒指上镶了一颗钻石。4. 建立；筹办：Han montado una empresa mixta. 建了一家合资企业。5. （动物）交配：Han importado un semental para que monte las yeguas. 引进了一匹种马用来与雌马交配。

morder *tr.* (20) 1. 咬，啃：La niña muerde la manzana. 小女孩啃食苹果。El perro mordía el hueso. 狗啃着骨头。2. 磨损：El movimiento de rodillas muerde el pantalón. 膝盖的运动磨损裤子。

morir *intr.* (26) 1. 死，死亡，逝世：Su abuelo murió en un hospital. 他的祖父死在一家医院。2. 终结：Cuando murió la lluvia salimos de paseo. 雨停的时候我们外出散步。~ de 强烈的感受: Muero de hambre después del trabajo. 下班之后，我饿得要死。~ (se) por 1. 渴望: Muero por ver a Mendoza. 我渴望见到门多萨。2. 非常喜爱: Se muere por el viaje. 他非常喜爱旅游。

mosca *f.* 苍蝇: En la mesa hay una mosca. 桌上有一只苍蝇。aflojar la ~ 解囊: ¿Quién va a aflojar la mosca si cenamos en un restaurante? 假如我们在餐馆吃晚饭，谁付账？cazar ~s 干无聊的事情: Cuando trabajamos él se queda cazando moscas. 我们工作时，他却干一些无聊的事情。estar con la ~ detrás de la oreja 存有戒心: Es un hombre maligno, por eso debo estar con la mosca detrás de la oreja. 他是一个居心不良的人，因而我应提防着点儿。por si las ~s 以防万一: Tú puedes marcharte, me quedo aquí por si las moscas. 你可以走了。为了防备万一，我留在这里。

mostrar *tr.* (19) 1. 出示，展示: Mi amigo me mostró el reloj recién comprado. 我的朋友向我展示了他刚买的手表。2. 表明: El chico me ha mostrado que tiene el deseo de visitar el museo. 男孩向我表明他想参观那个博物馆。3. 显示，显露: Luis mostró su capacidad en el trabajo. 路易斯在工作中显露出他的能力。~ se *prnl.* 表现: Se mostraba bastante modesto ante nosotros. 他在我们面前总是显得很谦虚。

motivar *tr. prnl.* 1. 造成，导致: Tu intervención motivó una gran dificultad en la solución del problema. 你的干预给问题的解决造成很大的困难。2. 鼓励，鼓舞: El profesor me motivó para obtener un buen puesto en el concurso. 老师鼓励我在竞赛中取得好名次。

motivo *m.* 1. 动机，原因: No sabemos cuál es el motivo por el que ella no ha venido. 我们不知道她为什么没来。2. (美术)图案: La pintura tiene unos motivos muy extraños. 那幅画的图案十分怪异。3. (文艺作品)主题: El problema social es el motivo de esta novela. 社会问题是这部小说的主

题。con ~ de 为了，因为：Organizamos un encuentro con motivo de la cooperación. 为了合作，我们组织了一次聚会。

mover *tr. prnl.* (20) 1. 移动，移开：No debemos mover al herido hasta que llegue la ambulancia. 救护车到达之前，我们不应移动伤者。No te muevas, regreso enseguida. 你别走开，我马上就回来。2. 摇动，摆动：El viento mueve las hojas de los árboles. 大风吹动着树叶。3. 促使，驱使（与前置词"a"搭配）：La enfermedad lo movió a descansar dos mes. 疾病迫使他休息了两个月。4. 使转动：El motor mueve el eje de la máquina. 发动机使机器的轴转动。~ *intr.* 感动，唤起（与前置词"a"搭配）：La desgracia de la joven movió a piedad a sus vecinos. 女青年的不幸唤起了邻居们的同情。

movilizar *tr.* (9) 调动；动员：La policía ha movilizado todos los recursos para perseguir al delincuente. 警方调动了全部人力物力，追捕那名犯罪嫌疑人。Las autoridades movilizaron a los ciudadanos para defender la patria. 当局动员全民保卫祖国。

mozo, za *adj.* 年少的：El matrimonio tiene una hija moza. 夫妇俩有一个年幼的女儿。~ *m. f.* 1. 小伙子，姑娘；仆人：Esta familia necesita a una moza. 这户人家需要一个女仆。2. 服务员：El mozo nos sirvió refresco. 男服务员为我们上饮料。3. 应征青年：Dos mozos se incorporaron al ejército el año pasado. 去年两个适龄青年参军了。~ de cordel（cuerda）搬运工：El mozo de cuerda puso mi equipaje en el taxi. 搬运工把我的行李放入出租车。

mucho, cha *adj.* 很多的，大量的：Tengo muchas revistas. 我有许多杂志。~ *adv.* 1. 很多，大量：El niño ha comido mucho en la cena. 男孩在晚餐上吃了很多。2. 更为，更加：Jaime ha trabajado mucho más que yo. 哈伊梅比我干得更多。3.（指时间）很久：Hace mucho que no nos vemos. 咱们很久没见了。ni ~ menos 远不如：Trabajar mucho no significa trabajar bien, ni mucho menos.

干得多并不意味着干得好，实际上还差得很远。por ～ que 尽管，即便（搭配动词须使用虚拟式）：No puedes alcanzarla por mucho que estudies. 即便你努力学习也赶不上她。

mudar *intr. prnl.* 改变（与前置词"de"搭配）：Por el frío la cara de la chica ha mudado de color. 由于天冷，女孩的脸色变了。Hace poco mudó de creencia. 不久前他改变了信仰。2. 更换衣服：El muchacho se mudó de camisa después de ducharse. 淋浴之后，小伙子更换了衬衣。～ *tr. prnl.* 1. 更换：Los zorros mudan el pelaje justo antes del invierno. 狐狸恰好在冬季到来之前换毛。2. 搬迁，移居：Mudó su oficina a otro local más amplio. 他把办公室移至更宽敞的地方。Nos mudamos a otro edificio. 我们搬到另一栋楼房。

muerte *f.* 死亡，逝世，灭亡：La muerte de su madre le produjo una gran tristeza. 母亲的去世使他十分伤心。a ～ 殊死地：Luchamos a muerte contra la corrupción. 我们与腐败作殊死斗争。a vida o ～ 迫不得已；生死攸关：Hemos decidido hacerlo de esta manera, a vida o muerte. 我们迫不得已才决定这样做。de mala ～ 卑微的，微不足道的：No le gusta trabajar en este puesto de mala muerte. 他不喜欢在这个微不足道的岗位工作。

muerto, ta *adj.* 1. 死的：Encontramos un perro muerto en la calle. 我们在大街上碰到一条死狗。2. 无生气的：Este pueblo apartado está muerto. 这个偏僻的乡村死气沉沉。3. 疲惫不堪，筋疲力尽：Hoy trabajo todo el día y estoy muerto. 今天我干了整整一天，已经精疲力尽。～ *m. f.* 死人，死者：La inundación ha causado muchos muertos. 洪水造成许多人死亡。cargar/echar el ～ 1. 使…背黑锅：Cuando el trabajo no sale bien siempre le echan el muerto. 每当工作出现问题时，总是把责任推在他的身上。2. 使…干重活儿：No me carguen el muerto, ya no puedo aguantar más. 别把重活都推给我，我已经承受不了了。más ～ que vivo 吓得要

死：La escena peligrosa me ha dejado más muerto que vivo. 那一危险的场面吓得我要死。

mujer *f.* 1. 妇女，女人：Éste es un trabajo apropiado para las mujeres. 这是一项适合妇女承担的工作。2. 妻子：Mi mujer es médica. 我的妻子是医生。~ de mala vida 妓女：Esa mujer de mala vida vive en esta calle. 那个妓女住在这条大街。~ de su casa 家庭主妇：La madre de Juan es una mujer de su casa. 胡安的母亲是家庭主妇。

multar *tr.* 罚款：El policía ha multado al chófer por el exceso de carga. 因超载，警察向司机罚款。

mundo *m.* 1. 世界：En el mundo existen muchos países. 世界上有许多国家。2. 陆地；人间：Creen que fuera de nuestro planeta hay otros mundos. 人们认为我们的星球之外还有陆地。3. 领域，范畴：Quiero conseguir más conocimientos en el mundo de la química. 我想在化学领域里获得更多的知识。Tercer ~ 第三世界：China es un país del Tercer Mundo. 中国是第三世界国家。desde que el ~ es ~ 自古以来，自很久以来：Vive en Beijing desde que el mundo es mundo. 他很久以来就住在北京。hundirse el ~ 天塌地陷：Debo asumir la responsabilidad aunque se hunda el mundo. 即使天塌地陷，我也应承担责任。caerse/venirse el ~ encima 灰心丧气：Se le ha venido el mundo encima a toda la familia, después del incendio. 火灾之后，全家人灰心丧气。

murmurar *intr.* 1. 嘟哝：El viejo me mira murmurando. 老人一边望着我，一边嘴里嘟哝着。2. 背后议论（与前置词"de"搭配）：Oí murmurar de María a unos compañeros de su curso. 我听到玛丽娅所在班的同学正议论她。3. 轻微的响声：El viento murmura entre las hojas. 风刮动树叶，发出轻微的响声。

muy *adv.* 很，十分，非常：Tengo un diccionario muy útil. 我有一本非常实用的词典。~ de 地道的，典型的：Mi abuelo era muy de Beijing. 我祖父是个地道的北京人。

N

nacer *intr.* (28) 1. 出生，诞生：Nací en Tianjin. 我出生于天津。2. 出身：Andrés nació en una familia noble. 安德列斯出身于贵族家庭。3. 长出，生出：Le han nacido los brotes al árbol con la llegada de la primavera. 春天到了，树上长出嫩芽。A mi perrito le ha nacido el pelo en el cuerpo. 我养的小狗崽身上已经长毛。4.（日、月）升起：El sol nace por el Este. 太阳从东方升起。5. 源于，产生于：Este hábito nació en la dinastía Qing. 这一习俗源于清朝。~ para 天生是：Nació para pianista. 他天生就是钢琴家。

nacionalizar *tr. prnl.* (9) 1. 取得国籍：El periodista argentino quiere nacionalizarse español. 那位阿根廷记者想获得西班牙国籍。2. 收归国有，使国有化：El gobierno ha nacionalizado esta empresa extranjera. 政府把这家外国企业收归国有。

nada *pron.*（用于否定句）任何事物：De momento no quiero nada. 眼下我什么也不要。~ *adv.* 一点都不：Este abrigo no es nada caro. 这件大衣一点儿都不贵。~ *f.* 无，乌有：Al morirse uno se disolvió en la nada. 人死之后化为灰烬。de ~ 别客气：Muchas gracias por su ayuda. —De nada. 非常感谢您的帮助。——别客气。~ más 只，仅：Ahora tengo nada más que dos yuanes. 现在我仅有两元钱。~ menos que 居然，竟然：Ya vienen nada menos que ocho personas que quieren pedir la entrada. 竟然来了8个人想要入场券。

nadar *intr.* 1. 游泳：No sé nadar. 我不会游泳。2. 漂，浮：No tomes, en el vaso hay algo sucio nadando en el agua. 你先别喝，杯子里的水有脏物漂浮着。

nadie *pron.*（用于否定句）任何人，无人：Nadie quiere ir allá.

无人想去那里。~ *m.* 无足轻重的人：Tú ni eres nadie para dar órdenes. 你绝不是发号施令的人。

nariz *f.* 1. (人或动物的)鼻子：El chico tiene una nariz chata. 那个男孩鼻子扁平。2. 嗅觉：El perro tiene una nariz excelente. 狗的嗅觉灵敏。dar la puerta en las ~ces 拒绝，使…碰壁：Le pedí ayuda, pero éste me dio la puerta en las narices. 我求他帮忙，他却让我碰壁。darse de ~ces 与某人或某物相撞：Por descuido, me di de narices contra el marco de la ventana. 我不小心撞在窗框上。dejar con un palmo / tres palmos de ~ces 捉弄，使受骗：Nos había prometido venir, pero no vino y nos dejó con tres palmos de narices. 他答应我们来这里，可是他没来，让我们上当受骗。meter las ~ces 打探，参与：No me gusta que metas las narices en mis asuntos. 我不喜欢你参与我的事务。no ver más allá de las ~ces 目光短浅：No quiero cooperar con él porque no ve más allá de las narices. 我不愿

意跟他合作，因为他目光短浅。

naturaleza *f.* 1. 大自然，自然界：Tenemos que proteger a los animales de la naturaleza. 我们必须保护自然界的所有动物。2. 本性：Tuvo una naturaleza débil desde niña. 她从小就性格懦弱。3. 本质，特点：Intentaba descubrir la naturaleza del fenómeno. 他试图发现该现象的本质所在。por ~ 天生地，本能地：A la chica le gusta cantar por naturaleza. 那个小女孩天生就喜欢唱歌。

naufragar *intr.* (8) 1. (船只等)沉没，失踪：Un pesquero naufragó ayer. 昨天一条渔船失踪。2. 遇难，失事：Naufragaron cerca de una isla desierta. 他们在一个荒岛附近遇难。3. 失败：Las soluciones han naufragado. 所有的解决办法都失败了。

nave *f.* 1. 船，舰：Esta es una nave moderna. 这是一艘现代化的舰船。2. 厂房，库房：Los obreros trabajan en la nave. 工人们在厂房里工作。3. 航行器：Llegó a la Luna en una nave espacial. 他乘坐宇宙飞船到达月球。quemar las ~s

破釜沉舟：Cuando nos encontramos con una situación crítica, debemos quemar las naves para superarla. 遇到危急情况时，我们应不惜一切代价去克服它。

navegar *intr.*（8）航行，航空：El transatlántico navegaba por el Pacífico. 远洋巨轮在太平洋中航行。

necesidad *f.* 1. 必要性，必然性：Conocí la necesidad de la práctica. 我认识到实践的必要性。2. 需要，必需：Tengo la necesidad de comprar una chaqueta. 我需要买一件上衣。sin ~ de 没必要：El jefe nos ha dicho que lo hagamos sin necesidad de pedir su permiso. 领导告知我们做这件事不必向他请示。hacer sus ~s 排泄大小便：Ahora quiero ir al baño para hacer mis necesidades. 现在我想去厕所。de primera ~ 必需品：El agua y la comida son artículos de primera necesidad. 水和食物是必需品。

necesitar *tr.* 需要：Necesito tu ayuda. 我需要你的帮助。Necesito pasar unos días aquí. 我需要在这里呆几天。

negar *tr.*（43）1. 否定，否认：Mi compañero negó lo que había dicho María. 我的同学否认了玛丽娅的说法。2. 拒绝：La madre negó la petición de su hijo. 母亲拒绝了儿子的请求。3. 禁止：El portero negó la entrada al desconocido. 看门人不许那位陌生人进入。~ se 不想做…（与前置词"a"搭配）：El niño se negó a comer. 男孩不想吃饭。~ se a la evidencia 固执己见，拒不认错：Tratamos de convencerlo, pero se negó a la evidencia. 我们力图说服他，可是他固执己见。~ se a sí mismo 放弃自己的想法或愿望：Es una chica muy obstinada y tengo que negarme a mí mismo. 她是个十分固执的女孩，我只得放弃自己的愿望。

negociar *intr.*（12）经营，做买卖：Luis se dedica a negociar con productos importados. 路易斯从事进口产品生意。~ *intr. tr.* 1. 谈判，协商：Negoció la compra de un ordenador con su padre. 他和他父亲商量购买一台电脑。Negociamos para determinar quién será director de la empresa. 我们协商决定谁当公司的经理。2. 交涉：Vengo a negociar el problema de pago. 我来交涉付款问题。

negro, gra *adj.* 1. 黑色的，深色的：Tengo una camisa negra. 我有一件黑色的男衬衣。2. 不幸的：Hoy es un día negro para él. 今天他很晦气。3. 黑人种的：Carlos es un muchacho negro. 卡洛斯是个黑人青年。4. 漆黑的，黑暗的：Este túnel es negro. 这条隧道漆黑一团。～ *m. f.* 1. 黑色，乌黑：A la chica le gusta ir de negro. 那个女孩喜欢穿黑色衣服。2. 黑人：Ana se casó con un negro. 安娜与一个黑人结婚。poner ～ 惹恼，激怒：Este tío me puso negro. 这家伙令我恼火。verse ～ para 困难重重：Me veo negro para abrir la ventana. 我很难打开这扇窗户。tener la negra 倒霉，运气不好：Hoy tengo la negra. 我今天运气不好。

nervio *m.* 1. 神经：Los nervios sirven para transmitir las ordenes del cerebro. 神经负责传送大脑的指令。2. 筋，腱：La carne de res debe ser más cocida porque tiene muchos nervios. 牛肉的筋很多，所以应炖烂点。3. 朝气：Mendoza es un muchacho que tiene nervio. 门多萨是个有朝气的青年。4. （植物的）叶脉：Las hojas de la planta están llenas de nervios. 植物的叶子布满叶脉。estar/ponerse de los ～s 紧张：Carlota está de los nervios con los exámenes. 卡洛达遇到考试就紧张。tener ～s de acero 临危不惧：Juan es un hombre que tiene nervios de acero. 胡安是个临危不惧的男人。

nevar *intr.* (16) 下雪：Ayer nevó mucho. 昨天雪下得很大。

ni *conj.* 1. 也不，也没有：No quiero comer ni carne ni pescado. 我既不想吃肉也不想吃鱼。2. 甚至不：No deseo ni mirarlo. 我甚至不愿瞅他一眼。

ninguno, na *adj.* （用于否定句中）任何的：En el escritorio no hay ninguna revista. 办公桌上一本杂志也没有。Ningún trabajo me interesa. 我对哪项工作都不感兴趣。～ *pron.* 任

何人,任何一个:Ninguno de nosotros desea hacerlo. 我们当中谁也不愿做这件事。No he leído ninguna de estas revistas. 这些杂志我一本也没看过。

nivel *m.* 1. 水平面,水平线;高度:El nivel del río ha subido mucho, debido a la inundación. 因洪水的缘故,那条河的水面上涨很快。2. 水平,等级:Estudio español en un curso de nivel elemental. 我在一个初级班学习西班牙语。3. 水平仪:El nivel es un instrumento muy importante para la construcción de edificios. 水平仪是建造楼房的重要工具。~ del mar 海拔:La ciudad está a cuatro metros sobre el nivel del mar. 那座城市海拔4米。~ de vida 生活水平:El nivel de vida del pueblo chino ha subido bastante. 中国人民的生活水平提高了很多。

nivelar *tr.* 1. 弄平,使平整:Debemos nivelar el armario. 我们应该把柜子放平。2. 使平衡:El presente mes no he podido nivelar los gastos con los ingresos. 本月我未能将开支与收入持平。3. 测(水平面):El ingeniero ha nivelado bien la máquina, por eso funciona sin problema. 工程师测准了那台机器的水平面,因而机器运转正常。4. 测定(两点或两线)高度差:Nivelamos el terreno del taller antes del montaje de los equipos. 安装设备之前,我们先测定车间地面的高度差。

noche *f.* 1. 夜,夜晚;黑暗:Ayer pasé la noche en casa de mi amigo. 昨天我在朋友家过夜。2. (困难、不幸)阶段:Mi familia ya ha salido de la noche. 我家已脱离困难阶段。de ~ 天黑,黄昏:En invierno, a las seis ya es de noche. 冬天下午6点就已天黑。~ y día 昼夜地,不分昼夜地:Trabajamos noche y día para terminarlo cuanto antes. 为了尽早完工,我们不分昼夜地工作。hacer ~ 过夜:Hice noche en Hefei, de camino a Shanghai. 去上海的途中,我在合肥过夜。pasar la ~ en blanco/claro 未睡:Anoche pasé la noche en blanco esperándote. 昨晚,为了等你,我一夜未眠。

nombrar *tr.* 1. 点名: La profesora nombró a los alumnos de la lista. 女教师按学生名单点名。2. 任命;指派: El decano me ha nombrado como su representante. 系主任指派我作为他的代表。

nombre *m.* 1. 名称;题目: No conozco el nombre de este objeto. 我不知道这个东西的名称。¿Qué nombre tiene tu tesis? 你的论文题目是什么? 2. 名字,姓名: ¿Cuál es tu nombre? 你叫什么名字? 3. (语法)名词: "Casa" es un nombre femenino. "房屋"是阴性名词。a ~ de 写有…名字的: He recibido un paquete a nombre mío. 我收到一个上面写着我姓名的包裹。de ~ 名义上的,所谓的: Soy responsable de nombre en este departamento. 我是这个处名义上的负责人。en ~ de 以…的名义,代表…: La secretaria me atendió en nombre del director. 女秘书代表经理接待了我。

nos *pron.* 我们(宾格或与格代词): Ella nos espera a la puerta de la escuela. 她在学校门口等候我们。Wang Lan nos ha traído muchas frutas. 王兰给我们带来许多水果。

notar *tr.* 1. 发现,察觉: He notado que no ha venido Luis. 我发现路易斯没来。2. 感觉: De pronto noto un dolor en la espalda. 我突然觉得后背疼痛。hacer ~ 指出;强调: Hizo notar la importancia de la reunión. 他强调了会议的重要性。

notificar *tr.* (7) 1. 通知,告知: Andrés nos ha notificado que mañana vamos a visitar una escuela. 安德烈斯通知我们明天去参观一所学校。2. 正式通知,通告: La Universidad ha notificado que hay tres días de vacaciones para la Fiesta Nacional. 学校正式通知,国庆节放假三天。

novedad *f.* 1. 新奇;新闻: ¿Qué novedad nos has traído? 你给我们带来了什么新闻? 2. 新事物;新产品: Este producto importado es una novedad en el mercado chino. 这种进口货在中国市场是新产品。~ es *pl.* 时髦货,时新产品: En esta tienda se venden las novedades. 这家商店出售时髦

货。sin ~ 正常，无异常：La reunión transcurrió sin novedad. 会议顺利结束。

nube *f.* 1. 云，云雾：El cielo está lleno de nubes pesadas y negras. 天空布满浓重的乌云。2. 雾团：La chimenea de la fábrica soltaba una nube de humo. 工厂的烟筒冒着烟雾。3. 大片，大群：Una nube de pájaros pasó por encima de nosotros. 一群小鸟从我们上方掠过。andar (estar, vivir) en las ~s 心不在焉；异想天开：Hoy estoy en las nubes durante la clase de literatura. 今天我在文学课上心不在焉。por las ~s 价格昂贵：El precio de tomates está por las nubes. 番茄的价格奇高。poner por/sobre las ~s 吹捧；赞扬：El profesor pone a su alumno favorito por las nubes. 那位教师把他的爱徒捧上了天。

nuevo, va *adj.* 1. 新的：La mujer ha comprado un nuevo jersey para su hija. 那位女士为她的女儿买了一件新毛衣。2. 新奇的；不同的：El investigador planteó una nueva teoría. 那位研究人员提出一个新的理论。3. 新到的，新来的：Pepe es un nuevo oficinista de nuestra compañía. 贝贝是我们公司的新职员。estar ~ 还可用的，未旧的：No tires esa falda, que está nueva. 你别把那件裙子扔掉，还新着呢。de ~ 重新：Dímelo de nuevo, que no lo he entendido. 请你再说一遍，我还没弄明白。

numerar *tr.* 1. 数，计数：Numera los libros recién llegados. 你数一下那些刚到的图书。2. 编号：La muchacha está ocupada en numerar las páginas del documento. 姑娘正忙着为那份文件编页码。

número *m.* 1. 数目，数字：La cifra se expresa en números arábigos. 那一数目以阿拉伯数字表示。2. 号码，尺码：¿Qué número calzas? 你穿多大尺码的鞋？3.（出版物的）期：Hace dos días recibí el tercer número de esta revista. 两天前我收到了这本杂志的第三期。4. 节目：El número representado por los tres muchachos me ha dejado una buena impresión. 三个小伙子表演的

那个节目给我留下了良好的印象。5. 数量: Un gran número de alumnos ha participado en el concurso. 大量的学生参加了竞赛。6.（排队）第几位，第几号: ¿Qué número tienes? 你排在第几号？~ uno 第一，第一名: José es el número uno del ciclismo nacional. 何塞是全国自行车赛的第一名。sin ~ 无数的: En la plaza había gente sin número. 广场上人山人海。

nutrir *tr.* 1. 营养，滋养: Este alimento es bueno para nutrir a los niños débiles. 这种食品有利于滋补体弱的儿童。2. 增强: Tu estimulación nutre mi confianza para hacerlo. 你的鼓励增强了我做这件事的信心。3. 供给；充满: Este lago nutre de agua a todo el pueblo. 这个湖的水供全村人饮用。

O

obedecer *tr.* (28) 服从, 听从: El niño actuó obedeciendo a sus padres. 那个男孩按父母的指令行事。Por el cansancio las dos piernas no me obedecen. 由于疲劳, 我的双腿不听使唤。~ *intr.* 出于, 由于(与前置词"a"搭配): Su presencia obedecía al deseo de ser cortés. 他是出于礼貌而到场。

objeto *m.* 1. 物体, 物品: El comerciante se dedica a la venta de este objeto. 那位商人从事这一产品的销售。2. (科学、研究) 对象: La lengua es el objeto del estudio de la lingüística. 语言是语言学研究的对象。3. 目的, 意图: El objeto de conversar contigo en español es elevar la capacidad de expresión. 用西班牙语跟你交谈的目的就是为了提高表达能力。con ~ de 为了: Trabaja de marinero con objeto de mantener a sus hijos. 他当海员就是为了养育他的子女。

obligar *tr.* (8) 1. 强迫, 迫使; 约束(与前置词"a"搭配): El trabajo me obliga a levantarme temprano todos los días. 工作迫使我每天早起。2. (为达到某种效果) 用力: Obligué lo que había en el armario para cerrar su puerta. 为了关上柜门, 我用力挤压柜内的物品。~ se *prnl.* 承诺, 允诺(与前置词"a"搭配): Me obligo a vivir con vosotros. 我答应和你们住在一起。verse obligado/da a 被迫: Se veía obligado a trabajar desde muy pequeño para mantenerse. 为了生存, 他从很小便被迫工作。

obra *f.* 1. 作品, 创作: Me gusta leer la obra de Cela. 我喜欢读塞拉的作品。2. 工程: La calle está cerrada por la obra. 那条街道因施工而封闭。3. 结果; 产物: La delincuencia es obra de la pereza. 犯罪是懒惰的产物。~ de caridad 善举: Le interesan mucho las obras de caridad. 他对行善十分感兴趣。en ～s 正在建造中，正在施工中：La torre está todavía en obras. 高塔仍在建造中。por ～ de 由于：He superado la dificultad por obra de tu intervención. 多亏你的参与，我才克服了困难。

obrar *intr. prnl.* 1. 举动；行事：Samprano obró con astucia engañando a su compañero. 桑普拉诺以狡诈的举动欺骗他的同伴。2. 进行，举行：La firma del contrato se obró en presencia del alcalde. 合同签字在市长到场的情况下进行。～ *tr.* 1. 加工，制作：El artesano está obrando el anillo en su taller. 那位工匠正在作坊里加工戒指。2. 建筑，建造：Los trabajadores obran un edificio. 工人们在建造一栋楼房。3. 产生效果：Tus esfuerzos no han obrado ningún mejoramiento en su estudio. 你的努力并未使他的学习有所改进。

obsequiar *tr.* （12）1. 赠送：Su compañero le obsequió un jarrón de porcelana. 他的同事送给他一个大瓷瓶。2. 招待，款待：Li Min nos obsequió muy bien cuando lo visitamos. 我们看望李民时，他热情地招待了我们。

observar *tr.* 1. 观察，观看：Observamos la araña que tejía su tela. 我们观察蜘蛛织网。2. 发觉，注意到：He observado que tienes la capacidad de hacerlo. 我发现你有能力做这件事。3. 遵守；遵照：Ha progresado mucho observando el consejo del profesor. 他听从了老师的劝告，取得了很大进步。

obstante *conj.* no ～但是：Quiero echarte una mano, no obstante, estoy muy ocupado. 我真想帮你一把，可是忙得脱不开身。

obstinarse *prnl.* 固执，坚持（与前置词"en"搭配）：Me obstino en ir solo al hospital. 我坚持独自一人去医院。

obstruir *tr.* （45）1. 阻塞，堵塞：El camión averiado ha obstruido el paso de la entrada. 出故障的卡车阻塞了入口的通道。2. 妨碍，阻挠：La madre de Luisa intentó obstruir la intervención de su vecino. 路易莎的母亲试图阻挠邻居的干预。

obtener *tr.* (54) 1. 获得，取得：La operación quirúrgica ha obtenido éxito. 外科手术获得成功。2. 获取，提取：Ha obtenido algo favorable de la substancia para la salud del ser humano. 他从该物质中获取了对人体健康有益的某种成分。

ocasionar *tr.* 造成，引起：El accidente le ocasionó una grave lesión. 那次事故使他受了重伤。

ocultar *tr.* 1. 藏，隐藏：El niño ocultó el libro debajo del colchón. 小男孩把书藏在坐垫下面。2. 隐瞒：No es necesario ocultar la noticia. 没有必要隐瞒那个消息。~ se *prnl.* 躲藏：El gato se ocultó detrás del sofá al ver al desconocido. 那只公猫见到生人躲到沙发后面。

ocupado, da *adj.* 1. 被占领的：El ejército liberó la ciudad ocupada por el enemigo. 部队解放了敌人占领的城市。2. 占用的：Todas las sillas de la sala estaban ocupadas. 大厅里的座椅全部有人。estar ~ 忙着的：Ahora estoy ocupada. 我现在正忙着。

ocupar *tr.* 1. 占据：Las chicas han ocupado las sillas de la primera fila. 女孩们坐满了第一排的椅子。2. 占领：El ejército enemigo ocupó el castillo. 敌军占领了城堡。3. 担任：González ocupará el puesto de responsable de ventas. 冈萨雷斯将担任销售部的负责人。4. 利用，运用：La mujer ocupaba sus horas libres en arreglar las habitaciones. 那位妇女经常利用业余时间整理房间。5. 占用：La artesanía ocupa la mayor parte de la población trabajadora del pueblo. 手工业占用了那个镇子的大部分劳力。~ se *prnl.* 1. 忙于（与名词搭配，使用前置词"de"；与动词搭配，使用"en"）：Me ocupo en preparar la cena. 我正忙着做晚饭。2. 负责：Espere un momento, la persona que se ocupa de eso regresa enseguida. 请您稍等片刻，负责这件事的人马上就回来。3. 照料：La enfermera se ocupa del paciente. 那位护士照料该病人。4. 谈及，涉及：Se ocupó de la cultura china en la conversación. 他在交

谈中谈及中国文化。

ocurrir *intr.* 发生：La desgracia ocurrió precisamente cuando estábamos en el extranjero. 那一不幸事件恰好发生在我们在国外的时候。~ se *prnl.* 突然想起；突然产生：Se me ocurrió la idea de ver esta película. 我突然产生看这部电影的想法。

odiar *tr.* (12) 1. 憎恨，仇恨：Odio a quien no llega a tiempo. 我憎恨不准时到场的人。2. 厌恶：El niño no fue a la escuela porque odiaba estudiar. 那个男孩没去学校，因为他厌恶学习。

ofender *tr.* 1. 侮辱，伤害：Me parece que lo que haces puede ofender el buen nombre de tu familia. 我觉得你的做法会有辱你家的好名声。2. 冒犯：Involuntariamente ofendió a los presentes, pero al final se disculpó. 他无意中冒犯了在座的各位，后来他作出了解释。~ se *prnl.* 生气，恼怒：Me ofendí cuando dijeron que yo no era capaz. 有人说我无能，我生气了。

ofrecer *tr.* (28) 1. 给予；奉献：Me ofreció una habitación durante mi estancia. 我逗留期间，他为我提供了住房。2. 举办，举行：Ofrecieron una fiesta para celebrar la Navidad. 为欢庆圣诞节，他们举办了联欢会。3. 答应，承诺：Me ofrecieron la beca para que estudiara en España. 他们答应为我在西班牙学习提供奖学金。4. 出资，出价：Un extranjero ofreció más de un millón de dólares por la obra de este pintor. 一位外国人为了得到这位画家的作品，出资一百多万美元。5. 呈现：Este televisor ofrece una presentación bonita. 这台电视机外观漂亮。6. 提供机会；支持：Le han ofrecido ser jefe de la federación. 有人支持他出任联合会主席。7. 产生；含有：Su respuesta ofrece una señal positiva. 他的答复出现积极的迹象。8. 供奉：La anciana ha ofrecido un gran incienso al buda. 老大娘为菩萨敬香。~ se *prnl.* 自愿：Se ofreció a acompañarnos a la Gran Muralla. 她自愿陪我们去长城。

oído *m.* 听觉；听觉器官：No tengo buen oído. 我听觉不好。El oído sirve para regular el equiliblio del cuerpo. 听觉器官用于调节身体的平衡。al ～ 悄声, 贴近耳边讲话: Luis se acercó a mí y me dijo algo al oído. 路易斯走到我跟前并悄声对我说了几句。duro de ～ 听力差的, 耳聋的: Habla en voz alta, que es un poco duro de oído. 你大声讲话,他有点儿耳聋。entrar por un ～ y salir por el otro 左耳听右耳冒,不理会: Ella no me hace el mínimo caso: lo que digo le entra por un oído y le sale por el otro. 她根本就不拿我当回事,我跟她讲的话,她左耳听进去右耳便冒出来。llegar a ～s de 传到别人的耳中: La noticia de que Andrés se casó ha llegado a oídos de ellos. 安德烈斯已结婚的消息传到他们的耳中。

oír *tr.* (47) 1. 听到, 听见: Oímos la llegada del automóvil porque hacía un gran ruido. 我们已听到汽车到达的声响,因为噪音很大。2. 倾听, 听取: Tienes que oír las palabras de tus padres. 你应听父母的话。como quien oye llover 充耳不闻: Le advertimos de los peligros, pero él sigue como quien oye llover. 我们提醒他有危险,可是他仍旧充耳不闻。

ojalá *interj.* 但愿(动词须用虚拟式): Ojalá llegues a tiempo. 但愿你准时到达。

ojo *m.* 1. 眼睛: Carmen tiene los ojos bonitos. 卡门有一双漂亮的眼睛。2. 孔, 洞, 眼儿: Ayúdame a pasar el hilo por el ojo de la aguja. 你帮我把线从针眼穿过去。En el Palacio de Verano hay un puente de diecisiete ojos. 颐和园有一座十七孔桥。3. 小心, 留心: ¡Ojo con este tío, que es un ladrón! 小心点儿这个家伙,他是个小偷! 4. 油珠儿: El aceite caído en el agua forma ojos. 掉在水中的油形成油珠儿。a ～ 凭眼估: A ojo, este melón tiene más o menos un kilo. 凭眼估,这个甜瓜重约1公斤。andar con ～ 小心,防着点: Anda con ojo, que el vendedor es astuto. 你留心点儿,那个小贩狡猾。cuatro ～s 四眼儿(指戴眼镜的): Sus compañeros le llaman "cuatro ojos". 他的同学们叫他"四眼儿"。costar un ～/un ～ de la cara 昂贵: Este reloj me ha costado un ojo. 这块手表使我花费不少。 meter por los ～s 钻空子; 极力推崇: La dependiende me metió por los ojos la lavadora y finalmente la compré. 女售货员极力推崇那台洗衣机,最后我买下了。 ～ de buey 圆窗户: La habitación tiene un ojo de buey. 房间有一扇圆窗户。 en un abrir y cerrar de ～s 一瞬间,转眼间: El ladrón escapó en un abrir y cerrar de ojos. 小偷转眼间溜掉了。 ser el ～ derecho de alguien 受某人的喜爱,宠爱: María es el ojo derecho de su madre. 玛丽娅是她母亲的心肝。

oler *tr.* (21) 1. 闻,嗅: La muchacha huele la flor de esta planta. 女孩嗅着这株植物的花香。 2. 打探,打听: Ayer vino para oler algo. 他昨天来这里打探某事。 3. 察觉;怀疑: He olido que alguien está dentro. 我发觉里面有人。 ～ *intr.* 有…气味: Estas flores huelen muy bien. 这些花散发着浓香。

olvidar *tr. prnl.* 忘记,遗忘(宾语指人时,与前置词"a"搭配): Perdón, he olvidado tu número de teléfono. 对不起,我忘记了你的电话号码。 ¡No olvides a tus compañeros! 别忘了你的同学们! Se me ha olvidado cerrar la puerta. 我忘记关门了。 ～ se *prnl.* 忘记(自复形式,与前置词"de"搭配): Se olvidó de traerme el libro. 他忘记给我带书来了。

olla *f.* 锅: Puedes cocinar la sopa de arroz con esta olla. 你可以用这个锅煮稀饭。 ～ a presión/exprés 高压锅: Me gusta cocer el arroz con la olla exprés. 我喜欢用高压锅焖米饭。

omitir *tr.* 1. 省略: He omitido algunas partes innecesarias del reportaje. 我删去这篇报道的一些不必要的内容。 2. 遗漏,疏忽: Es un gran error omitir algo importante en el trabajo. 工作中遗忘了重要事项是极大的错误。

operar *intr.* 1. 操作,工作: Debes operar con prudencia. 你应细心操作。 2. 做生意: Opero en la línea de productos textiles. 我做纺织品生意。 3. 产生(预期的)效果(常与前置词"en"或

opinar

"sobre"搭配）：El medicamento ha operado sobre el paciente. 药物在该病人身上产生效力。~ *tr.* 动手术（宾语指人时，与前置词"a"搭配）：Han operado a mi hermano del estómago. 我兄弟做了胃部手术。~ se *prnl.* 做手术：Se operó del ojo conforme al consejo del médico. 遵照医生的建议，他做了治疗那只眼睛的手术。

opinar *intr.* 发表意见：Oigamos lo que opina Paco sobre esto. 我们听取一下巴科对这件事的看法。~ *tr.* 认为，觉得：Opino que debes comprarlo. 我认为你应该买下它。

opinión *f.* 1. 意见，看法：He expresado mi opinión sobre la reforma en la reunión. 会上，我表达了对改革的看法。2. 名声；评价：La buena opinión de su padre le sirvió mucho. 他父亲的名声对他帮助很大。~ pública 公众舆论：Le importa mucho la opinión pública. 公众舆论对他至关重要。

oponer *tr.* (49) 1. 以…反对（与前置词"a"搭配）：Oponemos la protesta de la vecindad a la construcción del aparcamiento. 我们依仗周围居民的抗议，反对建造停车场。2. 使…相对抗，以…对付：El joven opuso ausencia al director. 男青年以缺席与经理相对抗。~ se *prnl.* 1. 反对；妨碍：Me opongo a lo que dicen. 我反对你们的说法。2. 与…相抵触，相对立：La lentitud se opone a la rapidez. 慢与快相对立。

oprimir *tr.* 1. 挤，压：No quiero calzar este par de zapatos de piel porque me oprime. 这双皮鞋夹脚，所以我不愿意穿。2. 压迫（宾语指人时，与前置词"a"搭配）：El dictador aprovechó el ejército para oprimir al pueblo. 独裁者利用军队压迫人民。

optar *intr.* 1. 挑选，选择（与前置词"por"或"entre"搭配）：Me permiten optar entre libros y revistas. 允许我在书和杂志这两种物品中作出选择。Finalmente opté por ir al sur de China. 最终我选择去中国南方。2. 谋求（与前置词"a"搭配）：Los dos interesados optaban al puesto de trabajo. 两个

应聘者都想得到那个工作岗位。

orden *m.* 1. 顺序：Entramos en la sala según el orden del listado. 我们按照名单顺序进入大厅。2. 条理：Coloco en orden los libros. 我把图书摆放整齐。3. 秩序：La policía está a cargo de mantener el orden público. 警察负责维持公共秩序。4. 等级：Queremos importar un gran volumen de vinos españoles de primer orden. 我们想进口大量上等的西班牙葡萄酒。~ *f.* 命令：Debemos obedecer la orden del jefe. 我们应听从领导的命令。a las ~s de 在某人的领导下：Empezamos a trabajar a las ordenes del director general. 我们在总经理的领导下开始工作。~ del día 1. 议程：Según el orden del día, primero vamos a determinar el director de producción. 根据议程，首先我们确定生产部经理。2. 日程安排：Mañana por la mañana vamos a visitar el museo conforme al orden del día. 根据日程安排，明天上午我们参观博物馆。sin ~ ni concierto 杂乱无章地：En la ciudad, las bicicletas circulaban en todas direcciones sin orden ni concierto. 那座城市里，自行车到处乱窜。

ordenar *tr.* 1. 整理：Esta mañana estoy ocupado en ordenar la oficina. 今天上午我在忙着整理办公室。2. 命令（宾语指人时，与前置词"a"搭配）：La madre ordenó a su hijo que volviera temprano. 母亲让儿子早点回家。

ordinario, ria *adj.* 1. 普通的，一般的：Juan es un obrero ordinario. 胡安是个普通工人。2. 日常的：Éste es un trabajo ordinario, que cualquier persona puede hacer. 这是一项日常性的工作，任何人都能做。de ~ 平常：Hoy me he levantado más temprano que de ordinario. 今天我比平常起得早。por correo ~ 以普通邮寄方式：Ayer mandé una carta por correo ordinario. 昨天我寄出一封平信。

oreja *f.* 耳朵：Las orejas del elefante son muy grandes. 大象的耳朵很大。con las ~s caídas/gachas 垂头丧气：Ella salió de la sala con las orejas caídas porque no había conseguido la beca. 因为没有获得奖学金，她垂头丧气地离开了大厅。aguzar las ～s 竖起耳朵听：Aguza las orejas, que esto te importa mucho. 你竖起耳朵听着，这件事对你来说十分重要。asomar/descubrir/enseñar la ～ 露出马脚：Todo el mundo creyó en él hasta que asomó la oreja. 他露出马脚之前，大家都信任他。calentar las ～s 严厉斥责：Al saber que su hijo era culpable, el padre le calentó las orejas. 得知儿子是肇事者，父亲严厉地斥责了他。mojar la ～ 找茬打架：Esta mañana la mujer ha intentado mojarme la oreja. 今天上午那个女人想找茬跟我打架。

organizar *tr.* （9）1. 组织：Piden que organicemos una fiesta para el Nuevo Año. 人们请求我们组织一次新年联欢会。2. 建立：La facultad ha organizado un grupo de conversación en español. 系里成立了一个西班牙语会话小组。3. 整理，清理：Organiza un poco tu escritorio, que está muy desordenado. 你整理一下办公桌，简直太乱了。4.（人员）组成，构成：Nos organizó en dos equipos para jugar al voleibol. 他将我们分成两队打排球。～ se *prnl.* 1. 安排个人生活、事务：Aunque es mayor, Carlos no sabe organizarse. 卡洛斯虽然已是成人，但是不会安排自己的生活。2. 发生；出现：Se organizó una disputa en la calle. 大街上发生了一起吵架。

orientar *tr.* 1. 朝向：La casa está orientada hacia el sur. 那间房屋朝南。2. 确定方位：La brújula nos orienta. 指南针帮我们确定方位。3. 指路：La muchacha nos orientó por las calles por las que podíamos llegar al Museo. 姑娘为我们指点到达博物馆所经的街道。4. 指导，引导：El profesor me orienta sobre cómo preparar la tesis. 老师指导我如何撰写论文。

originar *tr.* 引起，产生：La niebla originó el accidente. 大雾造成那起车祸。～ se *prnl.* 起自，源于：El incendio se originó de la fuga de gas. 火灾是煤气泄

漏引发的。

os *pron.* 你们（宾格，与格代词）：Os espero en la sala. 我在大厅等你们。Os doy las entradas de este partido de fútbol. 我送给你们这场足球赛的门票。

oscilar *intr.* 1. 摇摆，摆动：La bandera oscila al viento. 旗帜随风摆动。2. 浮动；介于：Hoy el precio del tomate oscila bastante. 今天西红柿的价格浮动较大。Hoy la temperatura máxima oscila entre veintitrés y veinticinco grados. 今天最高气温在23至25度之间。

oscurecer *intr.* （28）天黑：Regresé a casa cuando oscureció. 我天黑时才回家。~ *tr.* 1. 使黑暗：Ella oscureció la habitación apagando la luz. 她关灯使房间漆黑一团。2. 使黯然失色：Tu mal comportamiento ha oscurecido tu prestigio. 你的不良言行使你的声望黯然失色。3. 使费解：Tu modo de expresar me oscurece mucho. 你的表达方式令我十分费解。

ostentar *tr.* 1. 卖弄，炫耀：El joven ostentó su nueva moto ante sus compañeros. 男青年在他的同事面前炫耀他的新摩托车。2. 担当；享有：Actualmente ostenta el cargo de decano. 目前他担任系主任的职务。

otorgar *tr.* (8) 1. 同意，准予：El jefe me ha otorgado descansar un día. 领导同意我休息一天。2. 给予，授予：La Universidad le ha otorgado el premio. 学校给予他奖励。

oxidar *tr.* 使生锈：La lluvia oxidó las llantas de la bicicleta. 雨水使自行车车圈生锈。~ *prnl.* 生锈，氧化：La fruta pelada se oxida en contacto con el aire. 已削皮的水果与空气接触出现锈痕。

P

paciencia *f.* 1. 忍受，忍耐：María es una chica de paciencia. 玛丽娅是个能忍耐的姑娘。2. 耐心：Debo esperarlo con paciencia. 我应当耐心地等他。hacer perder la ～使无法忍受：No digas más, me haces perder la paciencia. 别再说了，你使我无法忍受。acabarse la ～忍无可忍：El niño me molestaba tanto que se me acabó la paciencia. 那个男孩不停地打扰我，令我忍无可忍。

pacificar *tr.* 平定，平息：Intenté pacificar la disputa entre ellos dos. 我力图平息他二人之间的争吵。～ se *prnl.* 平息，平静：Los manifestantes se pacificaron tras una solución oportuna. 经过及时的解决，示威者平静下来。

pactar *tr.* 商定，议定：Los dos países han pactado el fin del conflicto. 两国商定终止冲突。Hemos pactado que yo asista a la reunión. 我们商定由我出席会议。

padecer *intr.* 患病：Lo que más temo es padecer de alguna enfermedad incurable. 我最担心的是患上某种不治之症。～ *tr.* 忍受，遭受：Padeció la amputación del brazo. 他忍受着截肢的痛苦。

pagar *tr.*（8）1. 支付，付款：Todavía no he pagado los gastos de electricidad. 眼下我还没付电费。2. 偿还：El chófer ha pagado su error con la multa. 司机已交罚款补偿其过错。3. 为…付出代价：Pagó su crimen con 3 años de cárcel. 他因犯罪而蹲3年监狱。～ la/las 遭到报应：Ahora estás libre del castigo, pero me las pagará. 现在你没有受到惩罚，但是迟早会遭报应的。

pájaro, ra *m. f.* 1. 鸟：Debemos proteger a los pájaros. 我们应该保护鸟类。2. 奸诈的人：Apártate de esa mujer porque es una pájara. 你远离那个妇

女,她是个奸诈的女人。matar dos ~s de un tiro 一箭双雕, 一举两得:Fui a casa de mi amigo y de regreso, compré el diccionario, es decir, he matado dos pájaros de un tiro. 我去了朋友家,回来时又买了那本词典,这就是一举两得。

palabra *f.* 1. 单词:"Matamoscas"es una palabra compuesta."苍蝇拍"是个合成词。2. 话语:No he conseguido entender tus palabras. 我没弄明白你的话语。3. 诺言:Debes cumplir tus palabras. 你应该履行诺言。~s *pl.* 1. 空话,不切实际的话语:Lo que dices no es más que palabras. 你说的只不过是空话而已。2. 言论:Creo que éstas son las palabras de un literato. 我认为这些话语都是文学家的言论。medir las ~s讲话小心,出言谨慎:No es necesario que hables conmigo midiendo las palabras. 你和我说话没必要字斟句酌的。decir la última ~ 拍板,下结论:Todo el mundo esperaba que el director dijera la última palabra. 大家都在等待经理拍板。en una ~ 总而言之:En una palabra, tenemos que firmar el contrato. 总而言之,我们必须签此合同。faltar a la ~ 食言:Deseo que no faltes a tus palabras. 我希望你不要食言。quitar la ~ de la boca 抢话:No está bien que quites a la otra persona la palabra de la boca. 你抢别人的话是不妥当的。

palma *f.* 1. 手掌:El público daba palmas al compás de la música. 观众随着音乐的节拍击掌。2. (动物的)蹄掌:El mono tiene una herida en la palma izquierda. 那只猴子的左掌有伤。3. 棕榈树:La palma es muy alta. 棕榈树很高。conocer como la ~ de la mano 非常熟悉:Conozco la universidad como la palma de mi mano. 我非常熟悉那所大学。

palpar *tr. intr.* 1. 触,摸:El pasillo estaba muy oscuro y tuve que palpar la pared para encontrar la puerta. 走廊漆黑一团,我只得摸着墙壁寻找房门。2. 感受到,体验到:He palpado el entusiasmo de los asistentes. 我已感受到全体出席者的热情。

pantalón *m.* 裤子，长裤：Quiero comprar un pantalón que lleva cremallera. 我想买条带拉链的裤子。llevar los ～s 当家：¿Quién lleva los pantalones en tu casa? 你们家谁主事？

papel *m.* 1. 纸，纸张：Necesito un papel para escribirle un recado. 我需要一张纸给他写留言。2. 角色：En el drama el actor desempeñó un papel cómico. 那位男演员在话剧中扮演滑稽角色。3. 作用：El papel de Luis es muy importante en el trabajo. 路易斯在工作中的作用十分重要。～s *pl.* 文件，证件：Tengo que llevar estos papeles a la notaría. 我必须把这些文件送到公证处。hacer el ～ de 代替：Con la ausencia de Luis voy a hacer el papel de cocinero. 由于路易斯缺席，我代替他做厨师。jugar un ～ en 起…作用：Ha jugado un papel importante en la solución del problema. 他在解决该问题上发挥了重要作用。

par *adj.* 偶数的；成对的：El sesenta y seis es un número par. 66 是个偶数。Los guantes son pares. 手套是成对的。～ *m.* 1. 对：Li Hua y su hermana menor son un par de chicas. 李华和她的妹妹是一对姑娘。2. 双，副：Este par de zapatos me queda algo grande. 这双鞋我穿着有点儿大。a la ～ 同时：Juan y yo leemos el texto a la par. 胡安和我同时读课文。sin ～ 无与伦比的：Picasso es un pintor sin par. 毕加索是一位无与伦比的画家。de ～ en ～ 敞开着：Las ventanas de la habitación están de par en par. 那间房屋的所有窗户敞开着。

para *prop.* 1.（表示目的）为了：Vengo para acompañarte al cine. 我来这里就是为了陪你去看电影。2.（表示对象）为，给：Compro el diccionario para mi hija. 我为女儿购买那本词典。3.（表示方向）往，去：Salgo para Beijing enseguida. 我马上去北京。4.（表示时间）是：Faltan cinco minutos para las seis. 差 5 分钟 6 点。5.（表示用途）适于：Esta pastilla sirve para controlar el dolor de cabeza. 这种药片治头痛。6. 将要：Está para llover y tendré que recoger la ropa tendida. 要下雨了，我得把晾着的衣服收起来。

paralizar *tr.* (9) 1. 使麻痹，使瘫痪：La enfermedad paralizó la pierna izquierda al viejo. 疾病使老人的左腿瘫痪。2. 使停滞：La huelga ha paralizado la producción. 罢工使生产停滞。

parar *intr.* 1. 停止：El tren ha parado en Beijing. 那列火车停在北京。2. 中断：La producción ha parado debido a la escasez de materia prima. 由于缺少原料，生产中断。3. 停留，落脚：No sé en qué ciudad parará María. 我不知道玛丽娅将在哪个城市停留。4. 落到，落入：Finalmente el valioso cuadro paró en manos de un coleccionista extranjero. 最后，那幅珍贵的画作落入一位外国收藏家的手中。~ *tr.* 使停止：El operador paró la máquina para hacer una revisión. 操作工把机器停下来检修。~ *se prnl.* 1. 停下来：El camión se ha parado en la calle por una avería. 卡车因故障停在街道上。2. 止步：Párese, que está prohibido pasar. 请您止步，这里禁止通行。3. 慎重进行（与前置词"a"搭配）：Párate a pensarlo antes de responder. 答复之前，你要认真考虑一下。sin ~ 不停地：Al darse cuenta de la mala noticia, la chica lloraba sin parar. 女孩得知不幸的消息后不停地哭泣。

parecer *intr. tr.* (28) 1. 像，好像：La Torre de Pisa parece como si estuviera cayéndose. 比萨斜塔好像要倒塌似的。La casa parece un palacio. 那套住房像宫殿。2. 使觉得：Me parece algo caro el diccionario. 我觉得那部词典有点贵。Nos parece que tienes razón. 我们觉得你说得有理。~ *se prnl.* 相像，相似：Los dos hermanos se parecen. 兄弟俩长相相似。La casa de Diego se parece a la mía. 迭戈家的房子与我家的房子相似。~ *m.* 1. 看法，意见：Quiero saber tu parecer sobre este problema. 我想知道你对这个问题的看法。2. 相貌：Isabel es una joven de buen parecer. 伊莎贝尔是一个长相俊俏的女青年。al ~ 看来：Al parecer, estás indispuesto. 看来,你身体不适。a mi/nuestro ～ 依我(我们)看,我(我们)认为:A mi parecer, Juan es un joven honrado. 依我看,胡安是个诚实的青年。

parte *f.* 1. 部分:Hice cuatro partes de la tarta y las repartí. 我把蛋糕切成4份,然后分给大家。Entrego una parte de mi salario a mi mujer. 我把部分工资交给妻子。2. 地方:En cualquier parte de Madrid puedes encontrarte con un bar. 在马德里的任何地方,你都能见到酒吧。3.(对立的)一方:¿De qué parte estás? 你站在哪一方? 4.(相对的)一方:Ambas partes tienen el deseo de establecer la relación comercial. 双方愿意建立贸易关系。～s *pl.* 外部生殖器:Tienes que lavarte bien las partes antes de la operación. 手术前,你必须洗干净生殖器。de ～ de/de(mi, tu, su, etc.)1. 替…,以…的名义:Entrégale el regalo de parte de mi familia. 请你代表我们全家交给他那份礼物。Saluda a tus padres de mi parte. 代我向你的父母问好。2. 站在…一方:Estoy de parte de mi padre. 我站在父亲一方。Ma Li está de nuestra parte. 马力站在我们一方。por todas ～s 到处:En otoño las hojas caídas están por todas partes. 秋天,到处都是落叶。en ～ 部分:Creo que lo que has dicho es en parte verdad y en parte, mentira. 我认为你说的话部分是真,部分是假。tomar ～ en 参加,参与:Wang Lin tomó parte en la boda de Liu Xin. 王林参加了刘新的婚礼。

participar *intr.* 1. 参加,参与(与前置词"en"搭配):Me han invitado a participar en la fiesta. 我被邀参加联欢会。2. 共享;兼有(与前置词"de"搭配):Ella nos expresó que participaba de nuestra opinión. 她向我们表示,她同我们的看法一致。～ *tr.* 通知,告知:Me participó la llegada de José. 他告诉我,何塞已到达这里。

particular, es *adj.* 1. 特殊的,少有的:Ese señor tiene una costumbre particular. 那位先生有一个特殊的习惯。2. 私人的:Éste es un jardín particular.

这是一处私人花园。3. 专有的，专用的：El patrón tiene un chófer particular. 那位老板有专用司机。~ m. f. 1. 普通人：El Palacio de Verano era un parque imperial, entonces no permitían entrar a los particulares. 颐和园以前是御花园，不允许普通人入内。2. 涉及的事情，问题：Ayer discutimos sobre ese particular. 昨天我们讨论了那件事情。en ~ 尤其，特别：Me gusta esta falda, en particular su color. 我喜欢这条裙子，尤其是它的颜色。sin otro ~ 别不多谈：Sin otro particular, le doy un cordial saludo. 别不多谈，向您致以良好的问候。

partir *tr.* 1. 分开，分割：Partió la carne en pedazos. 他把肉切成碎块。2. 分配：Parto caramelos entre los niños. 我把糖果分给孩子们。3. 打破，砸碎（外壳）：El muchacho ha partido las nueces con martillo. 小伙子用榔头砸开核桃。~ *intr.* 1. 出发：Partimos a Shanghai a las cuatro de la tarde. 下午4点我们出发去上海。2. 基于，出于：Vengo a visitarte partiendo de nuestra amistad. 鉴于咱们之间的友谊，我来看望你。~ se *prnl.* 分裂，分成派别：Los miembros del club se han partido. 俱乐部的成员已四分五裂。a ~ de 从…开始，从…算起：Trabajo en esta empresa a partir de hoy. 从今天起，我在这家企业工作。

pasar *tr.* 1. 移动：Paso las mesas y sillas de la habitación a la sala. 我把房间的桌椅移至客厅。2. 穿过：Pasé el río por el puente. 我从桥上过河。3. 超过，超越：Al pasajero se le ha pasado la parada. 那个乘客坐过站了。4. 传递，递给：Páseme por favor la revista. 请您递给我那本杂志。5. 通过：He conseguido pasar el examen de inglés. 我通过了英语考试。6. 过得（好，坏）：¿Cómo le pasó anoche? 昨晚您过得如何？7. （使用器械）穿过：El pícaro pasó el brazo del muchacho con la cuchilla. 流氓用刀子刺透了小伙子的胳膊。8. 忍受；经受：Ha logrado el éxito pasando muchas dificutades. 他经受了许多困难才取得成功。9. 度过：El año pasado pasé el invierno en Shanghai. 去年我在上海度过了冬天。~*intr.* 1. 通过：Paso por la puerta lateral para entrar en la sala. 我通过侧门进入大厅。2.（时间）流动：Ayer pasó rápido. 昨天过得很快。3. 经过，路过：Alberto pasó por su casa sin entrar. 阿尔贝托经过自家门口却未进去。4. 去：Pase a la sala para esperarme. 您去大厅等我。5. 转入；开始（某个话题）：Pasamos a discutirlo después de la comida. 吃过午饭我们再讨论。6. 传播，扩散：La noticia pasó de boca en boca. 消息传开了。7. 发生：Ha pasado un accidente. 刚刚发生了一起事故。~ *se prnl.* 1. 过分：Creo que se ha pasado de modesto. 我认为他过分谦虚。2. 过期，失效：El contrato se pasó de su validez. 合同已过期。3. 忘记：Perdón, se me pasó despertarte. 对不起，我忘记叫醒你了。4. 投靠：El político se pasó al partido opuesto. 那位政治家投靠了反对党。5. 过熟；变质：Los tomates se han pasado y los he tirado. 西红柿已经变质，我都扔掉了。~ de largo 经过…而不停留，过门不入：Vi un restaurante en la calle, pero pasé de largo. 我在那条街上看到一家餐馆，但是没有进去。~ por alto 忽视；迁就：Los padres no deben pasar por alto las conductas de sus hijos. 父母不应忽视子女的举止。~ a mayores 事情变糟，矛盾激化：Si no tomamos medidas para solucionarlo, el problema va a pasar a mayores. 如果不采取措施加以解决，问题就会更加严重。~ de todo 漠不关心：Luisa es una mujer que pasa de todo. 路易莎是个对任何事都漠不关心的女人。

pasear *intr.* 散步：Paseo por el jardín. 我在花园散步。~ *tr.* 1. 领人行走：La madre pasea a su niño por la plaza. 母亲领着孩子在广场行走。2. 遛（动物）：A la mujer le gusta pasear a su perro todas las mañanas. 那位女士喜欢每天早上遛狗。~ *se prnl.*（想法，念头）萦绕（自复形式，与前置词"por"搭配）：La idea de viajar a Francia se me pasea por la cabeza. 去法国旅行的想法在我的脑海里萦绕。

paso *m.* 1. 通过，驶过，渡过：Aquí se prohibe el paso de camiones. 这里禁止卡车通行。2. 走动；脚步：Por la enfermedad la anciana no podía dar ni un paso. 因患病，老大娘寸步难移。3. 通道：Cruzamos la calle por el paso subterráneo. 我们经地下通道穿过那条街道。4. 关口：Éste es un paso importante que conduce al norte. 这是通往北方的重要关口。5. 步骤：Hay que seguir unos pasos para solicitar la licencia de funcionamiento. 申请营业执照须经过几个步骤。6. 步伐：Los soldados marchan con pasos firmes. 士兵迈着坚定的步伐行进。7. 脚印：La policía ha descubierto unos pasos en la habitación de la víctima. 警察在受害人的房间发现了几个脚印。~s *pl.*（篮球比赛）走步：El árbitro pitó pasos al jugador número cinco. 裁判判罚5号队员走步。abrir ~ 开路：El muchacho se ofreció a abrir paso entre la multitud. 小伙子自告奋勇在人群中开路。a un ~/unos ~s 近前，几步远近：La casa de María está a unos pasos de la escuela. 玛丽娅的家离学校很近。~ a ~ 一步步地，慢慢地：Podemos resolverlo paso a paso. 我们能够逐步地解决那一问题。de ~ 顺路，顺便：Voy a recibir a mi amigo a la estación y de paso, traeré tu paquete. 我去车站接我的朋友，顺便把你的包裹取回来。a ~ de tortuga 非常缓慢：La anciana anda a paso de tortuga. 老大娘走路十分缓慢。

pastilla *f.* 1. 药片：He tomado unas pastillas para el dolor de la cabeza. 我吃了几片治头疼的药片。2. 块，片：Necesito una pastilla de jabón. 我需要一块肥皂。a toda ~ 快速地，飞速地：El policía salió a toda pastilla hacia el lugar del accidente. 警察朝事故地点飞奔而去。

pata *f.*（动物、家具的）爪；腿：Esta silla no sirve porque una de las patas está rota. 这把椅子的一条腿坏了，不能用。a cuatro ~s 匍匐着：El niño todavía anda a cuatro patas. 小

男孩仍旧爬着走路。Iba tan borracho que subió las escaleras a cuatro patas. 他喝得烂醉,爬着楼梯上楼。a la ~ coja 单腿跳着:El niño volvió a casa a la pata coja porque un zapato estaba roto. 小男孩的一只鞋坏了,于是单腿跳着回家。meter la ~ 干蠢事:Metimos la pata permitiendo que participara en la reunión. 我们允许他参加会议是办了件蠢事。~s arriba 倒立:La carretilla se cayó y quedaba patas arriba. 小推车倒地后,倒立着。mala ~ 背运,运气不佳:Tengo mala pata en el trabajo. 工作中,我运气不佳。

patinar *intr.* 1. 滑冰:En invierno me gusta patinar. 冬天我喜欢滑冰。2. 车轮打滑:El coche patinó sobre el hielo. 轿车在冰面上打滑。

patrocinar *tr.* 1. 帮助;保护(宾语指人时,与前置词"a"搭配):Patrocinamos a los damnificados. 我们帮助灾民。2. 赞助:Esta empresa ha patrocinado el equipo de fútbol. 这家企业赞助了该足球队。

paz *f.* 1. 和平:Queremos la paz. 我们热爱和平。2. 和约:Los dos países han firmado la paz. 两国签定了和约。3. 祥和:En nuestro curso reina la paz. 我们班充满了祥和的氛围。4. 宁静,安静:Me gusta leer en un sitio lleno de paz. 我喜欢在非常宁静的地方看书。dejar en ~ 让…安宁:Déjame en paz, que estoy estudiando. 你让我安静会儿,我在学习呢。estar/quedar en ~ 账目了结,不欠账的:Estoy en paz contigo después de pagarte la deuda. 我付清所欠你的债款后,与你账款两清。hacer las paces 重归于好:Los dos muchachos han hecho las paces. 两个小伙子重归于好。poner ~ 调解纠纷:El profesor ha puesto paz entre los dos alumnos. 教师劝解两位发生纠纷的学生。

pecar *intr.* (7) 1. 违犯教规:Al saber que ha pecado, se arrepiente. 知道自己违犯教规之后,他后悔不已。2. 错在,失于:El muchacho ha pecado con su imprudencia. 小伙子错在自己的冒失上。3. (好的品质方面)过于:Éste es un señor que peca de generoso. 这是一位非常大方的先生。

pecho *m.* 1.（人或动物的）前胸：El caballo tiene un pecho muy ancho. 那匹马的前胸很宽。El deportista tiene un pecho lleno de músculos. 那个运动员的胸部全是肌肉。2. 乳房：La modelo tiene unos pechos bonitos. 那个女模特乳房很漂亮。3. 内心：Queremos saber lo que alberga el niño en su pecho. 我们想知道那个男孩的内心所思。dar el ～ 喂奶：La madre da el pecho a su bebé. 母亲给自己的婴儿喂奶。partirse el ～ 尽力保护：Ante el enemigo el soldado se partió el pecho por sus compañeros. 面对敌人，那位士兵尽力保护自己的战友。tomar a ～ 1. 认真对待；专心致志：Creo que puede hacerlo bien porque se lo toma muy a pecho. 我认为他能做好这件事，因为他做事十分专心。2. 耿耿于怀；当真：Deja de hacerle bromas, él puede tomárselas a pecho. 你别再跟他开玩笑了，他会当真的。

pedazo *m.* 块，片，段：Juan dio un pedazo de pan al chico. 胡安给了男孩一块面包。He comido pan con un pedazo de queso. 我吃了夹着一片奶酪的面包。estar hecho ～s/caerse en ～s 筋疲力尽：Después de un intenso trabajo, estoy hecho pedazos. 紧张劳动过后，我累得筋疲力尽。hacerse ～s 弄碎，粉碎：El jarrón de porcelana cayó de la mesa y se hizo pedazos. 大瓷瓶从桌上掉下来，摔得粉碎。

pedir *tr.* (23) 1. 请求，要求（宾语指人时，与前置词"a"搭配）：El niño pide un regalo a sus padres. 男孩向父母要礼物。Luis me pidió que le trajera una revista. 路易斯让我给他捎一本杂志。2. 讨要：El mendigo pedía limosna a los transeúntes. 乞丐向行人乞讨。3. 需要：La habitación pide una buena limpieza. 那个房间需要大扫除。4. 希望：Pedimos que vivas feliz. 我们希望你生活幸福。5. 索价：¿Cuánto me pides por esta moto? 这辆摩托车你让我付多少钱？

pegar *tr.* (8) 1. 粘，贴：Pega el

mapa en la pared. 你把地图贴在墙上。2. 缝：La mujer pega los botones de la chaqueta. 那个妇女缝上衣的纽扣。3. 传染，染上：¡Hombre! Me ha pegado la gripe. 好家伙！你传染我得了感冒。El hombre ha pegado a su mujer el vicio de fumar. 那个男人使他的妻子染上吸烟的恶习。4. 打（宾语指人时，与前置词"a"搭配）：No pegues al niño. 你别打那个小男孩。5. 贴着，紧挨着：No pegues el florero al televisor. 你别把花瓶紧挨着电视机。~ intr. 1. 相配：Este par de zapatos no pegan con el pantalón. 这双鞋与那条裤子不相配。2. 碰撞：El camión pegó contra el farol aunque se frenó. 虽然卡车已刹车，但还是撞上了路灯。3. 挨着，贴着：Mi casa pega con la librería. 我家和书店紧挨着。~ se prnl. 1. 打架，斗殴（相互形式）：Los dos muchachos se pegaron en la calle. 两个小伙子在大街上动起手来。2. 粘上：Al meter ravioles en la olla, hay que moverlos para que no se peguen. 饺子下到锅里必须翻动以免粘连。~ se los ojos 困得眼都睁不开了：Estoy tan cansado que se me pegan los ojos. 我累得双眼都睁不开了。pegársela（对配偶）不忠：Su marido se la pegaba con una mujer. 她丈夫与一个女人混在一起。

peinar *tr. prnl.* 1. 梳理头发：Me peino después de levantarme. 我起床后梳头。2. 仔细查看；仔细搜查：Peiné toda la habitación buscando la llave perdida. 我仔细查看了整个房间，寻找那把丢失的钥匙。3. 清理，梳理：La mujer peinaba la lana antes de meterla en el edredón. 那位妇女把羊毛填入被子之前，梳理它。

pelar *tr.* 1. 去掉（动物的）皮毛：El vendedor peló la gallina después de matarla. 商贩把母鸡杀死后，剥掉羽毛。2. 削皮，剥皮：Chica, pélame una pera. 姑娘，给我削个梨吃。3. 剃头：El peluquero me ha pelado. 理发师为我剃了光头。4. 骗光，抢光（钱财）：Una banda de malvados lo peló sin dejarle nada. 一帮坏蛋抢去了他的钱财，分毫未剩。5. （野

蛮地）指责：La mujer está pelando a sus vecinos. 那个女人正野蛮地指责她的邻居们。~ se *prnl.* 1.（因病或事故）掉光头发：El enfermo que padecía de cáncer se fue pelando. 那位身患癌症的病人头发逐渐脱落。2.（因暴晒、火烤等）皮肤脱落：Como todos los días trabajaba bajo el sol, entonces se le peló la espalda. 由于每天在太阳下劳作，他的后背已脱去一层皮。duro de ~ 很难对付的，难办的：Se ha encontrado con un rival duro de pelar. 他碰上了一个难以对付的对手。

pelear *intr.* 1. 斗殴；争斗：Los dos muchachos pelearon con violencia. 两个小伙子拼命地斗殴。2. 战斗：Los soldados peleaban heróicamente. 战士们勇敢地战斗。3. 抗争：Peleaba para salir de la droga. 他为摆脱毒品而抗争。~ se *prnl.* 争吵，吵架：Se pelearon por su respectivo interés. 他们为了各自的利益而争斗。

pelo *m.* 1. 毛：El pelo del conejo es muy blanco y limpio. 那只兔子的毛很白。2. 头发：El muchacho lleva el pelo muy largo. 小伙子的头发很长。3.（水果上的）茸毛：El pelo de melocotón me da alergia. 桃的茸毛使我过敏。4.（刷子等）毛：Éste es un cepillo de pelo duro. 这是一把硬毛刷子。5.（动物的）毛色：Me gusta el pelo del caballo. 我喜欢那匹马的毛色。6.（宝石上的）暗纹：Como el diamante tiene un pelo, es barato. 那颗钻石有暗纹，所以便宜。7. 裂纹，裂缝：El cristal de la ventana tiene un pelo. 那扇窗户的玻璃有裂纹。de medio ~ 级别低的；无分量的：Este señor es un funcionario de medio pelo. 这位先生是位无足轻重的官员。al ~ 恰好，适时地：Me regaló un libro que me vino al pelo para que conociera la cultura chilena. 他送给我一本正好便于我了解智利文化的书。estar en un ~ 差一点儿：Has estado en un pelo de encontrarte con ella en el aeropuerto. 你差一点儿在机场遇上她。tomar el ~ 取笑，挖苦：Sus compañeros le toman el pelo cuando él lleva una chaqueta muy extraña. 看

到他身穿一件式样怪异的上衣,同伴们都取笑他。a ~ 没备鞍的: No me acostumbro a montar a pelo. 我不习惯骑不备鞍的马。con ~s y señales 详细地: Le conté mi viaje a España con pelos y señales. 我向他详细讲述了我的西班牙之行。

pena *f.* 1. 伤心,难过: Me da pena ver pidiendo limosna por la calle a este niño. 看到这个男孩沿街乞讨我很伤心。2. 遗憾: Siento pena de no poder hacer nada para ti. 我因不能为你做点什么而感到遗憾。3. 艰辛: He pasado muchas penas para mantener a toda mi familia. 为了养家糊口,我付出了许多艰辛。4. 处罚,刑罚: El juez lo ha condenado a una pena de dos años de cárcel. 法官判处他两年监禁。a duras ~s 好不容易,艰难地: Logramos terminar el trabajo a duras penas. 我们艰难地完成了那项工作。merecer/valer la ~ 值得: Merece la pena que leamos este libro. 这本书值得我们阅读。so ~ de 唯有,除非: No te dejo salir, so pena de que te permita tu madre. 我不让你出去,除非你母亲许可。

penetrar *tr.* 1. 钻入: El rayo de sol penetra en la habitación por la ventana. 阳光从窗户射入房间。2. 渗入,进入: El agua de lluvia penetró la tierra. 雨水渗入大地。3. 看透;理解: Ese señor tiene una mirada que te penetra. 那位先生有一种看透你内心的目光。4. 使感觉刺痛,寒气刺骨: El frío de esta zona penetraba las carnes. 这一地区寒冷刺骨。~ *intr.* 钻入,进入;深入: No penetres solo en el bosque. 你别独自一人进入森林。

pensar *intr.* (16) 1. 想,考虑: No puedo decir nada antes de pensar. 未加考虑之前,我什么也不会讲出来。2. 想念;想起: La niña está pensando en sus padres. 小女孩想念父母。~ *tr.* 1. 打算,考虑: Pienso viajar contigo. 我打算和你外出旅行。Pensamos cómo vamos a solucionar el problema. 我们在考虑如何解决该问题。2. 认为,以为: Pienso que tienes razón. 我认为你有道理。sin ~ 匆忙地;不假思索地;无

意地: Perdón, lo he hecho sin pensar. 对不起,我不是有意这样做。

peor, es *adj.* 1. 较坏的,较差的: Esta mesa es peor que aquélla. 这张桌子比那张桌子差。 2.(与冠词搭配)最坏的或最差的: De los libros que he leído, éste es el peor. 我所看过的书里,这本书最差。~ *adv.* 较差,较坏;更差: Ahora se encuentra peor. 现在他身体很差。

pepino *m.* 黄瓜: El pepino se come crudo. 黄瓜可以生吃。 importar un ~ 无关紧要: Su crítica me importa un pepino. 他的批评对我来讲无关紧要。

percibir *tr.* 1. 感觉,察觉: He percibido algo anormal al entrar en la sala. 我一进入大厅,便感觉情况有些异常。 2. 领会: Hago todo lo posible para percibir lo que has dicho. 我尽最大努力领会你所讲的话语。 3. 领取: Vengo a percibir mi salario. 我来领取我的薪水。

perder *tr.* (17)1. 丢失: Perdió la llave de su bicicleta. 他把自行车钥匙丢了。 2. 丧失: Durante la guerra muchas familias perdieron a sus familiares. 战争期间,许多家庭失去了亲人。 3. 浪费,耗费: He perdido toda la tarde charlando con él sin ningún logro. 我耗费了整个下午的时间与他交谈,但毫无收获。 4. 失去;错过: No debo perder la oportunidad de practicar español. 我不应错过实践西班牙语的机会。 5. 输掉: Este equipo de fútbol ha perdido el partido. 这支足球队输掉了那场比赛。 6. 损失: El comerciante ha perdido su dinero en este negocio. 那位商人在这桩生意上赔了钱。 La sequía ha perdido la cosecha. 干旱使收成受损。 7. 减轻体重: Mediante el ejercicio físico ya he perdido unos cinco kilos. 通过身体锻炼,我的体重减轻了大约5公斤。 8. 丢掉: No debes perder el respeto a los mayores. 你不应失去对长辈的尊敬。 ~ se *prnl.* 1. 迷路: Nos perdimos en el bosque. 我们在森林里迷路了。 2. 遗忘;糊涂: Explícamelo de nuevo, que estoy perdiéndome. 你再解释一下,我一时糊涂了。 3. 迷恋;狂爱(与前置词"por"

搭配）：Me pierdo por tener una moto. 我渴望拥有一辆摩托车。

perdonar *tr.* 1. 原谅，宽恕：Perdona que no te haya escrito. 原谅我没给你写信。2. 赦免，免除（宾语指人时，与前置词"a"搭配）：Finalmente los padres perdonaron a su hijo. 最后，父母免除了对儿子的惩罚。

perdurar *intr.* 长久，持续：Deseo que perdure la amistad entre nosotros. 我希望我们之间的友谊长存。

perecer *intr.* (28) 1. 死亡，辞世：El anciano pereció ayer a las siete de la noche. 老大爷于昨晚七点辞世。2. 消亡：La amistad entre nosotros nunca perecerá. 咱们之间的友谊永存。3. 深受折磨；无法生存：Ahora perezco de hambre. 眼下我饿得要死。

perfeccionar *tr.* 使完美；改善：Debo practicar más para perfeccionar la pronunciación. 我应该加强练习，以使发音完美。

perforar *tr.* 钻孔，打眼；穿透：Los operadores perforaron pozos para extraer el petróleo. 操作工钻井开采石油。El trabajador perforó un agujero en la pared para que pasara un tubo de agua. 工人在墙上打孔，以便水管通过。

perjudicar *tr.* (7) 损害，伤害：El tabaco perjudica la salud. 烟草有害健康。

permanecer *intr.* (28) 1. 处在，停留：No quiero permanecer en la habitación húmeda. 我不愿住在那间潮湿的房屋里。2. 保持，持续：No entendí por qué permanecía callado en la reunión. 我不明白您为何在会上一言不发。

permiso *m.* 1. 允许，许可：Su padre no le dio permiso para que saliera. 他父亲不允许他出门。2. 许可证；执照：El ayuntamiento me ha otorgado el permiso de gestión. 市政府向我颁发了营业许可证。3. （请）假：Pedí permiso al jefe para acompañar a mi padre al hospital. 我向领导请假，陪我父亲去医院。con ~ 对不起，劳驾：Con permiso, déjeme pasar. 劳驾，让我过去。

permitir *tr.* 1. 允许，许可：No le permitieron que entrara en la discoteca. 他未到规定年龄，因

而未被允许进入舞厅。2. 容忍,纵容:La madre no permite que su hijo coma sin lavarse las manos. 母亲不答应儿子不洗手就用餐。3. 使可能:La puerta principal permite la entrada de la máquina. 那台机器能够从正门进入。~ se *prnl.* 1. 放任:No puedo permitirme este lujo. 我不能放任这种奢侈行为。2. 冒昧:Me permito hacerle una pregunta. 我冒昧地向您提个问题。

perseguir *tr.* (5) 1. 跟踪;追击,追捕:La policía perseguía al asesino. 警方追捕那个杀人犯。2. 追求:Lo único que persigo es una casa cómoda. 我唯一追求的就是拥有一套舒适的住房。3. 跟随;缠着:El dolor de espalda le perseguía. 背痛始终伴随着他。

persistir *intr.* 1. 坚持(与前置词"en"搭配):No persistas más en tu punto de vista erróneo. 你别再坚持自己的错误观点。2. 持续:El calor persististe todo el día sin disminuir. 炎热持续了整整一天,仍未减弱。

persona *f.* 1. 人:En la sala sólo hay dos personas. 大厅里只有两个人。2. 人称:En el español, el verbo abarca tres personas: la primera, la segunda y la tercera. 西班牙语动词包括三个人称,即:第一人称、第二人称和第三人称。en ~ 亲自:Voy a recibirte en persona al aeropuerto cuando regreses. 你回国时,我将亲自去机场接你。

persuadir *tr.* 使信服,说服;劝说:Lo persuadí para que dejara de fumar. 我曾劝说他戒烟。

pertenecer *intr.* (28) 1. 归…管辖;由…负责(与前置词"a"搭配):El pasajero que pertenece a la Unión Europea no necesita mostrar su pasaporte. 属于欧盟的乘客不必出示护照。2. 属于…所有:Esta casa pertenece a mi abuelo. 这处住房属于我祖父所有。

perturbar *tr.* 1. 搅乱,骚扰:¡Chico!, no perturbes el silencio de la sala de lectura. 小伙子,别搅乱阅览室的安静。2. 令人心烦意乱:El ruido que sale del campo de construcción me perturba. 从工地传出来的噪音令我心烦。3. 打断别人的话语:El grito del niño perturbó al conferenciante. 男孩的喊叫声打断了报告人的讲话。~ se *prnl.* 失去理智,神经错乱(自复形式):Al saber la muerte de su mujer e hijo en el accidente se perturbó. 得知妻子和儿子在事故中死亡的消息,他顿时失去理智。

pesar *tr.* 1. 称重:Pésalo en la báscula. 你把它放在台秤上称一下。2. 重量:La bolsa de tomates pesa 2 kilos. 那袋蕃茄重2公斤。3. 掂量,斟酌:Tienes que pesarlo antes de expresar tu idea. 表达想法之前,你要斟酌一下。~ *intr.* 1. 沉重:Entre los dos llevan un saco de patatas que pesa mucho. 两个人拖着一袋沉甸甸的马铃薯。2. 有分量的,举足轻重的:José es un personaje que pesa mucho en el proyecto. 何塞在那个项目中是个举足轻重的人物。3.（情绪等）产生影响:Le pesaba mucho la separación de su compañero. 与同学的分别使他的情绪受到很大影响。4. 感到后悔;难过:Me pesa no haberte invitado a la cena. 我因未邀请你一同晚餐而后悔。~ *m.* 1. 伤心,难过:La muerte de su padre le produjo un gran pesar. 父亲的去世令他十分难过。2. 遗憾,悔恨:Tengo un gran pesar por mi imprudencia. 我因自己的冒失而感到十分愧疚。a ~ de/ que 虽然,尽管:Salí de paseo a pesar de la nieve. 尽管下雪,我仍旧去户外散步。A pesar de que estaba muy ocupado vino a ayudarme. 虽然他当时很忙,还是帮我来了。pese a 不顾;尽管:Pese a la protesta de los empleados, el empresario despidió a unos de ellos. 厂主不顾职工的抗议,仍旧辞退了他们当中的一些人。

pescar *tr.* (7) 1. 捕,捞:El barco salió a alta mar para pescar el atún. 那条船开往公海捕捞金枪鱼。2. 钓:Le gusta pescar en el lago. 他喜欢在湖里钓鱼。3. 得到:Por casualidad él ha pescado un puesto bastante bueno. 他碰巧得到一个相当理想的岗位。4. 染病:No he ido al trabajo porque pesqué la gripe. 我感冒了,没去上班。5. 撞见;发现:El policía lo pescó robando. 警察发现他正在行窃。

peso *m.* 1. 重力：El peso se mide en gramos. 重力按克测定。2. 重量：La bolsa de tomates tiene 2 kilos de peso. 那袋番茄的重量是2公斤。3. 重压；负担：Estoy cansado de llevar todo el peso del trabajo en la empresa. 我已厌倦在企业承担那项工作的全部重担。4.（货币）比索：El televisor de color vale 20 000 pesos. 那台彩色电视机价值2万比索。5. 铅球：El peso de las pruebas masculinas tiene unos siete kilos. 男子比赛所用的铅球重约7公斤。de ~ 1. 重要的，显要的（人物）：Ese señor es un funcionario de peso en el país. 那位先生是该国地位显要的官员。2. 重要的，有分量的：Tengo razones de peso para despedirte. 我有充足的理由辞退你。

picar *tr.*（7）1. 使觉得痒或辣：Esta camisa áspera me pica mucho. 这件粗糙的衬衣使我身体十分瘙痒。2. 叮：El mosquito me ha picado en la pierna. 蚊子叮了我的腿。3. 啄：El pájaro pica los granos en el suelo. 那只鸟啄食地上的谷粒。4. 剁碎：La mujer está picando la carne. 那位妇女正在剁肉。5. 刺激：Tus palabras me han picado mucho. 你的话语对我刺激很大。6. 咬（钩）：Espero con paciencia que el pez pique. 我耐心等待鱼上钩。7. 剪票：El revisor no me ha picado el billete. 检票员没有剪我的票。8. 吃零食：Les he puesto en la mesa un platillo de pastel para picar. 我放在桌上一小盘甜点，供大家当零食吃。9. 使不快，生气：Tu conducta me ha picado. 你的举止令我生气。~ *intr.* 1. 扎，刺：Pico en la pared para hacer un agujero. 我在墙壁上打眼弄个孔。2. 受骗，上当：Le prepararon una trampa y picó. 他们为他设了一个陷阱，他上当了。3.（食物、饮料等）损坏，变质：La tortilla está picada. 煎饼变质了。~ *se prnl.* 1. 有孔：La chaqueta se ha picado. 上衣破了个洞。2. 受损：El niño comía muchos caramelos y se le han picado los dientes. 男孩吃了很多糖果，牙齿受到损害。3.（金属表面）出现孔或裂缝：La chapa del autocar se ha picado. 大客车的金属表皮出现裂纹。

pie *m.* 1.（人的）足：Al chico le duele el pie derecho. 男孩的右脚疼痛。2.（动物的）蹄，爪：El perro tiene una herida en el pie izquierdo. 公狗的左爪有伤。3. 底座：El pie de la lámpara de mesa está roto. 台灯的底座坏了。4. 页脚：Puedes firmar en el pie de la carta. 你可以在信的页脚签名。5.（画儿的）题款：Puedo saber quién es el autor mirando el pie de la pintura. 我扫一眼画儿的题款，便知道作者是谁。6. 英尺：La altura de la montaña llega a mil pies. 那座山的高度达到1000英尺。a ~ 步行：Vuelvo a casa a pie. 我步行回家。de/en ~ 站立：Escuchaba la conferencia de pie. 我始终站着听讲座。al ~ de la letra 逐字逐句地，不折不扣地：He avisado lo que me dijiste a los demás al pie de la letra. 我把你告诉我的话原封不动地传达给其他人。al ~ de 在…脚下：El pueblo está al pie de la colina. 村庄位于那座小山的山脚。a ~ firme 原地不动地：Ayer te esperé a pie firme durante una hora. 昨天我原地不动地等了你1小时。con ~s de plomo 小心谨慎地：En adelante tengo que ir con pies de plomo en el trabajo. 今后，我在工作中必须小心谨慎。dar ~ para 提供口实：Tu intervención me ha dado pie para sospechar de ti. 你的参与为我对你的猜疑提供了口实。poner ~s en polvorosa 逃之夭夭，仓促逃离：Al ver a su padre, el niño puso pies en polvorosa. 小男孩看到父亲后，马上逃之夭夭。saber de qué ~ cojea 了解某人的短处：Mi jefe no se atreverá a meterse conmigo porque sé muy bien de qué pie cojea. 我的上司不敢跟我找麻烦，因为我了解他的短处。

piedra *f.* 1. 石块，石头：El niño ha roto el cristal de la ventana con una piedra. 小男孩用石头打碎了窗户玻璃。2. 石料：El muro de mi casa es de piedra. 我家的外墙是石料砌的。3. 火石：El mechero no funciona porque no tiene piedra. 因为没了火石，打火机失灵。4. 结

石：Dicen que esta medicina sirve para quitar las piedras del riñón. 据说，这种药可排除肾内结石。～ preciosa 宝石：Mi esposa tiene un anillo con una piedra preciosa. 我妻子有一枚镶宝石的戒指。quedarse de ～ 惊呆：Me quedé de piedra al enterarme de la noticia. 得知那一消息，我顿时惊呆了。ser/parecer de ～ 铁石心肠的人：Li Bing es un hombre de piedra. 李兵是个铁石心肠的男人。

pinchar *tr. prnl.* 1. 刺，扎：Pincha la carne con el tenedor. 你用叉子扎肉。¡Cuidado! No se pinche al coger la aguja. 小心！您拿针时别扎着。2. 注射，打针：La enfermera ha pinchado al niño. 女护士为男孩打了一针。3. 激怒：Deja de pincharle, que ya está enfadado. 他正在生气，你别再火上浇油了。～ *intr.* (车胎) 扎了：Como el coche se ha pinchado en el camino, llegamos tarde. 轿车车胎在路上扎了，所以我们迟到了。～ se *prnl.* 注射毒品：No vuelvas a pincharte, que esto te mata. 你别再注射毒品了，这种东西会使你丧命的。ni ～ ni cortar 不起作用：Mi consejo no le sirve para nada, ni pincha ni corta. 我的劝告对他来讲，不起任何作用。

pintar *tr. prnl.* 1. 绘画，着色：A este pintor le gusta pintar con colores oscuros. 这位画家喜欢使用深色绘画。2. 油漆：He pintado la puerta de color café. 我把房门漆成咖啡色。3. 描绘：Mi compañero ha pintado su pueblo como un sitio cerrado. 我的同学把他的家乡描绘得像个闭塞的穷乡僻壤。4. 化妆；美容：El maquillador está pintando a la estrella de cine. 化妆师为女影星化妆。5. 重要的，举足轻重的：Como no pinto nada aquí, me marcho. 我呆在这里无足轻重，于是离开了。～ *intr.* (笔) 不出墨汁：Voy a comprar una carga para el bolígrafo porque ya no pinta. 圆珠笔不出水了，我去买支笔芯。

pisar *tr.* 1. 踩，踏：Con la oscuridad, pisé el pie de un señor sin querer. 因为天黑，我无意中踩了一位先生的脚。2. 欺侮；瞧不起：Muchacho, no pises a este niño. 小伙子，你别欺侮这个男孩。3. 去；出现在（用于否定句）：Hace dos años que no piso Beijing. 我已有两年没去北京了。4. 当面伤害：Pisó a su mejor compañero para conseguir la beca. 为了争到奖学金，他当面伤害了他最要好的同学。

placer *m*. 1. 愉快，高兴：Para mí es un placer conversar contigo. 我很高兴和你交谈。2. 消遣，娱乐：Me gusta el viaje de placer. 我喜欢消遣性的旅行。tener el ～ de 荣幸；高兴：Tengo el gran placer de acompañarte al cine. 我很高兴陪你去电影院。～ *intr*.（28）使愉快，高兴：Tu presencia me place. 你的到场令我高兴。

planchar *tr*. 1. 熨，烫：Plancha la camisa. 你熨一下衬衣。2. 平整，除皱：Éste es un aparato que sirve para planchar la ropa. 这是一个平整服装的设备。

planear *tr*. 计划；安排：Planeo viajar al sur de China en octubre. 我计划十月去中国南方旅行。～ *intr*. 滑翔，盘旋：El águila planeaba sobre el campo. 老鹰在田野上方盘旋。

planificar *tr*. （7）计划，规划：Quiero planificar de nuevo la distribución de la oficina. 我想重新规划办公室的布局。Planificamos el volumen de producción según la demanda. 我们以求需定产。

plantar *tr*. 1. 栽，种植：Plantaron muchos árboles alrededor de la escuela. 学校周围栽了许多树。2. 竖立：Al subir a la cumbre, los alpinistas plantaron la bandera nacional. 登山队员登上山顶后，竖立了一面国旗。3. 放置：Planté el jarrón de porcelana en la mesa. 我把大瓷瓶摆在桌上。4. 打，给（耳光、拳击等）：Me plantó una bofetada. 他打了我一记耳光。5. 将某人置于（作为惩罚）：Lo plantaron en la calle por gritar en la sala. 因为他在大厅里乱喊乱叫，人们把他抛在大街上。6. 失约；撇下：Ellos me han plantado, creo que se confunden de hora. 他们把我撇在那里，我认为他们弄错了时间。～ *se prnl*. 1. 站立不动（自复形式）：El chico se plantaba ante mi casa

plantear

para esperarme. 男孩原地不动地站在我家门口等我。2. 坚持（想法、意见）: Se plantaba en su opinión. 他始终坚持自己的意见。3.（短时内）到达: Se plantará en la estación de tren dentro de veinte minutos. 他20分钟之内就会赶到火车站。

plantear *tr.* 1. 提出: Luis planteó su propuesta ante nosotros. 路易斯当面向我们提出了他的建议。2. 倡议: Este político planteó una reforma económica. 这位政治家倡议经济改革。~ se *prnl.* 考虑，琢磨: Me planteo la posibilidad de trabajar en el extranjero. 我在考虑去国外工作的可能性。

plasmar *tr.* 1. 塑造: El artista ha plasmado en barro un niño pastor montado en un buey. 那位艺术家用黏泥塑造了一个骑在牛背上的牧童。2.（在文章、作品中）展现，勾勒出: El economista ha plasmado la actual situación económica en su artículo. 那位经济学家在文章中展现了当前的经济形势。

plaza *f.* 1. 广场: En la plaza hay una fuente. 广场上有一个喷泉。2. 市场: Voy a comprar verduras a la plaza. 我去市场买菜。3. 位置: El avión cuenta con trescientos ochenta y cuatro plazas. 那架客机有384个座位。4. 职位: Aunque hice esfuerzos no he conseguido la plaza. 尽管我做出努力，仍未获得那个职位。5. 要塞；城堡: Ésta fue una plaza antigua. 这里曾经是个古城堡。~ de toros 斗牛场: Hay una plaza de toros cerca de mi casa. 我家附近有一个斗牛场。

plazo *m.* 期限: ¿Podría ampliar el plazo de la devolución de las revistas? 您能延长一下归还杂志的期限吗? a ~s 分期: Quiero pagarlo a plazos. 我想分期付款。a corto ~ 短期: La empresa ha organizado una formación técnica a corto plazo. 公司组织了一次短期技术培训。a largo ~ 长期: Me esfuerzo por mantener la cooperación con usted a largo plazo. 我会尽力保持与您的长期合作。

plegar *tr.*（43）折叠: La mujer plegó bien la ropa lavada. 那位妇女把洗过的衣服叠好。~ se

pobre / **poder**

prnl. 屈服,迁就(自复形式,常与前置词"a"搭配):Al ver que el muchacho era más fuerte que él, se plegó. 看到小伙子比自己强壮,他屈服了。Tengo que plegarme a la opinión de la mayoría. 我只得服从大多数人的意见。

pobre *adj.* 1. 贫穷的:Soy de una familia pobre. 我是穷苦人家出身。2. 贫乏的,缺少的:Éste es un plato pobre de sabor. 这是一道缺少味道的菜肴。3. 可怜的,不幸的(放在名词前面):El pobre niño se perdió en el camino. 那个可怜的小男孩迷路了。~ *m. f.* 穷人:Existen muchos pobres en este barrio. 这个街区有很多穷人。

poco, ca *adj.* 少的,少量的,少数的:Tengo pocos libros de español. 我有少量的西班牙语书籍。En la sala hay poca gente. 大厅里人很少。~ *pron.* 少量,少许:Añadí un poco de azúcar en el café. 我在咖啡里加了点糖。~ *adv.* 1. 少,不多;小,不大:El niño come poco. 小男孩吃得不多。Este joven es poco educado. 这个男青年缺乏教养。2. 不久:Hace poco que he llegado aquí. 我刚到这里不久。a ~ de 不久,不一会儿:Llegué a poco de irte tú. 你刚离开,我就到了。~ a ~ 慢慢地,逐步地:Puedo dominarlo poco a poco. 我能够逐步地掌握它。por ~ 差点,险些:¡Por fin llegamos, por poco no cogemos el tren! 我们终于到达车站,差点没赶上火车! para ~ 缺乏精力:Su abuela ya está para poco. 他的祖母已经衰老。tener en ~ 瞧不起,小看:Aunque lo he hecho bien, me sigue teniendo en poco. 虽然我做好了那件事,他仍旧小看我。

poder *tr.* (48) 能够,可以:Puedo acompañarte a la librería. 我可以陪你去书店。~ que 可能:Lo he llamado varias veces pero no me contesta, puede que haya salido. 我给他打过几次电话,他没有应答,可能出去了。~ *m.* 1. 政权:Este partido consiguió el poder mediante las elecciones. 该党通过选举取得了政权。2. 权力:Es un funcionario con mucho poder. 他是个十分有权势的官员。3.

授权，权限（常用复数）：El presidente encargó los poderes al vice presidente durante su visita al extranjero. 总统出访国外期间，委托副总统行使他的职权。4. 能力：El jefe ha apreciado mi poder de gestión. 领导高度评价了我的经营能力。5. 支配，掌握：Tiene en su poder una gran suma de divisas. 他掌握着大量的外汇。a más no ～/hasta más no ～ 尽最大可能地；极其：Lo hizo a más no poder. 他尽力做了。Es avaro a más no poder. 他极其吝啬。no ～ menos que 不得不：Cuando ví que estaba enfermo no pude menos que acompañarlo al hospital. 看到他生病了，我不得不陪他去医院。no ～ con 无法控制，对付不了：No puedo con él porque es muy travieso. 我跟他没辙，他太调皮了。

poner *tr.* (49) 1. 摆放：La mujer puso el florero sobre la mesa. 那位女士把花瓶摆在桌上。2. 演出：Esta noche ponen una ópera en este teatro. 今晚这个剧院演出一场歌剧。3. 使处于，置于：Me has puesto en una situación crítica. 你把我置于困境之中。4. 为⋯穿衣：La madre ha puesto la chaqueta a su hijo. 母亲为儿子穿上外衣。5. 安置，安排（工作）：Me han puesto de operador. 我被安排当操作工。6. 设置：He puesto el despertador a las seis de la mañana. 我把闹表设置在早上6点钟。7. 开启，启动：Pon la tele, a ver qué hay. 你把电视机打开，看看有什么节目。8. 奉献，付出：He puesto todos mis esfuerzos para que tengas éxito en el trabajo. 为了使你在工作中取得成就，我付出了全部努力。9. 开设，设立：Mi vecino ha puesto un pequeño supermercado en esta calle. 我的邻居在这条街上开了一家小超市。10. 使⋯受到：Pongo la ropa lavada al sol para que se seque pronto. 我把洗过的衣服晾在太阳下面尽快晾干。Puse la carne encima del fuego para asarla. 我把肉放在火上烧烤。11. 取名，起绰号：La profesora española le puso Andrés. 西班牙女教师给他取名安德烈

斯。12. 交给,托付:El jefe no puso este asunto en tus manos porque no eras apto para hacerlo. 因为你不适合做这件事,所以领导未把它交给你。13. 下蛋:Ésta es una gallina que pone muchos huevos. 这是一只产蛋多的母鸡。14. 视为:Todo el mundo lo pone de estafador. 大家都视他为骗子。~ se *prnl.* 1. 穿,戴:Ponte más, porque fuera hace mucho frío. 你多穿点儿,外面很冷。2. (太阳)西落:Volví a casa cuando se puso el sol. 日落时我才回家。~ se a 开始做,着手:Me puse a leer en español después de levantarme. 我起床后,朗读西班牙语。~ se en contacto 接触,联系:Póngase en contacto ahora mismo con su padre. 请您立即与您的父亲联系。~ se en pie 起立:Los alumnos se ponen en pie cuando entra el profesor. 老师进来时,学生们起立。

por *prep.* 1. 被,受,由:La mesa fue limpiada por la mujer. 桌子被那位女士擦过。2. 为了:Gracias por su visita. 谢谢您的看望。Lo he comprado por ti. 我是为你买的。3. 沿着:Paseamos por la calle. 我们沿着那条街散步。4. 因为:No puedo salir de paseo por la lluvia. 因为下雨,我不能去户外散步。5. 通过:Pasamos por el túnel para cruzar la calle. 我们经地下通道穿过那条大街。6. 借助:Te lo avisaré por teléfono. 我将打电话通知你。Le mando el paquete por correo. 我把包裹邮寄给您。7. 比例:Me han dado un cinco por ciento de descuento. 他们给了我百分之五的折扣。8. 替代:Deja de preocuparte, lo haré por ti. 不必担心,我替你做这件事。9. 寻找;取;接(常与动词"ir"或"venir"搭配):Voy por el diccionario. 我去取词典。Voy por mi hija al aeropuerto. 我去机场接女儿。10. 有待:Mi tesis está por terminar. 我的论文即将完成。11. 只是…而已:He viajado por viajar. 我只是为了旅行而旅行。~ más que/mucho que 即使(搭配动词须使用虚拟式):Creo que por más que trabajes, no podrás terminarlo a las cinco de la tarde. 我认为即使你拼命干，下午 5 点也干不完。~ qué 为什么，为何：¿Por qué no has venido? 你为什么没来？

porque *conj.* 因为（跟在主句之后）：No puedo ir al trabajo porque estoy enfermo. 因为生病了，我不能去上班。

portar *tr.* 携，带：He portado la maleta a la oficina. 我把手提箱拿到办公室。~ se *prnl.* 表现（自复形式）：Ella se porta muy bien en el trabajo. 她在工作上表现很好。

poseer *tr.* (11) 1. 拥有：Posee un chalé en las afueras de la ciudad. 他在城郊有一幢别墅。2. 具备：Nadie posee la capacidad de convencerla. 谁也说服不了她。~ se *prnl.* 自制，节制（自复形式）：Juan estaba tan enojado que no podía poseerse. 胡安很恼火，无法控制自己的情绪。

posible *adj.* 可能的，可能发生的：Es posible que venga a recibirnos. 他可能来接我们。~ s *m. pl.* 1. 可能性；能力：Luis es una persona con posibles para resolver el problema. 路易斯是个有能力解决这个问题的人。2. （拥有的）财产：Carmen vive en una familia de posibles. 卡门生活在一户家产殷实的人家。hacer (todo) lo ~ 尽（最大）努力：Hago todo lo posible para ayudarte. 我尽最大努力帮助你。

practicar *tr. intr.* (7) 1. 实践，练习：Tengo que practicar más para ser un buen médico. 我必须多实践才能成为好医生。Practico la acupuntura en un hospital chino. 我在一家中国医院练习针灸。2. 实行：Practicamos el nuevo horario a partir de hoy. 从今天起，我们实行新的作息时间。

precio *m.* 1. 价格；价钱：¿Cuál es el precio de esta lavadora? 这台洗衣机的价钱是多少？2. 代价：He pagado un precio muy elevado para conseguir este puesto. 为了得到这个职位，我付出了很高的代价。a ~ 以…价格：No sé por qué me cobra a este precio. 我不明白你为何按这个价钱向我收费。a bajo ~ 低价：Quiere venderme su moto a bajo precio. 他想低价把他的摩托车卖给我。a ~ de coste 成本价：Me

precipitar / **prender**

vendió esta bicicleta a precio de coste. 他按成本价卖给了我这辆自行车。

precipitar *tr. prnl.* 1. 扔，投；跳下，落下：Unas enormes rocas se precipitaron desde lo alto de la montaña. 几块大石头从山顶处滚落下来。El muchacho se precipitó al río desde lo alto del precipicio. 小伙子从悬崖高处跳入河水中。2. 加快，加速：La crisis económica precipitó la bancarrota de la empresa. 经济危机加速了那家企业的破产。~ se *prnl.* 急忙，仓促（自复形式）：Al oír el disparo, me precipité a ver lo que había pasado. 听到枪声，我急忙冲向屋外观察发生了什么。

preferir *tr.* (25) 1. 更喜欢，偏爱（宾语指人时，与前置词"a"搭配）：Entre té y café, prefiero el primero. 在茶和咖啡之间进行选择的话，我更喜欢茶。La madre prefiere a su hija menor. 母亲偏爱小女儿。2. 更愿意；宁肯：Preferimos que seas responsable del departamento. 我们更愿意你当该部门的负责人。Prefiero morir de pie que vivir de rodillas. 我宁肯站着死，不愿跪着生。

pregonar *tr.* 1. 宣扬：Pregonaba la hazaña de su compañero por todas partes. 他到处宣扬他同学的事迹。2.（高声）叫卖：El vendedor pregonaba naranjas por las calles. 商贩沿着大街小巷高声叫卖柑橘。

preguntar *tr.* 提问，询问，打听：Un niño me preguntó la hora. 一个男孩问我时间。

prender *tr.* 1. 系住，别上：La chica prendió una flor en la chaqueta con un alfiler. 女孩用别针在上衣上别了一朵花。2. 抓，捕：El policía lo prendió en el aeropuerto. 警察在机场抓捕了他。3. 点燃：El niño no se atrevió a prender el petardo. 那个男孩不敢点燃爆竹。~ *intr.* 1. 燃烧：La leña no prendió porque estaba húmeda. 干柴由于潮湿不能燃烧。2. 扎根；蔓延：El odio prendió en su corazón. 他怀恨在心。Esta nueva falda ha prendido entre las jóvenes. 这种新式裙子在女青年中很流行。3.（植物）生根：El esqueje de esa planta ha prendido y

preocupar

está echando hojas nuevas. 那株植物的幼苗已生根并长出嫩叶。

preocupar *tr.* 1. 使担心，使操心：Me preocupa mucho tu enfermedad. 你的疾病令我担心。2. 使关注：Le preocupa la salud de su madre. 他关心母亲的健康。~ se *prnl.* 关心，注意；担心（自复形式，常与前置词"por"或"de"搭配）：Me preocupo por los estudios de mi hijo. 我关心儿子的学习。Debes preocuparte de tu salud. 你应当关心自己的健康。No se preocupe, que llegaré a tiempo. 您不必担心，我准时到。

preparar *tr.* 1. 准备：Mi madre nos prepara la cena. 母亲为我们准备晚餐。2. 教导（宾语指人时，与前置词"a"搭配）：El profesor preparaba bien a sus alumnos. 那位老师教授学生有方。3. 训练：No me gusta el trabajo de preparar a animales. 我不喜欢训练动物的工作。~ se *prnl.* 酝酿；有征兆：No vayas allá porque se está preparando una pelea. 你别去那儿，那里将有一场斗殴。

presentar

prescindir *intr.* 放弃，舍弃，不要（与前置词"de"搭配）：No quiero prescindir de tus sugerencias. 我不愿舍弃你的建议。Hago todo lo posible para prescindir del vicio. 我尽全力戒掉恶习。

presencia *f.* 1. 出席，到场：Nos agrada mucho su presencia. 您的到场让我们十分高兴。2. 仪表，外貌：Este señor tiene una presencia elegante. 这位先生仪表堂堂。en ~ de 在…面前：El jefe me ha elogiado en presencia de todos. 领导当众表扬了我。

presenciar *tr.* (12) 1. 目睹：La única persona quien presenció el crimen es la vecina de la víctima. 目睹那一罪行的唯一证人是被害人的女邻居。2. 观看：Anoche presenciamos un espectáculo muy bueno. 昨晚我们观看了一场非常精彩的演出。3. 出席：Presencié la boda de mi amigo. 我出席了朋友的婚礼。

presentar *tr.* 1. 显示，呈现：La solución del problema presenta alguna complicación. 问题的解决看来有点复杂。2. 提

出；呈递：Hay que presentar la solicitud para obtener la beca. 争取奖学金必须提交申请书。3. 推荐：Presentamos a Liu Ming como candidato al decano de la facultad. 我们推荐刘明作为系主任的候选人。4. 介绍：Te presento a Fernando. 我把你介绍给费尔南多。5. 展示：La compañía ha presentado el nuevo modelo en la feria. 那家公司在博览会上展示了新产品。~ se *prnl.* 1. 呈现：El invierno se presenta muy frío. 冬天很冷。2. 出席，到场：Muchos periodistas se presentaron en la rueda de prensa. 许多记者出席了新闻发布会。3. 自愿，主动：Me presenté en la fiesta al enterarme de que necesitaban un músico. 得知联欢会需要一位伴奏员，我便主动到场。4. 突然造访：No está bien presentarse en casa de los demás a las diez de la noche. 晚上10点，不打招呼就去别人家不妥当。

presente *adj.* 1. 在场的，在座的：El alcalde saludó a los invitados presentes al entrar en la sala. 市长一进入大厅，便问候在场的所有贵宾。2. 此，本：Deseo comunicarles nuestra última decisión por medio de la presente carta. 通过此函，我想告知你们我们的最新决定。~ *m.* 1. 现在，当前：Tengo mucho que hacer en el presente. 现在我有很多事情要做。2. 礼物：Les ofrecemos unos presentes por la amistad. 为了友谊，我们赠送你们一些礼物。tener ~ 记住：Ten presente que siempre soy tu amigo. 请你记住，我永远是你的朋友。

presentir *tr.* （25）预感，预料：Presintiendo que iba a pasar algo, decidió moverse de allí. 预感到将有情况，于是他决定离开那里。

preservar *tr.* 保护，使免遭…伤害（宾语指人时，与前置词"a"搭配）：Preservo al niño del peligro. 我保护那个男孩免遭危险。

presidir *tr.* 1. 主持：El vicedirector presidió la inauguración de la compañía. 副经理主持了公司的开业典礼。2. 领导，指挥：Este señor preside la empresa. 这位先生领导那家企业。3. 处于主导位置：El reloj preside la sala de estar. 钟表位于客厅的显要位置。

presión *f.* 1. 按，压：Hice presión sobre el botón y la máquina se puso en funcionamiento. 我按了一下按钮，机器便开始运转。2. 压力：Quiero dimitir porque no he podido aguantar las presiones en el trabajo. 由于无法承受工作上的种种压力，我想辞职。a ~ 有压力的：Al abrir el grifo el agua salió a presión. 一打开水龙头，水便涌出来了。~ arterial 血压：El enfermo tiene la presión arterial muy alta. 那个病人的血压很高。~ atmosférica 大气压：Hoy me duele la cabeza porque me afecta la presión atmosférica. 今天受气压的影响，我头疼。

prestar *tr.* 1. 借出：Liu Li me ha prestado su bicicleta. 刘力把自己的自行车借给了我。2. 提供，给予：Sus compañeros le prestaban ayuda en el estudio. 他的同学们在学习上经常帮助他。~ se *prnl.* 1. 主动，自愿（自复形式，常与前置词"a"搭配）：Luis se prestó a acompañarme al hospital. 路易斯自愿陪我去医院。2. 会产生：Tu expresión ambigua puede prestarse a un entendimiento equivocado. 你那种模棱两可的表达会使别人产生误解。~ atención a 全神贯注地：Los alumnos prestan atención a la explicación del profesor. 学生们全神贯注地听老师讲解。

presumir *tr.* 猜想，推测：Presumimos que María no está en casa. 我们推测玛丽娅没在家。~ *intr.* 1. 自负，自恃（与前置词"de"搭配）：Juan presume de inteligente. 胡安自恃聪明。2. 喜好打扮，爱美：La chica se compró mucha ropa porque le encanta presumir. 那个姑娘爱打扮，所以买了许多衣服。

pretender *tr.* 1. 企图，力争；希望：La muchacha pretende ser la primera en todo. 那个姑娘处处争强。2. 谋求：Pretendía ese puesto vacante. 他一直谋求那个空着的职位。3. 追求（女人）：Miguel pretendía a Isabel. 米盖尔追求伊莎贝尔。

prevalecer *intr.* (28) 1. 出众，出

类拔萃：La inteligencia de Solana prevaleció entre sus compañeros. 索拉纳的智力超过他的同学们。2. 得势，占先：Luis hizo todo lo posible para que tu idea no prevaleciera. 路易斯使用各种招数不让你的想法占先。

prevenir *tr.* (57) 1. 提醒：Te prevengo de los peligros que vas a encontrar en el viaje. 我提醒你注意此次旅行中将要遇到的困难。2. 预防：Tomando una aspirina al primer síntoma, prevendré el resfriado. 征兆初期,我吃了一片阿司匹林预防伤风感冒。3. 使（某人）反对（与前置词"contra"搭配）：Me ha prevenido contra ti. 他曾动员我反对你。

prever *tr.* (58) 1. 预见,预知：El anciano nos ha dicho que puede prever el futuro. 老大爷告诉我们他能预见未来。2. 预防,防备：Habíamos previsto los elementos negativos, por eso todo nos salió bien. 我们对各种消极因素做好了防备工作,所以一切顺利。

principio *m.* 1. 开始,开端：Nacer es el principio de la vida en el mundo. 出生是世间生活的开端。2. 起点,初始阶段：Esta parada es el principio de la línea No. 2 de autobús. 这个停车站是2路公交车的起点。3. 根源,起因：La disputa fue el principio de la pelea. 争吵是那次斗殴的起因。~s *pl.* 原理；原则：Me interesa el estudio de los principios del socialismo. 我对社会主义原理的学习感兴趣。Siguiendo los principios de igualdad y beneficio mutuo hago comercio con usted. 我遵循平等互利的原则与您做生意。al ~ 开始：Al principio no se conocían y ahora ya son amigos. 开始他们互不相识,现在已成为朋友。a ~s de 在…之初：Vendré a visitarte a principios de octubre. 十月初我来看望你。en ~ 原则上,大致上：Estoy de acuerdo contigo en principio. 原则上我与你意见一致。

prisa *f.* 1. 快速,匆忙：Con la prisa, he salido de casa sin cerrar la puerta. 由于匆忙,离家时我未关房门。2. 紧迫,紧急：Tengo prisa por avisártelo. 我急于通知你此

事。correr ～紧急的，紧迫的：Ayúdame por favor, que esto corre prisa. 请你帮助我，这件事十分紧迫。darse ～ 赶忙，急忙：Date prisa en levantarte. 你赶快起床。de ～ 迅速地，急忙地：Juan vino de prisa para avisarnos de la noticia. 胡安急忙来到这里告诉我们那一消息。

privar *tr.* 1. 剥夺：No debes privarme el derecho a opinar. 你不应当剥夺我表态的权利。2. 使失去：El accidente lo privó de la vista. 事故使他失明。3. 禁止，阻止：Mi padre me ha privado de fumar. 父亲禁止我吸烟。～ *intr. prnl.* 1. 使喜欢，喜欢：Me privan los yogures de fresa. 我喜欢喝草莓味酸奶。Me privo por café con leche. 我喜欢喝加奶咖啡。2. 时兴，流行：Esta música priva en la ciudad. 这支乐曲在该城流行。～ se *prnl.* 舍弃，放弃（与前置词"de"搭配）：Me privo del vino. 我戒酒了。

probar *tr.*（19）1. 试，试用：Debes probarlo antes de comprar. 购买之前，你应当试用一下。2. 品尝：El cocinero probó la carne guisada. 厨师品尝了炖肉。3. 考查，检验：Me prueban para conocer mi capacidad. 他们考察我，以便了解我的能力。4. 吃，喝：Pasé un día entero sin probar nada. 我整整一天粒食未进。5. 证明，考证：¿Quién puede probar que eres honrado? 谁能证明你诚实？～ *intr.* 试图，企图（与前置词"a"搭配）：Probé a abrir la puerta, pero no pude. 我试图打开房门，但未能如愿。～ se *prnl.* 试穿：Pruébase este traje. 您试试这件西装。

proceder *intr.* 1. 起源，来自（与前置词"de"搭配）：El arroz procede del sur. 水稻产于南方。Los deportistas proceden de muchos países. 运动员来自许多国家。2. 着手，开始（与前置词"a"搭配）：Ahora procedemos a firmar el contrato. 现在我们签署合同。3. 表现；处事：Debemos proceder con honradez. 我们为人处事应诚实。～ *m.* 行为，举止：Su proceder actual es más adecuado que antes. 他目前的举止比以前规矩多了。

procurar *tr.* 1. 力争，力求：

Procuramos llegar a tiempo al aeropuerto. 我们力争准时到达机场。2. 设法提供，给予：Me procuró un buen alojamiento durante mi estancia. 我逗留期间他为我提供了良好的住处。

producir *tr. prnl.* (31) 1. 生产，制造；出产：En esta zona se produce trigo. 这一地区出产小麦。¿Qué produce esta empresa? 这家企业生产什么产品？2. 产生，造成：La visita a China me produjo una buena impresión. 对中国的访问给我留下良好的印象。3. 摄制（电影、电视剧等）：El cineasta producirá una película de aventura. 那位导演将摄制一部惊险片。4. 创作：Ésta es una novela que produjo este autor. 这是一部由这位作家创作的小说。

profundizar *intr.* (9) 深入了解，钻研（与前置词"en"搭配）：Debo profundizar en el aprendizaje de la literatura española. 我应深入学习西班牙文学。Quiero profundizar en la acupuntura. 我想深入研究针灸。～ *tr.* 深挖：Profundizó un hoyo para enterrar su gata muerta. 他深挖了一个坑，掩埋他的那只死去的母猫。

programar *tr.* 1. 安排日程：Estoy programando el horario de tu visita. 我正在安排你来访的日程。2. 设定程序：Programo el microondas para que guise el pescado. 我将微波炉设置在用于炖鱼的程控状态。3. 编制程序：Aprendo a programar. 我学习编程序。

progresar *intr.* 1. 进展：La negociación no ha progresado. 谈判未取得进展。2. 进步：Últimamente Luisa ha progresado mucho en el estudio. 最近路易莎学习上进步很大。

prohibir *tr. prnl.* (30) 禁止：En el lugar público se prohibe fumar. 公共场合禁止吸烟。

prolongar *tr. prnl.* (8) 1. 延长：El ayuntamiento ha decidido prolongar la línea del metro. 市政府决定延长地铁线路。2. 持续：La conversación se ha prolongado hasta avanzada la noche. 会谈持续至深夜。

prometer *tr.* 1. 许诺，答应：Prometió traerme la revista

esta tarde. 他答应下午给我拿杂志来。2. 保证；肯定：Me ha prometido que la calidad de su producto es muy buena. 他向我保证他的产品质量精良。3. 预示：La buena cooperación entre las dos partes promete ser exitosa. 双方的良好合作预示着成功。~ *intr.* 会兴旺；有出息，有前途：La empresa promete. 那家企业前景远大。~ se *prnl.* 订婚：Ellos dos se prometieron el año pasado. 他俩去年订婚了。

promover *tr.* （20）1. 推动，促进：Me esfuerzo por promover la amistad entre nosotros. 我努力促进我们之间的友谊。2. 引起，造成：La sequía promovió la reducción de la cosecha. 干旱造成减产。

pronto, ta *adj.* 1. 快的，迅速的：Espero su pronta respuesta. 我期待您尽快答复。2. 准备就绪的：Estoy pronto para trabajar. 我已进入工作状态。~ *adv.* 立即；提早：Nos hemos marchado pronto. 我们提早出发了。tan ~ como …就…：Te escribiré tan pronto como llegue a Shanghai. 我一到上海便给你写信。de ~ 突然：Cuando yo estaba leyendo el periódico, de pronto alguien tocó a la puerta. 当时我正在看报，突然有人敲门。

pronunciar *tr. prnl.* （12）1. 发音：Tengo dificultad para pronunciar la erre. 我发"r"这个辅音有困难。2. 发表（演说）：El alcalde pronunció el discurso en el mitin. 市长在集会上发表了演说。3. 宣判：Ayer el tribunal pronunció la sentencia. 昨天法院作出了判决。4. 明显，突出：Cada día se pronuncian más las discordias que tienen entre ellos dos. 他二人之间存在的分歧一天比一天明显。~ se *prnl.* 1. 声明，表明（赞同或反对）：No quiero pronunciarme en la reunión. 我不想在会议上表明自己的立场。2. 起义，暴动：El pueblo se pronunció contra la dictadura. 人民起义反抗独裁。

proponer *tr.* （49）1. 建议：Te propongo que aceptes esta tarea. 我建议你接受这项任务。2. 推荐：La propusieron como secretaria del director. 人们推荐她当经理秘书。~ se *prnl.*

打算，希望：Se propuso hacerlo. 他打算做这件事。

proporcionar *tr.* 1. 提供，供给：Mi hermano me ha proporcionado un ordenador. 我兄弟给我提供了一部电脑。2. 产生，引起：El encuentro me proporcionó la alegría. 那次聚会令我高兴。3. 使均等，使匀：Procuro proporcionar a cada uno de vosotros un regalo que tiene el mismo valor. 我力争分给你们每人一份价值相等的礼物。

proteger *tr.* （2）1. 保护：Debemos proteger a los animales. 我们应该保护动物。2. 支持，帮助：Tengo que proteger a esta chica pobre. 我必须帮助这个贫苦的女孩。

protestar *intr.* 抗议，反对（常与前置词"contra"，"por"或"de"搭配）：El pueblo protesta por el desempleo. 人民抗议失业。Protestamos contra la corrupción. 我们反对腐败。

proveer *tr.* （11）1. 提供，供给：Proveemos piezas necesarias a los clientes que compran nuestros productos. 我们向购买我们产品的顾客提供必需的零件。Puedo proveerte una solución apropiada. 我能够给你提供一个合适的解决方案。2. 补充（空缺人员）：La empresa decidió proveer este puesto con una persona digna. 公司决定找一个称职的人补充这个岗位。~ *intr.* 准备，储备（常与前置词"de"搭配）：Debemos proveer de todo lo necesario para este viaje. 我们应当为这次旅行备好各种必需的物品。

provenir *intr.* （57）来自，源于（与前置词"de"搭配）：Este alumno proviene del campo. 这个男生来自农村。

provocar *tr.* （7）1. 挑衅：No les hagas caso en caso de que te provoquen. 如果他们向你挑衅，你别理睬他们。2. 挑动，引起：La disputa provocó la pelea. 争吵挑起斗殴。3. 勾引，挑逗：El muchacho intentó provocarla con las palabras dulces. 小伙子企图用甜言蜜语勾引她。

proyectar *tr. prnl.* 1. 发射，投射：Los focos proyectan la luz hacia el edificio. 灯光射向那栋大楼。Los árboles proyectan sus sombras bajo el sol. 树木在阳光下映出阴影。2. 筹划,计划：Estoy proyectando el viaje a Brasil. 我正筹划赴巴西旅行。3. 放映：Mañana se proyectará una película japonesa. 明天放映一部日本电影。

publicar *tr.*（7）1. 公布,宣布：Los novios publicaron la fecha de su boda. 新郎和新娘公布了婚礼的日期。2. 出版,发表：Esta editorial ha publicado un nuevo diccionario. 这家出版社出版了一部新词典。3. 公开,披露：No publiques eso. 你别公开那件事。

pudrir（podrir）*tr.* 1. 使腐烂（过去分词为："podrido"）：La lluvia ha podrido la puerta de madera. 雨水腐蚀了木门。2. 使毁坏：El poder y el dinero han podrido su corazón. 权力和金钱毁坏了他的良心。~ se *prnl.* 1. 腐烂：La fruta se ha podrido por el calor. 水果因天热而腐烂。2. 毁于：Se pudre del egoísmo. 他毁于自私。

puente *m.* 桥梁：Cruzamos el río por el puente. 我们经此桥穿过那条河流。hacer ~ 连休（指将两个节假日之间的工作日连在一起放假）：Como el jueves y el sábado son días de fiesta, entonces hacemos puente el viernes. 因为周四和周六是节日,我们将周五作为连休日。

puerta *f.* 1. 门：Este coche sólo tiene dos puertas. 这辆轿车只有两个车门。2. 门路,途径：Esta oficina sirve como la puerta de comunicación entre el gobierno y los ciudadanos. 该办公室成为政府与居民的沟通渠道。dar con la ~ en las narices 拒绝,使碰壁：Juan pidió el apoyo a sus compañeros, pero ellos le dieron con la puerta en las narices. 胡安向他的同伴寻求支持,他们却让他碰壁。de ~ a ~ 挨家挨户：El cartero entrega los periódicos y las revistas de puerta a puerta. 投递员挨家挨户地送报纸和杂志。a ~ cerrada 秘密地：La conversación entre ellos se hizo a puerta cerrada. 他们之间的会谈曾秘密进行。

pulir *tr.* 1. 打磨,磨光：Pulí la pieza con el disco. 我用砂轮打

磨那个零件。2. 润色：Necesito pulir más el artículo. 我需要进一步为文章润色。3. 使有教养：Los padres tienen la obligación de pulir a sus hijos. 父母有义务教育自己的子女。

pulsar *tr.* 1. 按（键、钮）：Pulsa este botón para detener la máquina. 你按这个按钮停机。2. 诊脉：El médico diagnostica pulsando el pulso al enfermo. 医生为病人诊脉，看病。3. 试探，了解：Pulsa las opiniones de tus compañeros antes de hacerlo. 做此事之前，你先征求一下同伴的意见。

pulso *m.* 1. 脉搏：El paciente tiene el pulso un poco débil. 病人的脉搏有点弱。2. 腕力：No pudo coger el vaso lleno de leche porque no tenía pulso. 由于他没有腕力，端不起来满杯的牛奶。3. 谨慎，小心：Debo hacerlo con buen pulso. 我应当小心行事。echar un ~ 较腕力：Los dos muchachos echan un pulso. 两个小伙子在较腕力。2. 较量：Los dos equipos están echando un pulso en el partido. 这两支球队在比赛中较量。tomar el ~ 1. 诊脉：El médico receta después de tomar el pulso al enfermo. 医生给病人诊脉后开药方。2. 了解，判断：La empresa encargó una encuesta para tomar el pulso a los consumidores. 那家企业搞了一次问卷调查以了解消费者的需求。

punto *m.* 1. 点，圆点；句号：A los niños les gusta dibujar a base de puntos. 孩子们喜欢沿着圆点绘画。2. 地点：No sé en qué punto nos reuniremos. 我不知道我们在什么地方集合。3. 地步，程度：La situación económica ha llegado a tal punto que nadie puede controlarla. 经济状况已达到谁也无法控制的地步。4. 分数：Este apartado del examen vale 10 puntos. 这项考试分值为10分。a ~ 1. 准时：Llegamos a punto para cenar. 我们准时来吃晚饭。2. 准备妥当：Pueden empezar porque la comida ya está a punto. 饭菜已准备妥当，可以用餐了。a ~ de 即将，差一点儿：Estoy a punto de marcharme. 我马上就走。en ~（钟点）整：Partiremos a las cuatro en punto. 我们四点

整出发。hasta cierto ~ 在某种程度上: Hasta cierto punto, llegamos a un acuerdo. 从某种程度上讲,我们达成了一致。~ de vista 观点: Ella no presentó su punto de vista en la reunión. 她没有在会议上提出自己的观点。~ débil/flaco 弱点,弱项: El punto débil de mi hermano en los estudios es la literatura. 我兄弟学习上的弱项是文学。~ fuerte 强项: El punto fuerte del atleta es la carrera de cinco mil metros. 那个男田径运动员的强项是5000米长跑。

purificar *tr.* (7) 1. 使纯净,使纯洁: Purifico el aceite con este aparato. 我利用这台设备净化油料。2. 精炼: Estos equipos sirven para purificar los derivados del petróleo. 这些设备用于精炼石油派生品。3. 陶冶,净化(非物质的): Debes purificar tu alma. 你应该净化自己的灵魂。

Q

que *pron.* 关系代词：1. …的（与名词搭配，指人或事物）：El coche que he comprado es blanco. 我买的轿车是白色的。Conozco a la chica que lee. 我认识那个看书的女孩。2. …的（与定冠词搭配，指人或事物）：La que está junto a la ventana es mi hermanita. 在窗户旁边的女孩是我妹妹。Estos libros son los que me prestó. 这些是他借给我的书。3. 事情；东西（与中性冠词"lo"搭配）：No entiendo lo que me has dicho. 我不明白你跟我所讲的内容。Esto es lo que compré. 这是我买的东西。～ *conj.* 1. 联系连接词：Espero que vengas a tiempo. 我希望你准时来。2. 比较连接词：Esta camisa es más barata que aquélla. 这件衬衫比那件便宜。3. 原因连接词：Me ha dicho que está enfermo. 他告诉我他生病了。4. 结果连接词：En la sala hubo tanta gente que no podía entrar. 大厅里的人很多，我无法进去。

quebrantar *tr. prnl.* 1. 打碎，敲碎：El pastor quebrantó la pata trasera del lobo con un palo. 牧羊人用木棒把狼的后腿打断。2. 折断：El viento ha quebrantado ese pequeño árbol. 大风折断了那株小树。3. 违约，毁约：No debes quebrantar tu palabra. 你不应违背自己的诺言。4. 搞垮：Si sigues trabajando así, tu salud se quebrantará. 如果你继续这样工作，身体肯定会垮下来的。

quebrar *tr.* 1. 打破，弄坏：El muchacho quebró el jarrón con un ladrillo. 小伙子用砖砸碎了花瓶。2. 折断：La caída ha quebrado una pierna de la anciana. 老大娘跌了一跤，摔断一条腿。3. 中断：El accidente quebró mis planes. 该事故中断了我的全盘计划。～ *intr.* 破产，倒闭：La empresa ha quebrado. 那家公司倒闭了。

quedar

~ se *prnl.* 1. 断裂：La tubería se ha quebrado por el frío. 管道因天寒而断裂。2. 绝交，断交：Juan se quebró con su amigo. 胡安与他的朋友断交。

quedar *intr.* 1. 处于；陷入：La producción quedó estancada por la escasez de materia prima. 因缺少原料，生产停顿。2. 尚余，还剩：Nos queda una semana para el Día Nacional. 距国庆节还有一周的时间。3. 结果是：El jersey te queda bien. 那件毛衣你穿着合体。4. 位于：¿Dónde queda tu fábrica? 你的工厂在哪儿？5. 约定：Dime a qué hora quedamos mañana. 告诉我明天我们几点见面。6. 有待：El contrato queda por firmar. 合同只差签字。7. 结束，终止：Ya queda aquí la cena. 晚餐到此结束。~ se *prnl.* 1. 留在，呆在：Me quedé en casa ayer todo el día. 昨天我呆在家里整整一天。2. 留下；据为己有（与前置词"con"搭配）：Si te gusta el libro, quédate con él. 如果你喜欢那本书就留下吧。3. 买下：Me quedo con este pantalón. 我买了这条裤子。

quemar

quejarse *prnl.* 1. 抱怨，发牢骚（与前置词"de"搭配）：Fernando se quejaba de su trabajo. 费尔南多对工作牢骚满腹。2. 诉苦：El niño tenía el dolor en el brazo y se quejó a su madre. 男孩胳膊疼痛，因而向母亲诉苦。3. 告状：Me quejaré al jefe por este trato inhumano. 我将就这种非人道的做法向领导告状。

quemar *tr.* 1. 焚烧：La muchacha echó la carta al fuego para quemarla. 女孩把信扔进火里烧掉。2. 烧焦：El aceite está quemando. 油烧着了。3. 暴晒，灼：El sol quema mi piel. 太阳暴晒我的皮肤。4. 烧伤，烫伤：El fuego le quemó la mano derecha. 大火烧伤了他的右手。5. 感觉灼热：Este licor me quema la garganta. 这种酒烧灼我的喉咙。6. 枯萎：El frío ha quemado la higuera. 寒冷使那棵无花果树枯死。7. 使泄气；惹恼：Su actitud negativa quemó a todos. 他的消极态度惹恼了大家。~ *intr.* 热，烫：No puedo tomar el té porque todavía quema. 茶还很烫，我不能马上喝。~ se

querer

prnl. 感觉烫, 灼热 (自复形式): No lo tomes ahora mismo, que te quemas. 你别马上喝,会烫坏你的。

querer *tr.* (50) 1. 喜欢: La niña quiere a su gata. 小女孩喜欢她的那只母猫。 2. 喜爱, 热爱: El joven quiere mucho a su novia. 男青年非常爱他的未婚妻。 3. 要;想: Quiero comprar una moto. 我想买辆摩托车。 4. 愿意: Quiero ayudarte. 我愿意帮助你。 5. 希望;想要: Queremos que nos digas la verdad. 我们希望你说出真相。 ~ decir 也就是说: Estoy muy ocupado, esto quiere decir que no puedo atenderlo. 我很忙,也就是说我不能接待您。 sin ~ 无意地: Perdón, les he molestado sin querer. 对不起,我不是有意打搅你们。

quien, nes *pron.* 1. 那个人,那些人: Soy yo quien tiene ganas de ver la película. 就是我想看那部电影。 Debemos ayudar a quienes tengan dificultades. 我们应当帮助有困难的人们。 2. 谁,任何人: Quien no trabaja no come. 不劳动者不得食。 ~ más ~ menos 每个人,大家:

Quien más quien menos, todos hemos asistido a la fiesta. 我们大家都参加了联欢会。

quitar *tr.* 1. 祛除,消除: El ventilador sirve para quitar el calor. 电扇可以驱暑。 2. 拿走,撤掉: La camarera quitó los platos sucios de la mesa. 女服务员撤掉了桌上的脏盘子。 3. 阻止,制止: La madre quita caramelos a sus hijos. 母亲不让孩子们吃糖果。 4. 抢走,夺去: El bandido le quitó el caballo. 强盗抢走了他的马匹。 ~ se *prnl.* 1. 脱掉,摘掉: Al entrar en la sala me quité el abrigo. 我进入客厅后脱掉大衣。 El señor saludó a todos quitándose la gorra. 那位先生脱帽向大家致意。 2. 放弃,不再: Carlos se ha quitado del tabaco. 卡洛斯戒烟了。 ~ se de en medio/de encima 摆脱: Finalmente consiguió quitarse de encima la persecución del espía. 他终于摆脱了密探的跟踪。

quizá, quizás *adv.* 或许,也许: Quizás venga a vernos. 他也许来看我们。 Quizá llueva. 可能有雨。

R

rábano *m.* 萝卜：Preparo la ensalada con rábanos. 我用萝卜做沙拉。importar un ～ 无关紧要，无所谓：Me importa un rábano tu crítica. 你的批评对我来说无关紧要。Nos importa un rábano que comas en casa o en un restaurante. 你在家还是在餐馆吃饭，对我们来讲都无所谓。

rabo *m.* 1. 尾巴：El rabo del ratón es largo. 老鼠的尾巴长。2.（器物或水果的）把儿：El rabo de la sartén está roto. 煎锅的把儿坏了。con el ～ entre las piernas 夹着尾巴，灰溜溜地：Al ver que todos sus compañeros están enfadados, se marchó con el rabo entre las piernas. 看到同伴们都生气了，他便灰溜溜地走了。

racionar *tr.* 1. 定量分配，限量分配：Debido a la falta de cereales, el gobierno los raciona temporalmente. 由于缺乏粮食，政府暂时限量分配。2. 限量；有节制（指有害物质）：La madre ordenó que su hijo racionara el tabaco. 母亲命令她的儿子限量吸烟。

radicar *intr.*（7）1. 扎根：Esta planta radica en la zona húmeda. 这种植物扎根在潮湿的地方。2. 位于，坐落：La Biblioteca Nacional radica en el centro de la ciudad. 国立图书馆位于市中心。3. 在于，基于：La cooperación radica en el entendimiento. 合作基于理解。

raíz *f.* 1. 根：El loto tiene la raíz en el fondo del estanque. 荷花的根扎在池塘的底部。2. 根源；原因：El orgullo es la raíz del atraso. 骄傲是落后的根源。a ～ de 由于：Hubo heridos y muertos a raíz del terremoto. 由于地震，出现了死伤者。de ～ 完全彻底地：Debemos eliminar los vicios sociales de raíz. 我们应该彻底消除一切社会恶习。echar ～s 定居，安家：Se marchó a Chile y echó raíces allí. 他去了智利并在那里定居。

raptar *tr.* 拐骗；劫持：Raptaron a un niño y lo vendieron. 他们拐骗了一个男孩并把他卖了。

rascar *tr. prnl.* (7) 1. 搔，抓，挠：Mi hermano me rascó la espalda con las uñas. 我兄弟用指甲给我搔后背。Me rasco la espalda con un palillo. 我用一根小棍搔后背。2. 刮：Rascamos las paredes antes de pintarlas. 粉刷墙壁之前，我们先刮墙皮。3. 拨弄（乐器）：Chico, no rasques la guitarra. 小家伙，别拨弄吉他。

rasgar *tr. prnl.* (8) 撕，撕破：La niña juega rasgando un papel. 小女孩撕纸玩。La chaqueta se rasgó con un clavo. 钉子把上衣刮破了。

rato *m.* 片刻：Lo espero un rato más. 我再等他一会儿。de ～ en ～ 时而：Te llamaba de rato en rato, pero nadie me respondió. 我不时地给你打电话，但是无人接听。

raya *f.* 1. 线条，条纹；破折号：La niña hace unas rayas con lápiz en el papel. 小女孩用铅笔在纸上画线条。La mujer planchaba para hacer bien la raya del pantalón. 那个妇女为熨出裤线而不停地熨烫。2. 边界；界限：Un grupo de soldados ha traspasado la raya marcada por los dos países. 一队士兵越过了两国划定的边界。pasarse de la ～ 超过界限；越轨：Como el chófer se ha pasado de la raya, el policía le pone la multa. 因为那个司机违规，警察向他罚款。

rayo *m.* 1. 光线：El rayo del sol penetra en la habitación por la ventana. 阳光从窗户射入屋内。2. 射线：El médico observa los huesos de mi columna vertebral a través de los rayos X. 医生通过X光底片，观察我的脊椎骨骼。3. 闪电：Ayer hubo una tormenta con rayos y truenos. 昨天下了一场电闪雷鸣的暴风雨。echar ～s 大发雷霆：Al saber que la mujer le había engañado echó rayos contra ella. 得知那个女人欺骗了他，他大发雷霆。

razón *f.* 1. 原因，理由：Ella me hace caso omiso sin mostrar la razón. 她不理我，也不说明理由。2. 道理：Tienes razón en que he cometido un error. 你说的有理,我犯了一个错误。 3. 理智,理性: Ante tal situación no puedo controlar mi razón. 面对这种局面,我无法保持理智。a 〜 de 按(数量)分配: Reparto a razón de mil yuanes por persona. 我分给每人 1000 元。perder la 〜 失去理智,发疯: Al darse cuenta de que su hijo había muerto en un accidente, la mujer perdió la razón. 得知儿子死于事故,那个妇女失去了理智。dar la 〜 承认,赞同: No quiero darte la razón en todo lo que digas. 我不想认可你讲的全部内容。

reaccionar *intr.* 1. 有反应;反响: La situación se cambió tan rápido que no me dio tiempo para reaccionar. 形势突变,我都来不及作出反应。2. 有起色;起作用: El enfermo no reaccionó después de recibir la inyección de esta medicina. 接受这种药物注射后,病人未有起色。

realizar *tr. prnl.* (9) 1. 做;进行: Realiza el trabajo con el máximo entusiasmo. 他以最大的热情开展工作。2. 实现,成为现实: Hago todo lo posible para realizar mi deseo. 我尽最大努力实现自己的愿望。Se ha realizado su deseo. 他的愿望实现了。

reanudar *tr. prnl.* 1. 重新开始;恢复: La negociación se ha reanudado. 会谈已经恢复。2. 继续进行: Reanudamos el trabajo esta tarde. 今天下午我们继续进行那项工作。

rebajar *tr.* 1. 降低: Queremos rebajar un poco la altura del edificio que se está construyendo. 我们想降低正在建造的大厦的高度。2. 压价,降价: El vendedor me rebajó el precio de arroz. 店主给我降低了大米的价格。

recelar *intr.* 怀疑,不相信(与前置词 "de" 搭配): No receles de nuestra sinceridad. 你不要怀疑我们的真诚。

recibir *tr.* 1. 接收: Ayer recibió una carta de su compañero. 昨天他收到一封同学的信。2. 迎接: Mi amigo fue a recibir a su padre al aeropuerto. 我的朋友去机场接他父亲。3. 接待,接见: Hoy no puedo recibirte porque estoy muy ocupado. 今天我不能接待你，因为我很忙。

recién *adv.* 刚…，最近（与过去分词搭配）：Voy a visitar a un profesor recién llegado. 我去拜访一位新来的老师。Recién llegué a Beijing. 我刚刚到达北京。（此句为拉美国家用法）

reclamar *intr.* 抗议，反对（常与前置词"contra"搭配）：Los hinchas reclamaron contra la sanción del equipo. 球迷反对该球队的处罚。~ *tr.* 1. 要求（权利）：Te reclamo la devolución del libro. 我要求你把书还给我。2. 索赔：Los que tengan algo que reclamar deben rellenar este impreso. 凡是有索赔要求的人都应填写此表。

recobrar *tr.* 1. 恢复：Con un tratamiento oportuno el paciente ha recobrado la salud. 经过及时的治疗，病人恢复了健康。2. 收复：Han recobrado la ciudad tras la batalla. 经过那一战役，收复了该城。~ se *prnl.* 康复，痊愈：Se ha recobrado completamente. 他完全康复。

recoger *tr.* (2)1. 拾，捡：Luis ha recogido la llave del suelo. 路易斯从地上拾起钥匙。2. 收拾：Al recoger los libros del escritorio, se marchó. 他收拾好办公桌上的书便离开了。3. 收集，征集：Nuestro objetivo es recoger fondos para las víctimas del terremoto. 我们的目的是为震区的灾民筹集资金。4. 收获：Este año hemos recogido muchas naranjas. 今年我们收获了许多橙子。5. 收容：Hace poco la mujer recogió a una niña abandonada por sus padres. 不久前，那位妇女收留了一个被父母遗弃的小女孩。6. 迎接：Voy a recoger a mi amigo al aeropuerto. 我去机场接我的朋友。~ se *prnl.* 1. 回家：Todos los días, me recojo a las siete de la tarde. 我每天下午7点回家。2. 隐居：El viejo se recogió en un pueblo cerrado después de jubilarse. 老人退休后，在一个闭塞的乡村隐居。

recomendar *tr.* (16) 1. 劝告，建议：Te recomiendo no fumar. 我劝你不要吸烟。2. 推荐：Mi compañero me recomendó a su jefe. 我的同学把我推荐给他的

上司。

recompensar *tr.* 1. 补偿，赔偿：El vendedor nos ha recompensado la pérdida. 卖方赔偿了我们的损失。2. 奖赏；酬报：Me recompensó con una moto. 他奖赏了我一辆摩托车。

reconciliar *tr.* (12) 调解，使和解：Intenté reconciliar la disputa entre estos dos muchachos. 我尽力调解这两个小伙子之间的纠纷。~ se *prnl.* 和解，和好：Se han reconciliado mediante la intervención de su compañero. 他们在同学的调解下和好。

reconocer *tr.* (28) 1. 认出，识别：Me ha reconocido después de mirarme un rato. 他端详了一会儿便认出我来。2. 承认：Reconozco que tengo un carácter muy difícil. 我承认我性格孤僻。~ se *prnl.* 认错；坦白：Se reconoció como culpable. 他坦言自己是肇事者。

recordar *tr.* (19) 1. 记住；使联想：Recuerda mi dirección. 你记着我的地址。2. 想起：Cuando me lo presentaron, recordé que lo había conocido en mi juventud. 当他们向我介绍此人时,我想起年轻时就与他相识。3. 提醒：Recuérdale que venga a tiempo. 你提醒他准时来。

recorrer *tr.* 1. 走过，走遍：El año pasado recorrimos en jeep toda la Africa del Norte. 去年，我乘吉普车游遍了整个北非。2. 察看：El director recorrió el taller de embalaje. 经理察看了包装车间。

recuperar *tr.* 收复；恢复：He recuperado la bicicleta perdida. 我得到了丢失的自行车。~ se *prnl.* 复原，痊愈：El paciente se recupera con rapidez siguiendo la instrucción del médico. 听从医生的指导,那位病人康复得很快。

recurrir *intr.* 求助，借助（与前置词"a"搭配）：Cuando estoy en apuros, no sé a quién tengo que recurrir. 我处于困境时，真不知向谁求助。Queremos recurrir a su intervención para resolver este problema. 我们想借助您的干预解决这一问题。

rechazar *tr.* (9) 1. 拒绝；不接受：El director rechazó mi petición. 经理拒绝了我的请

求。2. 驳回：Mi compañero aceptó la sugerencia que había rechazado. 我的同学接受了他先前驳回的建议。3. 排斥：El color blanco rechaza la luz. 白色反光。

reducir *tr.* (31) 1. 减少，缩小，压缩：La familia ha reducido los gastos no necesarios. 那户人家减少了不必要的开支。2. 使落得（与前置词"a"搭配）：El terremoto redujo los edificios a ruinas. 地震使大厦变成了废墟。

reemplazar *tr.* (9) 替换，取代：Mi amigo desea reemplazar el coche viejo por otro nuevo. 我的朋友想买一辆新轿车替换那辆旧的。El operador fue reemplazado por otro. 那个操作工被别人替换了。

referir *tr.* (18) 讲述；使联系：Ella nos refirió lo sucedido con detalles. 她详细地向我们讲述了所发生的事情。~ se *prnl.* 1. 谈及，提及（与前置词"a"搭配）：Creo que se refiere a mí. 我认为他提到了我。2. 所指的是：Lo que se refiere es el problema de la reparación. 他所指的是维修问题。

reflejar *tr.* 1. 反射：El espejo refleja los rayos del sol. 镜子反射阳光。2. 反映，表现出：Su actitud refleja su opinión. 您的态度反映了您的看法。

reformar *tr.* 改革；修正：Reformaron la ley de inmigración el año pasado. 去年改革了移民法。Pienso reformar la fachada del local. 我想把店铺的门脸修改一下。~ se *prnl.* 改过自新：Ahora es un chico educado después de reformarse. 经改过自新，他现在是个有教养的孩子。

reforzar *tr.* (42) 1. 加固：Hay que reforzar las patas de esta silla porque se mueven. 必须加固这把椅子的腿儿，都晃动了。2. 加强：Debemos reforzar la vigilancia en esta zona. 我们应当加强这一地区的警戒。

refugiar *tr.* (12) 庇护：El dueño refugió al chico en el sótano. 房东把男孩安置在地下室掩护起来。~ se *prnl.* 躲避，避难：Se metió en una cueva para refugiarse de la lluvia. 他躲进山洞避雨。Durante la guerra, se refugió en el país vecino. 战

争期间他躲到邻国避难。

regalar *tr.* 赠送：Regalé a mi amigo un diccionario por su cumpleaños. 朋友生日时我送给他一本词典。～ se 享受；娱乐（自复形式，与前置词"con"搭配）：Ahora me regalo con la música. 现在我听音乐娱乐。

regañar *tr.* 斥责：El padre regañó a su hijo porque no había ido a la escuela. 父亲因儿子没去上学而训斥他。～ *intr.* 争吵，拌嘴：Los niños regañaron por el juguete. 孩子们为争玩具而吵架。

regar *tr.* （43）1. 浇水，灌溉：El señor riega el césped del patio. 那位先生给院子里的草坪浇水。El agricultor riega la tierra con el agua del canal. 那位农民使用水渠的水灌溉庄稼。2. 浇汁：Riego el pollo frito con la salsa de tomates. 我往炸鸡上浇蕃茄汁。

regatear *tr.* 1. 讨价还价：El muchacho regateó el precio de las naranjas con el vendedor. 小伙子买甜橙，同小贩讨价还价。2. 吝惜（常用于否定式）：No regateó su dinero para ayudar a su vecino. 他不吝惜金钱帮助他的邻居。

regir *tr.* （6）1. 统治，领导：El rector rige la universidad. 校长领导那所大学。2. 支配，主导：El fundamento económico rige la estructura superior. 经济基础决定上层建筑。～ *intr.* 1.（法律）有效：Todavía rigen leyes de hace un siglo. 一世纪前的法律仍然有效。2. （主要指大脑）正常运作：Su memoria ya no rige porque es muy anciano. 他上了岁数，头脑不灵活了。

registrar *tr.* 1. 记录：Este aparato puede registrar su sonido e imagen. 这个设备可以记录下您的声音和形象。2. 检查，搜查：Registraron la casa de arriba abajo para encontrar aquel documento importante. 为了找到那份重要文件，他们从上到下搜查那所住房。3. 标出，标示：Últimamente, la población mundial ha registrado un crecimiento notable. 最近世界人口明显增长。～ se *prnl.* 1. 出现；发生：El invierno del año pasado se registraron muchas nevadas. 去年冬季下了许多场雪。2. 登记，

注册：Se registró al ingresar en la universidad. 他进入大学时进行了登记。

reinar *intr.* 1. 统治：Cuando el emperador murió había reinado diez años. 皇帝驾崩前，统治了十年。2. 占统治地位，盛行：En este pueblo pequeño reina la tranquilidad. 这个小镇很宁静。Este verano, reina la falda larga. 今年夏季流行长裙。

reír *intr.* (24) 笑：Los niños juegan riendo. 孩子们欢笑着玩耍。~ *tr.* 欣喜；满意：Me han reído tus palabras. 你的话语令我欣喜。~ se *prnl.* 嘲笑，讥笑（与前置词"de"搭配）：Estoy muy enfadado porque se ha reído de mí. 我非常生气，因为他嘲笑我。

reiterar *tr.* 重申；重复：Te reitero mi apoyo en el trabajo. 我重申，我在工作上支持你。

relacionar *tr.* 使联系在一起：Relacionó lo que había visto con este suceso. 他把所看到的情况与这件事联系在一起。~ se *prnl.* 有联系，有关：Lo que he dicho no se relaciona con nadie. 我所说的话与任何人无关。

relajar *tr.* 1. 放松；缓和：Relajemos un poco la intensidad del trabajo. 咱们减缓一下工作的强度。2. 放宽：El director no quiere relajar los reglamentos de la empresa. 经理不想放宽公司的规定。~ se *prnl.* 1. 松劲，懈怠：No debemos relajarnos antes del término del trabajo. 工作结束前，我们不应懈怠。2. 休息，放松：Hago ejercicios de respiración hasta que me relaje por completo. 我作深呼吸训练直到身体完全放松为止。3. 放荡：Se relajó en su conducta después de la muerte de su padre. 父亲去世后，他行为放荡。

relatar *tr.* 讲述，叙述：El abuelo me relató su historia. 爷爷给我讲述他的经历。

relevar *tr.* 1. 接替，替换：He relevado a Juan. 我替换了胡安。2. 免除（义务、负担）：Lo relevamos de esta tarea. 我们免除了他的这项任务。3. 解除（职务）：El rector ha relevado al decano de su cargo. 校长罢免了该系系主任的职务。

relieve *m.* 1. 浮雕：Los relieves

del monumento muestran la escena de la lucha del pueblo por la independencia. 纪念碑的浮雕表现了人民为争取独立而斗争的场面。2. 地形，地貌：El relieve de China es variado. 中国的地形多种多样。de ～ 重要的：Este cuadro es una obra de relieve en la pintura china. 这幅画在中国绘画艺术中是一幅重要的作品。poner de ～ 强调，突出：En la reunión, el director puso de relieve la importancia del proyecto. 经理在会议上强调了该项目的重要性。

rellenar *tr.* 1. 填写：Al rellenar el impreso, lo entregó al empleado de correos. 他填完表格，把它交给邮局的工作人员。2. 装填：Rellena la botella con vino. 他往瓶子里装葡萄酒。

remediar *tr.* 1. 补救，弥补：Me ayudó a remediar la pérdida. 他曾帮助我弥补损失。2. 避免；制止：Intenté remediar la contradicción que tendrían ellos dos. 我试图避免他俩之间出现矛盾。

remendar *tr.* (16) 1. 修补：La mujer remienda las rodillas del pantalón. 那位妇女修补裤子的膝盖部位。2. 修改：Luis remendó algunas partes de su tesis. 路易斯修改了他的论文的部分内容。

remitir *tr.* 寄发，寄出：¿Podría remitirme la lista de precios? 您能寄给我价目表吗？～ *intr.* 缓和，衰减：El viento remitió enseguida. 大风很快平缓。～ se *prnl.* 遵循；服从（自复形式，与前置词"a"搭配）：Me remito a la orden del jefe. 我遵循上司的命令。

remover *tr.* (20) 1. 翻动：Remuevo la pintura para que los colores se mezclen. 我搅动颜料，以便不同的颜色混合。2. 移动：Removió algunos muebles de sobra de la casa. 他把多余的家具挪出屋子。

renacer *intr.* (28) 复活，再生；恢复生机：Las flores e hierbas renacen por primavera. 春天花草复苏。Este año ha renacido la moda de esta falda. 今年这种式样的裙子再次流行。

rendir *tr.* (23) 1. 战胜：Nuestro ejército rindió la ciudad ocupada por la tropa enemiga. 我们的军队使敌军交出了所占领

的城市。2. 给；交还：He de rendir la cuenta de la comida. 我必须支付这次午餐的费用。3. 表示（敬意）；敬奉：Rendimos homenaje a los mártires. 我们向烈士致敬。4. 使疲劳：Estoy rendido al terminar este trabajo intenso. 完成这项高强度的工作后，我疲惫不堪。~ intr. 有成果，有成效：La conferencia nos ha rendido. 讲座使我们受益匪浅。~ se prnl. 投降，认输：Ha tenido que rendirse ante la evidencia de los hechos. 他不得不在事实真相面前认输。

renovar tr.（19）1. 重现，恢复：La primavera renueva a los seres vivos. 春天使万物复苏。2. 重新；继续：Te renovaré el apoyo a condición de que mantengas tu compromiso. 只要你履行承诺，我就继续支持你。3. 更换，替换：Quiero renovar las cortinas de casa. 我想更换家里所有的窗帘。

renunciar intr.（12）1. 放弃，舍弃（与前置词"a"搭配）：Renuncié a la beca que me había ofrecido esta universidad. 我放弃了这所大学为我提供的奖学金。2. 蔑视；不愿接受：Renunció al regalo de su compañero. 他看不上同学所赠的那件礼物。

reñir intr.（27）争吵，争斗：Las dos mujeres reñían cuando se encontraban. 这两个女人只要一碰面就争吵。~ tr. 训斥：No está bien que riñas a tu hijo ante los invitados. 你在客人面前训斥儿子不好。

reparar tr. 1. 修理，修补：Los mecánicos están reparando la máquina averiada. 机械师们正在修理出现故障的机器。2. 弥补，补救：Hacemos lo posible para reparar la pérdida. 我们尽力弥补损失。3. 恢复（体力）；鼓舞：Tus palabras repararon mi coraje. 你的话语鼓起了我的勇气。~ intr. 发现；注意到（与前置词"en"搭配）：No reparé en mi error cometido. 我没注意到自己所犯的错误。

repartir tr. 1. 分发，分配：Reparto las revistas entre los alumnos. 我把杂志分给学生们。2. 分摊：Hay que repartir la tarta en partes iguales. 应当把蛋糕分成均等的份数。

repasar *tr.* 1. 复查，核对：El contable está repasando los gastos de mi viaje. 会计在核对我的出差费用。 2. 复习：Repaso todo lo que hemos estudiado para pasar el examen. 我复习我们所学的全部知识，争取通过考试。 3. 浏览：Ya tengo una idea del contenido después de repasar la revista. 我浏览了那本杂志，对其内容有所了解。 4. 缝补：La mujer está repasando la falda descosida. 那位妇女正在缝补开线的裙子。

repente *m.* 突发动作：No puedo evitarlo porque es un repente. 由于这是一个突发动作，我无法避开。 de ~ 突然：Cuando yo leía el periódico, de repente alguien llamó a la puerta. 我看报时，突然有人敲门。

repetir *tr.* (23) 1. 重复，重做：Repítalo por favor. 请您重复一遍。 2. 模仿：El chico habla repitiendo mi voz. 男孩模仿我的声音讲话。 ~ *intr. prnl.* 1. 留级，重读：No ha sido aprobado en el examen, entonces tiene que repetir. 他没有通过考试，必须重读。 2. （饮食）留有余味：He comido la carne mezclada con cebollas hace dos horas y todavía se repite. 两小时前我吃过肉片炒洋葱，现在还有洋葱的余味。

replicar *tr. intr.* (7) 1. （强硬地或不满地）回答：Replicó que no tenía interés de hacerlo. 他不满地说，他没兴趣做那件事。 2. 反驳：Ante nuestra decisión ella replica. 她对我们的决定加以反驳。

reposar *intr.* 1. 休息，静养：Quiero reposar un rato. 我想安静一下。Debes reposar en un balneario. 你应当在温泉疗养地静养。 2. 安息：Los mártires reposan aquí. 烈士们在此处安息。 3. （使液体的杂质）沉淀：Deja reposar un poco el té después de hervirlo. 沏茶后，你应让茶沉淀一下。 4. 静待片刻（便于面、菜等与液体融合）：Hay que dejar reposar la masa antes de preparar los ravioles. 包饺子之前，应让面团静待片刻。

reprender *tr.* 训斥，责备：No es conveniente reprender a los niños en el sitio público. 在公共场合训斥孩子不妥。

representación *f.* 1. 表演，演出：Voy a ver la representación esta tarde. 今天下午我去看演出。2. 象征：Esta muchacha es una representación de la belleza oriental. 这个女青年是东方美的象征。3. 形象；概念：Ya tengo una representación mental sobre su empresa mediante su explicación. 通过您的介绍，我对贵公司有了大致的印象。en ～ de 代表：Te agradezco en representación de la Facultad. 我代表全系向你表示感谢。

representar *tr.* 1. 代表：El Ministro de Relaciones Exteriores firmó el tratado de paz representando a su país. 外交部长代表本国签署了和平协议。2. 象征；意味着：Todo el mundo comprende qué representa la expresión facial del director. 所有的人都明白经理的面部表情意味着什么。3. 演出；扮演：Este actor representa un payaso en la comedia. 这个男演员在喜剧中扮演小丑。Me gusta el número representado por ellas. 我喜欢她们演出的那个节目。～ se

prnl. 再现；想像（自复形式）：No consigo representarme aquella escuela donde estudié. 我无法想像出我曾读书的那所学校的模样。

reprimir *tr.* 1. 抑制，克制：La chica no podía reprimir su tristeza y lloró. 女孩无法抑制悲伤，哭了起来。2. 阻止；镇压：La policía intentaba reprimir el alboroto de los manifestantes. 警方试图压制示威人群的骚动。

reproducir *tr.* (31) 1. 复制：El artesano trataba de reproducir esta pieza de bronce. 那位工匠试图复制这件铜器。2. 再现：Dentro de los filmes actuales los más reproducidos son los de aventuras. 当前重映的电影中，播映最多的是探险片。～ se *prnl.* 繁殖（自复形式）：Los ratones se reproducen con rapidez. 老鼠繁殖很快。

repugnar *intr.* 使厌恶，使反感：Me repugna ese color. 那种颜色令我反感。～ *tr.* 厌恶，讨厌：Es una persona floja porque repugna el trabajo. 他厌恶劳动，所以是个懒人。

requerir *tr.* (50) 1. 需要：Éste es

un trabajo que requiere una especial atención. 这项工作需要格外细心。2. 请求：No dudes en llamarnos en caso de que requieras nuestra ayuda. 你需要我们帮助时，别不好意思找我们。

resbalar *intr. prnl.* 1. 滑动：La pastilla de jabón le resbaló entre las manos. 肥皂从他的手中滑脱。2. 滑倒：Resbaló sobre algo resbaladizo y cayó en el suelo. 他被某种易滑的东西滑了一下，摔倒在地。3. 出错：He resbalado de nuevo en la contestación al profesor. 回答老师提问时，我再次出错。

rescatar *tr.* 1. 解救；赎回：La policía llevaba varias horas tratando de rescatar a los rehenes. 警察花费数小时试图解救人质。2. 摆脱：Sus compañeras desean rescatarla de la tristeza. 她的女伴们想让她从悲伤中摆脱出来。

rescindir *tr.* 废除，取消：Rescindió el contrato con su empresa por motivo personal. 出于个人原因，他终止了与公司的合同。

reservar *tr.* 1. 贮存，留存：Resérvame una cerveza, que regreso enseguida. 你给我留一瓶啤酒，我马上就回来。2. 预订：He reservado una plaza para el vuelo a Madrid. 我预订了飞往马德里的航班的座位。3. 保留；隐而不讲：Mis compañeros reservaron la disputa. 我的同学们对分歧避而不谈。~ se *prnl.* 等待时机：Al comienzo se reservaba en la reunión y finalmente expresó su opinión. 会议伊始，他保持沉默，直到最后他才表明了态度。

resfriarse *prnl.* 着凉，感冒：Me he resfriado después de ducharme. 淋浴后，我着凉了。

residir *intr.* 1. 居住：Seguiré residiendo en el colegio mayor hasta que termine la carrera. 结束学业之前，我将一直住在大学生公寓。2. 在于：Mi estudio de este idioma extranjero reside en el interés. 我学习这门外语是出于兴趣。

resignarse *prnl.* 忍受；屈从：Tengo que resignarme ante las consecuencias. 我不得不接受这样的结局。

resistente *adj.* 1. 坚固的，结

实的：Este par de zapatos es resistente. 这双鞋很结实。2. 对…有承受力的（与前置词"a"搭配）：Las cuatro columnas de pino son resistentes al peso del techo. 四根松木立柱承受着屋顶的全部重量。

resistir *tr. intr.* 1. 反抗，抗拒：El chico no podía resistir la tentación de la curiosidad. 那个男孩无法抵抗好奇心的诱惑。2. 忍受，承受：La bicicleta puede resistir 150 kilos de peso. 那辆自行车能承受150公斤的重量。

resolver *tr.*（20）1. 解决：Todavía no conseguí resolver este problema. 我至今没有解决这一问题。2. 决定：Finalmente resolvimos alojarnos en este hotel. 最终，我们决定入住这家饭店。~ se *prnl.* 1. 下决心，决定（自复形式）：Tenemos que convencerla antes de que el jefe se resuelva. 我们必须在领导作出决定之前说服她。2. 变成（与前置词"en"搭配）：El hielo se resolvió en agua. 冰变成了水。

respecto *m.* 关系，关联：al ~ 有关的：Quiero decir algo al respecto. 关于这件事，我想说几句。con ~ a/ ~ a 关于：Con respecto a la forma de pago, lo hablaremos mañana. 关于付款的方式，咱们明天商谈。Respecto al horario de trabajo, quiero consultarlo contigo. 关于工作时间表的问题，我想和你商量一下。

respetar *tr.* 1. 尊重，尊敬：Por fin he conseguido que todo el mundo me respete. 最后，我终于赢得了大家的尊重。2. 遵守：Liu es un hombre que respeta la hora. 路易斯是守时的人。

respirar *intr.* 1. 呼吸：Respira profundamente antes de lanzarte al agua. 跳水前，你要深呼一口气。2. 喘息，松口气：Pudimos respirar un poco al terminar el trabajo. 结束工作之后，我们才松了口气。3. 通风：Abrimos las ventanas de la habitación para que respire. 我们打开房间的全部窗户通风。4. 还活着：Aún respira. 他依然活着。5. 散发气味：La habitación respira a humedad. 房间散发着霉味。~ *tr.* 1. 吸入：Quiero respirar aire fresco. 我想呼吸一下新鲜空气。2. 充满欲望；热情饱满：Respiraba entusiasmo en el trabajo. 他在工作中充满热情。sin ～1. 一口气：Terminé de leer la novela sin respirar. 我一口气读完那部小说。2. 全神贯注地：Escucho la explicación del profesor sin respirar. 我全神贯注地听老师讲解。

responder *tr.* 回答，答复：Ella me respondió que no tenía interés en leerlo. 她回答我说，她没兴趣读那本书。Llamé varias veces, pero nadie me respondió. 我打了几次电话，但无人接听。～*intr.* 1. 回答：¿Quién puede responder a mi pregunta? 谁能回答我的问题？2. 适应：Esta máquina puede responder en todas las condiciones. 这台设备能适应各种条件。3. 回报：Este manzano responde si lo atendemos bien. 如果我们照料好这棵苹果树，它会回报我们的。4. 负责（与前置词"de"搭配）：Aseguro responder de lo que he hecho. 我保证对我的所作所为负责。5. 担保：Respon-demos de la calidad del producto. 我们保证该产品的质量。

restar *tr.* 1. 减少，降低：La crisis económica ha restado el poder adquisitivo de muchas familias. 经济危机使许多家庭的购买力下降。2. 减去：De esta cifra tiene que restar los gastos del viaje. 您应从费用中减去旅行费。～*intr.* 尚余，差：Resta una semana para que empiece el Día Nacional. 还有一周便是国庆节了。

restaurar *tr. prnl.* 1. 恢复：El gobierno trató de restaurar la estabilidad social. 政府试图恢复社会稳定。2. 修复：Se restauró la estatua. 那尊雕像已修复。

resto *m.* 1. 剩余：Puedes llevar estas revistas y el resto lo devolveré a la biblioteca. 你可以拿走这些杂志，剩下的我将还给图书馆。2. 余数：Cinco dividido entre dos es igual a dos y el resto es uno. 5除以2得2余1。～s *pl.* 1. 残余物：El camarero tiró los restos de la comida en el cubo de basura. 服务员把残余的食物扔

进了垃圾桶。2. 遗体：Enterraron los restos de este viejo en el cementerio. 人们把这位老人的遗体葬于墓地。echar el ~ 全力以赴，竭尽全力：Echamos el resto para resolver este problema. 我们竭尽全力解决这个问题。

restringir *tr.* (3) 限制，约束：Debemos restringir los gastos innecesarios para disminuir el coste. 为降低成本，我们必须限制不必要的支出。

resultar *intr.* 1. 是…结果，产生于：El progreso resulta de los esfuerzos hechos. 进步是所付出的努力的结果。2. 结果是，后果是：Hasta ahora, todos los intentos de poner fin al terrorismo han resultado inútiles. 时至今日，为消除恐怖主义而作出的一切努力毫无效果。3. 好像，看上去：Mi salario resulta reducido. 我的薪水不高。

retener *tr.* (54) 1. 留住：Esta tela no retiene el agua. 这块布料不吸水。Ella no puede venir porque un asunto urgente le ha retenido. 她因为急事缠身不能来了。2. 扣留：Este mes le retendrán parte del sueldo. 这个月将扣除他部分工资。3. 挽留；拦住：El forastero me retuvo para preguntar dónde está la plaza central. 那个外地人拦住我，询问中心广场在哪里。4. 记住：Repité varias veces el texto para retenerlo. 为了记住那篇课文，我曾背诵了几遍。

retirar *tr.* 1. 移开，挪开：La mujer retiró el florero de la ventana. 那位妇女把花瓶从窗户移开。2. 使退休：La empresa ha retirado a los empleados que cumplen 60 años. 公司让年满60周岁的人退休。3. 撤除，吊销：Tras el accidente, le retiraron el carné de conducir. 发生事故之后，他的驾驶执照被吊销了。4. 取出：Voy al banco a retirar el sueldo. 我去银行取工资。~ se *prnl.* 1. 离开：Tengo que retirarme porque tengo algo que hacer. 我得走了，我还有事要办。2. 撤退：Hace dos días el ejército se retiró de la ciudad. 两天前那支军队撤离该城。3. 退休：El año pasado mi hermano se retiró. 去年我兄弟退休了。

retorcer *tr.* (20) 1. 拧，绞：La mujer retorcía la ropa lavada antes de tenderla. 那位妇女在晾衣服前，把洗过的衣服拧干。2. 歪曲，曲解：Creo que has retorcido el significado de mis palabras. 我认为你曲解了我的话的意思。

retornar *intr.* 返回原处：Desde el primer día que llegó, deseaba retornar a su país. 从到达的第一天起，他就盼望回到自己的祖国。~ *tr.* 归还，退回：Mi compañero me ha retornado el diccionario que le presté. 我的同学把我借给他的那本字典还给了我。

retrasar *tr.* 1. 推迟：Por el visado hemos retrasado la fecha de la visita. 因为签证的问题，我们推迟了访问的日期。2. 拖延：Deseo que no retrase la fecha de la devolución. 我希望您不要拖延归还的日期。3.（拨慢）钟表：Anoche retrasó el reloj una hora. 昨晚他把表拨慢了一小时。~ *se prnl.* 1. 迟到：El tren se ha retrasado. 火车晚点了。2. 延误：Llegó tarde porque se retrasó en el camino. 因为路上耽搁，他迟到了。3.（表）走慢：He llegado tarde porque mi reloj se retrasó. 我的表走慢了，所以迟到了。

retroceder *intr.* 1. 后退，倒退：Retrocede, que viene un coche. 你后退一下，车来了。2. 退缩：Ante la dificultad no quiero retroceder. 面对困难我不想退缩。

reunir *tr.* (15) 1. 聚集：Nos reunió para buscar una solución. 他把我们召集在一起探讨解决的办法。2. 收集：El anciano ha reunido las monedas de muchos países. 老大爷收集了许多国家的硬币。~ *se prnl.* 团聚，聚集：En la Fiesta de Primavera toda la familia se reúne. 春节时，全家人团聚。

revelar *tr.* 1. 揭露，披露；暴露：Me asegura que me revelará todo lo que sepa. 他向我保证，将他所知道的一切告诉我。2. 表明，显示：Sus palabras han revelado su actitud. 他的话表明了他的态度。3.（摄影）显像：He olvidado revelar el carrete de las fotos de nuestro encuentro. 我忘了冲洗我们聚

会时照的那个胶卷。

reventar *intr. prnl.* (16) 1. 爆炸, 崩裂: El globo reventó en el aire. 气球在空中爆裂。2. 憋不住: Al mirar tu gesto cómico, ella reventó de risa. 看到你那滑稽的表情, 她忍不住笑了起来。3. 非常想: Mi compañero reventó por hablar. 我的同伴当时很想发言。 ~ *tr.* 1. 使疲劳: Nos reventó para que lo termináramos. 为了完工, 他使我们累得筋疲力尽。2. 使恼火: Me revienta que se marche sin pedir permiso. 我恼火他没请假就擅自离开。3. (为演出) 起哄, 喝倒彩: Un grupo de muchachos reventaba el espectáculo representado por la actriz. 一群青年为那个女演员表演的节目喝倒彩。

revés *m.* 1. 背面, 反面: Me he puesto la camiseta del revés sin darme cuenta. 我没注意到把T恤衫穿反了。2. 挫折; 磨难: Debemos aguantar cualquier revés que aparezca en la vida. 我们应当承受生活中出现的各种磨难。al ~ 相反: Tú, al revés, prefieres ir de vacaciones a la playa. 你恰恰相反, 想去海边度假。

revestir *tr. prnl.* (23) 1. 覆盖; 包裹: Esta pieza está revestida de cromo. 这个零件镀了一层铬。2. 披上, 穿上 (与前置词 "con" 或 "de" 搭配): Cuando salió su señora le revistió con un capote. 他出门时, 他的妻子给他披上一件披风。Me revestí con una chaqueta por el frío. 由于天冷, 我穿了一件外衣。3. 使具有, 具有 (宾语指人时, 与前置词 "a" 搭配): Este asunto reviste importancia. 这件事重要。El presidente revistió con el título de representante omnipotente al ministro. 总统赋予那位部长全权代表的头衔。~ se *prnl.* 伪装, 假装: Se revistió de ignorancia. 他假装一无所知。

revisar *tr.* 1. 检查: Tengo que revisar con atención el trabajo por escrito. 我必须仔细检查一下书面作业。2. 检验: Unos obreros están revisando la calidad de las piezas antes del ensamblaje. 一些工人在组装前, 对零件进行检验。

revolver *tr.* (20) 1. 翻动, 搅拌:

Al añadir el azúcar, ella revolvió el café con una cuchara. 加糖后，她用勺子搅拌咖啡。2. 使烦乱，使心烦意乱：El ruido me revolvió y no podía aguantar. 噪音使我心烦意乱，无法忍受。3. 弄乱：El niño ha revuelto toda la habitación. 男孩弄乱了整个房间。~ se *prnl.* 1. 坐卧不安（自复形式）：Anoche se revolvía en la cama sin poder dormir. 昨夜他辗转反侧，无法入睡。2.（天气）骤变：Esta mañana hacía buen tiempo y ahora está revolviéndose. 今天上午晴空万里，现在却天气骤变。

riesgo *m.* 风险，危险：Se dedica a un trabajo lleno de riesgos. 他从事一项充满危险的工作。Este seguro sólo cubre el riesgo de robo. 这个险种仅保失窃。correr el ~ de 冒险：No quiero correr el riesgo de equivocarme, por eso no he dicho nada. 我不想冒出错的风险，所以我什么也没说。

robar *tr.* 1. 偷盗：Le robaron la cartera en el metro. 有人在地铁偷了他的钱包。2. 拐骗：La banda de malvados robó a muchos niños. 那帮坏蛋拐骗了许多儿童。3. 迷住：El muchacho ha robado el corazón de la chica con palabras dulces. 小伙子用甜言蜜语迷住了姑娘的心。

rodar *intr.* (19) 1. 旋转：El molinillo rueda con el impulso del viento. 风车在风的吹动下旋转。2. 滚动，滚落：La piedra se echó a rodar de lo alto del monte. 石块从山的高处滚落。3. 奔波：María ha ido rodando por varias instituciones para conseguir la licencia de importación. 为了获得进口许可证，玛丽娅奔波于几个部门之间。~ *tr.* 拍摄：Han rodado la serie en un edificio antiguo. 人们在一处古建筑拍摄电视片。

rodear *tr.* 1. 环绕：El parque está rodeado de rejas. 公园的四周是铁栅栏。2. 包围：Los soldados rebeldes han rodeado la residencia del presidente. 反叛的士兵包围了总统官邸。~ *intr.* 1. 绕行：Tengo que rodear por otra calle porque ha sucedido un accidente en ésta. 因为这条街发生了交通事故，我只得绕行另一条街道。2. 拐弯抹角：No rodees tanto con tus explicaciones. 你别再绕弯子解释了。

rodilla *f.* 膝盖：Raquel quiere comprar una falda que cubre las rodillas. 拉格尔想买一条过膝的裙子。de ~s 跪着：El niño pidió a su padre de rodillas que no le castigara. 男孩跪着央求父亲别惩罚他。

roer *tr.* (11) 1. 咬：El perro royó la cuerda y se escapó. 那条狗咬断绳索跑掉了。2. 啃：Un lobo está royendo una oveja muerta. 一条公狼正在啃食一只死绵羊。3. 磨：El disco sirve para roer el hierro. 砂轮可以打磨铁器。4. 折磨：La pérdida de su hijo le roía a la madre. 那位母亲因失去儿子而痛苦不已。

rogar *tr.* (41) 请求，恳求：Te ruego que me acompañes al centro. 我请求你陪我去市中心。

romper *tr. prnl.* 1. 弄破，弄碎（过去分词为："roto"）：El niño rompió el cristal de la ventana. 男孩打破了窗户玻璃。2. 弄断，摔断：Ha roto el palo con el hacha. 他用斧头砍断了木棒。Cayéndose del andamio se rompió la pierna izquierda. 他从脚手架上掉下来，摔断了左腿。3. 冲破：El barco avanzaba a toda velocidad rompiendo las olas. 那条船冲破海浪全速前进。4. 中断，打断：El corte de electricidad ha roto la producción. 断电中断了生产。5. 断绝：No es conveniente que rompas la relación comercial con esta empresa. 你与这家企业中断贸易往来是不妥当的。6. 撕毁：Este país se encuentra en una situación crítica después de haber roto el tratado de paz con su país vecino. 这个国家自从撕毁了与邻国的和平协议后，形势不妙。~ *intr.* 1. 开始（与前置词"a"搭配）：Al saber la noticia la mujer rompió a llorar. 那个女人得知消息后哭了起来。2. 断绝来往，闹翻（与前置词"con"搭配）：Mi amigo ha roto con su novia. 我的朋友和女友闹翻了。

rueda *f.* 轮子：Esta maleta tiene dos ruedas. 这个旅行箱有两个轮子。~ dentada 齿轮：Esta máquina tiene una gran rueda dentada. 这台机器有一个巨大的齿轮。~ de prensa 新闻发布会: Muchos periodistas extranjeros tomaron parte en la rueda de prensa. 许多外国记者参加了新闻发布会。sobre ~s 一切顺利: La negociación marchó sobre ruedas. 谈判进行得很顺利。

ruego *m.* 请求；愿望: Finalmente el padre ha cedido ante el ruego de su hija. 面对女儿的请求，最终父亲作出了让步。a ~ de 应…请求: Juan acudió al encuentro a ruego de su amigo. 胡安应朋友之邀参加了聚会。

rumbo *m.* 1. 方向（与前置词"a"搭配）: Navegamos rumbo a Nueva York. 我们朝纽约方向航行。2. 道路: Ahora estamos perdidos y no sabemos qué rumbo vamos a tomar. 现在我们迷路了，不知道该走哪条路。

S

sábana *m.* 床单，被单：Compré una sábana nueva. 我买了一条新床单。pegársele (a alguien) las ~s 起晚了，睡懒觉：Se me pegaron las sábanas y llegué tarde a clase. 我起晚了，所以上课迟到了。

saber *tr.* (51) 1. 了解，知道：No sé dónde está Ana. 我不知道安娜在哪儿。2. 会，懂：Sabe tocar el violín. 她会拉小提琴。Ema sabe latín. 艾玛懂拉丁语。3. 习惯于，经常（西班牙南部地区及拉美一些国家）：Sabía venir por acá todos los días. 他习惯于每天到这儿来。~ *intr.* 有（某种）味道：Este helado sabe mucho a chocolate. 这个冰激凌有很浓的巧克力味儿。~ *m.* 学问，知识：El saber no ocupa lugar. 知识从不嫌多。a ~ 即，就是：La mano tiene cinco dedos, a saber: menique, anular, medio, índice y pulgar. 手有五个手指，即小指、无名指、中指、食指和拇指。

sacar *tr.* (7) 1. 取出，拿出：Saca los libros del cajón. 你把抽屉里的书拿出来。El médico le dijo: "Saque la lengua, por favor." 医生对他说："请您伸出舌头。" 2. 使（某人）从某处出来：Una llamada me sacó de la casa. 一个电话把我从家里叫走了。3. 制作，创造，生产：¿Has visto el nuevo modelo de coche que han sacado? 你见过刚刚生产的新型轿车吗？4. 取下，脱下：Sácame la falda, que me queda muy estrecha. 裙子太瘦了，你帮我脱下来。~ adelante 1. 抚育，养育：Con mucho esfuerzo, sacó adelante a cinco hijos. 为了养育5个孩子，她历尽艰辛。2. 推进；维持：Saco adelante la amistad con ella. 我维持与她的友谊。~ en claro/limpio 弄明白，搞清楚：Después de tanto discutir, no han sacado nada en claro. 经过反复讨论，

saciar *tr.* 1. 使吃饱，喝足：El mendigo pidió un pedazo de pan para saciar su hambre. 乞丐讨要一块面包充饥。2. 满足（精神、思想等）：Tu apoyo no me sacia. 你的支持没有满足我的愿望。

saco *m.* 袋子，口袋：Compré un saco de arroz de diez kilos. 我买了一袋10公斤的大米。~ de dormir 睡袋：Los sacos de dormir suelen ser impermeables. 睡袋一般是防雨的。entrar a ~ 抢劫：Dos ladrones entraron a saco en un supermercado. 两个小偷抢劫了一家超市。~ de hueso 骨瘦如柴：Luisa se ha quedado hecha un saco de hueso por haber tenido un régimen muy fuerte. 路易莎因过于节食而骨瘦如柴。echar en ~ roto 忘记：Te recomiendo que no eches en saco roto los consejos de tus padres. 我建议你不要忘记你父母的忠告。

sacudir *tr.* 1. 摇晃，晃动：El viento sacudía las ramas de los árboles. 大风摇晃着树枝。2. 抖动：La mujer sacudió la sábana para quitar el polvo. 那个女人抖动床单除尘。3. 打，揍：No sacudas al niño. 你别打那个男孩。~ se *prnl.* 摆脱；拒绝（自复形式，与前置词"a"或"de"搭配）：No logró sacudirse de la persecución de la policía. 他未能摆脱警方的跟踪。

sala *f.* 厅，室：Su casa tiene una sala muy grande. 他家有一个很大的厅。~ de estar（住房的）起居室：Me gusta leer en la sala de estar al tener tiempo libre. 一有空闲，我便喜欢在客厅读书。~ de fiestas 娱乐场所，舞厅：Pasé la noche del viernes en una sala de fiestas. 我是在舞厅度过周五夜晚的。~ de espera 候车室，候诊室，候机室：Te espero en la sala de espera. 我在候车室等你。~ de clase 教室：En la sala de clase hay muchos alumnos. 教室里有很多学生。

salida *f.* 1. 出口：Las salidas están señaladas con una luz roja. 出口有红灯标志。2. 出去；出来：La salida del sol en verano se produce antes que en invierno. 夏天的日出比冬

天早。Me puso un vendaje para detener la salida de sangre. 他给我缠了绷带止血。3. 离站(时间)：La salida del tren rumbo a Shanghai tendrá lugar a las dos de la tarde. 开往上海的列车将于下午两点离站。4. 出路，销路：Ahora estoy en una situación que no tiene salida. 眼下我处于没有出路的困境。~ de tono 不合适的（不恰当的）言行：Dos días después, me pidió perdón por su anterior salida de tono. 两天之后，他为自己不恰当的言行向我表示歉意。

salir *intr.* (52) 1. 出来（与前置词"de"搭配）：Salgo de casa todos los días a las siete y media. 我每天七点半从家里出门。2. 出去（与前置词"a"搭配，表示到某处去）：Sal al patio. 你到院子去。3. 出现：El sol sale a las seis y media. 六点半日出。4. （污渍等）消失：Ha salido la mancha de tinta que estaba en la chaqueta. 外衣上的墨水斑迹没有了。5. 结果是：Tras mucho esfuerzo, todo salió bien. 经过不懈的努力，结果一切如意。6. 离开：

Salió hace dos horas. 他两小时前就离开了。7. 出版：Este periódico sale todos los días. 这份报纸每天出刊。~ adelante 顺利运行：A pesar de la crisis económica, este país ha salido adelante. 尽管遇到经济危机，这个国家依然顺利运转。~ de vacaciones 去度假：Salió de vacaciones al extranjero. 他去国外度假了。~ se con la suya 得逞，如愿以偿：El niño se puso tan insistente que al final, se salió con la suya. 那个男孩十分固执，最终他如愿以偿。

saltar *intr.* 1. 跳，跳跃，跳动：Juan salta muy alto. 胡安跳得很高。2. 跳下，跳上，跳到：El niño saltó del árbol al suelo. 小男孩从树上跳到地面。3. 弹起：Saltó el tapón de la botella. 瓶塞弹了出来。~ *tr.* 1. 跨越，跳跃：El atleta corrió saltando las vallas. 那位男田径运动员跨栏奔跑。2. 略过，跳过：Me salté este ejercicio porque no sabía hacerlo. 我不会作这项练习，于是略过去了。~ se *prnl.* 不遵守，违反：El que se haya saltado el reglamento debe ser castigado. 凡是未遵守法规的人应当受到惩罚。

salto *m*. 跳，跃：dar un ～ 一跳，一跃：El perro dio un salto y cogió un trozo de carne con la boca. 狗一跳叼住了一块肉。～ mortal 翻筋斗：El acróbata hizo varios saltos mortales. 那位杂技演员翻了几个筋斗。～ de altura 跳高；～ de longitud 跳远：He conseguido el primer puesto en la competición del salto de longitud. 我获得了跳远比赛第一名。

salud *f*. 健康：Tener salud es afortunado. 健康就是福。beber/brindar a la ～ de 为某人健康干杯：Bebamos a la salud de los familiares ausentes. 让我们为不在场的家属的健康干杯。

saludar *tr*. 1. 打招呼：Me saludó con un gesto. 他用手势和我打招呼。2. 问候，致意：Saluda a tu familia de mi parte. 请代我问候你的家人。

salvar *tr*. 1. 救，挽救，解救：La policía salvó a cinco inmigrantes. 警察解救了5个移民。2. 战胜，克服（困难）：Si conseguimos salvar esta dificultad, lo restante será muy fácil. 如果我们克服了这个困难，余下的问题就好办了。

salvo, va *adj*. 平安的，安然无恙的：Las dos personas salieron sanas y salvas del coche accidentado. 那两个人从出事的轿车里钻出来，安然无恙。～ *adv*. 除了，除…之外：Todos llegaron a tiempo, salvo Pablo. 除了巴勃罗，所有的人都准时到达。a ～ 安全的，未受损伤的：Estoy a salvo. 我平安无事。

sancionar *tr*. 1. 处罚，制裁，惩罚：Lo sancionaron por aparcar en el lugar prohibido. 他把车停在了禁止停车处，因而受到处罚。2. 批准；确认：El Rey de España sanciona las leyes que se aprueban en las Cortes. 西班牙议会通过的法案最后由国王批准。

sangrar *intr*. 流血，出血，滴血：Se cayó y la herida todavía le sangra. 他摔倒了，伤口还在流血。～ *tr*. 1. 放血：El médico le sangró la pierna mordida por la serpiente venenosa. 医生为被毒蛇咬伤的病人的腿部

放血。2. 挥霍(某人)钱财：El padre no quiere dar ni un euro a su hijo porque le ha sangrado bastante. 父亲不愿给儿子一个欧元，因为他挥霍了他太多的钱财。

sangre *f.* 血，血液：La enfermera le saca sangre para hacer análisis. 女护士给他抽血作化验。de ～ caliente 热血的(动物)：Los mamíferos son animales de sangre caliente. 哺乳动物是热血动物。de ～ fría 冷血的(动物)：Los reptiles son animales de sangre fría. 爬行动物是冷血动物。～ azul 贵族血统：Antiguamente, era muy difícil que un noble se casara con alguien que no fuera de sangre azul. 在古代，一位贵族很难与非贵族血统的人结婚。chupar la ～ 剥削，压榨(某人)：Algunos patrones chupaban la sangre a los obreros exigiéndoles que trabajaran más de 10 horas al día. 有些老板压榨工人，强迫他们每天干十几个小时的活。mala ～ 心眼不好：Tiene muy mala sangre, trata mal a los que no pueden defenderse. 他心眼不好，虐待不能自卫的人。

saquear *tr.* 掠夺，抢掠：Los ladrones saquearon la casa de un millonario el domingo pasado. 上周日，一伙小偷把一位百万富翁的家洗劫一空。

satisfacer *tr.*（39）1. 满足：Con este viaje he satisfecho mi deseo de visitar Venecia. 此次旅行满足了我想参观威尼斯的愿望。2. 使愉快，满意：El resultado de la reunión no logró satisfacer a todos. 会议的结果没能使所有的人满意。3. 解答(问题)：El profesor satisface las preguntas de sus alumnos. 老师解答学生的问题。4. 赔偿，补偿；报答：Tengo que satisfacerte por el favor que me hiciste el otro día. 那天你帮了我，我得报答你。

secar *tr.*（7）1. 使变干，晾干，弄干：Seca tus manos con la toalla. 你用毛巾把手擦干。2. 使干枯，使枯萎：El calor secará los rosales. 炎热的天气将使玫瑰枯萎。3. (伤口)愈合，结痂：La herida en la pierna derecha está secada. 右腿的伤口已愈合。～ se *prnl.* 晾干，晒干；干枯：Cuelga la ropa al sol para que se seque. 你把衣服挂在有太阳的地方晾晒。Las plantas se han secado por falta de agua. 由于缺水,植物开始枯萎。

seco, ca *adj.* 1. 干的: No me gusta el pan seco. 我不喜欢吃干面包。2. 干旱的,干燥的: El clima en el norte es seco. 北方的气候干燥。3. 干枯的,干涸的: El cauce del río está seco en el invierno. 冬天河流干涸。4. 干瘦的,干瘪的(人): Ema está seca y aún quiere adelgazarse más. 艾玛已经很瘦,可是她还想再瘦些。a secas 仅仅,仅有的: La carta no llegó porque en la direción figuraba un nombre a secas. 那封信没寄到,因为收信人地址处只写有姓名。en ~. 1. 突然地: Tuve que dar un frenazo en seco para evitar un accidente. 我不得不急刹车,以避免发生交通事故。2. 不用水: El traje debe ser lavado en seco. 西服应干洗。dejar ~ 当场杀死,当场击毙: El policía dejó seco al criminal escapado. 警察当场击毙了逃犯。quedarse ~ 当场死亡: Se quedó seco después de tragar el veneno. 他吞下毒药之后,当场死亡。

secuestrar *tr.* 1. 绑架(宾语指人时,与前置词"a"搭配): Ayer una banda incógnita secuestró al alcalde. 昨天一个不明身份的团伙绑架了市长。2. 劫持: Unos terroristas secuestraron el avión. 几个恐怖分子劫持了那架飞机。3. 查封: La empresa está secuestrada según la decisión del tribunal. 根据法院的决定,那家企业被查封。

seducir *tr.* (28) 1. 诱惑(宾语指人时,与前置词"a"搭配): El viejo intentó seducir al hijo del vecino. 那个老家伙企图诱惑邻居的儿子。2. 勾引,迷住: La mujer sedujo al muchacho con su belleza. 那个女人利用美色勾引这个小伙子。

seguido, da *adj.* 1. 连续的,不间断的: Estudié seis horas seguidas. 我连续学习了6小时。2. 直的: Esta carretera toda seguida comunica con ese pueblo. 这条公路一直通向那个城镇。seguida *f.* en ~/ enseguida 立即,马上: Vengo en seguida. 我马上来。

seguir *tr.* (5) 1. 跟随: El perro

siempre sigue a su amo. 那只狗总是跟着它的主人。2. 继续：Sigue trabajando en aquella empresa. 他继续在那家公司上班。3. 注视：Mi vecino siguió a un delincuente desde el balcón y avisó a la policía. 我的邻居在阳台上注视着一个犯罪嫌疑人，然后报了警。4. 仿效，模仿，效法：Los alumnos seguían los movimientos de su profesor de baile. 学生们模仿着舞蹈老师的动作。

según *prep.* 根据，按照：Debemos actuar según la ley. 我们应该按法律行事。Según ella, la pintura es de un artista muy famoso. 据她讲，那幅画出自一位名画家之手。~ *adv.* 酌情而定：Vendré o no, según. 来不来，我酌情再定。

seguro, ra *adj.* 1. 安全的，可靠的：Guarda el dinero en un lugar seguro. 你把钱放在保险的地方。2. 肯定的：Estoy seguro de que no se han equivocado. 我肯定他们没搞错。~ *m.* 1. 保险：Es necesario hacer un seguro de robo para la casa. 有必要买一份家庭防盗保险。2. 安全装置：Este coche tiene el seguro de las puertas. 这辆轿车有车门安全装置。~ *adv.* 肯定：Lo sé seguro, así que no me hables de eso. 我对此事一清二楚，你就别说了。

sellar *tr.* 1. 盖章：La secretaria selló el impreso de solicitud. 女秘书在申请表上盖了章。2. 封固，加封：Sellaron la caja de madera con cera. 他们蜡封了木箱。3. 结束：Sellamos el seminario con una cena. 我们以晚餐的方式结束了研讨会。

sembrar *tr.* （16）1. 播种：Los campesinos han sembrado trigo en aquel campo. 农民们在那片田里播种了小麦。2. 播撒：Quien siembra amor, recibirá amor. 播撒爱的人才能得到爱。3. 产生，造成：La droga siembra la violencia. 毒品产生暴力。

sentar *tr.* （16）使坐下：Sentó al niño en el cochecito. 她让孩子坐在小车里。~ *intr.* （~ bien, mal）（不）合适：¿No te sienta bien la comida china? 你不习惯吃中餐吗？~ se *prnl.* 坐下：Entramos y nos sentamos en la primera fila. 我们进去之后，坐在第一排。

sentido, da *adj.* 1. 充满感情的：Expresó su pésame muy sentido. 他表达了他的深切悼念。2. 敏感的；自尊心强的：Es muy sentida y no puedo discutir nada con ella. 她很敏感，我不能和她讨论任何问题。~ *m.* 1. 感官，感觉：El oído, la vista, el gusto, el olfato y el tacto son los cinco sentidos. 五种感官是听觉、视觉、味觉、嗅觉和触觉。2. 感受力，理解力：No sé cantar porque no tengo sentido musical. 我不会唱歌，因为没有乐感。sexto ~ 第六感觉：Para los negocios tiene un sexto sentido. 他做生意有第六感官。~ común 常识：Es de sentido común no hablar en voz alta en el teatro. 在剧院不大声喧哗是常识。3. 含义，意思：No entiendo el sentido de lo que dices. 我不明白你说的是什么意思。4. 方向：Tengo que cambiar de sentido porque he salido por el camino inadecuado. 因为走错路了，我只得改变方向。

sentir *tr.* (25) 1. （听、闻等）感觉，觉察：Siento un dolor en la cabeza. 我感觉头疼。2. 预感：Siento que mañana hará mal tiempo. 我预感明天天气不好。3. 感到遗憾，感觉难过：Siento mucho haberle molestado. 实在抱歉，我打搅您了。~ se *prnl.* 感觉，感到（自复形式）：Hoy me siento indispuesto. 今天我感觉不舒服。sin ~ 不知不觉地：He pasado las vacaciones de verano sin sentirlas. 我不知不觉地度过了暑假。

señalar *tr. prnl.* 1. 做标记，做标志：Señala en rojo las faltas de ortografía. 她用红笔把书写错误做了标记。2. 指着：No es conveniente señalar con el dedo a las personas. 不要用手指指着他人。3. 指出，指明：El jefe ha señalado su error. 领导指出了他的错误。4. 确定，指定：Se han señalado la hora y el lugar de la reunión. 会议的时间和地点已确定下来。

separar *tr.* 1. 使分开，使分离（与前置词"de"搭配）：Separa la mesa de la pared. 你把桌子从墙边挪开。No conseguí separar a los dos muchachos que estaban peleando. 我没能把两个正在打架的小伙子劝开。2. 区别，区分：Hay que separar los puntos secundarios de los principales. 应该把次要的内容与主要的内容加以区分。~ se *prnl.* 1. 分手，分别（相互形式）：Nos separamos en el aeropuerto. 我们在机场分手。2 夫妻分居（相互形式）：Se separaron hace dos años. 两年前，他们便分居了。3. 离开，脱离（自复形式，与前置词"de"搭配）：No quiere separarse del ejército. 他不愿离开部队。

ser *intr.* (53) 1. 是：Soy médico. 我是医生。La silla es nueva. 那把椅子是新的。2.（表示时间）：Son las cinco y media. 现在是五点半。Hoy es martes. 今天是星期二。3. 发生，进行：La reunión será en el aula No. 12. 会议将在第12教室举行。4. 价值：¿A cómo es el cordero? 羊肉怎么卖？5. 用于，用作：Esta sala es para la recepción. 这个大厅用作接待室。~ *aux.*（和过去分词搭配，构成被动语态）被，由：Esta casa fue construida por una compañía extranjera. 这栋房子是由一家外国公司建造的。~ humano 人，人类：Siendo seres humanos debemos hacer algo favorable para el progreso social. 作为人类，我们应当为社会进步做点有益的事情。a no ~ que 如果不是，如果不：A no ser que lloviera, iríamos a ver una película. 如果不下雨，我们就去看电影了。es que 由于，因为：Es que yo no estaba libre. 因为我当时没有空儿。

serie *f.* 1. 系列；批，套：Quiero comprar una serie de sellos. 我想买一套邮票。2. 连续剧：Su hijo está viendo por televisión una serie de dibujos animados. 她的儿子正在看电视系列动画片。en ~ 成批地，成系列地，大量地：Las neveras están hechas en serie. 电冰箱是批量生产的。fuera de ~ 与众不同的，超群的：Éste es un cocinero fuera de serie. 这是一位技艺超群的厨师。

serio, ria *adj.* 1. 严肃的，正经的：Ésta es una reunión muy seria. 这是一次十分严肃的会议。Es una señora seria. 她是位正经的女士。2. 严重的：Están ante un serio problema de dinero. 他们面临严重的资

金问题。3. 认真的；尽职尽责的：Podemos fiarnos de ella porque es una persona seria. 由于她是个守信用的人，我们能够信任她。en ～ 严肃地，认真地：Te lo digo en serio. 我郑重地跟你讲这件事。

servir *intr.* (23) 1. 工作，供职：Juan es funcionario y sirve en Hacienda. 胡安是公务员，在财政部供职。El año pasado serví de cocinero en este restaurante. 去年我在这家餐馆当厨师。2. 用于，可用：Las tijeras sirven para cortar. 剪刀是用来剪东西的。3. 服兵役：Sirvió tres años en la infantería. 他在步兵部队服兵役3年。4. 作用；作为：Juan sirvió mucho en el trabajo. 胡安在那项工作中作用很大。～ *tr.* 服务，效力，伺候：Los camareros sirven la comida a los clientes. 服务员为顾客上菜。La criada sirve a su amo. 女佣人伺候她的东家。～ se *prnl.* 1. 请，劳驾（自复形式）：Sírvase firmar la cuenta. 请您在账单上签字。2. 利用：Deseó servirse de su tío para conseguir esta plaza. 他想利用他叔叔获得这一职位。～ de todo corazón 全心全意地：Me gustaría servir de todo corazón a mis clientes. 我愿意全心全意地为我的顾客服务。

si *conj.* 1. 如果：Saldremos si no llueve. 如果不下雨，我们就外出。2. 是否：No sé si van a venir. 我不知道他们是否来。3. 既然：Cuéntame ahora mismo si ya lo sabes. 既然你知道，快讲给我听。como ～ 好像，仿佛：Jugaba y se reía como si fuera un niño. 他像个孩子在玩耍，欢笑。～ bien 尽管，虽然：Si bien yo no puedo, buscaré a alguien que lo termine. 尽管我不能做，但我可以找他人来完成。

sí *adv.* (表示肯定)是：¿Has visto a José? —Sí. 你见到何塞了吗？——见到了。de por ～ 本身，自己：Esta enfermedad de por sí no es grave si no se complica con otras. 如果不与其他疾病交叉感染，这种病本身并不严重。porque ～ 就这样：Vendrás conmigo porque sí. 就这样，你跟我来。

significar *tr.* (7) 意味着，标志着：¿Sabes qué significa esta

palabra? 你知道这个词是什么意思吗？~ intr. 有重要性，有意义：Ella significa mucho para mí. 她对我很重要。~ se prnl. 1. 出众，超群（自复形式）：Esa chica se significa por su belleza en la escuela. 那个姑娘在学校里漂亮出众。2. 表明想法（尤指政治，宗教等）：No quiero significarme ante vosotros. 我不想在你们面前表明自己的看法。

simplificar *tr.* (7) 简化，精简：La embajada ha simplificado los trámites para la solicitud del visado de turismo. 使馆简化了申请旅游签证的手续。

simular *tr.* 1. 假装：El espía simula ser un periodista para conseguir la información que le interesa. 为了获取他所感兴趣的情报，那个间谍装扮成记者。2. 伪装：Esta substancia sirve para simular el tanque. 这种物质可以伪装坦克。

sin *prep.* 无，缺，不（与名词或原形动词搭配）：Ahora vivo en una habitación sin televisor. 现在我住在一个没有电视机的房间里。Se marchó sin decir nada. 他一声不响地走了。~

embargo 但是：No canto bien, sin embargo me gusta. 我唱歌不好听，但是喜欢唱。

siquiera *adv.* 至少，仅仅：De momento, necesito siquiera tu ayuda. 眼下我至少需要你的帮助。~ *conj.* 即使，哪怕：Quiero que me traigas revistas, siquiera una. 我希望你给我捎些杂志来，哪怕一本也行。ni ~/ni tan ~ 甚至不：No conozco el francés, ni siquiera una letra. 我不会法语，甚至连一个字母也不懂。

sitio *m.* 1. 地点，地方：Puedes dejarlo en cualquier sitio. 你可以把它随便放在什么地方。2. 位置：No había sitio en el coche y tuve que ir allí en autobús. 轿车上没空位了，我只好乘公共汽车去那里。3. 包围，围困：El sitio de la ciudad duró tres días. 对那座城市的围困已持续了三天。poner (a uno) en su ~ 使自知之明，使懂得分寸：Es mejor poner a los niños en su sitio cuando pierden el respeto a sus padres. 当孩子们不尊敬父母时，最好让他们明白事理。dejar/quedarse en el ~ 当场死

亡,当场毙命:El coche atropelló a un perro y lo dejó en el sitio. 汽车撞到一只狗,那只狗当场死亡。

situación *f.* 1. 位置,地方:Dime tu situación y voy a buscarte. 告诉我你的位置,我去找你。 2. 形势,状况,处境:El divorcio de este matrimonio pone a sus hijos en una situación bastante difícil. 这对夫妻的离异使他们的孩子处境相当困难。～ económica 经济形势:La situación económica de ese país está difícil. 目前,那个国家的经济形势困难。

situar *tr.* (14) 放置,置于:Situé el estante en mi dormitorio. 我已把书架放在卧室里。～ se *prnl.* 1. 位于(自复形式):Mi casa se sitúa cerca de la librería. 我家在书店附近。2. 立足于:Tengo que esforzarme por situarme dentro de la empresa. 为了在那家企业立足,我必须努力进取。

sobra *f.* 剩余,余:La sobra de la producción de televisores facilita la rebaja de sus precios. 电视机生产过剩有利于降价。～ s *pl.* 剩余物(指用过的):Juan ha tirado las sobras de unos muebles. 胡安把一些用过的家具扔掉。de ～/de ～s 多余的,富余的:Puedes llevar estos libros porque los tengo de sobra. 你可以把这些书拿走,我的这些书全是富余的。estar de ～ 多余:Como estoy de sobra, me marcho. 我马上离开,因为呆在这儿多余。

sobrar *intr.* 1. 多余,富余:En mi casa sobran sillas. 我家椅子富余。Luis sobra aquí porque no puede ayudarme en nada. 路易斯呆在这儿多余,他一点忙都帮不上我。2. 剩余:Han sobrado unos pedazos de pollo de la cena. 晚餐还剩下几块鸡肉。

sobre *prep.* 1. 在…之上,在…上面:El reloj está sobre la mesa. 表在桌上。El águila vuela sobre la colina. 老鹰在小山上空飞翔。2. 关于:¿Qué piensas sobre ese asunto? 关于那件事,你有何想法? 3. 大约:Llegarán sobre las diez. 他们大约10点到达。～ *m.* 信封:Fue a comprar sobres y sellos. 他去买信封和邮票了。

sobrevivir *intr.* 1. 幸存（与前置词"a"搭配）：Ellos tres sobrevivieron al naufragio. 他们三人是那次海难的幸存者。2. 艰难度日：En los últimos meses, sobrevivimos con el pobre sueldo de mi padre. 最近几个月，我们仅靠父亲的微薄工资艰难度日。

social *adj.* 1. 社会的：Hicieron una investigación social. 他们作了一项社会调查。2. 公司的：La gestión social se enfrenta una situación crítica. 公司的经营面临困境。orden ~ 社会秩序：Tianjin es una ciudad que cuenta con un orden social bastante bueno. 天津是一座社会秩序相当好的城市。bienestar ~ 社会福利：Me dedico al mejoramiento del bienestar social de los trabajadores. 我致力于改善劳动者的社会福利。

sociedad *f.* 1. 社会：La sociedad reclama paz y justicia. 社会呼唤和平与公正。2. 社团，协会：Soy miembro de una sociedad deportiva. 我是一家体育协会的成员。3. 公司：Mis amigos formaron una sociedad. 我的朋友们成立了一个公司。~ anónima 股份公司：Ésta es una sociedad anónima. 这是一家股份公司。~ limitada 有限公司：Me gusta trabajar en esa sociedad limitada. 我喜欢在那家有限公司工作。

sofocar *tr.* (7) 1. 使窒息，憋气：Me sofoca la sala llena de mucha gente. 人满为患的大厅令人憋气。2. 纠缠：El niño me sofocaba pidiendo un juguete. 男孩缠着我索要玩具。3. 羞愧，使脸红：La crítica del profesor sofocó a la chica. 老师的批评令姑娘羞愧。4. 扑灭：Los bomberos sofocaron con rapidez el incendio. 消防队员很快扑灭了大火。

sol *m.* 太阳，阳光：Hoy hace sol. 今天阳光明媚。tomar el ~ 晒太阳：Vamos a la playa a tomar el sol. 我们去海滩晒太阳。~ de justicia 烈日，骄阳：En Sevilla hace un sol de justicia en agosto. 塞维利亚的八月骄阳似火。de ~ a ~ 从早到晚：La gente trabajaba de sol a sol. 人们从早到晚地干活。no dejar (alguien) ni a ~

ni a sombra 纠缠不放，紧追不舍：Desde que se separaron, no deja a su mujer ni a sol ni a sombra. 自从分居之后，他对妻子纠缠不放。

soldar *tr.* (19) 1. 焊接：El soldador está soldando una puerta de metal. 焊工正在焊接铁门。2. 接合，粘合：Este pegamento sirve para soldar metal. 这种粘合剂可以粘合金属。

soler *intr.* (20) 惯于，经常（与原形动词搭配）：Suele levantarse temprano por las mañanas. 他习惯每天早起。Aquí en verano suele llover mucho. 这里的夏天经常下雨。

solicitar *tr.* 1. 申请：Deseo solicitar la beca a la Agencia Española de Cooperación Internacional. 我想向西班牙国际合作署申请奖学金。2. 请求：Si me siento incapaz de terminarlo a tiempo, solicitaré tu ayuda. 如果我觉得不能按时完成，我会求你帮忙的。

solo, la *adj.* 1. 唯一的，仅有的：Hay una casa sola en la montaña. 山上有一间孤零零的房屋。2. 单独的，独立的：Desde que se separaron, vive sola. 自他们分居以来，她一人独处。**sólo** *adv.* 仅仅，只有：Sólo tengo dos días de permiso. 我只有两天假。**solamente** *adv.* 仅仅，只：En el desayuno tomé solamente leche. 早餐我仅喝了牛奶。

soltar *tr.* (19) 1. 释放，放走：Abrió la salida del depósito para soltar el líquido. 他打开罐子，倒出液体。No sueltes al ladrón. 别把小偷放走。2. 放开，解开：Aunque su madre le explicó mucho, la niña no quería soltar el juguete. 尽管母亲费尽口舌，女孩就是不愿松开那个玩具。3. 脱口而出：El joven estaba tan enojado que soltó unas palabras inapropiadas. 男青年十分恼火，于是出口不逊。4. 突然发出：Al escuchar este chiste solté una carcajada. 听了这个笑话，我放声大笑。5. 脱落，分离：La chaqueta suelta mucho color al lavarla. 洗那件上衣时，它掉了很多颜色。6. 打，揍：No sé por qué Juan le soltó una bofetada. 我不知道胡安为何打了他一记耳光。~ se *prnl.* 熟练自如：Ahora ya me he soltado en este trabajo. 现在我干这项工作已熟练自如。

solucionar *tr.* 解决：Quiero solucionar el problema lo más pronto posible. 我想尽早解决问题。

someter *tr.* 1. 使屈从，迫使：La vida me sometió a este trabajo pesado. 生活迫使我承受这一繁重的劳动。2. 征服，制服：El jefe ha sometido de esta manera a sus inferiores. 领导以这种方式制服了他的部下。3. 提交，提请（研究，审批；与前置词"a"搭配）：Sometió el informe a la junta de administración. 他将报告提交董事会审批。~ se *prnl.* 屈服，服从：No puedo someterme a tu orden porque no eres mi jefe directo. 你不是我的顶头上司，所以我不能听命于你。

sonar *intr.* (20) 1. 发出声音（声响）：Suena el timbre de la puerta. 门铃响了。2. 使觉得熟悉：Me suena este nombre. 这个名字我听着耳熟。3. 被提及，议论：Tu propuesta no sonó en la reunión. 你的建议会上无人提及。4. 显得，觉得：Su actitud suena algo negativa. 他的态度显得有点消极。~ *tr.* 使发出声音：El niño sonó el timbre. 男孩摁响了铃。

sonreír *intr.* (24) 1. 微笑：La niña sonrió cuando su madre le regaló una muñeca. 小女孩看到妈妈送的娃娃，露出笑脸。2. 使美好，使满意：Tiene mucha suerte, parece que la vida le sonríe. 他很幸运，似乎生活在向他"微笑"。

soñar *intr.* (20) 1. 做梦，梦见：Hoy he soñado contigo. 今天我梦见了你。Cuando sueñas hablas en alto. 你做梦时大声讲话。2. 幻想，梦想：He soñado que compraría un chalé. 我梦想着买一栋别墅。3. 渴望（与前置词"con"搭配）：Juan sueña con ser piloto. 胡安渴望当飞行员。Sueño con un ordenador. 我渴望有一台电脑。~ despierto/ta 白日做梦：Si crees que te va a dejar ir, sueñas despierto. 如果你认为他会放你走，那纯粹是白日做梦。

soplar *intr.* 1. 吹气：La niña sopló para apagar la vela. 小女

孩吹灭蜡烛。2. 吹，排（风）：El fuelle sopla. 风箱排风。3.（风）吹，刮：El viento sopla muy fuerte. 风刮得很大。~ *tr.* 1. 吹掉：Soplé el polvo de la silla. 我吹掉了椅子上的灰尘。2. 吹制（玻璃器皿）：El viejo sopla el vidrio. 老人吹制玻璃器皿。3. 揭发，告密：Sopló lo que sabía al policía. 他把知道的一切告诉了那个警察。4. 悄声告诉；提示：Me ha soplado la decisión del jefe. 他悄声告诉了我领导的决定。5. 喝酒过量：Ayer sopló solo una botella del licor en la cena. 昨天晚餐，他独自一人喝了一瓶白酒。

soportar *tr.* 1. 承受，支撑：Las columnas soportan el techo. 那几根柱子支撑着屋顶。2. 忍受：No soportó a esa persona porque era mentirosa. 我受不了那个人，他经常说谎。

sorprender *tr.* 1. 使惊奇，使意外：Nos sorprendió mucho la noticia. 那个消息令我们震惊。2. 使措手不及：Me sorprendió su visita cuando estaba duchándome. 我淋浴时，他的造访令我措手不及。3. 发现：Sorprendieron tu secreto. 发现了你的秘密。~ *prnl.* 大吃一惊：Se sorprendió cuando le dije la verdad. 我告诉他事情真相时，他大吃一惊。

sospechar *tr.* 觉得；猜想，猜测：Sospecho que es él quien lo ha hecho. 我觉得这件事是他干的。~ *intr.* 猜疑，怀疑（某人）：Nunca he sospechado de ti porque sé que eres honrado. 我从未猜疑过你，因为我知道你诚实。

sostener *tr.* (54) 1. 支撑；固定：El palo sostiene el peso. 木棍承受着重物。La horquilla sostiene el pelo. 发卡固定住头发。2. 维持，坚持（意见，态度等）：Sostenemos que ella tiene razón. 我们坚持认为她说的有理。3. 支撑；帮助：Ella se mareó y la sosteníamos durante el trayecto a su casa. 她头晕，我们在送她回家的路上搀扶着她。4. 供养：Trabaja para sostener a su familia. 他为供养全家而工作。~ *prnl.* 立着不倒；坚持着（自复形式）：El muro se sostiene tras la inundación. 洪水过后，那堵墙仍然存在。

subir *intr.* 1. 上，登，爬，升（与前置词"a"，"hacia"或"por"搭配）：Subimos a la torre y vimos toda la ciudad. 我们爬上了高塔，眺望全城。Sube al coche, por favor. 请上车。2. 升高，上升：Los precios están subiendo. 物价在上涨。~ *tr. prnl.* 1. 举往高处：La madre subió al niño a la cama. 母亲把男孩抱上床。Niño, súbete los calcetines. 小家伙，把袜子往上提一下。2. 登高：El viejo sube las escaleras despacio. 老大爷缓慢地上楼梯。

subrayar *tr.* 1.（在文字下方）画线：Subrayó estas palabras importantes. 他在这些重要词句下方画线。2. 强调：El jefe subrayó la importancia del trabajo. 领导强调了工作的重要性。

suceder *tr.* 接替，继承（宾语指人时，与前置词"a"搭配）：El príncipe sucederá al rey en el trono. 王子将继承王位。Susana ha sucedido a Ema en el empleo. 苏姗娜接替了艾玛的职位。~ *intr.* 1. 发生：Eso sucedió hace mucho. 那件事已发生很久。2. 接续：El otoño sucede al verano. 秋天接着夏天。

sucio, cia *adj.* 1. 肮脏的，污秽的：Se puede reutilizar el agua sucia a través del tratamiento. 污水经过处理后可以再利用。Vete a lavarte las manos porque están sucias. 你的手太脏，去洗一洗。（辨析：与动词"estar"搭配，表示状态；与动词"ser"搭配，表示本质。）2. 易脏的（颜色）：El blanco es un color muy sucio para los pantalones. 白色的裤子不禁脏。3. 产生脏物的：Esta fábrica es muy sucia y contamina el río cercano. 这家工厂排出很多脏物，污染附近的河流。

sudar *intr.* 1. 出汗：Sudo mucho en el trabajo. 工作中我出了很多汗。2. 渗水，渗液：El pino está sudando. 那棵松树在往外渗松脂。~ *tr.* 1. 汗湿：He sudado la camisa. 我的汗水湿透了衬衣。2. 竭尽全力：Tengo que sudar para terminarlo a tiempo. 我必须竭尽全力按时完成任务。

sufrir *tr.* 1. 经受，遭受：Sufre el dolor de cabeza. 他头痛。2. 忍受：La mujer sufre el mal trato de su marido. 那位妇女忍受着她丈夫的虐待。

sugerir *tr.* (16) 建议,提议: Te sugiero que vayas a la cena con tu señora. 我建议你和夫人一道去参加晚宴。

sujetar *tr.* 1. 控制,约束,管束: El chico es muy travieso, has de sujetarlo. 那个男孩十分淘气,你要管教他。 2. 抓住,缚住: Sujeta al gato para que no se escape. 你抓住那只猫,别让它跑了。 3. 固定: El carpintero sujetó la pata rota de la mesa con una madera. 木工用木料固定那张桌子的坏腿。

sumergir *tr. prnl.* (3) 使浸入,使沉入;潜水: Se sumergió en el río para buscar la llave caída. 他潜入河水寻找掉在河里的钥匙。～ se *prnl.* 沉浸(自复形式): Los fans del equipo se sumergían en la alegría tras su triunfo. 球队获胜后,该队的球迷沉浸在快乐之中。

suministrar *tr.* 提供,供给: Los agricultores del pueblo suministran las hortalizas a la ciudad. 那个乡镇的农民向该城供应蔬菜。

superar *tr.* 1. 超过: Ella me superó en el estudio. 她在学习上超过了我。 2. 克服困难,战胜阻力: Tienes que superar muchas dificultades para realizar bien este trabajo. 要想很好地完成此项工作,你得克服许多困难。

superior *adj.* 1. 上部的,顶端的: La parte superior de la torre es de color blanco. 塔楼的顶端是白色的。 2. 优质的,高级的,上等的: Es un café de la clase superior. 这是上等咖啡。 ～ a 超过,胜过,高于: El número de viajeros ha sido superior al del año pasado. 游客人数超过了去年。～ *m.* 上级,上司: Juan es mi superior. 胡安是我的上司。

suplicar *tr.* (7) 恳求,哀求: Me suplicó que no le castigara. 他哀求我别惩罚他。

suponer *tr.* (49) 1. 设想,猜想: Supongo que llegaré a casa a las cinco. 我估计五点钟到家。Supongo que es usted el profesor Li. 我猜想您是李老师。 2. 意味着: Tu coraje supone el éxito. 你的勇气意味着成功。～ *intr.* 重要: Este diccionario supone mucho para mí.

这部词典对我来说十分重要。

surgir *intr.* (3) 1. 冒出，喷出（与前置词"de"搭配）：El loto surgió del agua. 荷花冒出水面。2. 出现，显露：A lo lejos surge una torre. 远处出现一座高塔。

suspender *tr.* 1. 使吊起，使挂起，使悬起：La lámpara está suspendida del techo. 那盏灯吊在屋顶上。2. 中断，暂停：Han suspendido las obras del metro. 地铁工程已暂停。3. 使不及格：El profesor le ha suspendido en literatura española. 老师给他的西班牙文学科目不及格。

sustituir（substituir）*tr.* (45) 更换，取代，代替：Sustituyó las cortinas viejas. 他更换了旧窗帘。Puedes sustituirme cuando yo no esté. 我不在的时候，你可以代替我。

T

tachar *tr.* 1. 划掉，抹掉：He tachado de mi agenda la dirección de Li Ming. 我把李明的地址从记事本上划掉。2. 指责；归咎：Todos lo tacharon de avaro. 大家都指责他吝啬。

tal *adj.* 1. 如此的，类似的，这样的：Nunca he visto a tales amigos. 我未见过这样的朋友。Me dio un susto tal que casi me puse a llorar. 他吓了我一跳，差点哭出来。2. 这个，那个：¿Qué podemos hacer para resolver tal problema? 我们能为解决这个问题做些什么呢？~ *adv.* 如此，那般：Tal se encuentra ella, le sería difícil ganar premios. 她处于如此状态，很难获奖。~ para cual 性情相投；彼此彼此：No me extraña que los dos siempre están juntos: tal para cual. 他俩经常在一起，我并不觉得奇怪，这两人彼此彼此。~ cual 如此，这样：Cuéntamelo tal cual como te lo ha contado. 他怎么对你说的，你就怎么讲给我听。con ~ que/de que 只要：Te permitiré salir con tal que duermas la siesta. 只要你睡午觉，我就让你出门。

tallar *tr.* 1. 雕刻：Talló un caballo en la madera. 他在木料上雕刻了一匹骏马。2. 量身高：El médico me talló. 医生给我量了身高。

tantear *tr.* 1. 试探：Quiero tantearle para ver si me permite ir allá. 我想试探一下，他是否让我去那里。2. 估量，掂量：Tanteé el peso de mi equipaje para ver si sobrepasaría el peso permitido. 我估量行李的重量，看看是否超过规定的重量。3.（体育）记分：Ese juez se encarga de tantear el resultado del partido. 那个裁判负责记录比赛的结果。

tanto, ta *adj.* 很多的，这么多的，那么多的；很大的，这么大的，那么大的：Hacía tanto calor que no tenía ganas de salir a la calle. 天气太热了，我没有兴致上街。~ *adv.* 这么多，那么多；这样，那样：Ha estudiado tanto que aseguro que puede aprobar. 他学习那么刻苦，我保证他能及格。~ por ciento 百分比，百分率：¿Puedes decirme el tanto por ciento de los alumnos que han aprobado el examen? 你能告诉我考试及格的学生百分比是多少吗？al ~ de 了解，知悉：Estoy al tanto de vuestra conversación. 我了解你们交谈的内容。por (lo) ~ 因此，所以：Estoy de mal humor hoy, por lo tanto no quiero hablar con nadie. 我今天心情不好，所以不想和任何人说话。

tapar *tr.* 1. 盖，蒙；堵，塞：Tapa por favor el tarro de mermelada. 劳驾，你把果酱瓶盖上。Tapó su cara con un pañuelo. 她用一只手帕遮住脸庞。2. 盖；掩饰：Tapó su mala intención con palabras dulces. 他使用甜言蜜语掩饰其不良企图。

tardar *intr.* 1. 耽搁，延误（与前置词"en"搭配）：El vuelo tarda en llegar. 该航班晚点到达。

2. 费时：Tardé treinta minutos en cenar. 晚饭我用时30分钟。a más ~ 最迟，最晚：Te lo devolveré el próximo lunes a más tardar. 我最迟下周一退还你。

tarjeta *f.* 卡片：Apunté su nombre en una tarjeta. 我把他的名字记在了一张卡片上。~ de invitación 请柬：Recibí la tarjeta de invitación de Luis. 我收到了路易斯的请柬。~ postal 明信片：Esta tarde he recibido una tarjeta postal. 今天下午，我收到一张明信片。~ de visita 名片：Los dos comerciantes se intercambiaron las tarjetas de visita al entrar en la sala. 两位商人走进大厅之后，互相交换了名片。~ de crédito 信用卡：Ella pagó sus compras con tarjeta de crédito. 她使用信用卡支付了所购物品。

tejer *tr.* 1. 织，编织：La chica está tejiendo un jersey de lana. 姑娘正在编织毛衣。2. 策划：Tejeron un plan para secuestrar a un rico. 他们曾策划绑架一个有钱人。

telefonear *intr.* 打电话：Voy a

telefonear a Juan para invitarle a la fiesta de mi cumpleaños. 我给胡安打电话，邀请他参加我的生日聚会。~ tr. 电话告诉，电话通知：Te telefonearé mañana el resultado de la reunión. 明天我电话告诉你会议的结果。

temblar *intr.* (16) 1. 颤抖，哆嗦：Está temblando de frío. 他冻得直打哆嗦。2. 抖动，晃动：Con el viento las lámparas tiemblan. 风吹得电灯晃来晃去。3. 害怕，畏惧：Tiemblo por el examen de matemáticas. 我害怕数学考试。

temer *tr. intr.* 1. 害怕：Temo mucho a los ratones. 我非常怕老鼠。2. 担心：Su mujer teme por su salud porque bebe mucho. 妻子为他的身体担心，因为他酗酒。

tender *tr.* 1. 铺开，摊开，展开：Tendí el plano para ver dónde está la plaza. 我展开地图查看广场位于何处。2. 铺设，架设：Tienden una línea de tren entre las dos ciudades. 在两个城市之间铺设一条铁路。3. 伸展：Tendieron el enfermo en la cama. 他们把病人平放在床

上。~ *intr.* 倾向，趋向（与前置词"a"搭配）：La temperatura tiende a bajar. 气温呈下降趋势。~ se *prnl.* 平躺，平卧：Descansa tendiéndose en la cama. 他躺在床上休息。

tener *tr.* (54) 1. 有，享有，拥有：Juan tiene tres hijos. 胡安有3个儿子。El apartamento tiene dos habitaciones y un baño. 那套住房有两个卧室和一个卫生间。2. 拿着：Tiene el abanico en la mano. 他手里拿着扇子。3. 感觉，感到：Él tiene sueño. 他困了。Tengo hambre. 我饿了。4. 已经（与过去分词搭配）：Tengo escrita la carta. 我已写好那封信。~ que 必须，不得不：Tengo que llegar a tiempo. 我必须准时到达。~ que ver con 有关系：Lo que está hablando no tiene nada que ver con eso. 他现在所讲的内容与此事无关。~ en cuenta 考虑，记住：Ten en cuenta que es tu maestro. 记住，他是你的师傅。

teñir *tr.* (27) 1. 染，使着色：El peluquero le tiñó el pelo de rubio. 理发师把他的头发染成金色。2. 使带有（某种色彩、

特点等,与前置词"de"搭配):
Teñiste tu expresión de cierta crítica. 你的话语带有某种批评的色彩。

terminar *tr.* 结束:Terminé el trabajo a las cinco de la tarde. 我下午5点结束了工作。~ *intr.* 1. 结束,了结:La reunión ya terminó. 会议结束了。2. 消灭;毁坏(与前置词"con"搭配):La inundación ha terminado con los cultivos. 洪水毁坏了全部庄稼。

término *m.* 1. 终点;结局;末尾:Se acerca el término de mi contrato, tengo que buscar un nuevo empleo. 我的劳动合同就要到期了,我得找一份新的工作。La farmacia está al término de esta calle. 药店位于这条街的尽头。2. 术语,专业用语:Los términos de la medicina son difíciles para mí. 医学用语对我来说很难。en primer ~ 首先:En primer término, vamos a hacer unos ejercicios. 首先,我们做几项练习。en último ~ 归根到底,最终:Trataré de marcharme mañana, y en último término, pasaré aquí la noche. 我尽量明天离开。但是,今晚还得在这里过夜。

tiempo *m.* 1. 时间:¿Cuánto tiempo tardaremos en llegar a Madrid? (我们)从这里到马德里需要多长时间? 2. 很长时间,长久:Hace tiempo que no viene a casa. 他很久没回家了。3. 天气:Hoy hace buen tiempo. 今天天气晴朗。a ~ 准时:Iba corriendo para llegar a tiempo al colegio. 为了准时到校,他一路小跑。ganar ~ 争取时间,赢得时间:Si vas en avión ganarás tiempo. 如果坐飞机去,你可以争取时间。matar/pasar/hacer el ~ 打发时间,消遣:Le gusta leer novelas para pasar el tiempo. 他喜欢看小说打发时间。

tirar *tr.* 1. 扔,投,抛,掷:Tira el papel a la papelera. 你把纸扔到纸篓里。2. 丢弃,扔掉:Hay que tirar este vestido viejo. 必须把这件旧衣服扔掉。3. 挥霍,浪费:Cree que comprar cosas no necesarias es tirar dinero. 他认为买不必要的东西就是浪费。4. 拉,拽:No me tires de mi camisa. 你别拽我的衬衣。~ *intr.* 1. 拽,拉

tocar / **tomar**

（与前置词"de"搭配）：Tiró de la correa para acercar al perro. 他拽紧绳索让狗靠近他。2. 有吸引力；使喜欢：No le tira el viaje. 他不喜欢旅行。3.（烟筒等）通气：Hoy la chimenea no tira bien. 今天烟筒排烟不畅。4.（朝某一方向）走：Tira a la derecha cuando llegues a la farmacia. 你走到药店跟前往右拐。5. 相像，相似（与前置词"a"搭配）：El muchacho tira a generoso. 小伙子看上去挺大方。~ se *prnl.* 跳下（自复形式）：Se tiró al río. 他跳入水中。

tocar *tr.* （7）1. 触，摸，碰：Le tocó la mejilla del niño. 他摸了摸小男孩的脸蛋。2. 够得着：Puede tocar el techo con la mano. 他伸手可以够着屋顶。3. 敲，打，吹，拉，弹，奏：¿Sabes tocar el piano? 你会弹钢琴吗？ 4. 敲，击，摁：Toca el timbre para que te abran. 你摁一下门铃好让他们给你开门。5. 改动，修改：El profesor no tocó mucho de su tesis. 老师对他的论文修改不多。6. 提到；涉及：No tocamos el tema de la visita al museo en la reunión. 会上，我们没有涉及参观博物馆这件事。~ *intr.* 1. 摊到，轮到：Ahora me toca descansar. 现在轮到我休息。2. 有关联：Este asunto no me toca directamente. 这件事跟我没有直接关系。3. 中奖，中彩：Le ha tocado el premio gordo. 他中了头奖。

tomar *tr.* 1. 拿，抓：Tomó una manzana y se salió. 他拿起一个苹果便离开了。2. 挑选，选取：Tomo una de estas revistas. 我从这些杂志中挑选了一本。3. 吃，喝：En el desayuno no he tomado la leche. 早餐，我没喝牛奶。4. 占领：Las tropas tomaron la ciudad. 部队占领了该城。5. 乘车：Ella tomó un taxi para volver a casa. 她乘出租车回家。6. 接受：No puedo tomar este regalo porque es muy precioso. 我不能接受这份礼物，太贵重了。7. 视为，当作：Me toma como su hermano. 他将我视为他的兄弟。8. 拍摄：Tomamos unas fotos en el parque. 我们在公园拍了几张照片。~ en serio 认真对待：Debes tomar en serio su crítica. 你应当认真对

待他的批评。~ medidas 采取措施：Hay que tomar medidas para proteger a los animales salvajes. 必须采取措施保护野生动物。

trabajar *intr.* 1. 劳动，工作：Ha trabajado mucho en casa. 他在家中干得很多。2. 当，作，从事：Trabajo de profesor. 我当教师。3. 承受：La viga que sostiene el techo trabaja mucho. 支撑屋顶的大梁承受力很大。4. 起作用：Este medicamento trabaja para vencer el cáncer de hígado. 这种药物对于治愈肝癌起作用。~ *tr.* 加工，制作：El artesano trabaja las joyas. 那个工匠加工首饰。

traducir *tr.* (31) 1. 翻译：El propio autor tradujo su novela del español al inglés. 作者本人把自己的小说从西班牙语译成英语。2. 解释；讲解：Tradúcelo que dijo el médico, parece que no se ha enterado. 你把医生说的内容给他解释一下，他似乎没听懂。

traer *tr.* (55) 1. 带来，运来，拿来：Tráeme una manzana. 你给我拿个苹果来。2. 引起，导致，造成：El accidente le trajo la pérdida de una mano. 事故造成他失去一只手。3. 穿戴：Hoy ella trae una falda roja. 今天她穿了一件红裙子。4. 使处于；致使（仅指人）：La ha traído triste con la noticia. 他带来的消息令她伤心。~ selas（人或事物）格外（糟、难）：Éste parece un buen televisor, pero en realidad se las trae. 这台电视机看上去不错，实际上很糟糕。

tragar *tr. prnl.* (8) 1. 吞，咽：No puedo tragar esta píldora. 我不能吞下这个圆药片。2. 吸收：Este terreno traga mucho el agua. 这块土地十分吸水。3. 吞没：El mar se tragó los restos del barco naufragado. 大海吞噬了那条遇难的轮船。4. 消耗：Este coche traga poca gasolina. 这辆轿车耗油少。5. 忍受：No puedo tragar tus insultos. 我不能忍受你的辱骂。

transformar *tr.* 1. 改变，改造：Los jardineros transformaron el parque. 园丁改变了公园的面貌。La felicidad transformó su carácter completamente. 幸福彻底改变了他的性格。Ellos dos se encargaron de transformar esa máquina. 他们俩负责改造那台机器。2. 使变成：Transformaron el pueblo en una ciudad moderna. 人们把那个小镇变成一座现代化的城市。

transmitir *tr. prnl.* 1. 传送，播放：Transmite mi saludo a tus padres. 你将我的问候转达给你的父母。Ahora este canal de televisión transmite una película. 这个电视频道现在正播放一部电影。2. 传导：El metal transmite el calor. 金属导热。3. 传染：Esta enfermedad puede transmitirse. 这种疾病能够传染。

transportar *tr.* 1. 运输，运送：El autobús transporta a los pasajeros. 公共汽车运送乘客。2. 使走神：La visión de una chica muy guapa me transportó. 看见那个非常漂亮的女孩，我走神了。

tras *prep.* 1. 之后，后面：Duermo la siesta tras el almuerzo. 午饭后，我睡午觉。Ando tras Luis. 我走在路易斯的后面。2. 谋求；跟随：Trabajaba tras una sociedad justa. 他始终为谋求一个公正的社会而工作。

trasladar *tr. prnl.* 1. 移动，搬迁：Ha trasladado su oficina al tercer piso. 他把办公室移至三楼。2. 调动：El jefe trasladó a Juan de este departamento al de ventas. 领导把胡安从这个部门调到销售部。3. 改期：Han trasladado el encuentro al próximo lunes. 聚会改为下周一。4. 翻译：He trasladado el artículo al francés. 我已把那篇文章译成法语。

tratar *tr.* 1. 对待：Me trata como si fuera su hermano. 他待我就像自家兄弟。2.（以某种方式）称呼（某人）：No me trates de "usted", por favor. 你别跟我以"您"相称。3. 处理：El mecánico está tratando la superficie del metal con esta substancia. 机修工使用该物质处理金属表层。~ *intr.* 1. 交往（与前置词"con"搭配）：No quiero tratar con ese hombre. 我不愿意跟那个家伙打交道。2. 设法，尽力（与前置词"de"搭配）：Trató de llegar a tiempo al colegio. 他曾尽力准时赶到学校。3. 谈及，涉及（与前置词"de"搭配）：La película trata de la vida juvenil. 那部电

影说的是青年人的生活。4. 做生意(与前置词"con"搭配): Hace años que trato con géneros de porcelana. 多年来,我经营瓷器生意。

través *m.* 倾斜: de ～ 歪斜: El reloj me ha quedado colgado de través. 我觉得钟挂歪了。a ～ de 通过,经过: Lo conozco a través de mi amigo. 我是通过朋友认识他的。

trepar *intr.* 1. 攀登: El niño está trepando a un árbol alto. 男孩正在爬一棵大树。2. 爬蔓,攀缘: La yedra trepa por el muro. 春藤沿着短墙攀缘。

tumbar *tr.* 1. 击倒,使倒下: El boxeador tumbó a su rival de un fuerte puñetazo. 那个拳手一记重拳将对手击倒。2. 平放;使躺下: Tumbamos al herido en una camilla. 我们把伤员平放在担架上。3. 使不及格: El profesor me tumbó en el examen final. 老师判我期末考试不及格。～ se *prnl.* 躺下: Me tumbé en la cama al entrar en la habitación. 一进房间我便躺在床上。

turbar *tr.* 1. 扰乱: La huelga ha turbado el orden público. 罢工扰乱了公共秩序。2. 使惶惑,不知所措: Su crítica me turbó. 他的批评令我不知所措。

U

ubicar *tr.* (7) 安置；放，搁：Me ubican en la facultad de filología. 我被安排在语言学系。~ *intr. prnl.* 位于：El estadio se ubica en el centro de la ciudad. 体育场在市中心。

último, ma *adj.* 1. 最后的，末尾的：Esta palabra está en el último párrafo. 这个单词在最后一段。2. 最近的，最新的：No tengo las últimas noticias de Juan. 我没有胡安的最新消息。a la última 最时髦的，最时兴的：Viste siempre a la última. 她穿着总是最时髦。por ~ 最后：Por último, el presidente tomó la palabra. 最后，主席讲话。estar en las últimas 垂死；濒临绝境：Su familia está en las últimas tras la muerte de su padre. 父亲故去之后，他家陷入绝境。

unir *tr. prnl.* 1. 连接，接合：El niño está uniendo las piezas del juguete. 男孩正在把玩具的零件组装起来。2. 联合，接

合；团结：La amistad nos une. 友谊使我们团结在一起。3. 连通：Esta carretera une las dos ciudades. 这条公路连接那两个城市。~ se *prnl.* 联合；加入：Quiere unirse a nosotros. 他想和我们联合。

unificar *tr. prnl.* (7) 1. 统一：El emperador consiguió unificar el país hace tres siglos. 三个世纪前，那个皇帝统一了全国。2. 使一致：El director intentó unificar las ideas de los asistentes. 经理试图使出席者想法一致。

untar *tr.* 1. 涂抹：Unté el pan con mermelada. 我在面包上抹了一层果酱。2. 贿赂，收买：Intentó untar al ministro. 他企图收买部长。~ se *prnl.* 弄污；沾满（自复形式）：El mecánico se untó las manos de mugre. 机修工的双手沾满油污。

usar *tr.* 1. 用，使用：La niña usa la cuchara para tomar la sopa.

女孩用勺子喝汤。2. 习惯,经常:En esta zona la gente usa gorra. 这一地区的人习惯戴帽子。Yo usaba salir de paseo después de comer. 我习惯于饭后去户外散步。~ *intr. prnl.* 运用;利用:Tengo que usar de todos los medios para conseguir este puesto. 我必须采取一切手段得到这一职位。

usurpar *tr.* 篡夺:Usurpó el poder al presidente por medio de un golpe de estado militar. 他通过军事政变篡夺了总统职权。

utilizar *tr.* (9)使用,利用:El ordenador es mío, puedes utilizarlo si te hace falta. 计算机是我的,你需要时可以使用。

V

vaciar *tr.* (13) 1. 腾空,掏空,倒空: Vacía el agua del vaso para meter el té. 你把杯中的水倒掉,斟上茶水。Vaciaron el tronco para hacer una canoa. 他们掏空树干制作独木舟。2. 浇铸: Unos obreros vacían una estatua en bronce. 几个工人浇铸一尊铜像。

vacilar *intr.* 1. 摇摆: La lancha navegaba vacilando en el mar. 小船摇摆着在海中航行。2. 犹豫不决: No vaciles en decidirlo. 拿主意时你别犹豫不决。

vacío, cía *adj.* 1. 空的,空着的: La habitación está vacía. 那个房间空着。Allí hay una silla vacía. 那里有一把椅子没人坐。2. 空洞无物的: Su conferencia nos resultó vacía. 他的讲座空洞无物。~ *m.* 1. 空白;空虚: Cuando murió su esposo la mujer sintió un gran vacío. 丈夫的去世令那个妇女感觉内心空荡荡的。2. 窟窿: Se cayó en un vacío por la oscuridad. 因为天黑,他掉入窟窿里。de ~ 空的,空着的;一无所获的: Regresó de vacío porque la tienda estaba cerrada. 商店关门了,他空手而归。caer al ~ 石沉大海,无结果: Mi esperanza depositada en él cayó al vacío. 我对他所抱的期望落空了。hacer ~ a alguien 孤立;贬低: Dejé de hablar con ella porque me había hecho vacío. 我不再和她交往,因为她拿我不当回事。

valer *tr.* (56) 1. 价值: Esta mesa vale 500 yuanes. 这张桌子值500元。2. 造成,产生(某种后果): Tu conducta vale un elogio. 你的表现值得赞扬。Su tardanza le vale una crítica. 他的迟缓必然遭到批评。~ *intr.* 有价值: Este hombre vale mucho porque es muy inteligente y trabajador. 这位男士很难得,因为他既聪明,又勤奋。~ se *prnl.* 利用,

凭借（自复形式，与前置词"de"搭配）：Consiguió este empleo valiéndose de su amigo. 他利用朋友的关系得到了这份工作。~ *m.* 价值：Eres una persona de gran valer. 你是个有价值的人。~ la pena 值得：No vale la pena ver esta película. 这部电影不值得看。

vencer *tr.* (1) 1. 战胜，打败，征服：Ellos vencieron a los indígenas. 他们征服了土著人。Podemos vencer al enemigo sin problema. 我们可以轻松地战胜敌人。2. 克服：Nos esforzamos por vencer la difcultad. 我们努力克服这一困难。~*intr.* 1. 获胜，取胜：El equipo chino venció por dos puntos. 中国队以两分优势获胜。2. 到期：Ayer venció el plazo del pago de electricidad. 昨天是付电费的最后期限。

vender *tr.* 1. 出售：Quiero vender mi piso. 我想把房子卖掉。2. 出卖，背叛：No le importa vender a los amigos para su promoción. 为了个人升迁，他不惜出卖朋友。

vengar *tr. prnl.* (8) 报复，报仇，复仇：Vengará la muerte de su hermano. 他为兄弟的死报仇。Me vengaré de ti por haberme engañado. 你欺骗了我，所以我要报复。~ se *prnl.* 受贿：Dicen que ese árbitro se ha vengado. 据说那个裁判受贿了。

venir *intr.* (57) 1. 来，过来：¿Cuándo vendrás a verme? 你什么时候来看我？2. 来自，源自，出自（与前置词"de"搭配）：Esta flor viene de Bélgica. 这种花产自比利时。Antonio viene de una familia pobre. 安东尼奥出身于贫苦家庭。3. 接着，接续：Después del invierno viene la primavera. 冬去春来。4. 合适：Este jersey no me viene. 这件毛衣我穿着不合身。5. 始终（与副动词搭配）：Ella venía aconsejándome, pero no se lo acepté. 她一直劝说我，但是我没有接受她的劝告。~ a menos 每况愈下：La situación económica de mi familia ha venido a menos. 我家的经济状况每况愈下。

ventilar *tr.* 1. 使通风，使通气：Abre las ventanas para que se ventile la casa. 你把窗子打开，让屋里通通风。2. 晾晒：

Ventilé la manta en la cuerda porque está húmeda. 被子受潮，我把它搭在绳子上晾晒。3. 透露，张扬：No lo ventiles a otros. 你别把它透露给别人。4. 迅速解决，了结：Debemos ventilar la reclamación. 我们应迅速解决那一索赔事件。

ver *tr.* (58) 1. 看见，看到：Enciende la luz, que no puedo ver nada. 你把灯打开，我什么都看不见。2. 感觉，预感：No veo claro lo que quieres decirme. 我不清楚你想跟我说的是什么。Veo que la escalera va a caer. 我感觉梯子要倒。3. 看望，拜访：Voy a ver a un amigo mío. 我去看望一个朋友。4. 观看：Voy a ver la película. 我去看电影。5. 了解；观察：Voy a ver si ya viene Luis. 我去看看路易斯来了没有。~ se *prnl.* 处于某种状态（自复形式）：Se ve enfadado. 他看上去生气了。~ *m.* 外观，外表：Éste es un chico de buen ver. 这是个相貌英俊的男孩。a ~ 瞧瞧，喂，来吧：A ver, dime qué es lo que no entiendes. 来，告诉我你哪里不明白。

veras *f. pl.* 真实，确实：de ~ 真的，的确：De veras, tengo cincuenta años. 我确实50岁了。

verter *tr. prnl.* (17) 1. 洒，泼：La botella cayó y el vino que estaba dentro se vertió. 瓶子倒了，里面的葡萄酒洒出来。2. （将器皿）倒置：Vierte el bote para que caiga la pintura. 他把罐子倒过来，让里面的油漆流出来。3. 翻译：Este señor ha vertido la obra al español. 这位先生把该作品译成西班牙语。~ *intr.* 汇入，流入：El río vierte en el mar. 那条河汇入大海。

vestir *tr.* (23) 1. 给（某人）穿衣服：La madre viste al niño. 母亲给孩子穿衣。2. 给买衣服：Sus padres le visten y pagan los estudios. 父母为他买衣服和付学费。3. 装饰：La calle está vestida de faroles y banderillas de colores. 那条街道装饰着灯笼和小彩旗。~ *intr.* 穿戴，衣着：La mujer vestía de negro. 那位女士身穿黑色的服装。~ se *prnl.* 穿衣服（自复形式）：La madre dijo que se vistiera rápido. 母亲催促他快点穿衣服。

vez *f.* 次，回：Debes tomar este

medicamento tres veces al día. 这种药你应一天吃三次。a la ~同时，一下子：No se oyó nada porque hablaban todos a la vez. 大家七嘴八舌，什么也听不见。No puede terminarlo a la vez. 不能一蹴而就。de una ~彻底地：Dime de una vez lo que piensas. 把你想到的全都告诉我。de ~ en cuando 有时，偶尔：De vez en cuando viene a ver a los antiguos amigos. 他有时来看看老朋友。a veces 时常，有时候：A veces ceno en un restaurante. 有时我在餐馆吃晚饭。en ~ de 代替：Tomó pescado en vez de carne. 他没吃肉，吃的鱼。tal ~ 也许，或许：Tal vez venga hoy. 他也许今天来。Tal vez llueve. 很可能下雨。（辨析：可能性大，动词使用陈述式；有可能，使用虚拟式。）

viajar *intr.* 旅行：Viajaré a Madrid en el mes de mayo. 我5月份去马德里旅行。

vibrar *intr.* 1. 振动，抖动，颤动：Las ventanas de la estación vibran cuando pasa un tren. 火车驶过时，车站的窗户振动。2. 震动；激动（与前置词"de"搭配）：Vibró de emoción al saber la noticia. 得知那一消息后，他激动不已。

vida *f.* 1. 生命，性命：Muchos científicos opinan que hay vida en otros planetas. 许多科学家认为其他星球有生命存在。2. 生活：La vida de un labrador es muy dura. 种田人的生活很辛苦。3. 生平；一生：No había hecho ninguna cosa mala en su vida. 他一生中没做过任何坏事。de toda la ~很久，有生以来：Nos conocemos de toda la vida. 我们很早以前就相识。perder la ~丧生：En el accidente perdieron la vida dos personas. 两个人在那起事故中丧生。

viento *m.* 风：Abrígate hijo mío, que hace mucho viento. 儿子，多穿些衣服，外边风很大。a los cuatro ~s 到处，各处：Divulgaba esta noticia a los cuatro vientos. 他到处散布这一消息。~ en popa 顺利，好运：Estoy muy contento porque mi proyecto va viento en popa. 我很高兴，因为我的计划进展顺利。

vigilar *tr.* 监视；看管：El policía

vigila al ladrón. 警察监视着那个小偷。

violar *tr.* 1. 违反，违犯，触犯：El que viole la ley será castigado. 凡是触犯法律的人终将受到法律的惩罚。2. 强奸，强暴：Fue detenido por violar a una menor. 他因强奸幼女而被拘捕。

virtud *f.* 1. 品德，美德；德行：Ana es una mujer con muchas virtudes. 安娜是个具有许多美德的女人。2. 功效：Esta verdura tiene virtudes nutritivas. 这种蔬菜具有营养的功效。en ~ de 依据，根据，鉴于：En virtud de tu comportamiento, podemos decir que eres honrado. 根据你的表现，我们认为你是个老实人。

visitar *tr.* 1. 拜访，探望：Ayer visité a un profesor mío. 昨天我拜访了我的一位老师。2. 参观，访问；游览：¿Has visitado Beijing? 你游览过北京吗？3. 视察，检查：Los médicos visitan a sus pacientes de ocho a diez de la mañana. 医生们上午8点至10点查房。

vista *f.* 1. 视力，视觉：Perdió la vista hace 10 años. 他10年前失明了。2. 眼睛；目光：La chica puso la vista en las muñecas. 女孩的目光盯在玩具娃娃身上。3. 视野：Esta habitación tiene una buena vista. 这个房间的视野很好。4. 眼光：Ella tiene mucha vista para las compras. 她购物很有眼光。5. 外表，外观：Este juguete tiene una vista estupenda. 这个玩具的外观迷人。a la ~ 可以看见的，明显的：No dejes las cosas a la vista. 别把东西放在明处。con ~s a 为了，旨在：Estudiaba mucho con vistas a conseguir una beca. 为了获得奖学金，他努力学习。en ~ de 鉴于，由于：En vista de tu estado de salud, dejamos este proyecto para el próximo año. 鉴于你的健康状况，我们把此计划推迟到明年。

vivir *intr.* 1. 活，活着；生存：Mi abuela vivió hasta ochenta años. 我的祖母活到80岁。2. 生活：Con el sueldo puedo vivir. 我可以靠工资生活。3. 居住：Vivo en las afueras de la ciudad. 我居住在市郊。~ *tr.* 经历：El anciano vivió sus momentos difíciles. 老大爷经历

了自己的困难时期。

volar *intr.*（20）1. 飞，飞行，飞翔：Una mariposa vuela alrededor de las flores. 一只蝴蝶在花儿的周围飞来飞去。2. 乘飞机旅行：He volado a París tres veces a lo largo del año. 一年中我三次乘飞机去巴黎。3. 很快消失，不翼而飞：Cinco minutos después de abrir la caja, el chocolate voló. 打开盒子五分钟，巧克力就被一扫而光。4. 时间过得快：En vacaciones el tiempo vuela. 假期里时间过得飞快。5.（消息）迅速流传：La noticia de que ha obtenido el premio vuela. 他获奖的消息迅速扩散。~ *tr.* 炸飞：Los terroristas han volado la discoteca. 恐怖分子炸飞了那家舞厅。

volcar *tr.*（60）弄倒，碰翻：Ha volcado el termo. 他碰倒了暖瓶。~ *intr.* 翻车：El coche volcó al dar la curva. 轿车转弯时翻了车。~ *se prnl.* 用尽心思,过分殷勤：No te vuelques tanto con ese chico, no merece la pena. 你别为那个男孩过于操心了,不值得。

voluntad *f.* 1. 意愿,心愿,愿望：

Hizo todo lo contrario a la voluntad de sus padres. 他完全不按父母的意愿去做。2. 意志，毅力：Tiene suficiente voluntad para terminar su carrera. 他有毅力完成学业。a ~ 任意地，随意地，自由地：Puedes entrar en mi oficina a voluntad. 你可以自由出入我的办公室。ganar la ~ 得到某人的支持：José ganó la voluntad de Antonio. 何塞得到安东尼奥的支持。última ~ 遗嘱，遗愿：Construir una escuela con su dinero fue su última voluntad. 他的遗愿是用自己的钱建一所学校。

volver *tr.*（20）1. 翻，翻转：Vuelve la hoja del libro. 他翻着书页。2. 归还，还回：Vuelvo el libro a su lugar. 我把那本书放回原处。3. 转向：Volvió la mirada hacia la torre. 他将目光转向高塔。4. 翻卷：Vuelve el saco de revés para limpiarlo. 他把袋子翻卷过来清理。~ *intr.* 1. 回去,回来,返回：Volveré a casa este fin de semana. 这个周末我回家。Vuelvo de España. 我刚从西班牙回来。2. 重新,重

又, 再: Volvió a hacerlo media hora después. 半小时后, 他重新做了一次。~ se *prnl.* 1. 转身: Se volvió hacia mí para decirme algo. 他转身朝向我, 想跟我说话。2. 变成, 成为: Se ha vuelto loco. 他疯了。~ en sí 苏醒, 恢复知觉: Volvió en sí después del tratamiento. 经过治疗, 他恢复了知觉。~ se atrás 抵赖; 食言: Dijo que me lo devolvería, pero al final se volvió atrás y no me lo devolvió. 他说还给我, 可是最后他食言, 没有还给我。

votar *intr. tr.* 投票, 表决: He votado a Antonio para representante de la vecindad. 我投票让安东尼奥当居民代表。

voz *f.* 1. 声音: Sube la voz, que no te oigo. 你大点声, 我听不见。2. 嗓音: Ella tiene una buena voz. 她的嗓音很好。3. 大声喊叫: Dale una voz a tu hermana para que vuelva. 喊一声你妹妹, 让她回来。a una ~ 一致地, 异口同声地: Todos gritaron a una voz, ¡que no! 大家异口同声地喊道: 不! a media ~ 轻声地, 悄声地: Me dijo a media voz que me quería. 他悄声对我说他爱我。a ~ en cuello/grito 高喊, 喊叫: Llamaba a voz en cuello a su madre por la ventana. 他在窗前呼喊他母亲。

Y

ya *adv.* 1. 已经：Esta novela ya la he leído. 这本小说我已经读过。2. 现在，马上：Dile que ya voy. 告诉他我马上去。～ que 既然，由于：Ya que no puedes venir, llamaré a otro compañero. 既然你不能来，我叫其他同学来。

yacer *intr.* (59) 1. 躺着：Pedro yacía enfermo en la cama. 佩德罗卧病在床。2. 长眠，安息：Aquí yace el famoso compositor de esta ciudad. 这个城市的著名作曲家长眠于此。

Z

zafarse *prnl.* 1. 躲避, 躲藏: Quiero zafarme antes de su llegada. 我想在他到来之前躲开他。 2. 摆脱: Se zafó de lavar la ropa diciendo a su madre que tenía algo urgente. 她向她母亲谎称有急事来逃避洗衣服。

zanjar *tr.* 1. 彻底解决: Ahora el problema está zanjado. 眼下问题已彻底解决。 2. 挖沟: Están zanjando esta calle para renovar las tuberías. 这条街正在挖沟更换管道。

附录

西班牙语动词变位表

一、规则动词变位表

第一变位 ar	第二变位 er	第三变位 ir	助动词 haber
简 单 不 定 式			复 合 式
amar	comer	vivir	haber＋p. p.
简 单 副 动 词			复合副动词
amando	comiendo	viviendo	habiendo＋p. p.
过 去 分 词			
amado	comido	vivido	
陈 述 式			
现 在 时			现在完成时
amo	como	vivo	he ⎫
amas	comes	vives	has ⎪
ama	come	vive	ha ⎬ ＋p. p.
amamos	comemos	vivimos	hemos ⎪
amáis	coméis	vivís	habéis ⎪
aman	comen	viven	han ⎭

西班牙语动词变位表

	过 去 未 完 成 时		过 去 完 成 时	
amaba	comía	vivía	había	
amabas	comías	vivías	habías	
amaba	comía	vivía	había	
amábamos	comíamos	vivíamos	habíamos	+p. p.
amabais	comíais	vivíais	habíais	
amaban	comían	vivían	habían	
	简 单 过 去 时		先 过 去 时	
amé	comí	viví	hube	
amaste	comiste	viviste	hubiste	
amó	comió	vivió	hubo	
amamos	comimos	vivimos	hubimos	+p. p.
amasteis	comisteis	vivisteis	hubisteis	
amaron	comieron	vivieron	hubieron	
	将 来 时		将 来 完 成 时	
amaré	comeré	viviré	habré	
amarás	comerás	vivirás	habrás	
amará	comerá	vivirá	habrá	
amaremos	comeremos	viviremos	habremos	+p. p.
amaréis	comeréis	viviréis	habréis	
amarán	comerán	vivirán	habrán	
	可 能 式			
	简 单		复 合	
amaría	comería	viviría	habría	
amarías	comerías	vivirías	habrías	
amaría	comería	viviría	habría	
amaríamos	comeríamos	viviríamos	habríamos	+p. p.
amaríais	comeríais	viviríais	habríais	
amarían	comerían	vivirían	habrían	

命 令 式			
—	—	—	
ama	come	vive	
ame	coma	viva	
amemos	comamos	vivamos	
amad	comed	vivid	
amen	coman	vivan	

虚 拟 式			
现 在 时			现在完成时
ame	coma	viva	haya
ames	comas	vivas	hayas
ame	coma	viva	haya +p.p.
amemos	comamos	vivamos	hayamos
améis	comáis	viváis	hayáis
amen	coman	vivan	hayan

过 去 时			过去完成时
amara	comiera	viviera	hubiera
amaras	comieras	vivieras	hubieras
amara	comiera	viviera	hubiera
amáramos	comiéramos	viviéramos	hubiéramos +p.p.
amarais	comierais	vivierais	hubierais
amaran	comieran	vivieran	hubieran
或			或
amase	comiese	viviese	hubiese
amases	comieses	vivieses	hubieses
amase	comiese	viviese	hubiese
amásemos	comiésemos	viviésemos	hubiésemos +p.p.
amaseis	comieseis	vivieseis	hubieseis
amasen	comiesen	viviesen	hubiesen

二、自复动词变位表

自复动词:lavarse	助动词:haber
简单不定式:lavarse	复合不定式:haberse lavado
简单副动词:lavándose	复合副动词:habiéndose lavado
过去分词:lavado	
陈 述 式	
现 在 时	现 在 完 成 时
me lavo te lavas se lava nos lavamos os laváis se lavan	me he lavado te has lavado se ha lavado nos hemos lavado os habéis lavado se han lavado
过 去 未 完 成 时	过 去 完 成 时
me lavaba te lavabas se lavaba nos lavábamos os lavabais se lavaban	me había lavado te habías lavado se había lavado nos habíamos lavado os habíais lavado se habían lavado
简 单 过 去 时	先 过 去 时
me lavé te lavaste se lavó nos lavamos os lavasteis se lavaron	me hube lavado te hubiste lavado se hubo lavado nos hubimos lavado os hubisteis lavado se hubieron lavado

将 来 时	将 来 完 成 时
me lavaré	me habré lavado
te lavarás	te habrás lavado
se lavará	se habrá lavado
nos lavaremos	nos habremos lavado
os lavaréis	os habréis lavado
se lavarán	se habrán lavado

可 能 式	
me lavaría	me habría lavado
te lavarías	te habrías lavado
se lavaría	se habría lavado
nos lavaríamos	nos habríamos lavado
os lavaríais	os habríais lavado
se lavarían	se habrían lavado

命 令 式	
肯 定	否 定
——	——
lávate	no te laves
lávese	no se lave
lavémonos	no nos lavemos
lavaos	no os lavéis
lávense	no se laven

虚 似 式	
现 在 时	现 在 完 成 时
me lave	me haya lavado
te laves	te hayas lavado
se lave	se haya lavado
nos lavemos	nos hayamos lavado
os lavéis	os hayáis lavado
se laven	se hayan lavado

过 去 时	过 去 完 成 时
me lavara	me hubiera lavado
te lavaras	te hubieras lavado
se lavara	se hubiera lavado
nos laváramos	nos hubiéramos lavado
os lavarais	os hubierais lavado
se lavaran	se hubieran lavado
或	或
me lavase	me hubiese lavado
te lavases	te hubieses lavado
se lavase	se hubiese lavado
nos lavásemos	nos hubiésemos lavado
os lavaseis	os hubieseis lavado
se lavasen	se hubiesen lavado

三、词的正字法变化

（一）以 -cer, -ger, -gir, -guir 结尾的动词

	非人称形式	陈述式 现在时	虚拟式 现在时	命令式
1 c/z	I. vencer G. venciendo P. vencido	venzo vences vence vencemos vencéis vencen	venza venzas venza venzamos venzáis venzan	vence venza venzamos venced venzan

2 g/j	I. coger G. cogiendo P. cogido	cojo coges coge cogemos cogéis cogen	coja cojas coja cojamos cojáis cojan	coge coja cojamos coged cojan
3 g/j	I. exigir G. exigiendo P. exigido	exijo exiges exige exigimos exigís exigen	exija exijas exija exijamos exijáis exijan	exige exija exijamos exigid exijan
4 gu/g	I. distinguir G. distinguiendo P. distinguido	distingo distingues distingue distinguimos distinguís distinguen	distinga distingas distinga distingamos distingáis distingan	distingue distinga distingamos distinguid distingan
5 gu/g	I. seguir G. siguiendo P. seguido	sigo sigues sigue seguimos seguís siguen	siga sigas siga sigamos sigáis sigan	sigue siga sigamos seguid sigan
6 g/j	I. elegir G. eligiendo P. elegido	elijo eliges elige elegimos elegís eligen	elija elijas elija elijamos elijáis elijan	elige elija elijamos elegid elijan

（二）以 -car,-gar,-zar,-guar,-eer 结尾的动词

	非人称形式	陈述式 简单过去时	虚拟式 现在时	命令式
7 c/qu	I. sacar G. sacando P. sacado	saqué sacaste sacó sacamos sacasteis sacaron	saque saques saque saquemos saquéis saquen	saca saque saquemos sacad saquen
8 g/gu	I. pagar G. pagando P. pagado	pagué pagaste pagó pagamos pagasteis pagaron	pague pagues pague paguemos paguéis paguen	paga pague paguemos pagad paguen
9 z/c	I. alzar G. alzando P. alzado	alcé alzaste alzó alzamos alzasteis alzaron	alce alces alce alcemos alcéis alcen	alza alce alcemos alzad alcen
10 gu/gü	I. averiguar G. averiguando P. averiguado	averigüé averiguaste averiguó averiguamos averiguasteis averiguaron	averigüe averigües averigüe averigüemos averigüéis averigüen	averigua averigüe averigüemos averiguad averigüen

	非人称形式	陈述式 简单过去时	虚拟式过去时	
11 ee/ey	I. leer G. leyendo P. leído	Leí leíste leyó leímos leísteis leyeron	leyera leyeras leyera leyéramos leyerais leyeran	leyese leyeses leyese leyésemos leyeseis leyesen

（三）以 -iar, -uar 结尾的动词

	非人称形式	陈述式 现在时	虚拟式 现在时	命令式
12	I. cambiar G. cambiando P. cambiado	cambio cambias cambia cambiamos cambiáis cambian	cambie cambies cambie cambiemos cambiéis cambien	cambia cambie cambiemos cambiad cambien
13	I. enviar P. enviando G. enviado	envío envías envía enviamos enviáis envían	envíe envíes envíe enviemos enviéis envíen	envía envíe enviemos enviad envíen
14	I. actuar G. actuando P. actuado	actúo actúas actúa actuamos actuáis actúan	actúe actúes actúe actuemos actuéis actúen	actúa actúe actuemos actuad actúen

| 15 | I. reunir
G. reuniendo
P. reunido | reúno
reúnes
reúne
reunimos
reunís
reúnen | reúna
reúnas
reúna
reunamos
reunáis
reúnan | reúne
reúna
reunamos
reunid
reúnan |

四、有一般不规则变化的动词变位表

（一）词根元音发生变化的动词

	非人称形式	陈述式 现在时	虚拟式 现在时	命令式
16	I. pensar G. pensando P. pensado	pienso piensas piensa pensamos pensáis piensan	piense pienses piense pensemos penséis piensen	piensa piense pensemos pensad piensen
17	I. perder G. perdiendo P. perdido	pierdo pierdes pierde perdemos perdéis pierden	pierda pierdas pierda perdamos perdáis pierdan	pierde pierda perdáis perded pierdan
18	I. adquirir G. adquiriendo P. adquirido	adquiero adqieres adquiere adquirimos adquirís adquieren	adquiera adquieras adquiera adquiramos adquiráis adquieran	adquiere adquiera adquiramos adquirid adquieran

19	I. contar G. contando P. contado	cuento cuentas cuenta contamos contáis cuentan	cuente cuentes cuente contemos contéis cuente		cuenta cuente contemos contad cuenten		
20	I. mover G. moviendo P. movido	muevo mueves mueve movemos movéis mueven	mueva muevas mueva movamos mováis muevan		mueve mueva movamos moved muevan		
21	I. oler G. oliendo P. olido	huelo hueles huele olemos oléis huelen	huela huelas huela olamos oláis huelan		huele huela olamos oled huelan		
22	I. jugar G. jugando P. jugado	juego juegas juega jugamos jugáis juegan	juegue juegues juegue juguemos juguéis jueguen		juega juegue juguemos jugad jueguen		
	非人称 形式	陈述式 现在时	虚拟式 现在时	命令式	陈述式简 单过去时	虚拟式 过去时	
23	I. pedir G. pidiendo P. pedido	pido pides pide pedimos pedís piden	pida pidas pida pidamos pidáis pidan	pide pida pidamos pedid pidan	pedí pediste pidió pedimos pedisteis pidieron	pidiera pidieras pidiera pidiéramos pidierais pidieran	pidiese pidieses pidiese pidiésemos pidieseis pidiesen

西班牙语动词变位表

24	I. reír	río	ría		reí	riera	riese
		ríes	rías	ríe	reíste	rieras	rieses
	G. riendo	ríe	ría	ría	rió	riera	riese
		reímos	riamos	riamos	reímos	riéramos	riésemos
	P. reído	reís	riáis	reíd	reísteis	rierais	rieseis
		ríen	rían	rían	rieron	rieran	riesen
25	I. sentir	siento	sienta		sentí	sintiera	sintiese
		sientes	sientas	siente	sentiste	sintieras	sintieses
	G. sintiendo	siente	sienta	sienta	sintió	sintiera	sintiese
		sentimos	sintamos	sintamos	sentimos	sintiéramos	sintiésemos
	P. sentido	sentís	sentáis	sentid	sentisteis	sintierais	sintieseis
		sienten	sientan	sientan	sintieron	sintieran	sintiesen
26	I. dormir	duermo	duerma		dormí	durmiera	durmiese
		duermes	duermas	duerme	dormiste	durmieras	durmieses
	G. durmiendo	duerme	duerma	duerma	durmió	durmiera	durmiese
		dormimos	durmamos	durmamos	dormimos	durmiéramos	durmiésemos
	P. dormido	dormís	durmáis	dormid	dormisteis	durmierais	durmieseis
		duermen	duerman	duerman	durmieron	durmieran	durmiesen
27	I. teñir	tiño	tiña		teñí	tiñera	tiñese
		tiñes	tiñas	tiñe	teñiste	tiñeras	tiñeses
	G. tiñiendo	tiñe	tiña	tiña	tiñó	tiñera	tiñese
		teñimos	tiñamos	tiñamos	teñimos	tiñéramos	tiñésemos
	P. teñido	teñís	tiñáis	teñid	teñisteis	tiñerais	tiñeseis
		tiñen	tiñan	tiñan	tiñeron	tiñeran	tiñesen

（二）词根辅音 c 变 zc 的动词

	非人称形式	陈述式 现在时	虚拟式 现在时	命令式
28	I. nacer	nazco	nazca	
		naces	nazcas	nace
	G. naciendo	nace	nazca	nazca
		nacemos	nazcamos	nazcamos
	P. nacido	nacéis	nazcáis	naced
		nacen	nazcan	nazcan

五、有特殊不规则变化的动词变位表

非人称形式	陈述式现在时	虚拟式现在时	命令式	陈述式将来时	简单可能式	陈述式简单过去时	虚拟式过去时	
I. aislar G. aislando P. aislado	aíslo aíslas aísla aislamos aisláis aíslan	aísle aísles aísle aislemos aisléis aíslen	aísla aísle aislemos aislad aíslen					
I. prohibir G. prohibiendo P. prohibido	prohíbo prohíbes prohíbe prohibimos prohibís prohíben	prohíba prohíbas prohíba prohibamos prohibáis prohíban	prohíbe prohíba prohibamos prohibid prohíban					
I. reducir G. reduciendo P. reducido	reduzco reduces reduce reducimos reducís reducen	reduzca reduzcas reduzca reduzcamos reduzcáis reduzcan	reduce reduzca reduzcamos reducid reduzcan			reduje redujiste redujo redujimos redujisteis redujeron	redujera redujeras redujera redujéramos redujerais redujeran	redujese redujeses redujese redujésemos redujeseis redujesen

32	I. andar G. andando P. andado				anduve anduviste anduvo anduvimos anduvisteis anduvieron	anduviera anduvieras anduviera anduviéramos anduvierais anduvieran	anduviese anduvieses anduviese anduviésemos anduvieseis anduviesen
33	I. caber G. cabiendo P. cabido	quepo cabes cabe cabemos cabéis caben	quepa quepas quepa quepamos quepáis quepan	cabe quepa quepamos cabed quepan	cabré cabrás cabrá cabremos cabréis cabrán	cabría cabrías cabría cabríamos cabríais cabrían	cupe cupiste cupo cupimos cupisteis cupieron	cupiera cupieras cupiera cupiéramos cupierais cupieran	cupiese cupieses cupiese cupiésemos cupieseis cupiesen
34	I. caer G. cayendo P. caído	caigo caes cae caemos caéis caen	caiga caigas caiga caigamos caigáis caigan	cae caiga caigamos caed caigan			caí caíste cayó caímos caísteis cayeron	cayera cayeras cayera cayéramos cayerais cayeran	cayese cayeses cayese cayésemos cayeseis cayesen
35	I. dar G. dando P. dado	doy das da damos dais dan	dé des dé demos deis den	da dé demos dad den			di diste dio dimos disteis dieron	diera dieras diera diéramos dierais dieran	diese dieses diese diésemos dieseis diesen

		Pres. Ind.	Pres. Subj.	Imperativo		Condicional	Pretérito	Imp. Subj. (-ra)	Imp. Subj. (-se)
36	I. decir G. diciendo P. dicho	digo dices dice decimos decís dicen	diga digas diga digamos digáis digan	 di diga digamos decid digan		diría dirías diría diríamos diríais dirían	dije dijiste dijo dijimos dijisteis dijeron	dijera dijeras dijera dijéramos dijerais dijeran	dijese dijeses dijese dijésemos dijeseis dijesen
37	I. estar G. estando P. estado	estoy estás está estamos estáis están	esté estés esté estemos estéis estén	 está esté estemos estad estén			estuve estuviste estuvo estuvimos estuvisteis estuvieron	estuviera estuvieras estuviera estuviéramos estuvierais estuvieran	estuviese estuvieses estuviese estuviésemos estuvieseis estuviesen
38	I. haber G. habiendo P. habido	he has ha hemos habéis han	haya hayas haya hayamos hayáis hayan	he haya hayamos habed hayan		habría habrías habría habríamos habríais habrían	hube hubiste hubo hubimos hubisteis hubieron	hubiera hubieras hubiera hubiéramos hubierais hubieran	hubiese hubieses hubiese hubiésemos hubieseis hubiesen
39	I. hacer G. haciendo P. hecho	hago haces hace hacemos hacéis hacen	haga hagas haga hagamos hagáis hagan	haz haga hagamos haced hagan		haría harías haría haríamos haríais harían	hice hiciste hizo hicimos hicisteis hicieron	hiciera hicieras hiciera hiciéramos hicierais hicieran	hiciese hicieses hiciese hiciésemos hicieseis hiciesen

40	I. avergonzar G. avergonzando P. avergonzado	avergüenzo avergüenzas avergüenza avergonzamos avergonzáis avergüenzan	avergüence avergüences avergüence avergoncemos avergoncéis avergüencen	avergüenza avergüence avergüence avergoncemos avergonzad avergüencen	avergoncé avergonzaste avergonzó avergonzamos avergonzasteis avergonzaron
41	I. colgar G. colgando P. colgado	cuelgo cuelgas cuelga colgamos colgáis cuelgan	cuelgue cuelgues cuelgue colguemos colguéis cuelguen	cuelga cuelgue colguemos colgad cuelguen	colgué colgaste colgó colgamos colgasteis colgaron
42	I. forzar G. forzando P. forzado	fuerzo fuerzas fuerza forzamos forzáis fuerzan	fuerce fuerces fuerce forcemos forcéis fuercen	fuerza fuerce forcemos forzad fuercen	forcé forzaste forzó forzamos forzasteis forzaron
43	I. regar G. regando P. regado	riego riegas riega regamos regáis riegan	riegue riegues riegue reguemos reguéis rieguen	riega riegue reguemos regad rieguen	regué regaste regó regamos regasteis regaron

	Presente Ind.	Presente Subj.	Imperativo	Imperfecto Ind.	Pretérito Indef.	Imp. Subj. (-ra)	Imp. Subj. (-se)
44 I. empezar G. empezando P. empezado	empiezo empiezas empieza empezamos empezáis empiezan	empiece empieces empiece empecemos empecéis empiecen	empieza empiece empecemos empeced empiecen		empecé empeciste empezó empezamos empezasteis empezaron		
45 I. huir G. huyendo P. huido	huyo huyes huye huimos huís huyen	huya huyas huya huyamos huyáis huyan	huye huya huyamos huid huyan		huí huiste huyó huimos huisteis huyeron	huyera huyeras huyera huyéramos huyerais huyeran	huyese huyeses huyese huyésemos huyeseis huyesen
46 I. ir G. yendo P. ido	voy vas va vamos vais van	vaya vayas vaya vayamos vayáis vayan	ve vaya vayamos id vayan	iba ibas iba íbamos ibais iban	fui fuiste fue fuimos fuisteis fueron	fuera fueras fuera fuéramos fuerais fueran	fuese fueses fuese fuésemos fueseis fuesen
47 I. oír G. oyendo P. oído	oigo oyes oye oímos oís oyen	oiga oigas oiga oigamos oigáis oigan	oye oiga oigamos oíd oigan		oí oíste oyó oímos oísteis oyeron	oyera oyeras oyera oyéramos oyerais oyeran	oyese oyeses oyese oyésemos oyeseis oyesen

西班牙语动词变位表

48	I. poder	puedo puedes puede podemos podéis pueden	pueda puedas pueda podamos podáis puedan	puede pueda podamos poded puedan	podré podrás podrá podremos podréis podrán	podría podrías podría podríamos podríais podrían	pude pudiste pudo pudimos pudisteis pudieron	pudiera pudieras pudiera pudiéramos pudierais pudieran	pudiese pudieses pudiese pudiésemos pudieseis pudiesen
	G. pudiendo								
	P. podido								
49	I. poner	pongo pones pone ponemos ponéis ponen	ponga pongas ponga pongamos pongáis pongan	pon ponga pongamos poned pongan	pondré pondrás pondrá pondremos pondréis pondrán	pondría pondrías pondría pondríamos pondríais pondrían	puse pusiste puso pusimos pusisteis pusieron	pusiera pusieras pusiera pusiéramos pusierais pusieran	pusiese pusieses pusiese pusiésemos pusieseis pusiesen
	G. poniendo								
	P. puesto								
50	I. querer	quiero quieres quiere queremos queréis quieren	quiera quieras quiera queramos queráis quieran	quiere quiera queramos quered quieran	querré querrás querrá querremos querréis querrán	querría querrías querría querríamos querríais querrían	quise quisiste quiso quisimos quisisteis quisieron	quisiera quisieras quisiera quisiéramos quisierais quisieran	quisiese quisieses quisiese quisiésemos quisieseis quisiesen
	G. queriendo								
	P. querido								
51	I. saber	sé sabes sabe sabemos sabéis saben	sepa sepas sepa sepamos sepáis sepan	sabe sepa sepamos sabed sepan	sabré sabrás sabrá sabremos sabréis sabrán	sabría sabrías sabría sabríamos sabríais sabrían	supe supiste supo supimos supisteis supieron	supiera supieras supiera supiéramos supierais supieran	supiese supieses supiese supiésemos supieseis supiesen
	G. sabiendo								
	P. sabido								

非人称形式	陈述式现在时	虚拟式现在时	命令式	陈述式过去未完成时	陈述式将来时	简单可能式	陈述式简单过去时		虚拟式过去时	
I. salir	salgo	salga			saldré	saldría				
	sales	salgas	sal		saldrás	saldrías				
G. saliendo	sale	salga	salga		saldrá	saldría				
	salimos	salgamos	salgamos		saldremos	saldríamos				
P. salido	salís	salgáis	salid		saldréis	saldríais				
	salen	salgan	salgan		saldrán	saldrían				
I. ser	soy	sea		era			fui	fuera	fueras	fuese
	eres	seas	sé	eras			fuiste	fueras	fuera	fueses
G. siendo	es	sea	sea	era			fue	fuera	fuéramos	fuese
	somos	seamos	seamos	éramos			fuimos	fuéramos	fuerais	fuésemos
P. sido	sois	seáis	sed	erais			fuisteis	fuerais	fueran	fueseis
	son	sean	sean	eran			fueron	fueran		fuesen
I. tener	tengo	tenga			tendré	tendría	tuve	tuviera		tuviese
	tienes	tengas	ten		tendrás	tendrías	tuviste	tuvieras		tuvieses
G. teniendo	tiene	tenga	tenga		tendrá	tendría	tuvo	tuviera		tuviese
	tenemos	tengamos	tengamos		tendremos	tendríamos	tuvimos	tuviéramos		tuviésemos
P. tenido	tenéis	tengáis	tened		tendréis	tendríais	tuvisteis	tuvierais		tuvieseis
	tienen	tengan	tengan		tendrán	tendrían	tuvieron	tuvieran		tuviesen

55	I. traer G. trayendo P. traído	traigo traes trae traemos traéis traen	traiga traigas traiga traigamos traigáis traigan	trae traiga traigamos traed traigan		traje trajiste trajo trajimos trajisteis trajeron	trajera trajeras trajera trajéramos trajerais trajeran	trajese trajeses trajese trajésemos trajeseis trajesen
56	I. valer G. valiendo P. valido	valgo vales vale valemos valéis valen	valga valgas valga valgamos valgáis valgan	vale valga valgamos valed valgan	valdré valdrás valdrá valdremos valdréis valdrán	valdría valdrías valdría valdríamos valdríais valdrían		
57	I. venir G. viniendo P. venido	vengo vienes viene venimos venís vienen	venga vengas venga vengamos vengáis vengan	ven venga vengamos venid vengan	vendré vendrás vendrá vendremos vendréis vendrán	vendría vendrías vendría vendríamos vendríais vendrían	vine viniste vino vinimos vinisteis vinieron	viniera vinieras viniera viniéramos vinierais vinieran	viniese vinieses viniese viniésemos vinieseis viniesen
58	I. ver G. viendo P. visto	veo ves ve vemos veis ven	vea veas vea veamos veáis vean	ve vea veamos ved vean	veía veías veía veíamos veíais veían			vi viste vio vimos<visteis vieron	viera vieras viera viéramos vierais vieran	viese vieses viese viésemos vieseis viesen

非人称形式	陈述式 现在时	虚拟式 现在时	命令式	陈述式 将来时	简单 可能式	陈述式 简单过去时	虚拟式 过去时
I. yacer G. yaciendo P. yacido		yazca yazcas yazca yazcamos yazcáis yazcan	yace yazca yazcamos yaced yazcan			yazco yaces yace yacemos yacéis yacen	
I. volcar G. volcando P. volcado	vuelco vuelcas vuelca volcamos volcáis vuelcan	vuelque vuelques vuelque volquemos volquéis vuelquen	vuelca vuelque volquemos volcad vuelquen			volqué volcaste volcó volcamos volcasteis volcaron	